LIEBE
... spricht Klartext!

Was wirkliche Liebe meint und wahre Liebe ist

Marija Hardenberg

© tao.de in: J. Kamphausen Mediengruppe GmbH, Bielefeld

2. Auflage (2014)

Autor: Marija Hardenberg
Umschlaggestaltung, Illustration: menschenklang.com
Umschlagfoto: menschenklang.com
Lektorat, Korrektorat: Sabine Kopp
Printed in Germany

Verlag: tao.de in: J. Kamphausen Mediengruppe GmbH, Bielefeld
www.tao.de, eMail: info@tao.de Bibliografische Information der Deutschen
Nationalbibliothek: Die Deutsche Nationalbibliothek verzeichnet diese Publikation
in der Deutschen Nationalbibliografie; detaillierte bibliografische
Daten sind im Internet über http://dnb.d-nb.de abrufbar.

ISBN: 978-3-95529-319-2

Das Werk, einschließlich seiner Teile,
ist urheberrechtlich geschützt.
Jede Verwertung ist ohne Zustimmung des Verlages unzulässig.
Dies gilt insbesondere für die elektronische oder sonstige
Vervielfältigung, Übersetzung, Verbreitung und sonstige
Veröffentlichungen.

Inhaltsverzeichnis

Marija – Begrüßung 9
Liebe ist eine Fähigkeit 14
Kapitel I – Spiritualität und Gott 20
   1. Das Göttliche.. 20
   2. Das Seelische 26
   3. Die Liebe und ihre Absicht 31
   4. Göttliche Intelligenz – seelisches Bewusstsein....................................... 34
Kapitel II – Das menschliche Ego 41
   1. Das menschliche Ego allgemein 42
   2. Ego und Intellektualität 55
   3. Ego und „Spiritualität" 60
Ein Wort zur „geistigen Welt" 70
Marija´s Zwischengedanken... 73
Kapitel III – Das Liebesbewusstsein 74
   1. Einführung in das Liebesbewusstsein... 74
   2. Die Absicht des Liebesbewusstseins 76
   3. Der göttliche und der seelische Wille 79
   4. Passive und aktive Liebe 83
   5. Diese eine Haltung: auf der Basis von Liebe 87
Kapitel IV – Die vier Säulen im Liebesbewusstsein 91
   1. Die erste Säule: Wertebewusstsein und Wertepräsenz 91
   2. Die zweite Säule: Stimmigkeit 111
   3. Die dritte Säule: Erfüllung und Bereicherung 121
   4. Die vierte Säule: „Der erhabenste Gedanke".. 129
Marija´s Zwischengedanken... 136
Kapitel V – Liebe und Heilung durch die Kraft der Wahrhaftigkeit 138
   1. Die Sache mit den Konsequenzen 138
   2. Die vier seelischen Konsequenzen im Liebesbewusstsein....................147
   3. Schuld und Reue 168
   4. Vergeben und Verzeihen 175
   5. Dankbarkeit und Anerkennung 182

Kapitel VI – Liebesbewusstsein zum Körper 188
   1. Körperbewusstsein 188
   2. Ernährungsbewusstsein und Liebe 197
   3. Geschlechtsbewusstsein – Männer und Frauen 202
   4. Körperliche Liebe 212

Kapitel VII – Beziehungen 215
   1. Liebe und Herkunft 215
   2. Liebe und Erziehung 224
   3. Liebe und Partnerschaft 234
   4. Liebe und Führung 240

Kapitel VIII – Wie es für Dich mit dem Liebesbewusstsein weitergehen könnte … 252
   1. Dein Ego und das Liebesbewusstsein 252
   2. Die Bedeutung von „Ich liebe Dich" 269
   3. Der Sinn Deines Lebens 270
   4. Über die Kraft Deines Segens 271

Kapitel IX – Kraft und Unterstützung für Deine Seele 276
   1. Die Gebete im Liebesbewusstsein 276
   2. Hingabe-Meditation an die eigene Seele 290
   3. Grundübungen aus dem Liebesbewusstsein 291
   4. Selbstliebe und Selbstheilung durch psychogenetische Beratung 305
   5. CD-Gespräche mit der Seele 307

Nachgedanke – Stell Dir vor 309
Dank und Widmung 311
Über die Autorin 312

Dieses Buch ist
„auf der Basis von Liebe"
geschrieben.

Es eröffnet eine Reise zur Liebe und zur eigenen Seele.

Und es ist eine Einladung an die Menschen,
die sich ernstgenommen fühlen möchten.

Marija

Marija – Begrüßung

"Der Mensch ist von Natur aus gut"
(Hildegard von Bingen)

Liebe Leserin und lieber Leser,

über die Liebe ist viel geschrieben worden und sie ist ganz gewiss das zeitlose, unerschöpfliche Thema unseres Lebens. Leider haben nur die wenigsten Menschen bei der Liebe den „Durchblick". Wenn Dich ein Mensch fragen würde:

Was ist Liebe?

Woran erkenne ich, dass dieses oder jenes Liebe ist?

Wie fühlt sich Liebe an?

Wie würdest und wie könntest Du Liebe einem anderen Menschen so erklären, dass dieser die Liebe danach verstanden hat? Ich meine, außerhalb von Vermutungen, Romantisierungen und Projektionen über die Liebe?

Liebe ist der beste Grund, im Laufe des Lebens „Enttäuschungen" zu erleben oder schlechte Erfahrungen zu sammeln. „Liebe" ist der häufigste Anlass für Leiden, Trauer, Pein und seelische Schmerzen wie Liebeskummer, Betrug und Einsamkeit. Dabei wird die Liebe in der Literatur und im Film häufig romantisch, leidenschaftlich und wunderschön als das unbeschreibliche Glück beschrieben. Danach suchen wir auch manchmal ein ganzes Leben, bis wir es zum Beispiel in Form eines Menschen finden. Je nach Frustrationsgrad hören wir allerdings unter Umständen mit dem Finden der „wahren Liebe" auf. Auch mit der Eigenliebe in uns selbst – sollten wir überhaupt jemals damit angefangen haben.

Das mit der Liebe ist für uns Menschen so eine Sache! Ein Rätsel! Ein Mysterium! Fühle einmal nach, wann Du Dich wirklich geliebt fühlst. Oder wann Du erkennen kannst, dass ein Mensch liebt.

Wann hast Du Dich in Deinem Leben von anderen Menschen geliebt und wertgeschätzt gefühlt? Erinnerst Du Dich?

Bist Du Dir sicher, dass es Liebe war? Oder war es eine Einbildung, eine Täuschung und Projektion Deines Egos?

Das Ego neigt leider dazu, sich die Dinge in der Liebe oder mit einem Menschen schön zu reden und „schön" zusammenzudenken.
 Die „Liebe" ist der unter den Menschen häufigste Grund, sich selbst zu verlieren und sich „aufzugeben", ohne es zu bemerken. Das geht so weit, wegen eines anderen Menschen seine inneren Bedürfnisse und Werte zu verleugnen und auf wichtige Dinge – konsequent sich selbst ignorierend – zu verzichten. Liebe wird oft mit Kompromissen, Zweckgemeinschaften oder mit anderen Vorteilen für das Ego akzeptiert und damit gleichgesetzt.
 Manche Zeitgenossen und Gläubige flüchten über die Sehnsucht nach Liebe und wegen des Gefühls, dass es die Liebe unter den Menschen nicht „eindeutig" gibt, in die transpersonale Liebe zu Gott. Indem sie sich zu Engeln, zur geistigen Welt und der Energiearbeit hingezogen fühlen und andere esoterisch angebotene „Techniken" praktizieren. Einige fühlen sich dann dort geliebt. Ja, das ist gut für die Seele, es ist besser als nichts. Aber es ist und bleibt damit keine Liebe, die wir als Menschen persönlich, praktisch, aus uns selbst heraus, auf die Erde gebracht haben.

Liebe ist göttliche Menschlichkeit.
Liebe ist die Essenz unseres Lebens und Liebe ist seelischer Ausdruck respektvoller und bewusster Zwischenmenschlichkeit, tief aus unserem Herzen kommend. Liebe hat nichts mit unserem Ego zu tun, mit allen seinen Vorstellungen oder Erwartungen, wie was zu sein hat oder zu sein hätte. Liebe hat nichts mit „Habenwollen" und dem „Unbedingt-kriegen" zu tun. Liebe ist als göttliche Essenz frei und sie gibt frei.

Was ist also Liebe? Wie erkennen wir Liebe?
 Wie können wir Liebe, real mit unserem Herzen, so leben, dass Du und ich uns sicher sein können, dass es Liebe ist? Die Liebe, wie Gott sie gemeint hat und unter Menschen gelebt sehen möchte? Wann machen wir ihm diese Freude und vor allem – wie?

Liebe ist eine *absolute* Dimension und nicht ein Gefühl. Liebe ist eine seelische Dimension in Dir, die Du verantworten darfst und zu behaushalten hast. Liebe ist ein Zustand und eine Haltung unserer Seele.

Dieses Bewusstsein über die Liebe kannst Du Dir mit den Inhalten des Liebesbewusstseins zu eigen machen. Du kannst Liebe *aktivieren*.

Denn die Liebe ist nicht passiv, sondern aktiv. Liebe will etwas bewegen, zum Beispiel Dein Herz, damit Du in die Fähigkeit gelangst, auch andere Herzen mit Liebe bewegen zu können.

Liebe ist weder einseitig noch gewöhnlich oder könnte jemals wie eine Gewohnheit werden. Liebe ist eine ganz klare Sache und deshalb braucht Liebe den göttlichen Verstand.

Wir Menschen haben den gesunden Menschenverstand! Doch wie oft setzen wir ihn ein, diesen göttlichen Menschenverstand, wenn es um „Liebe" geht? Die meisten tun es erst überhaupt nicht.

In esoterischen Kreisen ist der gesunde Menschenverstand bisweilen völlig verpönt. Alles, was „vom Kopf" oder mit dem „Verstand" in eine „spirituelle Verpaarung" gerät, wird abgelehnt, da der Verstand als blockierend bewertet wird. Hier zählen nur „das Herz" und „die Intuition" (doch was ist damit wirklich gemeint?). Es gibt vielfach nicht das Verständnis, dass die göttliche Intelligenz die Liebe an sich ist, die sich aber unter anderem aus dem bewussten Menschenverstand zusammensetzt. Denn unser Bewusstsein funktioniert über den Verstand und ist absolut von Gott gewollt. Er ist ein Muss, um überhaupt der Liebe mächtig zu werden.

Setzt man im Falle von „Liebe" den gesunden Menschenverstand erst nachträglich ein, ist es leider häufig schon zu spät. Man ist in eine Sache oder eine Beziehung bereits viel zu sehr involviert, man könnte auch sagen „verwickelt". Dann kann man nicht mehr einfach Nein sagen, unstimmige Dinge verändern, ohne mit Gesichtsverlust oder ablehnenden Erfahrungen rechnen zu müssen. Selbsttreue wird zum Fremdwort, auch wenn man ehrlicherweise besser gleich eine Sache oder Person aus Selbstliebe loslassen müsste.

Dabei ist die Liebe eine Herzensangelegenheit, die sich mit unserer Seele verbindet.

Und was machen wir Menschen daraus? Ein merkwürdiges Ego-Konstrukt, eine verschwommene Sache der Interpretationen und Vermutungen und Schwärmereien. An irgendetwas muss sich das menschliche Ego, was die Liebe betrifft, scheinbar festhalten!

So viel Literatur gibt es nicht wirklich, durch die einem als Mensch eine Art brauchbarer Orientierungsfaden gegeben wird, wie man ganz praktisch lernen, sehen, fühlen und erleben kann, dass es sich in einem Moment oder einer Situation *jetzt* tatsächlich um die Liebe eines anderen Menschen handelt. Dass *jetzt* Liebe im Leben und in der Begegnung präsent ist. Wo Du in Dir weißt und spürst: Ich liebe!

Dazu kommt die Sache mit der Selbstliebe. Für die meisten Menschen ist es noch viel schwieriger, damit umzugehen als mit der „Liebe" zu einem anderen Menschen. Immerhin ist es tausendmal einfacher, einen Menschen mit Selbstaufgabe und Verzicht, Selbstverleugnung und Aufopferung „zu lieben", als innerlich darauf zu bestehen, erst einmal wahrhaftig bei sich selbst zu bleiben und bei dem, was einem wirklich wichtig ist. Du müsstest in Selbstliebe zu Dir stehen. Bereit sein, Dich selbst seelisch ernsthaft wahrzunehmen und zu begreifen. Du müsstest Dich für Dich selbst starkmachen. Du müsstest Dich mit dem, was Dich ausmacht und Du als wertvoller, seelischer Mensch bist, zeigen. Das wäre dann gelebte Selbstliebe. Doch genau das ist für viele Menschen viel anstrengender als der gewohnheitsmäßige Selbstverlust und die „eingebaute" Selbstverleugnung.

Liebe ist göttliche Menschlichkeit. Selbstliebe ist direkte Bezogenheit zu Gott oder dem Göttlichen. Es handelt sich bei der Liebe um eine Dimension, die es verdient, endlich einmal plausibel verstanden zu werden, von Dir und mir und allen anderen Menschen, die von sich aus sagen:

Liebe geht mich definitiv etwas an.

Liebe geht uns alle an. Denn wir alle haben eine Seele.
Wir alle brauchen Liebe, wollen uns geliebt, angenommen und wertgeschätzt fühlen. Aber wer erklärte uns bisher, wie das geht, was wirkliche Liebe meint und wahre Liebe ist?

Liebe ist einfach eine ernstzunehmende Sache. Genau wie die, dass Du Deine Seele am besten *jetzt* beginnst, ernst zu nehmen. Sie ist der Schlüssel zu Deiner praktisch erlernbaren, erlebbaren und erfahrbaren Liebe.

Es ist deshalb Zeit geworden, der Liebe ein praktisches Gesicht zu geben, ihr ein neues, klares Antlitz zu verleihen, über ihre Tiefe und Ewigkeit, über ihre Gültigkeit in Dir und unter den Menschen. Ein nachvollziehbares Gesicht, dem andere Menschen folgen können, aus Liebe zur Liebe und Selbstliebe, und was sie am Ende wissen lässt, *dass sie Liebe gelebt haben.*

Mein Buch möchte mit der Einführung ins Liebesbewusstsein eine Art Leitfaden in der Liebe und für die Liebe sein. Das ist ein hoher Anspruch; ich weiß.

Mein Herz und meine Seele haben versucht, ihr Bestes zu geben, um die Liebe für Dich verständlich, nachvollziehbar und vor allem praktizierbar zu machen.

Es handelt sich allerdings nicht um ein weiteres Buch, das die Liebe erneut in Watte packt und Dich und Dein Ego gleich mit dazu. Es handelt sich um ein Buch, das Dir vielleicht auch nicht immer nach dem „intellektuellen" oder „esoterischen" Mund spricht. So kann es im Laufe des Lesens geschehen, dass Du, vielmehr Dein Ego, die eine oder andere Textpassage als eher unbequem erlebst. Dein Ego wird den „Berg" des Liebesbewusstseins mit seinen „inneren Wallungen" dokumentieren. Während Deine Seele beim Lesen die seelische Freiheit und die Heilung, die für Dich in der Liebe möglich ist, ganz bestimmt erfassen wird. Gib Deiner Seele mit diesem Buch Raum zu erblühen.

Sei Dir mit mir an dieser Stelle bewusst, dass es mit jeder Zeile um die Liebe und um die Seele geht. Und darum, dass die Liebe es verdient hat, sich *Luft* zu machen und Dinge seelisch klarzustellen, um damit eine Ordnung für die göttliche Liebe zu erschaffen. Das Ziel für Dich im Liebesbewusstsein ist, dass Du die göttliche Gerechtigkeit, die in ihrer Wahrhaftigkeit zu finden ist, in Deinem Herzen erfährst und mit einer erfüllten und bereichernden Seele Dein Leben selbstmächtig und glücklich gestalten kannst.

Mit dem Liebesbewusstsein tauchst Du ein in die Dimension der Liebe und Ehrlichkeit – ja, auch der Selbstverantwortung – unter den Menschen, wie Gott sie gemeint hat. Ehrlichkeit als seelisches Grundgut, das ein jeder Mensch von Natur aus sucht, finden und leben will.

Du brauchst zukünftig weder Enttäuschungen noch Scheitern in der Liebe zu erleben, sondern kannst lernen, Dich, mithilfe des Liebesbewusstseins, selbst davor zu bewahren. Andererseits ist es für Dich möglich, seelisch zu erlernen, wie Du Menschen mit *Deiner Liebe* wirklich erfüllen und bereichern kannst.

Ich wünsche Dir ein beherztes Schmökern, tiefe Momente und klärende Gedanken *über Dich selbst* beim Lesen dieses Buches. Ich wünsche Dir ein gutes Begreifen der Liebe und ein bewegtes Herz dazu. Ich wünsche Dir wahrnehmbare Wallungen Deines Egos, damit Du mit deren Hilfe der wahren Liebe und Deiner Seele schon beim Lesen näherkommen kannst.

Ich freue mich über Deine Offenheit der *Liebe* und Deiner eigenen Seele gegenüber. Du machst ihr damit eine große Freude … und Gott.

Marija

Liebe ist eine Fähigkeit

Liebe ist – bewusst verstanden, gelebt und erfahren – die göttliche Macht über mein Leben und das Ende der menschlichen Ohnmacht.
(Marija)

Liebe ist kein Gefühl. Sie ist kein Talent oder eine Charaktereigenschaft. Liebe ist keine Qualität. Liebe ist eine göttliche Fähigkeit und in der Dimension Deiner Seele verankert. *Liebe ist absolut.*

In jedem Menschen steckt diese göttliche Fähigkeit: lieben zu können. Bisher war Liebe allerdings mehr oder weniger ein Zufall, der sich in der Persönlichkeit abzeichnet und sich entwickelt, oder eben nicht. Da im Verlauf unseres Lebens meistens nicht klar vermittelt wurde, was wahre Liebe meint und wirkliche Liebe ist, existieren vermeintliche Orientierungshilfen über die Liebe, um Liebe als „Gewissheit" erkennen zu können. Diese Orientierungshilfen sind entweder Projektionen, eingeschränkte Sichtweisen oder Bewertungen und Vorstellungen über die Liebe selbst. Zum Beispiel kann diskutiert werden, ob ein Mensch durch ein besonderes Verhalten ein guter Mann ist. Oder ob eine Frau durch das sich Hingeben eine gute Frau ist. Wiederum steht zur Debatte, ob und wann eine Mutter oder ein Vater durch den Umgang mit dem Kind als „liebevoller" Elternteil wahrgenommen wird. Die Art des Umgangs miteinander ist bisher eine Variante, „Liebe" scheinbar erkennen zu können oder eben darin Liebe nicht zu erkennen. Ein Umgang, der meistens unbewusst stattfindet.

Es bestehen viele Missverständnisse über die Liebe, gleichwohl wir ein ganzes Leben mit der Liebe beschäftigt sind und jeder auf seine Weise bemüht ist, dieses Thema zu leben oder zu klären.

Wenn wir Menschen treffen, die uns das Gefühl geben, dass wir von ihnen geliebt werden oder wenn wir das Gefühl haben, einen Menschen zu lieben, dann ist das ein Stück Glück. Dennoch obliegt die Liebe noch immer dem scheinbaren „Zufalls- oder Schicksalsprinzip". Wenn Du Glück hast, kannst Du aus Dir heraus lieben, und wenn Du Pech hast, kannst Du eben nicht aus Dir heraus lieben. Wenn Du Glück hast, hast Du ein Händchen für die Selbstliebe in Dir, und wenn Du das Händchen dafür nicht hast, fällt es Dir wahrscheinlich nicht einmal auf. Wenn Du Glück hast, findest Du einen Menschen, mit dem Du gemeinsam lieben kannst. Und wenn Du diesen Menschen nicht findest, genügen Dir vielleicht auch gute Umstände mit einem Menschen und Du bleibst vor allem nicht alleine, was für Dich dann so etwas wie „Liebe" ist.

Was ist Liebe und was ist Selbstliebe?

Liebe ist eine göttliche Fähigkeit und absolut kein Zufall, auf den Du Dein Leben lang hoffen oder warten musst. Liebe kannst Du bewusst wählen und leben. Dafür brauchst Du zunächst nur Dich selbst. Denn Gott hat nicht vergessen, in uns Menschen etwas praktisch Göttliches einzubauen, was uns definitiv hilft, die Fähigkeit der Liebe aktivieren und erobern zu können. Es ist unser seelisches Bewusstsein. Gott hat uns Menschen seelische Werkzeuge zur Verfügung gestellt. Werkzeuge, auf die wir innerlich und bewusst zurückgreifen können und respektvoll zurückgreifen *müssen*. Damit beginnen wir praktisch, das Göttliche und das Seelische zu achten und genau *deshalb* der Liebe mächtig zu werden.

Wenn Du Dir bewusst bist, dass Liebe der größte Sinn unter uns Menschen ist und Du danach verlangst, Dich in der Liebe wahrhaftig weiterzuentwickeln, dann versuche es mit dem Liebesbewusstsein. Das Liebesbewusstsein ist ein Eroberungs-Leitfaden zur Aktivierung Deiner göttlich-praktischen Liebesfähigkeit.

Dies ist deshalb möglich, da Du Dich, mit der Anerkennung dessen, dass Liebe eine göttliche Fähigkeit ist, nicht mehr irgendeinem Mangel in Dir unterwirfst. Also zum Beispiel dem Mangel Deiner Gedanken oder Überzeugungen, wie: „Das kann ich ja doch nicht, das geht ja doch schief". Auch der Mangel Deiner Familie oder Deiner Vergangenheit wird uninteressant.

Dieses Buch ist für Dich nachhaltig von Interesse, wenn Du es mit der Liebe in Dir ernst meinst. *Endlich!*

Fähigkeiten kann man sich erobern ... also auch die Liebe!

Wie es ist, eine Fähigkeit zu erobern, hast Du sicher schon einmal erlebt. Zum Beispiel die Fähigkeit zu schwimmen, Fahrrad zu fahren oder mit 10 Fingern blind auf der Tastatur Texte zu schreiben. Autofahren ist auch eine Fähigkeit. So gibt es ganz viele Fähigkeiten, die Du bereits jetzt in Deinem Leben entwickelt hast und weiter in Deinem Leben aktivieren wirst. Weil Du es entscheidest und diese Fähigkeiten erfüllend für Dich erlebst.

Die Liebe ist nichts anderes. Allerdings handelt es sich bei der Liebe nicht um eine irdische Fähigkeit (wie zum Beispiel Schwimmen oder Fahrradfahren), sondern um eine göttliche Fähigkeit in Dir, mit der Dimension Deiner Seele dahinter.

Diese göttliche Fähigkeit kann *jeder* Mensch in sich aktivieren, ordnen und erobern.

Der erste Schritt ist, die Erwartung loszulassen, unsere Eltern hätten uns die „Anleitung", wie man die Fähigkeit zu lieben erobert, mit ins Leben geben müssen.

Wahrscheinlich hatten Deine Eltern selbst nur wenig Ahnung oder keinen blassen Schimmer davon, wie man die Liebe erobert. Lass Dich nicht von dem Mangel Deiner Eltern oder Deinem scheinbar daraus resultierenden eigenen Mangel beeindrucken. Auch nicht durch Unfähigkeiten Deiner Eltern, Deines Umfeldes und der anderer Mitmenschen. Selbst, wenn sie mit Dir seelisch etwas gemacht haben oder noch immer machen, was Dich im Moment noch verletzt, demütigt, behindert, lähmt und schmerzt. *Es geht jetzt um die wahre Liebe!* Etwas Neues beginnt, wenn Du es willst.

Es spielt keine Rolle, was Du früher nicht konntest.
Deine gewünschten Fähigkeiten kannst Du *immer* unabhängig von Deiner Herkunft entwickeln. Sie muss Dir nur wichtig genug sein. Dein Entschluss, diese Fähigkeit erobern zu wollen, ist der entscheidende Punkt auf dem Weg, diese Fähigkeit für Dich zu erlangen. Du aktivierst die Fähigkeiten, die Du begehrst, immer dadurch, dass Du das „notwendige Material", die Fähigkeit auszuführen und zu leben, in Dir aufnimmst und dieses begreifst. Beim Schwimmen ist es beispielsweise das notwendige Verstehen und Integrieren der Motorik und Technik von Arm- und Beinbewegungen. Ähnlich ist es beim Fahrradfahren und der notwendigen Weiterentwicklung Deines Gleichgewichtsinns. Beim Autofahren musst Du Dich mit den Verkehrsregeln vertraut machen, Du musst sie selbstverständlich kennen und den reibungslosen körperlichen und technischen Ablauf des Autofahrens beherrschen.

Fähigkeiten geben Dir, wenn Du sie in Dir erobert hast und sie lebst, Gefühle der Freiheit und Freude. Sie lassen Dich qualifizierter sein, zum Beispiel, wenn Du das 10-Finger-Schreibsystem auf der Tastatur Deines PC beherrschst. Eine Fähigkeit macht Dein Leben leichter, freier und Dich selbst interessanter. Du kannst Fähigkeiten mit anderen Menschen teilen. Eine Fahrradfahrt mit Freunden ist nur möglich, wenn alle diese Fähigkeit, Fahrrad zu fahren, vorweg erobert haben.

So ist es auch mit der Liebe. Die Liebe ist eine Fähigkeit, die Gott Dir mit vielen menschlichen Potenzialen in Dein Herz gepflanzt *hat*.

Ob diese Pflanze aufgeht oder nicht, entscheidest nur Du. Denn kein anderer als Du kann Dir diese seelische Fähigkeit verwehren. Nicht Deine Herkunft, nicht Dein Umfeld, nicht Deine Eltern oder Dein Partner. *Du entscheidest das!*

Mit der Liebe ist es wie mit dem Schwimmen. Es spielt für die Eroberung dieser Fähigkeit überhaupt keine Rolle, ob Deine Eltern schwimmen konnten oder nicht. Es spielt auch keine Rolle, ob ein Mensch in Deinem Umfeld schwimmen kann oder nicht. Wenn Du die Fähigkeit zu schwimmen als Teil der Erhöhung Deines Lebensspektrums und Deiner Lebensfreude erobern und erlernen möchtest, dann tust Du das. Wenn Du Dich durch die Beherrschung einer weiteren Sprache weiter qualifizieren willst, dann tust Du das genauso. Du bist nicht so dumm, auf diese Lebensmöglichkeit mit allem, was Dir die neue Fähigkeit verheißt, zu verzichten. Du tust es einfach. Du lernst schwimmen und diskutierst nicht mit Deinem Ego oder anderen Egos.

Im Falle der Liebe wird Dir Dein Ego versuchen einzureden, dass Du Dir diese Fähigkeit nicht so leicht erobern kannst. Aufgrund Deiner bisherigen Lebensspur, Deines Schicksals und Deines Vaters und Deiner Mutter … und überhaupt ist alles nicht so einfach – in Deinem Leben!!! Sagt Dein Ego oder ein anderes Ego!
Betrachte Dir deshalb im Falle der Liebe die Eroberung der Fähigkeit, lieben zu können, eher „nüchtern". Denn nur Dein Ego ist beeindruckt von den vielen Unfähigkeiten in Dir, die Dir das Gefühl geben, Du könntest die Fähigkeit der Liebe für Dich und andere Menschen nicht wirklich erobern. Es wird Dir vormachen, es wäre ein Kampf und keine Eroberung.

Nur Dein Ego ist beeindruckt vom Mangel Deiner Eltern oder Deinem eigenen Mangel, der Dich einschüchtert, wie es Deine Eltern oder deren Stellvertreter getan haben. Deine Ängste, Deine Sorgen, Deine Befürchtungen, Dein Kummer und Deine Schmerzen, Deine inneren Wenn's und Aber's; all das beeindruckt Dein Ego und es hält Dich auf, die Liebe nachhaltig und selbstverständlich als greifbare Fähigkeit für Dich zu erobern.

Das Wesen der Liebe als eine Fähigkeit anzuerkennen, ist der erste Schritt für Dich, *Deiner Seele den machbaren Raum zu geben*, sich in der Liebe praktisch entwickeln zu können.

Fähigkeiten gehen in „Fleisch und Blut" über!

Wenn Du einmal eine Fähigkeit erobert hast, dann bist Du Dir ihrer absolut sicher und verschwendest keinen einzigen Gedanken mehr daran, wie es jetzt geht, zu schwimmen oder Fahrrad zu fahren, wie Du Arme und Beine zu bewegen hast. Wenn Du eine Sprache erobert hast, zum Beispiel die Fähigkeit, Englisch fließend sprechen zu können, dann denkst Du im Gespräch mit englisch sprechenden Menschen nicht mehr darüber nach: wie Du den Satzbau machst, wie die Vokabeln lauten, ob Du jetzt die Dinge richtig ausgedrückt hast, etc. Du sprichst, denkst oder träumst sogar dann in dieser Sprache, weil Dir diese Fähigkeit, Englisch zu sprechen, in Fleisch und Blut übergegangen ist.

So erobert sich der Mensch Zeit seines Lebens Fähigkeiten mit seinem Körper und seinem Geist. Du weißt im Voraus: Wenn Du Englisch erlernen und als selbstverständliche Sprache sprechen willst, kommst Du am Erlernen der Vokabeln, der Grammatik und des Satzbaus nicht vorbei. Darüber diskutierst Du nicht innerlich, weil es zur Natur des Sprachenlernens dazugehört und Du die Sprache beherrschen willst.

Genauso ist es mit der Liebe. Der einzige Unterschied ist: Es ist eine göttliche Fähigkeit, die eben nicht wie andere Dinge mit Deinem Körper oder Deinem Geist erobert werden, sondern mit Deiner Seele. Und Du musst wissen, ob Du die Fähigkeit zu lieben wirklich willst, um ein wirklich Selbstliebender und Liebender in Deinem Leben zu werden.

Dieses Buch, die Einführung über das Liebesbewusstsein mit seinem Klartext, hat den tiefen Anspruch, die Liebe für Dich greifbar zu machen. Ich möchte Dir einen realen und gangbaren Weg der Eroberung der Liebe als Fähigkeit in Dir aufzeigen. Ich möchte Dir die „Notwendigkeiten" offenbaren, damit Du in der Liebe ins selbstverständliche „Lieben" treten kannst. Dafür brauchst Du außer diesen „Notwendigkeiten" nur das praktische und alltägliche Leben. Du bist – was die Eroberung der Liebe betrifft – von Tausenden von Lehrern direkt oder indirekt umgeben. Sie alle geben Dir automatische Unterstützung und viele Möglichkeiten, dass Du die Liebe so oder so erobern kannst. *Deine Mitmenschen!*

Warum Eroberung?
All unsere Fähigkeiten, die wir im Laufe des Lebens aktivieren und integrieren, haben wir nicht mit einem „Klick", einem „Download", einem Schnipp oder einem rituellen Klatschen in unserem Leben erhalten. Für jede Fähigkeit, die Dir in Fleisch und Blut übergegangen ist, hast Du üben müssen. Du musstest für das gute Ergebnis Korrekturen vornehmen, vielleicht Deine Haltung ändern, andere Sichtweisen oder neuen Umgang mit den Elementen erlernen, Deine Motorik prüfen, Regeln lernen und immer wieder einüben. All diese Fähigkeiten, die Du Dir in Deinem Leben erobert hast, waren stellenweise mit Rückschlägen oder mit Neubeginnen gekoppelt. Als Du Dir das Laufen und aufrechte Gehen erobert hast, hast Du nicht bewertet oder gezählt, wie oft Du hingefallen bist. Du wusstest schon als kleiner Mensch, wie toll es wohl sein wird, wenn Du dranbleibst, das „Laufen" zu erobern. Alle Deine Mühen während der Eroberungen von Deinen bereits eroberten Fähigkeiten haben in Dir keinen Abbruch gefunden, weil

Du jede dieser Fähigkeiten in Dir *wolltest*. Du hast diese Fähigkeit begehrt und als lebenswert für Dich erachtet. Die Fähigkeit einmal zu haben, spürtest Du wie eine Verheißung in Dir. Du hast Dich von Dir selbst nicht beeindrucken lassen, sondern warst beeindruckt von der Fähigkeit an sich. Die Fähigkeit, die Dir eine besondere Lebensperspektive offenbarte und Dir so viel würde geben können, wenn Du diese Fähigkeit einmal erobert und in Dir integriert hast.

Genauso ist es mit der Liebe. Die Liebe ist eine seelische Fähigkeit, die Du Dir – wenn Du weißt, wie es geht und wo Du anzusetzen hast – erobern kannst. Wenn Du in Dir bestimmst, unbeeindruckt von Deinen Eltern oder von Deinem Umfeld, dass Du Selbstliebe und Liebe erobern möchtest, dann kannst Du jetzt beginnen, es zu tun. Du kannst den Weg der Liebe mit dem Liebesbewusstsein erfolgreich gehen.

Du findest im Verlauf des Buches eine genaue seelische Anleitung – die vier Säulen des Liebesbewusstseins –, wie Du aus Dir heraus nach göttlich-seelischem Geheiß die Liebe mit Gewissheit aktivieren wirst. Du wirst erkennen, wo Du Dich in der Liebe findest und was Du von Dir in der Liebe alles finden kannst.

Das Rätselraten über die Liebe hört für Dich auf. Du wirst Dein Ego spüren und enttarnen, ja minimieren lernen, um Deiner Seele für die Liebe die Macht zu geben.

Du wirst die Ewigkeit der Fähigkeit zu lieben in Dir tragen und es wird Dir eine Freude sein, diese göttliche Essenz in Dir bewusst zu haben. Du wirst begeistert sein, wie Du es geschafft hast, Liebe als den göttlichen Sinn im Leben heilsam für Dich selbst und für andere umsetzen zu können. Du wirst begeistert sein, dass Du mit Deiner Liebe ansteckend für andere Menschen bist und damit die göttliche Liebe verbreitest. Du wirst glücklich sein, dass Du die Courage zur Eroberung hattest und *drangeblieben bist* für das größte Geschenk, das uns Gott in unsere Herzen gelegt hat:

Die erfüllendste Lebensqualität auf Erden: *Dein/ein seelisches Leben*.

Kapitel I – Spiritualität und Gott

Der Sinn der Spiritualität ist der, die Liebe zu erden.
(Marija)

Da die Liebe aus dem Reich des Göttlichen und des Seelischen entspringt, habe ich Dir das, was für die Liebe im Spirituellen von Bedeutung ist, in diesem Kapitel versucht zu erklären. Es soll Dir behilflich sein, die tiefsten Aspekte und woraus sich Spiritualität im Kern zusammenfügt, zu verdeutlichen. Es geht um unsere seelische Heimat und darum, wo wir herkommen und was wir mit und durch die Schöpfung sind. Es geht um Dein seelisches/göttliches Grundverständnis. Wenn „Grundlagen" erklärt werden, ist es manchmal etwas anstrengend oder beim ersten Durchlesen schwer zu verstehen. Nimm Dir Zeit und Ruhe bei diesem Kapitel. Es stellt eine wichtige Einführung und Vorbereitung dar, um in das Verständnis von Liebe und in das des Liebesbewusstseins hineinzufinden. Manchmal gibt es Wörter oder Passagen, die sich wiederholen oder einem wie eine Wiederholung vorkommen. Dies ist bewusst so gewählt, um Dein Verständnis für diesen „göttlichen" Stoff zu stärken.

1. Das Göttliche

„Gott kann nicht durchsucht und durchsiebt werden nach Menschenart, weil in Gott nichts ist, was nicht Gott ist."
(Hildegard von Bingen)

Das Göttliche ist absolut, logisch und einfach.

Etwas Absolutes verständlich zu erklären, in diesem Fall die „Quelle der Liebe", fällt allerdings schwer – aufgrund der Einfachheit. Es fehlen treffende, menschliche Worte, um die Dimension des Göttlichen und seiner Absolutheit gebührend beschreiben zu können.

Das Absolute ist getragen von Ganzheit, Reinheit und Fraglosigkeit. Es ist unumstößlich, so wie Deine Eltern ebenfalls unumstößlich diese einen Eltern sind, so wie Dein Körper definitiv Dein einmaliger Körper ist.

Das Göttliche steht außerhalb unserer menschlichen Vorstellungskraft. Die Weltreligionen haben versucht, dem Göttlichen eine Form zu geben – auf unterschiedliche Art und durch verschiedene göttliche Führer (Jesus, Buddha, Mohammed), damit wir Menschen „Gott" begreifen können. Doch das Göttliche und Gott ist keine Religion. Die Religionen beschreiben nur ansatzweise und aus unterschiedlicher Sicht, was das Göttliche ist und meint. Doch Gott kann damit nicht wirklich „ausgedrückt" oder verstanden werden.

Das Göttliche ist unsere Heimat, dort kommen wir alle her. Von dort sind wir von Gott ins Leben ausgesandt worden, um das Göttliche – die Liebe – menschlich zu verbreiten. Gott ist das *Sein*, der uns Menschen ins Leben, zum *Werden*, geschickt hat.

Wenn etwas absolut ist, so wie Gott, dann ist diese Sache feststehend. Es handelt sich um etwas, an dem es nichts zu deuten oder zu diskutieren gibt. Religionen diskutieren und „legen" aus. Dabei ist das Göttliche wie eine Schwangerschaft. Du bist schwanger oder Du bist es nicht. Es gibt kein Vielleicht. Das Absolute ist eindeutig, wahrhaftig. Entweder nimmt man das Absolute einer Sache an oder man nimmt es nicht an. Entweder entscheidest Du mit einem Ja oder einem Nein. Dazwischen gibt es nichts. Alle Konsequenzen aus der Antwort gegenüber dem Absoluten werden selbstverständlich getragen. Das Absolute ist eine Gewissheit. Wenn eine Frau schwanger ist, ist es gewiss, dass sie ein Kind austragen und zur Welt bringen wird.

Unsere Heimstätte, Begriff und Begreifen des Göttlichen

Das Göttliche ist alles Sichtbare und alles Unsichtbare. Es lässt aus dem „Nichts" etwas entstehen, so wie ein Kind im Leib der Mutter entsteht und sie es aus ihrem Leib hervorbringt. Das Werden aus dem Sein. Das Göttliche ist der Ursprung aller Dinge, die wir Menschen in unserem Leben erfassen können oder auch nicht erfassen können. Es ist absolut *alles* im Göttlichen eingebettet. Das Göttliche ist die Heimstätte aller Schöpfungen, des Universums, der Galaxien – aller Dinge, die wir Menschen noch nicht kennen oder erfasst haben, welche jedoch bereits existieren. Das Göttliche ist Heimstätte des Seelischen, des Menschen, der Erde, aller Planeten, der Natur und der Tiere, Heimstätte der „geistigen Welt" und von allem, bei dem *auch* an dieser Stelle absolute Kenntnisse und Worte fehlen.

Das Göttliche als Mensch zu beschreiben ist so schwer, wie das Göttliche in seiner Gänze und gleichzeitiger Einfachheit als dasselbe zu begreifen ist.

Das Göttliche *hingegen* hat all seine Schöpfungen begriffen und wacht mit reinem Bewusstsein über sie. Das Göttliche ist sich stets seiner Schöpfungen bewusst.

Das Göttliche oder Gott weiß alles, sieht alles, tut alles und ermöglicht alles. Dies vollzieht er hier und gleichzeitig überall in jedem Augenblick und ohne Unterlass in seinem gesamten, göttlichen Reich. Gott ist **allgegenwärtig**. Gott wirkt gleichzeitig an mannigfaltigen Orten, in zahlreichen Momenten, Situationen oder bei unzähligen Menschen. Gott ist, als der Ausdruck reiner Energie und reinem Bewusstsein, Intelligenz und Liebe, formlos und nicht als ein personifiziertes Gegenüber unseres Diesseits einzuordnen.

Das Göttliche ist höchste Zuverlässigkeit für seine Schöpfungen. Gott lässt niemals eine seiner Schöpfungen fallen. Deshalb können wir uns auf das Göttliche und seine Intelligenz zutiefst verlassen, stehen wir als Menschen in Resonanz mit den göttlichen Absichten. Das Göttliche ist ewig und zeitlos. Es ist unerschöpflich und kann permanent neue Schöpfungen hervorbringen.

Selbst wenn die Wissenschaft uns das Ende des Universums und der Galaxien voraussagen will, wird aus dem Göttlichen Neues geschöpft und erschaffen werden. Denn das Universum und die Galaxien befinden sich im Göttlichen selbst und sind nur ein Teil unendlicher Schöpferwerke.

Das Göttliche oder Gott ist durchtränkt mit der Intelligenz der Liebe. Es ist aus der Liebe erschaffen und sie ist gleichzeitig der „Kraftstoff" des Göttlichen. Das Göttliche dynamisiert, bewegt und hüllt mit seinem „Kraftstoff Liebe" alles in sich ein. Das Göttliche erschafft in sich Göttliches. Wir leben zeit unseres ewigen Daseins mit unserer Seele im Göttlichen. Niemals getrennt von ihm, denn das lässt die Natur des Absoluten im Göttlichen nicht zu.

Der Mensch – die Vereinigung von Wille und Seele in Liebe

Gott ist der nicht bewertende, gütige Chef des Göttlichen. Seine Intention ist, Liebe und Sinn mit seinen Schöpfungen zu säen. Er hat das Menschliche erschaffen, damit die Liebe sichtbar für uns Menschen – sehenden Auges und fühlenden Herzens – im Irdischen erblühen kann. Er hat eine göttlich-irdische „Paarung" kreiert, uns, die Menschen. Dadurch hat Gott das Seelische und das Willentliche vereint. Das Willentliche und der Wille sind menschliche Wesenszüge, weil sie uns die Macht im Leben zur Manifestation geben. Wie diese dann auch immer aussehen oder sich gestalten mögen.

In der Freiheit des Willens obliegt es uns Menschen, ob wir diesen für die Liebe oder für das Ego einsetzen.

Im Göttlichen lebt selbstverständlich die Polarität, da sie ein Teil des Göttlichen ist. Die Polarität ist allerdings als ein anderer „göttlicher Bereich" mit einer besonderen Herausforderung für uns Menschen geschaffen. Es ist die Herausforderung anzunehmen, den göttlichen Kraftstoff der „Liebe" ins Leben hinein zu transportieren. Über die eigene Seele, aus dem Sein, in das eigene Willentliche – ins Werden. Das Werden ist die Ergänzung des Seins. So haben wir die Aufgabe, als beseelte Menschen die Liebe sichtbar werden zu lassen – über die *Gestalt unserer Seele*.

Gott geht es darum, die bereits mit Liebe durchtränkte Seele (die ein jeder Mensch inne hat) in die irdische Kraft zu bringen, mit Hilfe des freien Willens mit aktiver Liebe praktisch zu erfüllen und zur umfassenden Lebensbereicherung zu machen.

Unser Wille geschehe.

Gott in seiner Toleranz hat entschieden, es Deinem Willen zu überlassen, ob sich auch Dein Wille mit Liebe tränken lassen will. Also, ob Du bewusst als Mensch entscheidest: Ja, ich will Liebe leben. Aktiv und definitiv, ohne Wenn und Aber. Das ist das Geschenk an uns Menschen, das Gott uns aus seiner Absolutheit, ohne „ein absolutes Muss", gegeben hat.

Ego und Seele in Polarität – unser Wille entscheidet, was ist, was geht und was sein soll.

Es liegt in der Natur der Dinge, dass es in der Polarität immer zwei Seiten gibt. Also war es notwendig, zur Liebe noch einen anderen Aspekt im Menschen zu erschaffen. Dieser Aspekt ist der freie Wille, in dem – aus dem „Ungöttlichen" heraus – sich das Ego erschafft. Im Ego lassen wir die Liebe in der Passivität verharren.

Nicht Gott entscheidet über das Leben und über die Bereiche des Lebens, sondern der eigene Wille des Menschen vollzieht dies. „Dein Wille geschehe" heißt: „Dein menschlicher Wille" geschehe. Gott hat Dir damit die göttliche Macht über Dein Leben übertragen. Denn Du bist ein Teil Gottes und darfst auf Erden Deine göttliche Schöpferkraft in Besitz nehmen. Du darfst Dir dieser Schöpferkraft, so wie der Absolutheit Gottes, gewiss werden.

Er ist fest davon überzeugt, dass, wenn er es schafft, über alle Schöpfungen zu schauen und sie mit reinem Bewusstsein in Liebe zu „verwalten", es Dir dann als Mensch mit Seele und Willen ebenso möglich sein wird. Nur für Dein *alleiniges* Leben. Nur Du für Dich alleine bist für Dich zuständig. Das ist doch realistisch und machbar! Denn auch Du kannst im göttlichen Sinne über Dein Leben „schauen" und dieses mit aktiver Liebe gestalten.

Ein göttlicher Auftrag

Das Göttliche glaubt zutiefst an diesen relativ „einfachen" Auftrag und dessen Erfüllung durch den Menschen, die Liebe nicht nur seelisch, sondern auch willentlich in die Welt der Polarität transportieren zu können, auf die Erde. Gott möchte sehen, wie die Menschen zu adäquaten Gottes- und Liebesbotschaftern werden und wie der „göttliche Kraftstoff Liebe" in der Lage ist, selbst die Polarität im Menschen und unter den Menschen zu überwinden. Das Göttliche weiß um die Absolutheit der Liebe.

Jetzt geht es darum, im Menschsein den „absoluten Willen" für die aktive Liebe zu erobern. Freiwillig. Es geht Gott darum, dass auch der „einzelne Mensch" eine Ahnung davon erhält, was er mit seiner Göttlichkeit in der Lage ist zu bewirken. Es geht Gott darum, uns Menschen einen Weg zu offenbaren, der uns hilft, das Göttliche allgemein in uns zu verstehen und zu leben. Ganz real und nachvollziehbar. Wir sollen „Herr" unserer eigenen Göttlichkeit werden und lernen, mit dem „göttlichen Kraftstoff der Liebe" zu wirken. So, wie Gott „Herr" über die absolute Göttlichkeit ist, mit all ihren Schöpfungswerken, und seine Liebe aus dem Sein solange passiv wirkt, bis wir Menschen die Liebe endlich willentlich aktiv leben.

Dein Ego ist der Gegenspieler Deiner Seele. Dein Ego ist *nicht* mit Liebe getränkt. Fängst Du an, Deinen Willen mit Liebe aktiv zu durchtränken, so wirst Du automatisch mit Deiner Seele Dein Leben in Selbstliebe gestalten. Du wirst Dein Ego verlieren. Dann hat das Göttliche Dein menschliches Leben erobert. Dann regiert das Absolute Dein Leben: die Liebe. Dann hast Du den Auftrag Gottes in seinem göttlichen Willen auf Erden vollbracht.

2. Das Seelische

„Die Seele entstammt der himmlischen Harmonie."
(Hildegard von Bingen)

Das Seelische ist aus der Absolutheit Gottes entsprungen. Der Absolutheit der Liebe.

Gott hat dadurch einen Weg offenbart, liebesdurchtränkte Seelen als Menschen aussenden zu können, damit wir während unserer Lebenszeit, durch die eigene Seele, in aktiver und bewusster Liebe leben und wirken können – jeder auf seine eigene Art und Weise. Durch unsere Seelen und unseren Körper kann Gott das Überirdische mit dem Irdischen vereinen, gleichwohl es in der Polarität geschieht.

In der Seele des Menschen befindet sich, außer der Liebe, das Potenzial der göttlichen Werte. Diese Werte in Deiner Seele sind unerschütterlich, unzählig und ewig in ihr vorhanden. Die göttlichen Werte in unserer Seele können wir im Verlauf unseres Lebens sinnvoll und unabhängig von unserer Vergangenheit und unabhängig von **allem** zum Ausdruck bringen. Über diese aktiven Werte geben wir unserer Seele eine „Gestalt". So gibt es den göttlichen Wert der Fürsorge, der Treue, des Humors, des Fleißes, der Warmherzigkeit, der Pünktlichkeit, der Großzügigkeit und vieler mehr. Wir können mit unseren seelischen Werten etwas im Leben aus dem „Unsichtbaren" durch unsere Seele sichtbar machen und damit unsere eigene Seele achten und begreifen lernen. Deine Seele ist unsichtbar, überirdisch und übersinnlich. Sie ist heil, unantastbar, selbstregenerierend, kraftvoll und sehr intelligent, denn in ihr wohnt die göttliche Intelligenz in Form des seelischen Bewusstseins. Deine Seele ist, wie alle Seelen dynamisch und flexibel.

Spirituell zu sein heißt, sich zur Seele zu bekennen.
Da alle Menschen eine Seele haben, sind wir alle von unserem Grundwesen her spirituell. Was jedoch jeder einzelne Mensch daraus macht, obliegt seiner Willenskraft. Wird der Wille nicht im Sinne der Liebe eingesetzt, entwickelt sich das menschliche Ego. Dieses menschliche Ego, mit seinem freien Willen, überschattet die Seele mit all ihrem Potenzial und ihren Kräften.

Wer bewusst spirituell ist oder sich als spirituell bezeichnet, legt ein Zeugnis (und kein schickes Lippenbekenntnis) darüber ab, dass er in sich und zu anderen Menschen seelisch ausgerichtet ist. Dies meint, dass er in Kontakt mit seiner Seele sein will, seine Seele verstehen und in Entwicklung bringen möchte. Es bedeutet auch, dass er die göttlichen Werte in seiner Seele lebendig machen und halten möchte, um sie für sich selbst und für andere Menschen sinnvoll nutzbar zu machen. Wer sagt, dass er spirituell ist, möchte anderen Menschen seelisch begegnen und diese Menschen auch seelisch verstehen.

Wer seelisch orientiert ist im Leben, hat in der Regel den Wunsch, dass die eigene Seele das Leben führt und gestaltet. Das wahre Zepter über Dein Leben hat damit dass Göttliche in der Hand und nicht Dein Ego. Es sei denn, Du erlaubst Deinem Ego diese Art der Machtübernahme gegenüber Deiner Seele. In Deiner Seele gibt es weder Mangel noch Kraftlosigkeit, weder negative Gedanken und Gefühle noch Blockaden. Wenn, dann stecken diese in Deinem Ego und bringen Deinen Lebensplan und Lebenssinn durcheinander.

Unsere Seele besteht nicht aus „Identifikationen", das sind Teile des Egos. Deine Seele wird mit dem gesamten Potenzial der ewigen, seelischen Werte geboren und geht mit denselben ins Jenseits, durch Deinen Tod. Dabei kannst Du selbst entscheiden, welche und wie viele seelische Werte Du in Dir aktivieren und leben willst. Werte sind „geschlechtsneutral" und generell „neutral", so wie die Seele an sich. Da die Seele über die Werte erfahrbar ist, gibt es keine Teilpersönlichkeiten wie z. B. das „innere Kind", „den inneren Mann", „die innere Frau" etc. Teilpersönlichkeiten werden im Liebesbewusstsein als Hilfsbrücke für das „Ego" betrachtet, hier im Rahmen einer „Identifikation", beispielsweise um über das „innere Kind" mehr in Kontakt, Pflege, Mitgefühl oder Verantwortung für diesen „Teil" und den Mangel dahinter zu kommen. Damit wurde jedoch meist nicht am seelischen Wert für den Alltag, für jeden Moment des Lebens, unabhängig von einer Identifikation und als Erwachsener gearbeitet. Deine Seele ist nie verwickelt, hat sich niemals etwas oder jemand anderem gegenüber versprochen oder ist an etwas negativ gebunden. Wenn, dann ist sie von Deinem Ego überschattet mit allen seinen Ideen, was Dich behindern oder bemängeln könnte. Deine Seele hat auch keinen „Vertrag" mit irgendetwas. Sie bezieht sich auf die Ewigkeit der seelischen Werte, die keine Identifikationen sind und unabhängig von Mann oder Frau gelebt werden.

Die göttlichen Werte, ein Geschenk Deiner Seele an Dich und andere

Die Hauptaufgabe Deines seelischen Lebens im Irdischen ist, die Liebe ins Leben zu transportieren und mit Deiner Liebe etwas in Dir und anderen Menschen zu bewegen. Liebe ist deshalb nicht passiv angelegt. Liebe ist ein *Werk* und ein *Wirken* und deshalb aktiv.

So ist Deine seelische Entwicklung über die Werte ein zentraler Sinn Deiner Seele. Dies tust Du ganz praktisch und für andere Menschen offensichtlich, indem

Du Deine Werte lebst, neue Werte in Dir erschaffst und mit anderen Menschen Deine göttlichen Werte teilst.

Innerhalb der göttlichen Werte gibt es keine Hierarchie, da alle Werte gleich wichtig sind. Es gibt Tausende von Werten in Deiner Seele, die im Laufe Deines Lebens von Dir erfasst und gelebt werden können und nach göttlichem Geheiß auch gelebt werden sollen (siehe Liste seelischer Werte S. 92/93).

Deine Seele ist das Zentrum Deiner Selbstliebe.

Sobald Du bereit bist, Deine Seele ernst zu nehmen und Deine Werte zu leben und zu vertreten, bist Du aktiv in Deiner Selbstliebe angekommen. Deine Seele ist Dein persönlicher Startpunkt, um mit der Liebe im Leben und zu anderen Menschen hin anzufangen. Aus Deiner Seele transportierst und ebnest Du den Weg der Selbstliebe und der Liebe an sich. In Deiner Seele steckt, neben dem göttlichen „Kraftstoff" der Liebe, die Totalität der Wahrhaftigkeit. So ist Deine Seele in der Lage, mithilfe ihres seelischen Bewusstseins – welches Du aktivieren kannst – die Dinge Deines Lebens übergeordnet zu reflektieren. Mithilfe ihres seelischen Bewusstseins kann sie entsprechend der gewonnenen Erkenntnisse Dein Leben für die Selbstliebe und Liebe korrigieren.

In Deiner Seele liegt unerschöpfliches Potenzial, um Dein Leben *in jeder Lage* meistern zu können und Dich zu einem erfüllten und bereicherten Menschen zu machen. *Deine Seele ist generell unbeirrbar.*

Nimm Deinen göttlichen Auftrag, der Dir bei der Aussendung Deiner Seele von Gott durch Deine Menschwerdung mitgegeben wurde, an. Arbeite an seiner Vollbringung, mithilfe Deiner Seele, die Liebe auf die Erde und unter die Menschen zu bringen. Sichtbar!

Deine Seele ist in jedem Fall zu einhundert Prozent bereit, sich im Sinne Gottes auszudrücken und im Leben einzubringen. Der größte Störfaktor ist Dein eigenes Ego, welches schon von den Egos Deiner Eltern in seiner Entstehung geprägt wurde und sich von anderen Egos beeindrucken, bemängeln, kleinmachen und kraftlos machen lässt. Das Ego schränkt Deine Seele ein, mit seinen Vorstellungen, Erwartungen, Bewertungen und Entwertungen.

All dies ist nicht im Sinne der Liebe und nicht die Natur Deiner Seele. Die Natur Deiner Seele ist absolute Freiheit gegenüber allem, Verbindlichkeit gegenüber allem, Wertschätzung, Klarheit und Hingabe gegenüber allem, was ist. Deine Seele stellt sich weder die Frage nach Mühe und Geld noch nach Ertrag. Doch der Gerechtigkeitssinn Deiner Seele schaut auf die Ausgeglichenheit von Geben und Nehmen, besonders in der Liebe und Selbstliebe.

Seelisches Bewusstsein, ein starkes Fundament.

Der Kernanspruch Deiner Seele ist, dass Du bereit bist, Dich seelisch selbst zu erfassen. Das bedeutet einerseits, Deine Seele zur Kenntnis zu nehmen und andererseits, Deine Seele mit ihren Werten anzuerkennen.

Also: Was macht Dich innerlich aus? Welche Werte trägst Du in Dir und welche Werte lebst Du?

Gott gibt Dir seine generelle Anerkennung gegenüber Deiner Seele und ihren Werten.

Deshalb besteht Gott definitiv darauf, dass auch Du Deine Seele und die göttlichen Werte ebenso in Dir anerkennst. Deine Seele und die göttlichen Werte sind mit der Liebe Gottes durchtränkt und Gott ist deshalb in Dir.

Wenn Du es mit dem Göttlichen und Deiner Seele ernst meinst, dann heißt dies für Gott, Dich nicht nur allgemein dem Göttlichen, sondern zu allererst Deiner eigenen Seele zuzuwenden. Nur durch die klare Hinwendung zu Deiner Seele, durch das „Sehen" Deiner Seele und Deiner *seelischen Gestalt*, vollziehst Du die praktische Ehrung und Bewahrung des Göttlichen.

Werte bewusst zu leben ist sichtbar gemachte Göttlichkeit. Daran erkennt Gott Deine Ernsthaftigkeit gegenüber dem Seelischen und auch gegenüber Deinem Auftrag, die Liebe in Dir und unter den Menschen zu verbreiten – für ihn als Stellvertreter. Du bist ein Mitarbeiter Gottes für die Liebe. Nur Mitarbeiter, die mit dem „Arbeitgeber" übereinstimmen, können gute Mitarbeiter sein. So ist es auch zwischen Gott und Deiner Seele.

Wenn Du also durch die Zuwendung zu Deiner Seele und Deinen göttlichen Werten ganz praktisch Gott gegenüber ausdrückst: „Ich ehre und bewahre durch mich Dich, das Göttliche", hast Du einen bedeutenden Anfang in Deinem seelischen Leben gemacht.

Gott hat Deine Seele mit Deinem Körper ins Leben ausgesandt, damit Du Deine Seele zum Anlass nimmst, mit Dir so umzugehen, wie Du mit Gott umgehen würdest. So, wie es Dir eine Ehre wäre, mit Gott umzugehen.

Liebesdurchdrungen, wertschätzend, achtend, großzügig, pflegend, verantwortungsvoll, gewissenhaft, absolut und eindeutig. Genauso darfst Du als „Ausgesandter Gottes" mit Deiner Seele verfahren. Du musst es sogar, nimmst Du das Göttliche und die Liebe ernst. *So, wie Du mit Dir umgehst, gehst Du mit Gott um.* Gehst Du also schlecht mit Dir um oder lässt schlecht mit Dir umgehen, so gehst Du auch schlecht mit Gott um oder lässt schlecht mit dem Göttlichen umgehen.

Du bist mit Deiner Seele ein Zeugnis Gottes. Nimm diese Aufgabe ernst und in Verantwortung der hier aufgezeigten „Selbstverständlichkeit" an, denn Gott kann nur durch Dich und Deine Seele und mithilfe Deines Bewusstseins die Liebe auf die Welt bringen. Wenn Du es willst!

Voraussetzung ist, dass Du Dich selber wertschätzt und annimmst. Voraussetzung ist, dass Du Deine Seele nicht mehr verlässt und Dir selbst treu zur Seite stehst. Du tust dann genau das, was Gott in seiner Absolutheit Dir angedeihen lässt: Er steht Dir stets treu zur Seite und wird Dich nie verlassen, weil Du in Gott bist.

Deine Seele ist lebendig und für Dich greifbar, wenn Du Dich ihr zuwendest. Sobald Du Deine Seele, über ihre Gestalt mit ihren Werten, verstanden hast, wirst Du wie selbstverständlich Verantwortung für Dein Leben übernehmen können. Deine Seele ist mit großem Verantwortungsbewusstsein für das Leben ausgestattet. Auch dieses Bewusstsein gilt es, zu nutzen und den Kreislauf der Verantwortungslosigkeit des Egos zu durchbrechen.

Stimmigkeit – Das Vokabular Deines seelischen Selbstwerts
Deine Seele hat das Ziel, so wie Gott, die Dinge des Lebens in Stimmigkeit zu bringen. Angeregt von der absoluten Stimmigkeit im Göttlichen, welche Du vor Deiner „Aussendung" in der Absolutheit Gottes erfahren hast. Deine Seele weiß um die Notwendigkeit von Stimmigkeit im Leben. In Stimmigkeit passt für Dich alles zusammen entsprechend Deiner Bedürfnisse, Deiner Seelenkraft und Deiner göttlichen Werte. Es gibt keine Disharmonien oder Respektlosigkeit, kein Konsum und auch keine Unklarheiten in Deinem Leben. Dein seelisches und praktisches Leben ist in Harmonie.

Mithilfe Deiner Seele und dem Wissen um Deine göttlichen Werte wird es Dir möglich sein, substanzielles und tiefes Vertrauen in Dir zu entwickeln. Wenn Du Dich seelisch kennst, weißt Du, auf was Du in Dir an Fähigkeiten und Kompetenzen zurückgreifen kannst. Du kannst Dich mit Deinem Selbstwert auf Dich selbst verlassen. Dein Selbstwert setzt sich aus der Summe all Deiner aktiven göttlichen Werte zusammen und ist der Reichtum Deiner Seele.

Und Gott ist Dein Investor!

3. Die Liebe und Ihre Absicht

> *„Wo die meiste Liebe ist, da ist die Wahrheit; denn da ist Gott und sein Reich."*
> *(Hildegard von Bingen)*

Die Liebe ist der göttliche Kraftstoff, den Gott als sein Werk erschaffen hat.

Die Liebe erschuf Gott und Gott erschuf die Liebe in der Gleichzeitigkeit eines Augenblicks, im Sein. Über Deine Seele, die mit Liebe durchtränkt ist, kann die Liebe über *Deine Selbstliebe* sichtbare Wirklichkeit in der Welt und unter den Menschen werden.

Die Liebe ist zunächst passiv. So wie ein Auto, welches mit Kraftstoff gefüllt wird, zunächst passiv bleibt. Du kannst die Liebe mit der Macht Deines Willens passiv lassen und damit so leben und umgehen, wie Du es bisher vielleicht getan hast. Die Liebe in Passivität zu belassen bedeutet: Damit bleibt sie für Dich weitgehend „ungenutzt" und Du bist der Liebe nicht mächtig. Du schließt Dich dem Schicksalsprinzip an über die passiv bleibende Liebe in Dir.

Doch die Liebe will praktisch und eindeutig wirken. Dieses Wirken kann für Dich, durch Deine Seele, in dem Moment beginnen, in dem Du den Schlüssel zur aktiven Liebe mit Deinem seelischen Bewusstsein verbindest. Der Motor dafür, Liebe aktiv auf die Welt zu bringen, ist das Zusammenwirken Deiner Liebe in Deiner Seele mit Deinem seelischen Bewusstsein. Es ist der Motor dafür, nichts mehr dem „Zufall" in der Liebe zu überlassen. Wie beim Autofahren startest Du den Motor gezielt mit dem passenden Zündschlüssel, mit unendlich gefülltem Tank und fährst los und weißt genau wohin. Du kennst Deinen Weg. Genauso ist es mit der Liebe, die Du, nach Gottes Geheiß, über Deinen seelischen Willen und Dein seelisches Bewusstsein aktivieren kannst, um sein Werk so zum Wirken zu bringen.

Gelebte Liebe – Nährstoff der Seele

Liebe ist ausschließliches Füllebewusstsein. Die Liebe möchte seelische Erfüllung und Bereicherung geben und annehmen, in jedem Moment Deines Lebens oder dem eines anderen Menschen. Die Liebe will sich in jedem Augenblick ihres Wirkens sinnvoll schenken, zum Wohl der Seele eines Menschen und seiner seelischen Entwicklung. Die Liebe ist freundlich, gütig, wohlwollend, unermüdlich, allumfassend, großzügig, nährend und das *absolute Befriedungs- und Verbindungsmittel* unter den Menschen. Ja, es ist wahr: Ist die Liebe erst einmal durch Deine Seele aktiviert und erlaubst Du über Deine Seele und Dein Bewusstsein ihr allumfassendes und für uns Menschen oft überraschendes Wirken, versetzt die Liebe Berge. Besonders zwischenmenschliche Berge.

Die Liebe ist gegenüber allem mit unerschütterlicher Wertschätzung und mit Respekt zu jedem Menschen und seiner Seele ausgestattet. Für die Liebe zählen zuerst das Seelische und dessen Erfüllung und Bereicherung. Du und Deine Seele sollen gebührend „satt" sein.

Deine aktive Liebe ist „der" Schlüssel Deines seelischen Bewusstseins, um sich mit dem Göttlichen zu synchronisieren.
In der gelebten Liebe ist die bewertungslose Annahme von allem, was ist, integriert. Darüber hinaus Grundwerte wie Wahrnehmung, Einverstanden-sein, Erkennen, Verbindlichkeit, Freiheit, Fürsorge, Hingabe, Echtheit, Intensität, Ewigkeit, Mut und Offensichtlichkeit, Klarheit und Ausstrahlung. Die Liebe ist unbegrenzt und auch an dieser Stelle unbeschreiblich.

Das *Besondere* an der aktiven Liebe ist, dass sie für uns Menschen „erfassbar" wird. Sie ist über unser Herz, unsere Seele und unser Bewusstsein begreifbar und somit das, was wirklich beschrieben werden kann. Also wird auch das erkennbar, was wahre Liebe ist und wirkliche Liebe meint.

Neben ihrer Absicht, Deine Seele und Dein Leben mit Dir selbst und anderen Menschen in seelische Erfüllung und Bereicherung zu bringen, ist eine weitere Absicht der Liebe, Dein Leben zu synchronisieren. Dies bedeutet, für Dich und mit dem, was Du wesentlich bist, Dein Leben „passend", stimmig oder besser noch, Deiner Seele „gemäß" zu leben. Die Liebe möchte, dass Du gemäß – also gebührend – Deiner seelischen Werte lebst, Dich angemessen gibst und selbst Liebe erfährst, getreu Deiner eigenen Liebe. Die Liebe beharrt nachdrücklich darauf, dass Du Dich in Deinen seelischen Werten bewegst und Deine Werte in alle Richtungen teilst.

Liebe funktioniert in ihrer Gänze und vollen Sinnhaftigkeit nur aktiv und nur mithilfe Deines seelischen Bewusstseins. Damit ist die Liebe darauf angewiesen, dass Du diesen „Schlüssel" benutzt. Damit stehst Du in Stimmigkeit zur göttlichen Intelligenz – dem göttlichen Bewusstsein. Die Liebe kann sich so in ihrem Wirken entfalten.

Die Liebe möchte, dass Du erkennst, wer Du bist und was Du bist. Die Liebe möchte, dass Du Dein Herz öffnest und andere erkennen kannst. Dass Du erkennst, was der Mensch ist, wer die Menschen sind, die Dich gerade umgeben oder in Deinem Leben besonders wichtig sind. Die Liebe möchte, dass Du Dich in Liebe fühlst, Liebe zu anderen fühlst und deren Liebe zu Dir fühlen kannst.

Die Liebe möchte Dich aus ihrem Füllbewusstsein in die Lage versetzen, feststellen zu können, was Deine Seele braucht. Was Du beispielsweise an Zuwendung, Unterstützung, Freude und Leichtigkeit benötigst. Zudem, dass Du in Deiner liebevollen Wahrnehmung zu erkennen lernst, was der andere von Dir an Liebe und Zuwendung gebrauchen könnte.

Die Liebe lässt Dich mit offenem Herzen und sehenden Auges das Leben anders erblicken und leben. Denn die Liebe, die Du aktiv mit dem Schlüssel Deines seelischen Bewusstseins mobilisierst, ist tausendmal wirkungsvoller, als die Liebe, die Du passiv in Dir sein lässt und die am Ende im Ego untergeht. Es ist absolut im Sinne Gottes – und dies war schon immer sein Ziel – dass Du als sein Stellvertreter endlich diese Macht der Liebe aktiv in Dir annimmst.

Die Liebe möchte von Dir bewusst als eine Fähigkeit in Deiner Seele etabliert werden. Dies bedeutet, dass Du Dir bewusst bist, was Du für Dich in Selbstliebe zu tun hast, um den Plan der Liebe – ihr Werk und Wirken – aufgehen zu lassen. Es geht um ein seelisches, beherztes und wahrhaftiges Leben und Miteinander unter den Menschen, die Dir wichtig sind. Mit Deinen Eltern, Deinen Kindern, Deinem Partner, Deinen Freunden, Kollegen … mit allen Menschen, der Natur und den Tieren, dem einfachen Alltag.

Liebe in seelischer Entwicklung

Die Liebe unterstützt Deine seelische Entwicklung und Dein selbstverständliches Talent, andere Menschen mit Deinen Werten erfüllen und bereichern zu können. Mit Deiner Liebe und mit dem, was Du bist. Deshalb ist es wichtig, *dass Du Dir Deiner selbst „gegenwärtig" bist*, sei es, dass Du wirklich lieben willst.

Die Liebe steht außerhalb Deines oder irgendeines anderen Willens. Die Liebe *will* nichts und hat keinerlei Bewertungsideen, Vorstellungen oder Erwartungen an einen Menschen mit freiem Willen. Die Liebe lässt sich in keinem Moment von einem Menschen oder seinem Ego, welches nicht in Liebe wirkt, beeindrucken. Die Liebe vertraut ihrem Wirken. Sie lässt deshalb auch los und lässt dem Weg ihrer Wirkung freien Lauf. *Die Liebe vertraut sich selbst*. Sie hält nicht fest. Kommt das Wirken der Liebe nicht in anderen Menschen an, so nimmt die Liebe es zur Kenntnis und ignoriert es nicht.

Die Liebe ist wahrhaft bedingungslos und verschenkt sich stets sinnvoll, für Deine Seele oder das Seelische anderer Menschen.

Deshalb beginnt Liebe nicht beim anderen. Du bist der erste und wirkungsvollste Anlass Deines Lebens, mit der Liebe in Dir zu beginnen. Für die Liebe zum anderen.

Es ist Dein Geschenk an Gott.

Die Liebe ist unvergänglich. So kann Deine aktiv gelebte Liebe auch nach Deinem Leben unvergänglich unter Menschen weiterwirken. Denn Liebe, die Du bewusst gelebt hast, hinterlässt Spuren in den Herzen, den Seelen und den Erinnerungen der Menschen, denen Du etwas gegeben hast und die Dir etwas bedeutet haben. Damit schließt sich der Kreislauf der Ewigkeit – durch die Liebe.

4. Göttliche Intelligenz – seelisches Bewusstsein

> *„Die Seele hat ein vierfaches Flugvermögen: die Sinne, das Erkennen, das Wollen und die Einsicht."*
> (Hildegard von Bingen)

Die göttliche Intelligenz ist eine in sich logische Intelligenz, da diese das seelische und menschliche Leben stets „übergeordnet" und im Sinne der bestmöglichen Entwicklung eines Menschen betrachtet. Als Mensch erleben wir diese göttlichen Fügungen nicht unbedingt als „logisch".

Gott möchte, dass Du im Laufe Deines Lebens so viele göttliche Werte in Dir aktivierst und lebst, wie es in Deiner Seele potenziell angelegt ist.

Mit diesem übergeordneten Wissen bringt er Dich in unterschiedliche Lebenssituationen, die Du seelisch meistern kannst. Selbst, wenn Du diese Lebenssituation als „Krise" erlebst, sieht es die göttliche Intelligenz im Hinblick auf Deine seelische Entwicklung als sinnvoll, wichtig und richtig an. Sie geschieht, um Dich aus der Begrenzung und Gewohnheit, teilweise auch aus der Bequemlichkeit Deines Egos zu holen. Die Krise hat den Zweck, Deine Seele zu weiten und das Erblühen Deiner Seele durch aktive Liebe und durch neue gelebte Werte weiter zu vervollkommnen.

Da das Göttliche in Dir durch Deine Seele existiert, hat Gott Dir Dein seelisches Bewusstsein mitgegeben – damit Du auch ohne seine göttliche Intelligenz und ohne Krisen Dein Leben erfolgreich, im Sinne der Liebe, managen kannst.

Dieses seelische Bewusstsein in Dir ist in der Lage, Dein Leben „übergeordnet" anzusehen und Dich damit zum Schöpfer Deines Lebens zu machen.

Dein seelisches Bewusstsein ist der Schlüssel für Dich, Dein Leben zu reflektieren und das, was Dich ausmacht und umgibt, objektiv zu betrachten. Diese objektive Betrachtung Deines Lebens ist bedeutend. Denn im Zustand der Objektivität zu sein, im Sinne eines gelebten Wertes, heißt, Dein Leben „von oben" *unbeeinflusst* betrachten und *hinterfragen* zu können. Außerhalb Deines Egos. Wie ein Beobachter, der „zur Kenntnis nimmt", unbefangen und unverblendet.

Verstand, Verstehen, Verständnis. Ein Vehikel für die Liebe
Diese wahrhaftige Betrachtung Deines Lebens oder Deines Umfeldes vollziehst Du mit Deinem Verstand, der im seelischen Bewusstsein integriert ist. Dein Verstand, Dein Wille und Dein Körper gehören zu Deinem menschlichen Leben und sind auf Deine Lebenszeit begrenzt. Der „gesunde Menschen-Verstand" will verstehen. Du liest dieses Buch mit dem Verstand und ich habe mit meinem Verstand dieses Buch geschrieben. Der Verstand ist das Tor in unserer Seele, was hilft, uns selbst zu verstehen oder andere Menschen zu verstehen und uns ver- ständlich zu machen.

Über dieses Verstehen fließen Liebe und Selbstliebe automatisch. Die Aktivierung der Liebe vollzieht sich über den Verständnis- und Verständigungsprozess gegenüber Dir selbst oder einem anderen Menschen. Mitgefühl geschieht aufgrund von „Verständnis". Der Verstand ist Dir von Gott gegeben, damit Du das seelische Leben begreifen kannst. Damit Du aus dem seelischen Leben und der Liebe nicht weiter ein Rätselraten machst.

> *„Dein Schöpfer hat Dir den besten Schatz gegeben,*
> *einen lebendigen Schatz, Deinen Verstand."*
> *(Hildegard von Bingen)*

So nimmst Du Dir dieses Buch zur Hand, das Dir in einer niedergeschriebenen Form die Liebe verständlich machen möchte, mit Inhalten, die Dein Herz bewegen wollen. Damit sorgst Du gegenüber dem „Unverstandenen" in Deinem Leben für Klarheit. Das ist, seelisch betrachtet, äußerst vernünftig. Alles, was Du in Deinem Leben verstanden hast und verstehst, ist klar und durchsichtig für Dich geworden.

Mit dieser Klarheit kannst Du für Dein Leben willentliche und wissentliche Entscheidungen in Selbstverantwortung treffen, zur Verbesserung Deines Lebens und für die Liebe. Dafür hat Gott Dir Deinen Verstand geschenkt und in Dein seelisches Bewusstsein eingebettet. Über Dein Verständnis für Deine Seele und für die Liebe kann Dein Herz berührt und Deine Seele bewegt werden. Über den Verstand sind Einsicht und Befriedung gegenüber einer Sache möglich. Über

Deinen Verstand kannst Du die Weisheit des Lebens in Dir aufnehmen oder anderen Menschen vermitteln. Dein Verstand der versteht, handelt immer im Interesse Deiner Seele. Im Verstand ist Dein Erkenntnisvermögen verankert.

Nur über ihn kannst Du für Dich erkennen, ob etwas für Deine Seele und Dein Leben positiven Einfluss hat oder nicht. Nur über Deinen Verstand kannst Du innerlich wahrnehmen, wie Du gerade fühlst oder was Du gerade denkst. Du kannst Dich mit Deinem Verstand innerlich anfassen und begreifen. Dein lebendiger Verstand ist ein zentraler Schlüssel, um den Selbstverlust und die Ohnmacht gegenüber dem Leben zu unterbrechen.

Intellektualität, ein Gehstock für das Ego

Es ist *nicht* im Sinne Gottes, den Verstand zu verurteilen oder ihn mit der Intellektualität zu verwechseln. Ein intellektueller Mensch, der sehr rational in sich aufgestellt ist, mag zwar ein sachkundiger und hochgebildeter Mensch sein, der sein Leben mit seinem Wissen im „Griff" haben möchte oder auch dadurch Macht bekommt. Es bedeutet jedoch nicht automatisch, dass dieser Mensch die Fähigkeit hat, „zu verstehen" oder dass er „Verständnis" für das Seelische und die Liebe in sich trägt. Ein intellektueller Mensch mag unser Ego beeindrucken, weil er sich in Politik und Wirtschaft auskennt und eine Machtposition innehat, die ihm eine bestimmte Autorität verleiht. Es sagt nichts über seine seelische Verstandeskraft aus.

Deine Entscheidung

Im seelischen Bewusstsein gibt es einen weiteren Stoff, der für Dich von Bedeutung ist, wenn Du die Liebe aktivieren und leben möchtest. Das Eine ist, mit Deinem Verstand die Dinge des Lebens reflektiert und erkannt zu haben. Etwas anderes, die gewonnenen Erkenntnisse gemäß Deiner Seele und ihren Werten in Selbstliebe und für die Liebe verbessern und folgerichtig angleichen *zu wollen*.

Freier Wille – Umsetzungswille?

Es geht an dieser Stelle nur weiter, wenn Du Deinen freien Willen seelisch einsetzt. Er ist der Faktor, der dann konsequent, im Sinne der Liebe, die Dinge in Deinem Leben verändert und durchsetzt. Nur Du kannst – und das ist die Freiheit, die Gott Dir gegeben hat – mit Deinem Willen die richtigen Entscheidungen und die richtige Wahl für Dein Leben treffen. Nur Du kannst mit Deinem Willen wissen, ob Du wirklich Liebe leben willst. Nur Du kannst mit Deinem Willen wissen, ob Du bereit bist, Deine Werte zu erkennen und wertzuschätzen und demnach fortan, Dir selbst gegenüber, stimmig zu handeln. Nur Du kannst entscheiden, ob Du bereit bist, die Liebe und in dieser Konsequenz Deinen seelischen Willen zu aktivieren – bereit dafür zu sein, Deine Durchsetzungskraft für Deine Eroberungen einzusetzen.

Du entscheidest mit Deinem Willen über alles in Deinem Leben – ob nun bewusst oder unbewusst. Gott möchte jedoch, dass Du die Kompetenz hast, immer bewusste Entscheidungen für Dein Leben treffen zu können. Deshalb hat er Dir das seelische Bewusstsein gegeben, damit Du in der Lage bist, für Deine Seele und mit Deinem Willen die richtige und konsequente Entscheidung im Sinne der Liebe zu treffen.

Damit obliegt Deinem seelischen Bewusstsein als „geistigem Werkzeug" die Macht und Herausforderung, Dein Ego zu eliminieren – den Gegner der Liebe und der göttlichen Gerechtigkeit.

So wird es an dieser Stelle für Dich wichtig, das menschliche Ego und auch Dein eigenes Ego, verstehen und enttarnen zu lernen (solltest Du überhaupt noch ein Ego haben).

Daran erkennst Du das Seelische (da es sich im Menschen so sinnvoll ausdrückt oder zeigt):

> Geduldig, sich widmend, mutig, großzügig, liebevoll, zugewandt, empathisch, mitfühlend, intuitiv, demütig, offen, tolerant, klar, optimistisch, lösungsorientiert, stabil, motiviert, motivierend, warmherzig, zielstrebig, freundlich, verständnisvoll, respektvoll, achtsam, aufmerksam, objektiv, sinnerfüllt, bereichernd, erfüllend, kreativ, dankend, anerkennend, zuverlässig, nicht bewertend, souverän, frei, unabhängig, fürsorglich, fair, zuverlässig, gewissenhaft, präsent, kooperativ, ehrenhaft, bewahrend, verantwortungsvoll, flexibel, unkompliziert u.v.m.

Hand auf's Herz ...

Am Ende unseres Lebens geht es – wie alle Zeit unseres Lebens –
um die Frage der Liebe. Denn nur der Mensch, der in seinen Lebensjahren
Liebe gesät, gegeben, dankbar gefühlt und geerntet hat,
kann in Frieden und Erfülltheit sein Leben loslassen.
Es geht immer um die Liebe.
Es ist der Sinn unseres Lebens, Lichtspuren von Liebe zu hinterlassen und
Liebe fühlenden Herzens und sehenden Auges mitzunehmen –
an jedem alten und jedem neuen Tag unseres Lebens.
Hand auf's Herz ... es geht doch um die Liebe!
(Marija)

Hand auf's Herz

Vom Umgang mit diesem Buch

Dieses Buch ist ein "Seelen-Buch". Es ist beseelt, jedoch eher unromantisch. Es ist ein Lebensbegleiter, der Dir in vielen Situationen Deines Lebens helfen kann, wieder klarer zu sehen und Dein Leben zurechtzurücken. *Liebe ist eine Fähigkeit, die Du Dir erobern kannst.* Das geht nicht von heute auf morgen.

Auch das Verstehen und Verinnerlichen dieses Buches, seiner Inhalte, Aussagen und Sätze, braucht etwas Zeit. Das ist normal!

Wenn Du etwas erobern willst, etwas *Substanzielles* - und das ist nun einmal die Liebe - bedeutet dies auch, dass Du "dran bleiben" musst. Es braucht "Seelen-Eroberungs-Zeit".

Du tust Dir deshalb etwas Gutes, wenn Du es geduldig liest und nicht meinst, alles an einem Stück lesen und verstehen zu müssen. Es wäre schön, wenn Du dem Buch seine Zeit gibst, in Dir und für Dich in Liebe und Klarheit über Dein seelisches Bewusstsein, wirken zu dürfen. Das Buch bewegt. Lies es immer wieder, vielleicht situativ, kapitelweise oder lies öfter für Dich wichtige Passagen. Dein Ego wird daran arbeiten, dass Du das Buch entweder vergisst oder zu "kompliziert" findest. Lies es mit Deiner Seelenkraft, denn es möchte Dir in Liebe dienen. Und wisse: Jeder Satz zählt.

Marija

Kapitel II – Das menschliche Ego

Wir sind hier, um die Liebe zu leben, in jedem Augenblick unseres Lebens, um das Risiko einzugehen, ein Ego in Frage zu stellen. Sich selber ernst zu nehmen bedeutet in der Liebe, sich vor allem nicht zu betrügen, sondern sich objektiv selbst zu betrachten.
(Marija)

Ein kleiner Hinweis vorab
Dieses Kapitel wird womöglich für den einen oder anderen Leser nicht so „geschmeidig" zu lesen sein. Es geht um das menschliche Ego – also auch um das Deinige. Jeder Mensch hat ein Ego. Es ist entstanden aus dem missbräuchlichen Einsatz des freien menschlichen Willens, den Gott uns ursprünglich für die willentliche Liebe gegeben hat. Das Ego bildet einen großen Anteil im menschlichen Leben und damit eine Identifikationsfläche gegenüber allen Bereichen und den Mitmenschen im Alltag. *Dieses Kapitel deckt, im Sinne der Liebe und für die Seele, das Ego auf.* Damit ist es unter Umständen nicht so einfach zu „schlucken", weil auch der Leser mit dem eigenen Ego-Anteil infrage gestellt wird. Im schlimmsten Falle könnte sich der Leser sogar „angegriffen" fühlen.

So ist dieses Kapitel über das menschliche Ego nicht gemeint.

Wahrheit, das unverhandelbare Gut Deiner Seele
Bitte sei Dir bewusst, dass ich dieses Kapitel auf der Basis von Liebe und größter Wertschätzung gegenüber dem Seelischen und Deiner Seele verfasst habe. Es gehört im Liebesbewusstsein unabdingbar dazu, all das, was Deine seelische Entwicklung und das Leben der Liebe behindert, irritiert oder an der „Nase" herumführt, zu benennen und deutlich zu machen.

Das Ego überschattet die Seele und damit den Zugang zu Deinen göttlichen Werten, zu Deinem erfüllten Leben. Es ist meine Pflicht, für Deine Seele – auf der Basis von Liebe – über das menschliche Ego und einige seiner „Ideen", die sich in Dir ausdrücken könnten, zu sprechen.

Es ist wichtig für Dich, darüber Kenntnis zu erhalten, was das Ego – nicht im Sinne Gottes – vorantreibt und dies auch ungeniert unter dem Deckmantel von „Wahrheit", „Fähigkeit" und „Liebe" praktiziert. Ich erhebe nicht den Anspruch, „recht haben zu wollen" und ich irre mich „gerne". Aufgeschrieben habe ich es dennoch. Am besten ist es, Du liest dieses Kapitel mit Deiner Seele und damit aus göttlicher Sicht mit Deinem seelischen Bewusstsein.

1. Das menschliche Ego allgemein

Liebesbewusstsein bedeutet, mehr Respekt vor einer Seele zu haben,
die erfüllt und bereichert werden möchte, als vor dem Ego,
das die Dinge falsch verstehen kann, oder sogar will.
(Marija)

Dein Ego ist der Saboteur Deines wahren Selbstwerts. Es sabotiert ihn durch Ignoranz. Diesen Selbstwert kannst Du jedoch mit Deinem seelischen Bewusstsein und Deinem gesunden Menschenverstand über die innere Anerkennung Deiner göttlichen Werte eindeutig in Besitz nehmen.

Dein Ego scheint nur den einen Zweck zu verfolgen: Dich von Deiner Selbstliebe – der nachhaltigen seelischen Erfüllung und Bereicherung Deines Lebens – und der wahren Liebe unter Menschen fernhalten zu wollen. Das Ego ist wie ein Störenfried Deiner Seele und macht sich mit Ängsten, Zweifeln, Befürchtungen, Launenhaftigkeit, Minderwert, dem Gefühl der Unfähigkeit und des Ausgeliefertseins, der Einsamkeit, des Jammerns und Klagens in Dir breit. Damit entzieht Dir Dein Ego wertvolle Lebensenergie und Lebenssinn.

Dein Ego ist Dein kultiviertes Mangelbewusstsein
und das Becken des Unsinns.

Die Geburt Deines Egos

Das Ego entsteht früh im Leben eines Menschen mithilfe des Egos der Eltern, sofern diese nicht mit seelischem Bewusstsein das Kind erziehen und es auf das Leben in Selbstliebe vorbereiten. Die meisten Eltern erziehen ihre Kinder noch vornehmlich mit dem eigenen Ego – unbewusst davon gelenkt. Sie erziehen mit Glaubenssätzen und Vermutungen, wie man ein Kind erziehen muss oder auch nicht zu erziehen hat, wann ein Kind was zu tun und zu können hat.

Schon das Ego Deiner Eltern war wahrscheinlich voll von Unsicherheiten, Ängsten, Zweifeln, Sorgen, negativen Gedanken und Gefühlen. So hast Du Dich mehr und mehr dem Ego Deiner Eltern angepasst, da Du lerntest: Zweifel zu haben ist normal, Sorgen zu haben ist normal, Ängste zu haben ist normal und gehört scheinbar zum „ordentlichen" Menschsein dazu.

Aus dem Ego ist eine Gewohnheit in Dir geworden, die Du zunächst nur schwer in Dir enttarnen und unterbrechen kannst. Für Dich ist es zunächst Normalität, Dein Ego oder die anderen Egos täglich zu erleben. Das Ego hat nichts mit Liebe zu tun. Es ist auch nicht göttlich.

Der pervertierte freie Wille
Das Ego hat den freien Willen, den Gott uns Menschen geschenkt hat, missbräuchlich zum Oberflächlichen und nicht zur Liebe hin ausgerichtet. Das Ego ist nicht absolut, sondern letztendlich ein großer Spielball im Menschen, was aufgrund seines sehr lebendigen Mangelbewusstseins Sachen in Dir und mit Dir anstellt, die Du *seelisch definitiv* gar nicht willst.

Das Ego ist ein Spezialist darin, schnell zu wissen, was es nicht will, was schlecht ist und was nicht geht. Das Ego begrenzt Dich und Deine Möglichkeit, Dich seelisch zu erfassen, auszudrücken und glücklich zu machen. Dabei tut das Ego immer so, als wüsste es am besten Bescheid, wie der „Hase" des Lebens gerade läuft. Dein Ego ist eine Bewertungs-, Vergleichs- und Konkurrenzmaschine in Dir, zu anderen Menschen oder zu anderen Situationen hin. Diese Maschinerie lebt sich permanent über Deine negativen Gefühle und Gedanken aus sowie in der Orientierung an der Gesellschaft und deren Meinungsmoral.

Zu Hause in der Welt des Mangels und der Ohnmacht
Das Ego tut sich mit innerem Frieden und der Zufriedenheit schwer. Es handelt aus Ohnmacht gegenüber dem Göttlichen und schafft es tatsächlich, Dir glaubhaft zu machen, es hätte mit seinem Mangelbewusstsein das Leben – vernünftig – für Dich in der Hand.

Das Ego weiß immer, was Du alles nicht kannst, warum das Leben so schwer ist, wer (meistens ist es ein anderes Ego) oder was „Schuld" an Deiner Situation ist oder an einer Situation an sich hat.

Außerdem schiebt es Dir gerne Mangelgefühle aller Art unter, damit Du Dich über den Mangel an Geld, an Beziehungen, an Liebe, an Gesundheit, Status und Freunden, an Gerechtigkeit oder über den Mangel an Anerkennung selbst bemitleiden und beklagen kannst. Dies geht wahlweise alleine, besser jedoch gemeinsam mit einem anderen klagenden Ego, das Dich so gut verstehen kann, weil es selber „leidet". Wenn Du willst, kannst Du Dich Dein Leben lang innerlich und äußerlich so beschäftigen und so spüren.

Das Ego hat sich darauf spezialisiert, sich um all das zu kümmern, was Dich letztlich nicht weiterbringt und Dich stagnieren lässt. Noch nie hat Dich ein Mangelgefühl je weitergebracht. Weder ein gefühlter Mangel an Geld, Schlaf, Liebe oder an Kreativität, noch haben dies Sorgen, Ängste oder Zweifel geschafft. Diese Zustände erstarren, erfrieren und konsternieren Dich viel eher.

Ganz im Gegenteil zu Deiner Seele, die durch ihre Absicht, Dein Leben in Erfüllung und Bereicherung zu bringen, auf die Entwicklung Deiner göttlichen Werte und Kompetenzen besteht. Sie hat ein großes Interesse daran, dass Du damit jeden Augenblick Deines Lebens gestaltest.

Mangel – der Wachstumsschmerz der Seele

Wenn Du Mangelgefühle in Dir hast, liegt es an Deinem Ego. Wenn Du allerdings den Mangel als Anlass nimmst, ihn mithilfe Deiner göttlichen Werte zu beseitigen, eine Lösung oder Veränderung und die Fülle zu erobern, dann hast Du den seelischen Weg eingeschlagen. Deine Seele lässt sich in keinem Moment ihres Lebens aufhalten oder von „scheinbarem Mangel" beeindrucken. Immerhin ist Deine Seele reich an inneren Werten, die etwas in Deinem Leben zu Deiner Zufriedenheit *jederzeit* bewegen und erschaffen können.

Dein Ego lässt sich von allem beeindrucken, was negativ ist, autoritärer, größer und „schwerer". Vor allem lässt es sich durch das, was aufgeblasener, mächtiger, klüger, reicher, launischer, dominanter und beleidigter oder beleidigender ist, niederdrücken und klein machen. Das Ego glaubt blitzschnell und zu allererst an Ablehnung und an die Unmachbarkeit einer Sache.

Die Eltern und der Ursprung des Haben-Wollens, Sollens oder Müssens

„Wer bist Du eigentlich?", das ist ein Satz, den viele Eltern ihren Kindern gesagt haben. Oder „Was kannst Du eigentlich?", „Was bildest Du Dir ein zu sein?" Schon diese Sätze haben uns zu verstehen gegeben, dass uns unsere Eltern nicht unserer selbst wegen annehmen und wertschätzen. Nur wenn wir etwas „Brauchbares", „Angepasstes" oder „Qualifiziertes" nachweisen, werden wir akzeptiert.

So erliegt unser Ego dem Irrtum, wir müssten dem Leben zunächst etwas „Fassbares, Brauchbares, Nachweisliches" liefern, damit wir überhaupt angenommen werden können. So nehmen wir uns selbst nicht als „ausreichend, gut und richtig" wahr. Wir nehmen uns nicht an und andere Egos tun es ebenfalls nicht. Wir leben mit unserem Ego in einer Vorstellung, wie was sein müsste und zu sein hat. Sei es in einer Beziehung, einer Freundschaft, in einem Beruf oder in einem Gespräch. Die Vorstellungen davon, „wie etwas sein müsste", ergänzt sich noch mit dem, „was wir oder andere tun sollten", was wir „haben wollen" für ein befriedigtes Leben.

Das sind dann die „Muss-Punkte" im Leben. Ja, das Ego ist das große „Haben Wollen, Sollen oder Müssen"-Zentrum. Das bedeutet nichts anderes als der Ausdruck dessen, welche Vorstellung unser menschliches Ego davon hat, wie sich eine Sache, Beziehung oder Situation ereignen müsste. Die Erwartung daran, wie sich was zu uns verhalten oder mit und durch uns entwickeln müsste, weil wir jetzt dieses und jenes tun oder getan haben. Dieses Haben-Wollen, Sollen oder Müssen lässt uns in die Funktionalität unseres Lebens treten und bewusst oder unbewusst Druck aufbauen und verspüren. Haben-Wollen, Sollen oder Müssen schraubt unsere Erwartungen hoch und die Erwartung an unsere Leistungsfähigkeit, alles optimal zu erbringen oder von anderen etwas erbracht zu bekommen. Das Ego ist überhaupt nicht entspannt in seinem Haben-Wollen, Sollen oder Müssen.

Unser Ego ist der schwere Sack der inneren Bedingungen, die wir glauben, anderen oder einer Sache gegenüber erfüllen zu müssen. Oder die uns diese anderen als wiederum „unsere" Bedingungen verbal oder nonverbal erbringen sollen.
Erfüllen wir die „Auflage" der Erwartung nicht, droht uns von einem anderen Ego oder gar aus uns selbst heraus Ablehnung oder ein Rausschmiss, Entwertung, gar Entwürdigung. Es geht nicht um Liebe. Es geht um Befriedigung der Vorstellungen und Erwartungen.

So treibt uns das Ego oft unser ganzes Leben lang voran. Es ist wie ein Teufelskreis, der uns nicht die Möglichkeit zu geben scheint, uns selbst kennenzulernen, uns selbst zu leben und wertschätzen zu lernen. Das Ego hat vielmehr das Interesse, uns – solange wir leben – in Schach zu halten, mit Anpassung und Funktionalisierung.
Unser Ego ist mit der „Wenn-dann Kultur" unterwegs. Wenn Du etwas erfüllt hast zur Zufriedenheit, dann bekommst Du auch ein Geschenk. Wenn Du etwas geleistet hast, dann wirst Du vielleicht gelobt. Was jedoch nicht bedeutet, dass Du seelisch angenommen, wertgeschätzt und geliebt wirst.

Die manifestierte Angst vor Wachstum
Dein Ego versteckt sich hinter Mangel und der Unfähigkeit, die Liebe zu erobern oder erobern zu wollen. Dein Ego glaubt nicht an die Werte Deiner Seele und will auch nicht anderen Werten Glauben schenken, weil sich das Dasein Deines Egos damit massiv ändern würde, wenn nicht sogar erübrigen. Deshalb hat Dein Ego

auch eine Menge auf Lager, Dich immer wieder neu zu beeindrucken und einzuschüchtern, wenn Du den Weg der Selbstliebe und Liebe gehst.

Dein Ego erklärt Dir beispielsweise mental, dass, wenn Du Dich als wertvoll erachten und darauf bestehen würdest, dass man angemessen und wertschätzend mit Dir umgeht, Du dieses Recht nicht hast. Es wird Dir innerlich weismachen, dass das eine oder andere Verhalten oder „Outen" sich nicht gehöre, es unfreundlich wäre, zu hart, arrogant oder vermessen (und schon bist Du wieder eingeschüchtert).

Dein Ego baut auf Deinen Selbstverlust, Dein jeweiliges Denkvermögen, Deine Funktionalitätsfreude, Dein Bedürfnis, qualifiziert zu sein und einer Sache in irgendeiner Form gerecht zu werden. All das hat nichts mit Liebe oder dem Seelischen zu tun.

Der Hüter des unseligen Status quo: Ich müsste, aber ich kann nicht.
Wenn Du Ängste hast, sei Dir bewusst, dass Dein Ego Dich mit der Macht seines Kleinmuts beeindruckt. Es macht Dir Angst vor einer Sache oder einer Person, der Du Dich im Sinne Deines Selbstwertes stellen müsstest, um Verantwortung für Dich zu übernehmen – außerdem, um auf Deinen eigentlichen Selbstwert, der Dich innerlich beruhigt und stabilisiert, zurückgreifen zu können. Du müsstest zu Dir selbst stehen, vielleicht sogar über viele Egos hinweg.

So schickt Dir Dein Ego die Gefühle von vermutlicher Ablehnung, von Verlust oder der Möglichkeit unerträglicher Disharmonien. Es präsentiert Dir mental oder emotional eine Verschlechterung der Situation als eine Verbesserung der angesprochenen Bereiche Deines Lebens, sofern Du authentisch etwas für Dich unternimmst.

Dein Ego ist eben ein Pessimist. Es macht Dir klar, was Du „alles nicht bist" und „nicht kannst" und „nicht hast" und auch „nicht wert bist". Du glaubst viel zu schnell, dass dies die Wahrheit ist, ohne dabei durch Dein seelisches Bewusstsein Kontakt mit Deinen seelischen Werten gemacht zu haben und in wahrhaftige Überprüfung dessen gegangen zu sein.

Missachtung: Der Verkauf der eigenen Seele
Das funktioniert ganz besonders gut von einem Ego zum anderen. Das eine Ego möchte das Gefühl der Macht haben und schüchtert deshalb das andere Ego ein, damit dieses weiterhin in Unterwerfung bleibt. Du hast dann zum Beispiel Angst, Deinen Mann zu verlassen, obgleich Deine Beziehung Dir überhaupt nicht guttut. Dein Mann hat aber das Geld und damit Deine scheinbare materielle Existenz in

der Hand. Deine Seele würde nicht einmal nur eine Sekunde lang auf die Idee kommen, in dieser Situation stecken zu bleiben. Deine Seele leidet unter der Macht und Lieblosigkeit Deines Mannes und unter dem Anpassungsdruck, den Du leistest. All dies, weil Dein Ego Dir weismachen will, dass es Dir finanziell schlechter gehen wird, wenn Du Dich trennst. Und Du einen Verlust an Status erleiden wirst.

So funktioniert der „Verkauf" der eigenen Seele. Du vermutest das Schlechte und vergisst das Göttliche, das Dir über Deine Seele *definitiv* helfen würde.
Ich höre schon das Raunen eines Egos, das innerlich darüber diskutiert, dass es wirklich in einer verdammt schwierigen Situation ist, von der ich als Autorin sowieso keine Ahnung habe. Und dass es wirklich nicht so einfach ist, auch wenn es sich eigentlich von seinem Partner trennen müsste, oder etwas anderem, das der Seele nicht guttut.

Überlege einmal, *warum* das nicht geht, sich von dem, was Dir nicht guttut, einfach zu lösen? Hast Du Angst, hinterher funktioniert Dein Leben nicht mehr so wie vorher? Hast Du Angst vor dem Verlust von Ansehen, Geld oder scheinbarer Liebe? Genau das ist Dein Ego. Denn Deine Seele findet sehr wohl, dass Du es wert und in der Lage bist, mithilfe Deiner seelischen Werte Dich aus dieser Situation zu befreien. Dass Du es wert und in der Lage bist, Deine Seele wertzuschätzen und in Selbstliebe verantwortungsbewusst und sinnvoll zu erfüllen. Allein aus *Selbstwertschätzung* heraus hast Du das auf Dich zu nehmen und nach Lösungen und Möglichkeiten zu suchen.

Dein Ego wird Dir selbstverständlich zu einem frühen Zeitpunkt versuchen klarzumachen, dass Du keine Möglichkeiten hast. Unterschätze in keinem Fall die Kraft Deiner Seele, die Dir ganz gewiss, wenn Du Möglichkeiten suchst und Veränderung für Verbesserung in Betracht ziehst, ungeahnte Unterstützung geben wird.

Dass Du im Sinne Deiner Seele zu leben und zu handeln beginnst, bleibt nie ohne Folge wegbereitender Fügungen, die Dir als Antworten auf Deine beginnende Selbstliebe positiv wiederfahren.

Das Wenn-dann-Spiel
Das Ego hat noch andere Dinge auf Lager. Zum Beispiel gibt es dieses „Wenn-dann". Also: Wenn die Kinder erst einmal groß sind, dann kannst Du Dich von Deinem Partner trennen. Wenn Du erst einmal eine neue Stelle gefunden hast, dann kannst Du Dir eine neue Wohnung suchen. Und erst dann kannst Du es Dir auch in der neuen Wohnung richtig gemütlich machen.

Warum nicht sofort gemütlich machen und etwas in Deinem Zuhause verändern? Bist Du es nicht wert? Ist es für Dein Ego zu viel Arbeit, es Dir – auch wenn es nur noch für ein paar Wochen ist – seelisch gut gehen zu lassen? Sagt das Dein Kopf, die Vernunft, die Zeit und geben das die Kosten vor?

Ein Ego diskutiert gerne, von links nach rechts und von rechts nach links. Es hält viel von zeitlichem Aussitzen von unangenehmen Situationen oder dem Ausharren und Abwarten der Lebensjahre mit Sinnlosem, weil man in „Hoffnung" ist. Das Ego mag den Unsinn und mag den Kompromiss. Denn es träumt davon, dass sich die Dinge eines Tages von alleine zum Besten lösen, ohne dass das Ego Verantwortung übernehmen musste. Darüber hinaus ist es die Ungeduld in Person.

Wenn Du in einer Lebenssituation bist und Du merkst, es wird innerlich diskutiert oder das „Negative" besser ausgelegt, als es ist, dann sei Dir bewusst: Es ist Dein Ego. Deine Seele diskutiert nicht, genauso wenig wie Gott diskutiert. Deine Seele ist absolut und mit dem wahrhaftigen Blick für Dein wirkliches, nachhaltiges Wohl ausgestattet.

Das Ego kommt ganz ohne Liebe aus.
Dein Ego meint es seelisch nicht gut mit Dir, andere Egos tun dies untereinander auch nicht. Da geht es um die Befriedigung von Vorstellungen und Wünschen, die dazu überhaupt nicht im Einklang mit Deiner Seele oder Deinen seelischen Werten stehen müssen. Manchmal bemerkst Du es nicht einmal, lebst es aber trotzdem.

Aus dem Ego entspringt keinesfalls die substanzielle Sympathie unter Menschen. Ein Ego ist phasenweise in der Lage, einen Menschen toll und wunderbar zu erleben. Doch genauso kann ein Ego denselben „wunderbaren" Menschen und mit Hilfe von Vermutungen oder Interpretationen sogleich in Ungnade fallen lassen und ihm willkürlich seine Werte absprechen. Weil dieser Mensch den Vorstellungen oder Erwartungen des Egos plötzlich nicht mehr mit seinen Worten oder Taten entsprochen hat. Ja, so einfach ist das, für das Ego.

Du kannst viele Beziehungen auf Ego-Ebene führen, ohne dass je Liebe geflossen ist. Was man jedoch aus der Vorstellung heraus, was Liebe ist oder wie Liebe zu sein hat, glaubte zu tun: vermeintlich zu lieben. Das ist vielmehr die „zusammengedachte" Liebe, die in Beziehungen zwischen Mann und Frau noch zusätzlich mit „gutem Sex" untermauert wird. Sexualität hat das Ego gerne. Hier muss es sich nicht auf den anderen Menschen seelisch einlassen, auch wenn es „danach aussieht". Das Ego erhält mit Sicherheit Gefühle der Befriedigung, der Macht, der scheinbaren Annahme, Gefühle des „Es gebracht zu haben" und begehrt zu sein. Das Gefühl, man habe eine Bedeutung für einen anderen Menschen.

Wenn eine Frau sich schön macht und ihrem Mann gefallen will, dann liebt sie ihn sicher (schätzt das Ego). Wenn sie seinetwegen in eine andere Stadt umzieht und alles aufgibt, dann liebt sie ihn sicher erst recht. Wenn er ihr „dafür" Komplimente macht, weil sie so toll aussieht, dann liebt er sie aber wirklich. Wenn er ihr einen Brillantring schenkt, weil sie ihre Wohnung und Heimat für ihn aufgegeben hat, dann liebt er sie; sicher? So gibt es – auch wenn man nicht über Liebe spricht – doch Auslegungsmöglichkeiten für das Ego, Liebe zu „erkennen".
Das hat nichts mit Liebe oder der Wertschätzung Deiner oder einer anderen Seele zu tun. Das hat nichts damit zu tun, Dich seelisch erfasst oder verstanden zu haben und Dich und Deine Werte zu ehren.
Diese Liebe, die sich von Ego zu Ego vollzieht, ist meist auf Sand gebaut. So sehr die Beziehungen von Ego zu Ego auf Sand gebaut sind, so sehr ist jeder Zweifel, jede Erwartung, jede Angst, jede Vermutung, jede Interpretation des Egos ebenfalls auf Sand gebaut. Weil es nichts mit Deinen seelischen Werten und Deiner inneren Basis als Mensch zu tun hat. Es hält Dich lediglich von der Basis Deines seelischen Lebens, mit dem göttlichen Fundament im Rücken, fern.

Und weil vieles im Leben des Egos auf Sand gebaut ist, hat das Ego diese unglaublich zahlreichen „Sandgefühle" wie Verlust-, Verlassenheits-, Versagens- und Konkurrenzängste. Das Ego glaubt zu wissen, dass das die gefühlte und sichtbare Wahrheit sei ... der Sand!

Überwindung durch Enttarnung

Diese negativen Gefühlsketten wirst Du nicht haben, wenn Du bereit bist, Dich auf Deine unerschütterliche, göttliche Herkunft zu besinnen. Denn Deine seelischen Werte sind die Selbstwerte, auf die Du jederzeit selbstsicher im Liebesbewusstsein zurückgreifen kannst. Es sind Werte der Liebe und der Stabilität. Es sind Gefühle der Selbstbezogenheit, des sich selbst Verstehens und des Verstehens des anderen. Das hat wiederum nichts mit Erwartungen und dem Haben-Wollen, Sollen oder Müssen zu tun. Es ist seelische Verbindlichkeit zu Dir selbst und anderen Menschen, auf der Basis von Liebe. Liebe, die nichts will, aber logisch für Dich etwas Erfüllendes und Authentisches bahnt.

Willst Du wirklich zur Liebe finden, ist es notwendig, Dein Ego zu enttarnen und Deinem Ego die Kraft und scheinbare Macht über Dein Leben zu nehmen. Der Weg zur Liebe geht immer über den Weg Deiner Seele.

Das Ego kann nicht loslassen, die Seele zahlt den Preis.
So ist das Ego ein Spezialist darin, Dinge nicht verzeihen zu können oder ewig in die Vergangenheit zu schauen. Dein Ego weiß genau, was alles „falsch" gelaufen ist oder was man mit Dir „gemacht" hat und, vor allem, besser hätte machen können. Es lebt im Bewusstsein des Opfer-Täter-Prinzips. Im Ego findest Du alle Gefühle und Beobachtungen des Vergleichens, des Bewertens oder Entwertens von Menschen, Dingen oder Situationen – auch gegenüber Dir selbst. Das Ego trägt Gefühle wie Hass, Minderwert, Geiz, Wut, Groll, Rache, Kleinmut, Missgunst, Feigheit, Taktik und Kalkül in sich. Denn immerhin will das Ego etwas vermeiden, „haben" oder „bekommen" und arbeitet daran, dass die anderen Menschen das „machen müssen", was – wie das Ego meint – sie dafür „machen sollen". Es manipuliert und lässt im Gegensatz zum Seelischen nicht frei. Das Ego kann nicht loslassen. Loslassen kann nur die Seele, denn im Loslassen steckt der Abschied von Hoffnung oder Erwartung, also davon, wie etwas noch sein könnte, müsste oder sollte.

Der wahre Selbstwert in Dir kann immer das Sinnlose in Dir oder um Dich herum loslassen – somit alles, was Dich nicht wertschätzt und bereichert. Durch den Selbstwert, sich nicht für den Unsinn des Lebens eines Egos zur Verfügung zu stellen, ehrst Du Deine Seele und Gott.

Ein Ego wird nie erfüllt sein, lediglich punktuell befriedigt.
Haben wollen ist wie ein Trieb. Der Trieb, die Macht permanent über das Haben-Wollen, Sollen oder Müssen auszuleben und sich bestätigt zu fühlen. Sei es die Mutter, die ihre Kinder in Schach hält, indem sie sie mit beleidigtem Schweigen über viele Tage bestraft, wenn sie nicht das machen, was ihre Mutter von ihnen erwartet. Die Kinder zollen in innerer Not nachträglich dem Verhalten der Mutter Tribut, damit sie endlich anfängt, wieder mit ihnen zu sprechen. Oder ein Mann betrügt seine Frau mit seiner Sekretärin, weil seine Frau sich ihm aus Gründen, die ihn nicht interessieren, körperlich entzieht. Die Sekretärin erlebt diese Affäre als eine gute Gelegenheit, ihren Arbeitsplatz zu sichern und sich noch unentbehrlicher zu machen, weil sie durch diese neue „Vertrautheit" mehr über die Schwächen des Vorgesetzten weiß. Es geht nicht um den Menschen, der dahinter steht. Also hier die Kinder oder die Frau oder den Chef als Mensch. Es geht um das Ego, das etwas haben will und dafür „alles" einsetzt und bereit ist, dies auch mit Unwerten zu praktizieren.

Unser Ego lebt im Unterbewusstsein. Deshalb ist es so wichtig, sich des eigenen Egos und seiner vielfältigen Machenschaften gegenüber unserer Seele bewusst zu werden. Dieser Bewusstwerdungsprozess über unser Ego ist der erste Schritt zur Seele hin. Es ist ein sehr großer Schritt, in sich selbst innerlich unterscheiden zu können: Einerseits, die Wahrhaftigkeit der Seele und Deiner inneren Werte, die Du als Mensch leben willst, zu erkennen. Andererseits, davon Dein Ego und die Unsinnigkeit der Dinge, die Du lebst, zu trennen. Es ist wichtig, dass Du Dich von den Dingen trennst, die Du fernab von der Intention Deiner seelischen Werte lebst, weil Dein Ego so noch das Zepter über Dein Leben in der Hand hat.

Du wirst über dieses innere Sortieren bemerken können, wie viel Unstimmigkeiten Dir Dein Ego zumutet, sei es mit Menschen, durch Gefühle, in Situationen, durch Überforderungen oder über Gedanken. Überprüfe Dich im Alltag, wie oft Du Dich als „unqualifiziert" und „unperfekt" erachtest oder erachten lässt. Fühle diese Machtlosigkeit in Dir, die Dein Ego in dieser Weise zum Ausdruck bringt. Dein Ego ist nicht lösungsorientiert. Dein Ego ist problemorientiert. Fühle dem einmal nach, wenn Du Dich beim „inneren Diskutieren" selbst beobachtest und wenn Gedanken kommen, wie: „Hätte ich doch nur einmal …" oder „Wenn das passiert, dann …". Sei Dir bewusst, dass es Dein Ego ist, das sich da meldet.

Deine Seele möchte nicht, dass Du träumst und Dir ein besseres Leben nur vorstellst. Deine Seele lässt sich nicht vom Status quo Deines momentanen Lebens oder von Deinen momentanen Beziehungen beeindrucken. Für Deine Seele zählt nur die Frage, ob Dich das erfüllt und bereichert, was Du gerade lebst, fühlst, arbeitest, denkst, vorhast – oder was Dich jetzt mehr erfüllen und bereichern könnte. Das ist der Motor der Seele. Deine Seele sucht immer nach Möglichkeiten, die Dich erfüllter machen. Und wenn Du eine Entscheidung für Deine Seele triffst, wird diese Entscheidung nicht begleitet sein von den Diskussionen Deines Egos.

Konsum als Illusion – der Überlebenstrick des Egos
Dein Ego möchte konsumieren. Alles. Von allem viel. Dein Ego möchte sich nicht spüren, seelisch oder positiv emotional. Dein Ego möchte sich auch nicht auf einen anderen Menschen einlassen. Es sei denn, es bekommt etwas vom Ego dieses Menschen. So ist Dein Ego locker in der Lage, Essen, Sex, Kleidung, Geld und Statussymbole, Menschen, Zuwendung, Liebe, Freude, Informationen, was auch immer zu konsumieren, ohne es im Geringsten anzuerkennen, wertzuschätzen oder dankbar dafür zu sein.

So kommt es, dass das eine Ego ohne Selbstwert dem anderen Ego mit Machogehabe seine „Liebe" unüberlegt und – wie Perlen vor die Säue – sinnlos hingibt. Es ist die Motivation des Egos. Weil es so lieb ist, (innerlich jedoch selbstverloren) möchte es angenommen werden. Selbst dann, wenn es sich verschwendet (wozu besonders Frauen neigen). Es möchte einen Platz bekommen, den es sich selbst nicht gibt, auch wenn der Preis dafür ein Mensch ist, der sich überhaupt nicht für einen interessiert. Dieses Gegenüber sieht diese Liebe nicht, fühlt sie auch nicht. Will diese Liebe weder sehen noch fühlen. Aber es verkonsumiert diese Liebe gerne zur Befriedigung, weil es praktisch ist, ihm Energie gibt, Bestätigung oder sogar Macht (was mehr von männlichen Egos praktiziert wird). An der Erfüllung von Seele zu Seele ist das Ego nicht interessiert, denn dann müsste es wertschätzen, etwas zurückgeben und sich seelisch einlassen oder Sinnloses unterlassen. Das nennt man auch die „Übernahme von Selbstverantwortung".

Aus lauter Unerfülltheit beginnt das Ego, Dinge zu interpretieren und stellt Vermutungen an, wie was sein könnte, um eine Situation oder Person erträglicher vor sich selbst zu machen. Falsches Verständnis und falsches Erdulden finden statt, auf der Basis von Abhängigkeit und Nutzen. Zum Preis von Selbstverlust, Selbstentwertung und Selbstverleugnung. Das hat, wie gesagt, alles nichts mit Liebe zu tun, auch wenn es sich für ein Ego oft so anfühlt, weil es unter Umständen nichts anderes kennt.

Leg das Zaumzeug Deines Egos ab und nimm das Zepter Deiner Seele an.
Bisher diente der freie Wille mehr dem Ego als der Seele. Bisher hatte der Mensch vielfach keine Veranlassung, aus dem Ego heraus Verantwortung für seine Seele und damit für die Liebe zu übernehmen. Bislang konnte der Mensch fast nur ohnmächtig seinem Ego folgen – mit missbräuchlich gelebtem freien Willen.
Mithilfe des Liebesbewusstseins und des „Klartextes" kann der Weg der Liebe für Dich in eine neue und klare Richtung gehen – heraus aus Deinem Ego, hinein in Deine Seele. Heraus aus dem Sandkasten des Egos, hinein in die Göttlichkeit Deiner Seele. Weg von dem Mangel und Minderwert, den Zweifeln und Ängsten. Hin zum Selbstwert, zu Deinen aktiven göttlichen Werten, Deinem substanziellen Vertrauen in Dich selbst und zu Deinem Wissen, wer Du wirklich bist.
Heraus aus der Oberflächlichkeit und der Befriedigungswelt des Miteinanders unter Egos. Hinein in die Wahrhaftigkeit der wirklichen Beziehungen auf der Basis von Wertschätzung und tiefem Verstehen.
Es geht heraus aus dem zentralen Mangelbewusstsein des Egos, geradewegs in das Füllebewusstsein der Liebe. Raus aus dem „wiederkäuenden Klagen" und „Selbstmitleid". Weg von dem Klagen über „alles, was nicht geht, weil man es nicht kann oder darf, nicht bekommen hat und das Schicksal es mit einem nicht gut gemeint hat".

Fort von dem Abwarten, bis der „richtige" Zeitpunkt gekommen ist. Den gibt es nämlich *nie!* Also warte nicht.

Klärungsfragen:

- Wo halte ich mich mit meinem Ego in „unerfüllten" Situationen auf?
- Ist dies beruflich, privat, persönlich?
- Wo „ertrage" ich Menschen, die mich nicht erfüllen und bereichern?
- Wo bin ich mit Menschen zusammen, weil ich durch sie für mein eigenes Egos etwas „bekomme"?
- Wo fühle, denke, sehe ich überall Mangel in meinem Leben?
- Wo bringen mir andere Menschen „Mangel" entgegen?
- Was sagt mir mein Ego, wenn ich darüber nachdenke, etwas zu verändern oder zu verbessern – im Sinne meiner Selbstliebe, für meine Seele?

Mangelideen des Egos

Das Ego erlebt diese Zustände als Wahrheit. Diese Ideen und Annahmen des Egos müssen überhaupt nicht die seelische Wahrheit sein. Deshalb sind es Ideen.

- Man könnte glauben, man sei nur mit einem Partner richtig „glücklich", weil man dann nicht alleine ist.
- Dinge können nicht angegangen werden, weil kein Geld da ist, beispielsweise um die Wohnung zu renovieren oder neu einzurichten.
- Man führt seine Probleme und Bedürfnisse darauf zurück, dass man eine schwierige Kindheit hatte.
- Man hat das Gefühl, zu wenig Freunde und soziale Kontakte zu haben.
- Man fühlt sich körperlich unattraktiv, ist unzufrieden mit dem eigenen Körper, also alle Körpermängel oder das Nicht-Akzeptieren des eigenen Körpers.

- Selbstentwertung, Mangel an Qualitäten oder Eigenschaften, die man meint, nicht zu haben und auch nicht erwerben zu können (beispielsweise die Auffassung, inkompetent, wenig durchsetzungsstark, undiszipliniert zu sein).
- Unterwerfung unter andere oder Autoritäten, sich selbst kleiner machen, um zu gefallen oder weil man sich minderwertig fühlt.
- Obwohl man im Job unzufrieden und unerfüllt ist, bleibt man aus Angst vor Arbeitslosigkeit an diesem Platz.
- Man fragt nicht nach Hilfe aus der falschen Überzeugung, dass einem sowieso nicht geholfen wird; die unbewusste Überzeugung, keine Hilfe verdient zu haben oder seine Dinge selbst bewältigen zu müssen.
- Man verbleibt im Stadium des Klagens, des Selbstmitleids, ohne lösungsorientiert zu sein und für Verbesserung zu sorgen.
- Auf der Opferrolle bestehen, das Leben als ungerecht empfinden (beispielsweise bei Jobverlust, Unfällen, Kinderlosigkeit, finanziellen Pleiten, Betrogen- oder vom Partner Verlassen-werden).
- Genereller Pessimismus, „das Schlechte" zu erwarten, „das Gute" zu übersehen oder nicht wahrzunehmen.
- Aus Angst vor Ablehnung oder Konflikt auf Selbstverständlichkeiten zu verzichten, beispielsweise an der Supermarktkasse wird kein Abstand gehalten und man traut sich nicht, dies anzusprechen.
- Auf eine Bereicherung zu verzichten aus Geldmangel oder dem Gefühl, vernünftig sein zu müssen, beispielsweise ein Essen, sich einen schönen Blumenstrauß gönnen.
- Zeitliche Enge als Mangel zu empfinden, anstatt Prioritäten zu setzen und an der Organisation zu arbeiten.
- Kontrollsucht, zum Beispiel ständiges „Hinterhertelefonieren", um sich vermeintliche Sicherheit zu verschaffen.
- Aktionszwang, blinder Aktionismus, in der Hoffnung, dann keine Leere oder Stille aushalten oder ertragen zu müssen.
- Keine Zeit für gute Selbstfürsorge zu haben, beispielsweise keine frische oder warme Mahlzeit einzuplanen.

2. Ego und Intellektualität

So wenig man das Göttliche verraten und verkaufen würde, verletzen oder missachten,
so sehr darf dies auch nicht mehr der eigenen Seele,
den eigenen Werten oder Intentionen gegenüber geschehen.
(Marija)

Die Intellektualität steht dafür, etwas mit Denkvermögen begreifen zu wollen. Deshalb hat die Intellektualität zunächst nichts mit Bildung und Intelligenz zu tun, sondern mit der Art des Umgangs, im Leben zu stehen und mit den Dingen des alltäglichen Lebens „denkmäßig" umzugehen. Jeder Mensch hat eine eigene Denkfähigkeit und deshalb ist die Denkfähigkeit bei jedem Menschen unterschiedlich ausgebildet. Wenn ein Mensch nur bis 10 zählen/denken kann, so finden seine Denkprozesse nur in diesem Rahmen statt. Wenn ein Mensch keine Fremdwörter kennt und benutzt, so findet sein Denkvermögen in diesem Spektrum statt.

Die Intellektualität orientiert sich an den Dingen, die über den Kopf ablaufen und über Denkprozesse, die sich nicht mit der Seele verbinden. So steht das Intellektuelle dafür, das Seelische und die Liebe abschalten zu können. Abgesehen von der im Denkvermögen vorhandenen Vorstellung darüber, was Liebe ist oder sein könnte. Jeder Mensch kann intellektuell leben. Es bedarf hier nur einer Denkfähigkeit, die durchaus auch banal und einfältig sein kann. Die betonte Denkfähigkeit, egal wie differenziert oder einfach sie ist, wird in der Intellektualität gegen die Fähigkeit, sich mit anderen Menschen seelisch zu verbinden, seelisch zu verstehen und wahrzunehmen, ausgetauscht.

Intellektualität, eine Kunstform des Egos
Der intellektuelle Mensch ist der, von dem wir sagen können, er ist kopfgesteuert. Dazu ist er in der Regel ein emotionaler Verdrängungskünstler. Emotionen sind lästig. Der Hintergrund ist der, dass sich der intellektuelle Mensch zwar eines bestimmten Gebiets seiner „Sachkunde" und Funktionalität bewusst ist, letztendlich jedoch gegenüber dem Seelischen ohnmächtig und unwissend bleibt. Mangel liegt vor. Er weiß nicht, wie er mit Emotionen, in sich selbst oder mit denen von anderen Menschen, wertschätzend umgehen kann. Mangel ist der schlimmste Feind des Intellektuellen. Da ist es einfacher, das Leben zu funktionalisieren, Liebe zu verdrängen, auch wenn dies unmenschlich ist.

Der intellektuelle Mensch weiß, was bei bestimmten Dingen seines Handelns passiert, was dadurch bei und mit anderen intellektuellen oder manipulierbaren Menschen geschieht. So hat man das Leben im Griff und kann planen, taxieren und sich ausrechnen, wie das Ergebnis sein wird – bewusst oder unbewusst, sowohl privat als auch beruflich.

Das Intellektuelle ist nichts anderes, als mit dem eigenen Kopf (oder mit den Köpfen der Eltern) den innerlich seelisch lebendigen Menschen zu äußerem, kalkulierbarem Funktionieren zu wandeln und mit Funktionen auszustatten. Darüber verliert der einzelne Mensch an Wert und Bedeutung in seiner Individualität, in seiner Liebes- und Beziehungsfähigkeit.

Viele Menschen berufen sich im Leben darauf, sachkundig in einem speziellen Gebiet oder mehreren bestimmten Bereichen zu sein. Damit gibt man eine Qualifikation vor und verwechselt dies mit einer Fähigkeit. Die Sachkunde (Kochen, Handwerken, gut im Bett sein, über die Entstehungsgeschichte chinesischen Porzellans, der Relativitätstheorie oder der amerikanischen Unabhängigkeitserklärung Bescheid wissen, Gesellschaftsstrukturen erklären oder politische Agenden unterscheiden können; pädagogische Theorien aufzählen … etc.) – in welchem Bereich auch immer – wird in der Regel antrainiert und kommt nicht aus der Seele oder dem Herzen, wie dies bei einem inneren Wert der Fall ist.

Meist geht das Intellektuelle mit der Fixierung auf Leistung und Konsum einher und der Mensch hat sich viele funktionale Kompetenzen angeeignet. Das Leben muss im Sinne des Erfolges laufen und wer nicht mitmacht, der bleibt eben auf der Strecke und ist nichts wert. Liebe ist dabei nicht vorgesehen oder wird nicht als seelische Grundlage des Lebens anerkannt. Was vorantreibt, ist Erfolg, Macht, Geld und Perfektion. Wer intellektuell ist und so lebt, hat keine Zeit für „Gefühlsduselei". Liebe ist eher lästig. Liebe beinhaltet in Beziehungen immerhin, dass man sie pflegen muss, Rücksicht nimmt, sich für das Gegenüber interessiert und auch noch gemeinsam an der Beziehung arbeitet, wenn es einem selbst um eine gute Partnerschaft geht.

Kinder und Partner benötigen seelische Hinwendung und Aufmerksamkeit. Das ist unbequem; zumal man – wenn man als Intellektueller darüber nachdenken würde – ja keine seelische Ahnung davon hätte. Diese Inkompetenz und dieses Versagen möchte man sich selbst nicht antun und verdrängt erneut. So wird mithilfe des Äußeren und des Materiellen in konsequenter Oberflächlichkeit die „gewünschte Zuwendung" anders „erledigt".

Mit Geld, Geschenken, Komplimenten, Bewunderung, Abhängigkeit, Gewalt, Drohungen und durch die Arbeit mit der Angst, mit Taktik, Planung, elektronischem Konsum und Klugheit lässt sich eine Menge regeln und steuern.

Früh übt sich, blitzgescheit zu sein und seelisch zu verkümmern.
Schon Kinder verstehen schnell, dass man, wenn man sich klug gibt, mehr Aufmerksamkeit, Bevorzugung und Lob erhält, als wenn man sensibel ist und erst kindgerecht in der Schule mit dem Lesen zu lernen beginnt. Immer früher werden die Kinder – bewusst oder unbewusst – von ihren Eltern animiert, bereits im Kindergarten lesen und schreiben zu lernen. Kinder erhalten voreilig Spielzeug; sie haben Technik zur Verfügung, die für ihr Alter verfrüht ist – „um sie nicht zu unterfordern oder zu langweilen". Es ist ein gutes Gefühl für intellektuelle Eltern, wenn ihr Sprössling bereits „in diesem Alter" in der Lage ist, mit diesem Spielzeug oder gar dem technischen Gerät so geschickt umzugehen. Ein Nebeneffekt ist, dass die Kinder einen in Ruhe lassen! Kinder werden gefördert und müssen während der Förderung ihre seelische Intelligenz und ihre seelischen Talente einfrieren, mit der bewussten oder unbewussten Erwartung der Eltern, möglichst Leistungen und Anpassung abzuliefern. Abgesehen davon beginnt bereits unter Kindern früh das Konkurrenzdenken und das Vergleichen: Was hat der andere, was ich nicht habe oder was habe ich, was andere nicht haben? Kinder beginnen mit der Bewertungsmaschine des Egos, unter dem Vergleichsblick „Besser als ich" oder „Schlechter als ich".

Welche intellektuellen Eltern wissen, was es bedeutet, ein Kind seelisch zu umhüllen und wie „man" das praktisch vollzieht? Was wissen diese Eltern davon, ihre Kinder seelisch „abzuholen", mit der eigenen Seele? Oder davon, die Kinder seelisch auf das Leben vorzubereiten und die Fähigkeit, „lieben zu können", an sie heranzutragen?

Die meisten Mütter und Väter sind vielleicht selbst schon in der Denk-Erziehung groß geworden. Sie stehen auf der „langen Leitung", wenn sie plötzlich „umhüllen" sollen. Eine „Leistung", die sie nicht durch eine „Sachkunde" oder ein „Studium" gelernt haben. Eine Aufgabe, die sich nicht ausrechnen lässt, weil es mit Denken nichts zu tun hat. So werden aus den Kindern von heute wieder neue Mütter und Väter der Funktionalität. Sie treiben sich im Alltag mit Karrierewünschen voran. Weil alles perfekt sein muss, geraten diese Menschen über kurz oder lang in eine Überforderung, eine Krankheit, eine Leere, ein Burnout und in den Verlust von Beziehungen hinein. Man muss alles schaffen, als Frau/Mann: Haushalt, Beruf, Status, Geld, Elternschaft, Beziehung, Hobby, Freunde, Einfluss,

Attraktivität, Gesellschaft, Kultur – kurzum, der unerbittliche Leistungs- und Erwartungsdruck des Egos an sich selbst!

Wenn funktionale Perfektion bevorzugt wird

Da es oberflächlich ist, kann man miteinander oberflächlich und unverbindlich umgehen. So werden der Kontakt und das Interesse zueinander über die Oberflächlichkeit geprägt und man tauscht sich meist geistig, körperlich oder kommunikativ über das Funktionale aus. Die Bewertungsmaschine läuft auf Hochtouren, es geht ja um Perfektion. Geht es doch darum, ob ein Mensch gut aussieht, erfolgreich ist, eine gute Figur, Geld, oder ob er Macht hat, gut gekleidet ist, eine Beziehung hat oder ein „geiles" Auto fährt und mit dem neuesten iPhone und i-Pad unterwegs ist.

Hauptsache, es wirkt …

Nähe und Sexualität werden benutzt, um etwas zu erreichen oder den anderen zu stimulieren. Um etwas zu geben oder zu erhalten, was man alleine vielleicht nicht schaffen oder aushalten würde. Sowohl beruflich als auch privat.

Es geht um Selbstdarstellung, das „Erscheinungsbild" und das verdeckte Hecheln nach Anerkennung, Bewunderung und Lob. Immerhin muss man einen guten Eindruck machen, für den man auch trainieren und damit die Meinung oder den Geschmack der anderen Menschen treffen kann. Einschleichen, Sympathien gewinnen, einschleimen. Man kann das Lächeln üben, Rhetorik, Verkaufsgeschicklichkeit, Werbung, Strategien der Kundengewinnung, charmante Umgangsformen, Lügen, Flirttechniken und alles, was sonst noch Vorteile für das eigene Leben bringt.

Funktionalisierung: eine moderne Wertevermittlung, die an der Seele vorbeigeht

Im „Reich des Denkvermögens" wurde die Seele gestrichen. Wenn man von Gott, Seele oder Liebe spricht, wird man eher belächelt oder gleich nicht für „voll" genommen. Echtes Mitgefühl und Empathie sind uncool. Obwohl manchmal das Wort „Gott" fallen zu lassen gewinnbringend sein kann. Statussymbole regieren die Welt und geben untereinander Orientierung darüber, wo ein Mensch im Leben steht oder welche Position er hat und wie weit er voraussichtlich noch kommen kann. „Meine Frau, mein Mann, meine Kinder, mein Auto, meine Klamotten, meine Reisen, meine Firma, meine Mitarbeiter, mein Golfplatz, mein Schmuck, meine Geliebte, mein Designer …". Alles, was einen

Menschen aufgeblasener und mächtiger erscheinen lässt, wird im „Reich des Denkvermögens" gerne gezeigt und erwähnt: „Ich habe dies und das, mache jenes und welches und bin dieses und jenes!"
Egal in welcher gesellschaftlichen Schicht – *dieses Prinzip* durchzieht alles und jeden.

Es findet eine „pervertierte" Wertevermittlung statt. Werte wie: „Wir legen Wert auf gute Kleidung", „Wir legen Wert auf die Förderung unserer Kinder", „Wir legen Wert auf ein repräsentatives Haus", „Wir legen Wert auf guten Sex", ersetzen die seelischen Werte. Werte, die es in jedem Menschen aus Liebe zum Leben zu entwickeln gilt. Seelisches Wohlwollen wird gestrichen und durch Belohnungen ersetzt.

Beziehungen werden gelebt, weil sie praktisch sind und nicht unbedingt wertgeschätzt werden. „Wir sind das perfekte Paar". Die seelischen Werte des einzelnen Menschen spielen keine Rolle. Viel mehr das, was sie sich gegenseitig äußerlich zu „bieten" haben oder als „gelöste" Lebensvorstellung ermöglichen, abhaken zu können. „Ehe, Familie, Haus, guter Posten, Geld".

Ein Unternehmen zu leiten und Menschen zu entlassen braucht eine harte Schale und einen sachkundigen Intellekt, der an den Erfolg eines Unternehmens denkt, allerdings über andere Menschen und deren Schicksal nachzudenken vermeidet.

Wenn Du einmal in der Maschine der Funktonalität gelandet bist, ist es schwer, da wieder herauszukommen. Du hast als Mensch erst einmal keine Bedeutung mit Deiner Seele oder Deinem Wunsch nach Liebe. Du bist funktionalisiert, Du hast funktionalisiert und bist ein Teil des Systems. Da auszusteigen, weil Du „absurderweise" plötzlich bemerkst: „Das kann doch nicht alles gewesen sein", ist gefährlich für Dich. Da Du selbst davon angetrieben und verführt bist, sodass Du nicht so schnell weißt, wie Du ohne „Entzugserscheinungen" das innere Gas aus dem „Funktionieren" herausnehmen kannst. Auch, weil es sehr wahrscheinlich ist, dass Du in ein inneres Loch fällst und die Frage des tieferen Lebenssinns mit der in Dir existierenden Antwortlosigkeit auszuhalten hättest. Aber auch, weil es im Intellektuellen – wenn Du nicht mehr funktionierst – zu massiven Entwertungen und Bestrafungen Deiner Person kommen kann.

Wenn Du nicht funktionierst mit Deiner Sachkunde und Deiner Leistung, Deinem Perfektionismus und Deiner Anpassung, dann bist Du „unbrauchbar" und wertlos. Du wirst entlassen, als nicht funktionierender Partner oder Mitarbeiter, der plötzlich das Seelische vermisst, ohne als Mensch dort jemals seelisch gesehen worden zu sein. Du wirst gemobbt oder mit Druck zur Umstimmung genötigt. Dir wird auch klar gemacht, wie schnell Du zu ersetzen bist.

Beziehungen gehen auseinander und innerhalb kurzer Zeit finden beide wieder einen Partner. Das ist nur möglich, wenn es „nur im Kopf" eine Beziehung gab oder eine Idee, was diese Beziehung sein sollte für den einen oder anderen Partner". Man kann, als Mann oder als Frau, – denkvermögend, wie man ist – schnell umdenken und Ideen von, mit und über eine Person fallen lassen (Schnell-Entliebung).

Intellektuelle sind weit von der Selbstliebe entfernt. Sie sind sich selbst nichts wert – außer den Äußerlichkeiten, die ihnen Dinge und Menschen als Bestätigung oberflächlich entgegenbringen können.

Das scheinbare Selbstbewusstsein zeichnet sich durch Dominanz und „Bescheid wissen" aus, Macht und recht zu haben, starkem Beschäftigt sein, wenig Zeit haben und ständiger Effizienz. Wie sich der andere Mensch, mit dem man in Kontakt ist, fühlt oder was er braucht oder von sich gibt, ist nicht die Frage. Empathie ist ein Fremdwort, auch wenn man seine theoretische Bedeutung kennt.

3. Ego und „Spiritualität"

Bewusstsein kann man nicht einhauchen, das kann man nicht energetisch übertragen,
das kann man nur durch sich selbst erobern.
(Marija)

Wir leben im Göttlichen und sind als Menschen umgeben von der universellen Energie, welche ein Teil unserer Lebensenergie ist. Und wir sind umgeben vom Odem Gottes, der zeit unseres Lebens durch uns hindurchfließt. Jeder Herzschlag und jeder Atemzug ist von Gott, der in uns lebt. Wir Menschen bestehen durch die Unsichtbarkeit unserer Seele, neben unserem Körper, aus einem Energiekörper. Dieser Energiekörper kann von uns, wenn wir es wollen, mit universeller Energie unterstützt werden. Dies können wir selber vollziehen, in dem wir uns unseres energetischen Kanales bewusst werden, durch den diese Energie über unsere Seele fließt.

So können wir jederzeit diesen Energiefluss aus dem göttlichen Universum für uns – ohne jede Vorbildung – mit unserem Bewusstsein aktivieren und für uns fließen lassen. Oder wir wenden uns vertrauensvoll an einen anderen Menschen, der für uns seinen Energiekanal öffnet und über Raum und Zeit unserer Seele unterstützende, universelle Energien zukommen lässt. Unserer Seele tut eine solche energetische Unterstützung in jedem Fall gut. Auch bewusste Meditationen, die dazu dienen, sich mit sich selbst und seiner eigenen Existenz zu konfrontieren, sind wunderbare Hilfen, um die eigene Seele zu stärken und spirituell zu wachsen. Jede spirituelle Bewusstseinstechnik, die Dein seelisches Bewusstsein weitet und Dich damit dem Leben gegenüber fähiger werden lässt, ist ein Segen für einen spirituell ausgerichteten Menschen.

Sag mal „Om" – ein Ausflug in die Selbstbetäubung
Das Ego mit seinem versteckten oder offensichtlichen Mangel lässt sich zur Kompensation aber auch hier etwas einfallen. Das Feld der „Spiritualität" oder besser gesagt der „Esoterik", ist ein beliebtes Feld der Mangelkompensation des menschlichen Egos geworden.

Man unterscheidet sich vom „Kopfgesteuerten" dadurch, dass man bekundet, einen „scheinbaren" spirituellen Weg zu gehen oder sogar spirituelle Arbeit auszuüben. Es ist im „esoterischen" Bereich sehr leicht, eine Qualifikation zu erhalten, nach der man zum Beispiel bereits nach einer Woche Energiemeister und Energielehrer für eine bestimmte Energieform geworden ist. Es gibt unzählige „Energieangebote" zu entdecken und „Einweihungsformen", sowie Energie-Arbeitstechniken zu finden. Ein „Slogan" der immer gut kommt ist: „Alles ist eins!" Oder „Bedingungslose Liebe".

Der Heiler als Konsument
Manche Menschen nennen sich Heiler. Sie fühlen sich damit „befähigt", andere Menschen in eine Energieform oder gleich mehrere und in die ein oder andere Technik einzuweihen und sie zu lehren – befähigt, Heilungen in allen Bereichen des Lebens initiieren zu können. Diese Art der Ausbildungen kann bei einem Trainer direkt absolviert werden. Einfacher geht es per CD-Ferneinweihe, diverse spirituelle Berufe zu erlangen.

Für Menschen mit Mangel ist diese Art der Berufung ein Segen. Diese Berufung gibt einem schnell das Gefühl, „jemand zu sein" und eine Kompetenz zu haben, also „etwas zu können", was sogar besonders ist und andere Menschen scheinbar nicht können. Endlich gibt es einen Weg, sich nicht mehr „unfähig" und „unqualifiziert" fühlen zu müssen. Endlich kann man anderen sagen, was oder wer man jetzt ist und was man jetzt kann und sich mit angelesenen Weisheiten schmücken.
Egal ob die Ausbildung direkt oder über die Ferne vonstattengeht – bei einer solchen „Ausbildung" wird nur in wenigen Fällen hinterfragt, ob der zukünftige Meister-/Lehrer über wirkliche seelische Fähigkeiten und eine seelische Bildung

im Sinne der Liebe verfügt. Man geht untereinander davon aus, weil man in der Esoterik auch viel von Liebe spricht. Wenn ein Energiegeber oder Energiemeister mit dieser Energieform oder Technik andere Menschen seelisch begleiten will, werden in der Regel die seelischen Führungsfähigkeiten ebenfalls nicht geprüft.

Es scheint so zu sein, dass unter dem Deckmantel der „Spiritualität" und „Liebe" plötzlich das Seelische, praktische seelische Werte und das seelische Bewusstsein keine Rolle spielen. Dabei geht es „offiziell" immer um die Liebe und um das Prinzip, Menschen mit dieser oder jener Technik oder Energieform seelisch erfüllen und bereichern zu können.

Oder ist es am Ende doch wieder eine neu erschaffene Illusion, von Ego zu Ego? Es geht offiziell nicht darum, das Ego situativ zu befriedigen. Trotzdem bildet ein Energie-Lehrer einen anderen Meister-/Lehrer seelisch fraglos aus.

Warum? Vielleicht, weil der eine damit Geld verdienen kann oder weil beide Gefühle von Macht und Status bekommen. Das Spirituelle wird *konsumiert*, um eine spirituelle „Position" mit dieser Art „Karriere" einzunehmen und eine Agenda innerhalb kurzer Zeit zu haben, die beeindruckt. Ein weiterer Vorteil ist, man gehört einer Gruppe Gleichgesinnter an.

Alles ist möglich. Du musst nur daran glauben …

Wer sich spirituell nennen und fühlen will, bekommt das mittlerweile auf unzählige Art und Weise „serviert", ohne tatsächlich seelisch an sich arbeiten zu müssen. Du kannst mit Techniken und Energien Dein Leben ganz schnell verbessern und Du kannst alles bekommen, was Du willst … so lautet oft die Verheißung. Man versuche es mit dem Beklopfen des eigenen Körpers, mit dem Download von Wunschgefühlen und Wunschzuständen, dem Erschaffen von Energiewellen. Techniken, die direkt zum passenden Partner, zum Wohlstand und zu Geld führen und für einen arbeiten, ohne dass man etwas innerlich Verbindliches für die eigene Seele zu tun oder zu erkennen hätte. Man muss einfach nur diese Technik praktizieren und das Leben läuft. Dies funktioniert auch mit der Rückführung in andere Leben, damit man Bescheid weiß, wieso heute das Leben so ist, wie es ist. Du kannst mit Hilfe von Orakeln Dich zum Hellseher oder Kartenleger ausbilden lassen. Man kann Seelenverträge löschen, weiß aber hinterher genauso wenig über die aktive Liebe wie vorher. Mit Ritualen aller Art kann man ebenfalls arbeiten und hoffen, dass man den alten Partner zurückbekommt. Mit dem Ritual, was ja in keinem Fall manipulieren soll, dokumentiert der Mensch jedoch indirekt wieder das eigene Haben-sollen, -wollen oder -müssen auf spiritueller Ebene. Für die Pflege der Aura und um sich geschützt zu fühlen, nimmt man ein Aura-Spray. Es gibt auch Sprays, um Geld anzuziehen, schneller abzunehmen und seine Wünsche in Erfüllung zu bringen. Auch scheint es möglich zu sein, nach einer gewissen Zeit fast alles zu bekommen, was Dein Herz begehrt: durch geführte Meditationen, Affirmationen, Imaginationen, diverse Wunscherfüllungsprogramme, mit der Ausbildung zum Magier, zum Energietherapeuten und zum Lichtarbeiter. Zumindest wird das in Aussicht gestellt.

Es gibt ein gigantisches Angebot im esoterischen Bereich, das einem dabei helfen soll, sich scheinbar seelisch weiterzuentwickeln, sich glücklich zu machen und andere Menschen dadurch zu inspirieren, auch so zu werden wie man selbst – spirituell.

Geliebt zu werden ist doch immer schön.
Man kann sich zum Channel-Medium ausbilden und allgemeine Informationen von Engeln und Meistern durch sich sprechen lassen. Man kann hören, dass und wie sehr man unendlich geliebt wird und Erzengel Michael in jedem Fall bereitsteht, sein Schwert für uns zu zücken. Ob einen persönlich diese Aussagen essentiell und praktisch weiterbringen, bleibt offen und ist vielleicht auch egal. Hinter diesen vielen Angeboten, die gerne genutzt werden, steht nach einer gewissen Zeit sogar der spirituelle „Erlebnishunger", „berührt zu werden" und „berührt" zu sein.

Aus dem Liebesbewusstsein ergeben sich daraus allerdings Fragen: Ist der Mensch bei diesen „Qualifikationen" und spirituellen Unternehmungen der praktischen Liebe gegenüber fündig geworden und damit „wissender"? Kann man diesem Menschen in der Liebe jetzt kein X vor dem U mehr vormachen? Ist dieser Mensch in seinem Selbstwert dadurch bewusster geworden und gegenüber seelischen Werten klarer? Oder hat dieser Mensch seine Seele nur in der Vorstellung des Egos in Entwicklung gebracht? War die eine oder andere Möglichkeit der „spirituellen Entwicklung" eine Art Trost oder Füllwerk, aufgrund unerlösten Mangels, sich nicht spüren und anerkennen oder gar verantworten zu müssen? Sich selbst immer noch nicht fundamental seelisch verstehen, vertreten und schützen zu können? War es eine Hoffnung, es erst gar nicht mit sich selbst versuchen zu müssen, selbstverantwortlich, weil dies von der Technik oder von einem geistigen Wesen erledigt wird?

Hat der Mensch mit einer dieser Methoden, Techniken und Heilweisen die Liebe nachhaltig in seinem Leben erobert und ist ihrer dadurch praktisch mächtiger geworden? Hat dieser Mensch neue Werte in sich aktiviert und neue Lebenskompetenzen für das praktische Leben unter den Menschen entwickelt? Steht er in seiner Selbstmacht?

Oder gibt ihm **diese Methode** das *Gefühl* der Macht? Überlässt er nach wie vor naiv alles den Fügungen der „geistigen Welt" und wundert sich über seinen äußeren Mangel an Liebe, stimmigen Menschen, erfüllender Berufung, liebevollem Familienleben, wundert sich über Partnermangel und dem Mangel an Geld?

Gott steht nicht auf Selbstbetrug.

Er will nicht, dass Du esoterische Methoden des Selbstbetrugs wählst, um Dich weiter davor drücken zu können, in Dir die Liebe an der Wurzel Deiner Seele zu packen und Dein Leben mit seelischem Bewusstsein und Objektivität zu führen.

Selbstbetrug im Esoterischen ist leider häufiger der Fall als geahnt. Jeder kann letztendlich alles machen und Meister/Lehrer werden. Jeder, der trotz allem schlecht mit sich selbst und anderen Menschen umgeht. Jeder, der keinen blassen Schimmer von der Liebe hat. Aber es wird in diesen Kreisen viel von Liebe gesprochen und viel Liebe untereinander gesendet.

Durch Raum und Zeit "verschickte Liebe" und ihre Grenzen

Wenn ein Mensch einem anderen Menschen imaginäre/energetische Liebe schickt, ist die Frage, *warum* er es macht. Und wenn er es macht, dann darf er es aus Respekt zu diesem anderen Menschen und dessen Seele nur machen, wenn dieser einverstanden ist und auch empfangsbereit. Wer einem Menschen, der als Energie-Erhaltender nicht empfangsbereit ist, „Liebe" schickt, hat logischerweise sein Ego davor geschaltet. Wenn die Idee des „Absenders der Liebe" über Raum und Zeit die ist, dass es dem empfangenden Menschen besser gehen oder es zwischen jenem Menschen und ihm selbst besser werden soll, dann wird dies nichts Nachhaltiges bringen.

Ein Problem mit einem Menschen zu haben, jedoch auf der realen Ebene zu vermeiden, mit ihm auf der Basis von Liebe darüber zu sprechen und die Dinge für sich, aus Selbstrespekt, zu klären, ist letztendlich feige und bequem. Energie zu schicken in der Hoffnung, diese Energie bewirke etwas im Sinne von Klärung oder Annäherung, ist naiv und eine vergebliche Hoffnung.

Menschen versuchen, im Rahmen ihrer energetischen Möglichkeiten, Einfluss auf eine Situation oder einen anderen Menschen zu nehmen. Sie versuchen damit zu beeinflussen, was passend gemacht werden soll – ohne persönliches, aktives Tun und Engagement auf der realen Ebene.

Warum tun sie das? Einerseits, weil sie Angst vor der Klärung haben, vor der Gefahr der Ablehnung und dem Verlust, der am Ende dabei herauskommen␣würde, was man natürlich nicht will. Andererseits, weil sie nicht den Selbstwert der Klärung in sich tragen und sich inkompetent darin fühlen, ein klärendes Gespräch führen zu können, auf der Basis von Liebe.

Gut sein wollen, aber ohne Risiko!
Das mit der Energiearbeit und heimlichen Ritualen ist viel praktischer. Da ist man (mit dem Ego) auf der sicheren Seite, gleichzeitig merkt es keiner, jedoch tut man etwas in der Hoffnung, dass es wirke. Das hat nichts mit der Wertschätzung dem Göttlichen gegenüber zu tun und auch nichts mit Selbstliebe und Liebe.

Über diesen energetischen Traum der Verbesserung des Lebens bleiben viele Menschen, die sich spirituell nennen, oft jahrelang in falscher Hoffnung stecken oder werden in falscher Hoffnung gehalten, weil man sich zum Beispiel an Prophezeiungen von Orakeln festhält.

Es ist letztendlich nur der Versuch des Egos, einer Wahrhaftigkeit, die es für die seelische Befreiung und weitere Entwicklung zu erkennen gilt, *in keinem Fall* nachzukommen; da es Konsequenzen zur Folge hat, die eventuell unbequem und nicht gewollt sind. Es wird sich nicht in der Tiefe mit der Liebe und Selbstliebe und dem stabilen Selbstwert beschäftigen, sondern mit dem darunterliegenden Haben-Wollen, Sollen oder Müssen. So wird das scheinbar Seelische unselig missbraucht.

Esoterische Angebote werden genutzt, Mangel und Schmerz und das Leiden nicht so sehr spüren zu müssen oder die Zeit des Leidens zu überstehen. Liebe hat jedoch immer damit zu tun, Leiden und Unerfülltheit durch Selbstliebe schleunigst zu erlösen und aus Selbstrespekt loszulassen. In diesem Leben!

Was Liebe alles nicht ist, unser Ego vielleicht aber meint oder es anders wahrnimmt:

- Selbstaufgabe, Aufopferung, Verzicht, beispielsweise in einer Beziehung, in der man alle schlechten Behandlungen hinnimmt, weil man den Partner liebt.
- Bedingungslos „Perlen vor die Säue werfen", wenn man permanent einseitig in eine Freundschaft investiert, oder die eigenen Bemühungen vom Gegenüber nur konsumiert werden.
- Seinem Kind zur „Ruhigstellung" und Befriedigung alles durchgehen zu lassen, es stundenlang fernsehen oder Computer spielen zu lassen.
- Aus Angst vor Ablehnung liebevolle Kritik zurückzuhalten, jemanden nicht auf etwas Wichtiges hinzuweisen, was er vielleicht selbst nicht merkt, was jedoch nicht in seinem seelischen Sinne ist (beispielsweise, wenn jemand ständig unterbricht).
- Grenzüberschreitungen hinzunehmen und nicht für sich selbst einzustehen, zum Beispiel eine Beleidigung einfach kommentarlos stehen zu lassen.
- Kompromisse zu machen, beispielsweise in einer Partnerschaft: „Ich begehre meinen Partner eigentlich nicht und er begeistert mich auch nicht, aber er gibt mir materielle Sicherheit".
- „Wenn-dann" Bedingungen, zum Beispiel in der Erziehung: „Wenn Du Dein Zimmer aufgeräumt hast, dann hat die Mama Dich wieder lieb".
- Loyalitätslosigkeit, beispielsweise einen guten Freund, den man wertschätzt, nicht in Schutz zu nehmen, wenn er/sie verbal angegriffen oder beleidigt wird.
- Unbewusster, nicht wertschätzender, konsumierender Umgang mit Entgegengebrachtem; zum Beispiel ein Erbe zu verprassen, ein liebevoll bereitetes Essen herunterzuschlingen, jemanden nur als „praktisch" zu erleben und seine Hilfe oder Unterstützung nur auszunutzen.

- Das Offensichtliche nicht sehen, sich eingestehen zu wollen oder es zu ignorieren, beispielsweise den Kampf um eine Beziehung, die völlig unstimmig ist, weil die Werte der Partner kollidieren oder sich nicht vereinen lassen.
- Ego-Befindlichkeiten wichtiger zu nehmen als Werte, zum Beispiel: „Ich habe viel gearbeitet und bin müde, müsste aber noch dringend staubsaugen und Ordnung schaffen. Das ist aber wieder Arbeit und wird mich noch müder machen, also lasse ich es lieber".
- Aus falscher Rücksichtnahme nicht auf ein Verhalten hinzuweisen, das man für sich als unstimmig empfindet, beispielsweise, wenn ein Freund sich nie meldet und es prinzipiell darauf schiebt, dass er zu viel zu arbeiten habe.
- Einzelne Bereiche ausklammern, weil diese einem „heilig" sind, zum Beispiel der Schuhtick der Frau darf nicht kritisiert werden oder wenn der Mann seine Freunde zum Fußball gucken eingeladen hat und sie sich daneben benehmen, darf das nicht kritisiert werden.
- Liebesbeweise einzufordern oder Erwartungen an das Gegenüber zu stellen, die man erfüllt haben will.
- Sich selbst scheinbar zu bereichern und zu erfüllen mit teuren Markensachen oder Luxusgütern, die jedoch nicht seelisch begründet waren, sondern aus dem Ego mit seinem „Haben-Wollen".
- Andere wegen Oberflächlichkeit abzulehnen, weil man sie zum Beispiel als hässlich oder dumm bewertet.
- Andere Meinungen nicht stehen oder gelten lassen zu können.
- Beziehungen lediglich aufrechterhalten wegen gemeinsamer Erlebnisse und Erfahrungen, durchgemachter Zeiten, aus Gewohnheit, „Wir sind schon so lange zusammen", „Wir haben so viel miteinander durchgemacht, er hat während meiner Krankheit immer zu mir gestanden", „Wir sind so gut eingespielt im Alltag/im Bett/im Job".

- Helfersyndrom: Wenn man nicht reflektiert, ob die Hilfe wirklich ankommt und geschätzt wird, man sich darüber selbst verliert, eigene Probleme ausblendet oder hilft, weil man gelobt oder gebraucht werden will.
- Ohne Rücksicht auf andere zu leben, blind eigene Interessen durchzusetzen oder unbewusst nur sich und die eigenen Bedürfnisse zu sehen.

Der Seelenpartner und die vermeintlich "ganz große Liebe"

Einige spirituelle Menschen durchleben in dieser Zeitepoche die sogenannte „leidvolle Liebe" durch einen Seelenpartner. Sie durchleben „ein spirituelles Modell" in der Liebe. Es gibt unendlich viele Erklärungen, Ratschläge und Situationsbeschreibungen für dieses Phänomen. Der Seelenpartner, die ganz große Liebe im Leben. Fakt ist, dass es beim Seelenpartner nicht nur um die ganz große Liebe geht, sondern um die *ganz große persönliche Entwicklung zur eigenen Seele hin.* Das möchte das Ego aber überhaupt nicht wahrhaben. Es geht darum, wegzukommen von der Projektion des „perfekten Liebes- und Erfüllungspartners". Es geht darum, den *in sich* seelisch ausgereiften stimmigen und unabhängigen Menschen in Selbstliebe und Selbstwert zu erobern. Es bedeutet das persönliche Ablegen von jedwedem Selbstverlust, den Du bis dahin gelebt hast. Das ist der Sinn, der sich aus einer Krise mit einem „Seelenpartner" ergibt. Das ist der tiefe Anlass für einen Seelenpartner in Deinem Leben. Doch genau hier sind diese vielen „esoterischen" Angebote am Werk, die das Hoffen und Haben-Wollen, Sollen oder Müssen anfeuern und aufrechterhalten. Angebote, die eben nicht danach sehen, dass die Seele dieses Menschen und sein Selbstwert dadurch gestärkt werden, dass die göttlichen Werte seiner Seele anerkannt werden. So, dass dieser Mensch in Unabhängigkeit gelangt, für die Liebe und gemäß der eigenen Seele.

Leider ist es Tatsache, dass man mit „Esoterik" das Seelische verfehlen kann, und zwar so gut, dass man es nicht einmal bemerkt.

Ist das die Liebe, von der Gott gesprochen hat? Bringt das die Liebe auf die Erde, nachvollziehbar, ernsthaft und sichtbar unter den Menschen? Der Esoteriker ist in der Lage, auf seine Weise genau das zu fabrizieren, was ein Intellektueller auch schafft – den essentiellen Kern und Sinn der Liebe zu verfehlen.

Jede käufliche Spiritualität ist keine Spiritualität, wie Gott sie durch Deine Seele, in Liebe, lebendig und greifbar, sehen will. Die Liebe ist weder eine Technik noch ein esoterisches Angebot. Die Liebe ist leise, unspektakulär und zeitlos. Für die Liebe brauchst Du nur Dich und das Göttliche in Dir. Das gibt es kostenlos!

Stopp, das stimmt nicht!
Du hast den größten Preis zu zahlen, den Du Dir nur vorstellen kannst:
Dein Ego loszulassen. Und es könnte tatsächlich sein, dass Du dafür etwas investieren musst.

Daran erkennst Du das „typische" Ego (es agiert damit entgegen seelischer Werte):

> Ängstlich, zweifelnd, verleugnend, missbrauchend, beleidigt, betrügend, hintergehend, entziehend, strafend, hinhaltend, versetzend, treulos, stehlend, leidend, entwertend, bewertend, aushaltend, abwartend, verratend, lügend, stressend, manipulierend, vermeidend, vernachlässigend, ertragend, jammernd, klagend, opfernd, taktierend, verurteilend, dramatisierend, schweigend, ignorierend, respektlos, undankbar, lethargisch, kindisch, trotzig, diskutierend, uneinsichtig, festhaltend, rechthaberisch, arrogant, konsumierend, unsozial, ungeduldig, penetrant, vergleichend, grenzüberschreitend, neidisch, eifersüchtig, wütend, verärgert, hoffend, glaubend (und nicht wissend), vermutend, interpretierend, verführbar, unklar, naiv, konkurrierend, intrigant, unterschlagend, unsensibel, drohend, dominierend, abweisend, gewissenlos, verletzend, dogmatisch, intolerant, unflexibel, lieblos, bewundernd, schwärmend, wechselhaft, einfallslos, illusorisch, launisch, problematisierend, unbewusst, unverbindlich, oberflächlich, verantwortungslos, bequem, feige u.v.m.

Ein Wort zur „geistigen Welt"

*Wenn man zu sich selber steht, die Werte des Liebesbewusstseins
und die Liebe an sich praktiziert, dann steht man zu Gott.*

(Marija)

Die geistige Welt ist im Göttlichen etabliert. Mit dem Begriff der „geistigen Welt" verstehen spirituelle Menschen all das, was seelisch existiert, wirkt und nicht sichtbar ist. Dies sind vornehmlich geistige Wesen, die einst auf Erden als Menschen lebten. Diese haben schon zu Lebenszeiten sehr offensichtlich mit ihrer Seele, ihrer Liebe und ihrem seelischem Bewusstsein gewirkt und andere Menschen seelisch erfüllt. So war Jesus ein bedeutender Mensch, eine bedeutende geistige Persönlichkeit, die uns aus der geistigen Welt nun seelisch zur Seite steht, wenn wir es möchten.

Es gibt eine große Anzahl an geistigen Helfern, die uns aus dem Jenseits unterstützen, einen für unsere Seele stets guten Weg einzuschlagen und diesen treu zu gehen. Weitere geistige Helfer sind Buddha, Maria Mutter Jesu, Hildegard von Bingen, Johanna von Orléans, Franz von Assisi, Konfuzius, Shirdi Sai Baba, Plato, etc.

Neben diesen geistigen Helfern existiert das Reich der Engel. Auch hier gibt es eine Vielzahl von bekannten Engeln, die uns hilfreich zur Seite stehen mit ihrem unsichtbaren Wirken. Die bekanntesten sind unter anderem Michael, Gabriel, Raphael und Uriel, Chamuel, Haniel, Jophiel, Raguel, Ramiel, Sariel, Zakiel und noch viele weitere.

Diese geistigen Helfer machen sich über unsere Seele bemerkbar. Wir können mit unserer Seele zu deren Seelen Kontakt aufnehmen. Einige Menschen verspüren den Kontakt mit der geistigen Welt in Form von gedanklichen, persönlichen Informationen oder Hinweisen. Andere entdecken im Kontakt mit der geistigen Welt durch äußere Zeichen Hinweise, Botschaften oder Antworten auf Fragen. Wieder andere machen Kontakt über Gebete dorthin.

Gott weiß, dass er sich auf die geistige Welt, auf deren Führung, Unterstützung und Hilfe für die Menschen verlassen kann. Menschen wissen das auch und wenden sich regelmäßig an die geistige Welt. Einige Menschen haben einen speziellen geistigen Führer oder Schutzengel, zeit ihres Lebens.

Der seelisch unabhängige, selbstverantwortliche Mensch und das goldene Zeitalter

Gott möchte, dass der Mensch mit seiner Seele über sich hinauswächst. Dass der Mensch aus seinem Ego herausgeht und in seine seelische Kraft und bewusste göttliche Werte hineintaucht, ja mit ihnen verschmilzt. *Das* ist das „Goldene Zeitalter" der Menschheit.

Gott möchte, dass der Mensch zur *Ebenbürtigkeit* gegenüber der geistigen Welt findet und damit beginnt, seine Aufmerksamkeit auf seine innere, seelische Kraft und Vervollkommnung zu richten. Wir dürfen lernen, dass wir uns mit unseren seelischen Kräften und Werten sowie mit unserem seelischen Bewusstsein zu einhundert Prozent auf uns *selbst* verlassen können. Gott möchte, dass wir damit aufhören, uns seelisch zu unterschätzen und dabei die geistige Welt über ein ungesundes Maß hinaus zu „erhöhen".

Gott möchte nicht (und auch die geistige Welt möchte nicht), dass wir Menschen die „geistige Welt" dafür benutzen, die Verantwortung für unser Leben abzugeben, damit es die geistige Welt in unserem Leben für uns richtet.

Gott möchte, dass wir fähig werden, uns mit unserem seelischen, potenziellen Bewusstsein ausreichend schützen zu lernen, uns selbst vertreten zu können. Denn bei allem, was die geistige Welt für uns in der Lage ist zu tun – wir sind dazu genauso in der Lage, wenn wir die Liebe auf der Erde leben. Das weiß Gott. Das weiß auch die geistige Welt.

Selbstverständlich kannst Du die geistige Welt lieben und in Deinem Leben integrieren. Du kannst Sie zutiefst bitten, Dir die Kraft, den Mut und die Klarheit zu geben, die Liebe in Dir treu leben zu können. Deine Aufgabe ist es, die bewusste Macht über Dein Leben zu haben; weil es der Sinn Deines Lebens ist zu lernen, dass Du Dich auf Dich selbst und die Liebe in Dir verlassen kannst. Dass Du auf Deinen unumstößlichen Selbstwert jederzeit zurückgreifen darfst.

Diesen Prozess möchte die „geistige Welt" in keinem Fall aufhalten, vielmehr möchte sie dies fördern. Es geht um Ebenbürtigkeit.

Die geistige Welt möchte nicht, dass Du eine andere Form der „Abhängigkeit" oder „Lebensbewältigung" dorthin entwickelst. Denn das wäre wieder Machwerk Deines Egos. Die geistige Welt möchte nicht, dass Du sie „zu selbstverständlich in eine Zuständigkeit" für Dein Leben bringst oder um Unterstützung und Hilfe bittest, wo Du selbst für Dich und aus Deiner Seelenkraft etwas tun könntest für Deine seelische Entwicklung. Allein schon aufgrund der Tatsache, dass Du ein seelisches Bewusstsein hast. Mit Deinem seelischen Bewusstsein bist Du in der Lage, wie die geistige Welt die Dinge Deines Lebens zu überblicken und wahrhaftig zu betrachten. Demnach bist Du auch fähig, die Dinge für Dich seelisch aktiv positiv zu lenken.

Die geistige Welt möchte, dass Du Deine seelische Macht in Besitz nimmst. Denn es ist dieselbe Fähigkeit, die die „geistige Welt" bemächtigt, aus dem Jenseits etwas für Dich zu tun.

Du trägst alles in Dir, um der Liebe in Dir und für andere, im Sinne Gottes, mächtig zu sein … so wie es die Seelen der geistigen Welt bereits vollzogen haben, die uns im Göttlichen umgeben.

Der Mensch ist nur dann in der Lage, seinen inneren Mangel,
seine innere Unerfülltheit und innere Leere zu überwinden, wenn er bereit ist,
sich bewusst für das Spirituelle zu öffnen und bewusst das Seelische anzuerkennen und,
dass es darum im Leben geht.
(Marija)

Marija´s Zwischengedanken

Geschafft!

Du bist mit diesem Kapitel durch … mit Deiner Seele? Sie wird spüren und Du wirst wahrnehmen können, ob an dem, was ich ungeschönt benannt habe, etwas „dran" ist oder nicht. Sollte Dein Ego keine Lust mehr haben weiterzulesen, darf es das Buch gerne zuschlagen.

Denn dieses Buch habe ich ausschließlich für *Dich* und *Deine Seele* geschrieben. Deshalb möchte ich Dich an dieser Stelle ganz besonders einladen, den nun „erlösenden" Kapiteln im Liebesbewusstsein zu folgen und Dich seelisch inspirieren und ermutigen zu lassen, fortan Dein seelisches Leben in Liebe zu leben. Du kannst beginnen, der Liebe mächtig zu werden.

Willkommen im Liebesbewusstsein!

Kapitel III – Das Liebesbewusstsein

Das Liebesbewusstsein basiert auf klaren, seelischen Strukturen und Empfehlungen, Liebe und Selbstliebe mithilfe der vier Säulen leben und einen wahrhaftigen Weg für Deine Seele beschreiten zu können. Das Liebesbewusstsein ist ein „Vorschlag" für Dein seelisches Leben. Es ist deshalb nicht mit einem Dogma zu verwechseln.

(Marija)

1. Einführung in das Liebesbewusstsein

Das Liebesbewusstsein ist keine „Erfindung" unserer Zeit. Der Apostel Paulus hat es im „Hohelied an die Liebe" zwischen den Jahren 50 – 55 nach Christus, im Brief an die Korinther, verfasst. In der alten Sprache wurde es von Paulus „kurz" und „knapp" formuliert, was das Liebesbewusstsein meint und ist. Eine ausführliche Auslegung oder Erklärung seitens Paulus wurde bislang nicht gefunden.

Das Hohelied der Liebe

(1. Korintherbrief 13,1-13)

Wenn ich in den Sprachen der Menschen und Engel redete,
hätte aber die Liebe nicht,
wäre ich ein dröhnendes Erz oder eine lärmende Pauke.
Und wenn ich prophetisch reden könnte
und alle Geheimnisse wüsste
und alle Erkenntnis hätte;
wenn ich alle Glaubenskraft besäße
und Berge damit versetzen könnte,
hätte aber die Liebe nicht,
wäre ich nichts.
Und wenn ich meine ganze Habe verschenkte,

und wenn ich meinen Leib dem Feuer übergäbe,
hätte aber die Liebe nicht,
nützte es mir nichts.
Die Liebe ist langmütig,
die Liebe ist gütig.
Sie ereifert sich nicht,
sie prahlt nicht,
sie bläht sich nicht auf.
Sie handelt nicht ungehörig,
sucht nicht ihren Vorteil,
lässt sich nicht zum Zorn reizen,
trägt das Böse nicht nach.
Sie freut sich nicht über das Unrecht,
sondern freut sich an der Wahrheit.
Sie erträgt alles,
glaubt alles,
hofft alles,
hält allem stand.
Die Liebe hört niemals auf.

Prophetisches Reden hat ein Ende,
Zungenrede verstummt,
Erkenntnis vergeht.
Denn Stückwerk ist unser Erkennen,
Stückwerk unser prophetisches Reden;
wenn aber das Vollendete kommt,
vergeht alles Stückwerk.

Als ich ein Kind war,
redete ich wie ein Kind,
dachte wie ein Kind
und urteilte wie ein Kind.
Als ich ein Mann wurde,
legte ich ab, was Kind an mir war.

> Jetzt schauen wir in einen Spiegel
> und sehen nur rätselhafte Umrisse,
> dann aber schauen wir von Angesicht zu Angesicht.
>
> Jetzt erkenne ich unvollkommen,
> dann aber werde ich durch und durch erkennen,
> so, wie ich auch durch und durch erkannt worden bin.
> Für jetzt bleiben Glaube, Hoffnung, Liebe, diese drei;
> doch am größten unter ihnen ist die Liebe.

Aus: DIE BIBEL. Altes und Neues Testament. Einheitsübersetzung, katholische Bibelanstalt GmbH, Stuttgart, 1980

2. Die Absicht des Liebesbewusstseins

Wenn wir Liebe und Bewusstsein miteinander verbinden, gewinnen wir einen klaren Überblick über das, was Liebe alles ist und Liebe alles kann. Wenn wir uns der Liebe bewusst werden, dann wissen wir, was wir in der Liebe zu tun haben, wollen wir wirklich lieben.

Die eigene Liebe wird für Dich richtungsweisend

Wir können einen inneren Anspruch in der Liebe entwickeln. Also, was wollen wir zum Beispiel mit unserer Liebe anderen Menschen geben und was möchten wir an Liebe von anderen Menschen erfahren? Wenn Du sagst: „Ich möchte für andere Menschen Erfüllung und Bereicherung sein", dann ist das ein Anspruch in Dir, der eine Konsequenz zur Folge hat. Es gibt im Liebesbewusstsein logischerweise keine Lippenbekenntnisse oder Platz für „Wetterfahnen". Es ist der Weg, sich entsprechend unter Menschen liebevoll, klar und zuverlässig zu geben und zu zeigen. Wenn Du sagst: „Ich möchte selbst Erfüllung und Bereicherung von anderen Menschen erfahren, weil es meiner Seele gemäß ist", dann bedeutet dies in Dir eine positive Konsequenz: *Es bedeutet, es Dir ernsthaft selbst wert zu sein*. Es bedeutet, offen zu werden für diese Erfüllungsform der Liebe. Mithilfe des Liebesbewusstseins nehmen wir die Liebe willentlich und praktisch in unseren Besitz. Wir beginnen, aus ihr im göttlichen Sinne in uns selbst und durch uns, unter Menschen etwas Seelisches zu bewegen.

Aber warum Liebesbewusstsein?
Oder warum Liebe lernen?

Bewusstsein – Erkenntnis, Wachstum und Kompetenzen

Nehmen wir zum *überleitenden Verständnis* für das Liebesbewusstsein ein Beispiel aus dem Bereich des Geldbewusstseins.

Wir geben einem Menschen, der von Geld nicht die geringste Ahnung hat, 10 Euro und sagen ihm, er möge sich etwas kaufen. Dieser Mensch zieht mit den zehn Euro los, ohne zu wissen, was es mit 10 Euro alles anzustellen gibt. Gleich um die Ecke, unweit seines Hauses, steht eine Frau mit einem Apfel, die dem Mann erklärt, dass es weit und breit nur einen Apfel gebe, und dieser sei in ihrem Besitz. Ansonsten würde er nirgendwo Äpfel finden können. So kauft dieser Mann mit dem Geld – guten Glaubens an die Richtigkeit dieser Aussage – diesen einen Apfel. Er freut sich über den Apfel und verspeist ihn. Für einen kurzen Moment ist er zufrieden. Nun erklären wir diesem Menschen, dass er für zehn Euro viel mehr Äpfel haben könnte und er definitiv diesen einen Apfel zu teuer bezahlt hat. Wir sagen ihm, dass er sich einmal umsehen solle in der Stadt – weiter weg vom Haus – weil es dort Einkaufsläden gibt. Er solle einmal einen Laden aufsuchen, um zu erfahren, dass er mehr als einen Apfel für zehn Euro erhalten kann. So geht der Mann mit weiteren zehn Euro hinaus in die Stadt und kommt tatsächlich mit 10 Äpfeln – anstelle nur eines Apfels – zurück. Dieser Mann ist überglücklich, weil er gesehen hat, dass 10 Euro viel mehr Äpfel wert sind, als er zunächst meinte oder die Frau um die Ecke ihm gesagt hatte. Er hat jetzt zehnmal mehr Genuss mit seinen Äpfeln. Er hat einen Vorrat an Äpfeln und er kommt sogar auf die Idee, seine Äpfel mit anderen Menschen zu teilen. Dieser Mensch ist glücklich, dass er erkannt hat, wie viele Äpfel er von 10 Euro hat einkaufen können und was diese 10 Äpfel jetzt an mehr Möglichkeiten, für ihn allein, für länger und mit anderen Menschen bedeuten können.

Nun empfehlen wir diesem Menschen, sich noch einmal mit 10 Euro auf den Weg zu machen, um sich vielleicht noch mehr Äpfel leisten zu können, was der Mann – aufgrund seines bisherigen Bewusstseins und seiner Erfahrungen – schon fast nicht mehr für steigerungsmöglich hält. Wir geben ihm den zusätzlichen Tipp, nicht nur einen Laden, sondern mehrere Läden aufzusuchen und erst einmal keine Äpfel zu kaufen, sondern die Qualität der Äpfel und die Preise der Äpfel miteinander zu vergleichen. Also zieht der Mann erneut in die Stadt hinaus und bemerkt, dass er eine Menge Auswahl an Äpfeln finden kann, weil er sich umschaut und informiert. Er stellt bei seiner bewussten Suche fest, dass er tatsächlich, weil er zunächst die Preise vergleicht, noch mehr als 10 Äpfel für die 10 Euro einkaufen kann. So kommt der Mann nach Hause und hat 15 wunderbare Äpfel erworben. Er ist zutiefst beeindruckt davon, was er mit seinem erweiterten Bewusstsein über den Wert des Geldes und der Äpfel an Fülle für sich hat realisieren können. Mit diesen 15 Äpfeln ist dieser Mann außerordentlich bereichert und fühlt sich großzügig beschenkt, dass er nun mit noch viel mehr Menschen seine Äpfel teilen kann und einen noch längeren Apfelgenuss haben wird.

Dieser Mensch hatte zu Beginn seines Einkaufsweges überhaupt kein Bewusstsein für den Wert seines Geldes. Seine Ahnungslosigkeit war Grund dafür, dem ersten Menschen, der ihm über den Weg lief, seinen Glauben zu schenken. Dieser Frau glaubte er, dass er mit 10 Euro nur einen Apfel kaufen könnte. Er hinterfragte es in seiner Ahnungslosigkeit nicht. Dadurch, dass wir ihn in seinem Geldbewusstsein und dem Wert des Geldes geschult haben und darin, was er dafür bekommen kann, konnte dieser Mensch den wahren Wert des Geldes erkennen und entsprechend für sich einkaufen. Mehr noch war die Folge: Weil er so viel aus 10 Euro an Äpfeln gemacht hatte, konnte er sie teilen und anderen Menschen aus seiner eigenen Fülle eine Freude bereiten. Er musste sich zwar etwas Mühe machen, denn immerhin wurde es mit dem letzten Einkaufsbummel aufwendiger und „intensiver", die optimale Einkaufsstätte für die 15 guten Äpfel zu finden. Diese Mühe war es ihm, aufgrund der enormen Bereicherung durch 15 Äpfel, allemal wert. Der Mann war so weit „erwacht", dass er jetzt das Beste für sein Geld wollte. Mit der höchsten Rendite, im Sinne des Wertes an Äpfeln für 10 Euro.
Er hatte gelernt zu prüfen, bevor er entscheidet und einen Kauf tätigt. Er hatte gelernt, dass, wenn ein Mensch sagt: „Den einzigen Apfel auf der Welt, den habe ich und den verkaufe ich Dir für 10 Euro", dies in keinem Fall die Wahrheit sein muss.

Doch war das nur möglich, weil wir ihn auf die Dinge des Lebens und die besseren Einkaufskriterien und -möglichkeiten aufmerksam gemacht haben. So hat sich das Bewusstsein dieses Mannes erweitert, zu seinem und zum Nutzen anderer.

Bewusstsein kann wachsen und sich ausdehnen … für die Liebe.
Genauso verhält es sich mit dem Liebesbewusstsein. Zwar ist das Beispiel, in dem der Mann gelernt hat, aus seinem Geld etwas zu machen, ein Materielles. Doch das Liebesbewusstsein möchte Dir nichts anderes vermitteln, als was Du aus Deinen inneren Werten und Deiner Selbstliebe „machen" und erreichen kannst, im Sinne Gottes, aus Deiner eigenen Seele.

Die meisten Menschen leben Liebe im Moment so, als würden Sie 10 Euro haben und nur einen Apfel dafür kaufen. Mithilfe des Liebesbewusstseins wird es Dir möglich, die Liebe, die in Deiner Seele ist, mit Deinen inneren Werten zu erkennen und aktiv zu leben.

Du wirst an substanziellem Selbstwert und substanziellem Selbstbewusstsein gewinnen und lernen, Dich angemessen zu geben und demgemäß selbst anzunehmen. Wie dieser Mann mit seinen Äpfeln wirst Du, wenn Du Dich dazu entscheidest, das Liebesbewusstsein leben zu wollen, aus Deiner Liebe in Dir mannigfaltige Liebe machen. Du wirst die Liebe erobern und demzufolge viel mehr Menschen erfüllen und bereichern können, als Du es Dir im Moment vorstellen kannst, Dich selbst inklusive. Du wirst die Liebe innerlich, wie die äußeren 10 Euro des Mannes, in diese 15 Äpfel verwandeln, nachdem Du Dich umgesehen hast; nachdem Du entdeckt hast, was gebührend Deiner Liebe in Dir möglich ist zu geben, zu teilen und anzunehmen.

Du bleibst nicht mehr naiv in der Liebe, „zu lieb", blind oder dumm, gar zu untätig. Du lässt Dir in der Liebe nichts mehr vormachen oder „unterjubeln".

Mit dem Liebesbewusstsein bekommst Du einen klaren Leitfaden zur Orientierung, wie Du die Liebe in Dir definitiv leben kannst. Du bekommst insbesondere durch die vier Säulen im Liebesbewusstsein mitgeteilt, wie es unter uns Menschen sein kann, auf der Basis von Liebe miteinander zu leben und die Liebe unter uns Menschen zu verbreiten. Liebe, zunächst aus Dir selbst herauskommend, ganz bewusst und aktiv.

Du lernst mit dem Liebesbewusstsein, was sich Gott schon so lange unter uns Menschen wünscht: dass wir beginnen, willentlich zu lieben, aus unserem beseelten Menschsein heraus. Machen wir ihm doch diese Freude!

3. Der göttliche und der seelische Wille

Der göttliche Wille ... ist der seelische Wille. Gott hat uns Menschen den freien Willen geschenkt. Mit unserem Willen entscheiden wir, was wir wollen. Für uns als beseelte Menschen bedeutet dies logischerweise, dass wir unseren freien Willen dafür einsetzen, unsere Seele und unsere seelischen Werte zu unterstützen. Es funktioniert, wenn wir unsere seelischen Werte anerkennen und entscheiden, diese im Geben und Nehmen aktiv zu leben. Damit würde sich der göttliche Wille erfüllen. Wir haben als beseelte Menschen die Aufgabe, die Liebe miteinander *nach-*

vollziehbar und eindeutig zu leben. Das bedeutet für jeden Einzelnen von uns, dafür zu sorgen, dass der eigene Wille zum höchsten Wohl der Seele eingesetzt wird. Wenn Du zum Beispiel mit einem Partner zusammenlebst, der Dir nicht guttut, Dich klein macht und schwächt, dann muss es eine eindeutige Einsicht und Entscheidung in Dir geben, dass Du bei diesem Menschen nicht gut aufgehoben bist.

Mithilfe des seelischen Willens, Deinem freien menschlichen Willen, ist es die logische Konsequenz zu sagen: „Dann trenne ich mich von meinem Partner, denn er tut mir nicht gut und ich bin mehr wert. Dieser Mensch erfüllt und bereichert mich weder mit Liebe noch mit Wertschätzung." Dein Wille ist eine unglaubliche Kraft in Dir, Dich seelisch zu vertreten. Er ist die Voraussetzung dafür, die richtigen, seelischen Entscheidungen für Dich zu treffen. *Auch dafür, dass Du gemeinsam mit Deinem seelischen Bewusstsein Dein Leben wahrhaftig betrachtest.* Die Kraft Deines seelischen Willens entscheidet, ob Du objektiv, fair, gewissenhaft bist oder nicht. Die Kraft Deines Willens entscheidet, ob Du Liebe wirklich leben und Liebe erfahren willst.

Liebe ohne Bewusstsein bleibt eine Spielwiese des Egos.
Das Ego schreit als Erstes: „Ja, ich will Liebe leben und Liebe erfahren!" Welcher Mensch möchte das nicht? Der normale Mensch, der ein Ego hat, möchte bevorzugt Liebe ohne seinen seelischen Willen erfahren und ohne sein seelisches Bewusstsein. Am liebsten, ohne damit Arbeit zu haben. Um bei unserem Beispiel zu bleiben: Der normale Mensch mit seinem Ego möchte den ersten Apfel an der nächsten Ecke kaufen und nicht in die Stadt ziehen, um mehr aus seinen 10 Euro zu machen, hinterher aber darüber klagen, wie wenig Äpfel er sich von den 10 Euro kaufen konnte.

Im seelischen Willen steckt gemeinsam mit dem seelischen Bewusstsein, den Dingen des Lebens ins Auge zu sehen (und sich im Leben zu bewegen, also demgemäß auch etwas zu tun). Die Dinge des Lebens so zu sehen, wie sie sich für Deine Seele darstellen. Es bedeutet, die Entscheidung durchzusetzen, treu Deiner Seele zu reflektieren, ob Dir Dinge, Situationen und Menschen im persönlichen Leben guttun oder nicht. Und wenn Du feststellst, dass Dir ein Mensch nicht guttut, Dir die Frage zu stellen, ob Du das so willst. Wenn Du diese Frage mit Deinem seelischen Willen beantwortest, dann würde es eindeutig heißen: „Nein, das will ich nicht."

Wegbereiter und Anlaufstelle des Liebesbewusstseins

Dein seelischer Wille ist stark und er weiß, dass dieses „Nein" eine authentische Konsequenz zur Folge hat. Denn in Deinem seelischen Willen steckt der göttliche Wille, der stets nach Deinem höchsten Wohl schaut. Wenn Dich Dein Partner nicht erfüllt und bereichert, Dir keine Liebe und Wertschätzung (trotz aller Bemühungen um Besserung und kontruktiver Gespräche) entgegenbringt, dann bedeutet dies, in seelischer Ernsthaftigkeit und gegenüber dem Göttlichen, diese Beziehung loszulassen.

Dein seelischer Wille ist die Quelle der Selbstverantwortung. Dein seelischer Wille ist stets mit dem Blick auf das Wahrhaftige unterwegs und entscheidet immer für Deine Seele. Mit aller Kraft. Ganz treu und unerschütterlich. Dein seelischer Wille ist kein Feigling, er mobilisiert in Dir Durchsetzungskraft, Ausdauer und Entschlossenheit, für das Wohl Deiner Seele. Dein seelischer Wille ist Dein Lebensbiss, den Du *allerdings* willentlich für Deine Seele zulassen musst.

Unter diesem Aspekt entscheidet das Ego gerne anders.

Der freie Wille im Banne des diskutierfreudigen Egos

Das Ego hat vielleicht einen Partner, von dem es nicht erfüllt und bereichert wird und der ihm keine Liebe mehr gibt. Der Wille des Egos ist jedoch zu schwach und feige, um eine seelische Entscheidung zu treffen. Das Ego nimmt für scheinbare Vorteile gerne diesen Partner weiterhin in Kauf, damit es nicht aushalten muss, alleine sein zu müssen oder keinen festen Sexualpartner mehr zu haben. Oder man teilt sich die Miete und das restliche praktische Leben, was einen Vorteil für das Ego darstellt. Zum Schluss schreit das Ego nicht nach Liebe, sondern nach Sicherheit und nach der kuscheligen Komfortzone, in der auch das ungenierte Jammern erlaubt ist. Dafür entscheidet es sich mit seinem freien Willen. Obwohl es sich eingangs doch vehement für die Liebe ausgesprochen hatte!

Gott redet Dir nicht dazwischen. Es ist ja Dein freier Wille und Gott hat Dir die freie Entscheidungsfindung zugesprochen, auch wenn Du den Willen oft für Unsinn verbrauchst. Der Mensch neigt dazu, lieber den Weg zu gehen, der scheinbar mehr Sicherheit gibt und/oder zunächst bequemer erscheint. Dazu wurde dieser Mensch jahrzehntelang „deftig" eingeschüchtert, vom eigenen Ego und dem Umfeld, den Eltern und seiner bisherigen Lebensspur.

Der „freie Wille" ist bei den meisten Menschen im Unterbewusstsein des Ego gelandet. Dort im Unterbewusstsein kann der „freie Wille" sich für sein Ego richtig austoben und kann, wenn das Ego Lust dazu hat, sein Leben lang gegen die

Seele des Menschen arbeiten und entscheiden. Es kann weiter verantwortungslos bleiben und gleichzeitig über die schlechte Beziehung klagen und sich im Leiden ergehen.

Die Liebe hat niemals von Sicherheit gesprochen gegenüber dem Menschen. Liebe hat immer davon gesprochen, Liebe als Antwort von und auf Liebe zu geben. Liebe verspricht Liebe. Ego *verspricht* sich an Sicherheit.

Liebe verspricht Liebe – eine absolute Motivation
Gott möchte, dass wir willentlich lieben und deshalb für unsere Seele beginnen, den Willen in uns seelisch zu aktivieren. Gott möchte, dass es uns genügt, unseren Willen seelisch zu nutzen, weil uns das Versprechen „Liebe verspricht Liebe" als Motivation genügt. Aber hier scheint es zu haken.

Es gibt nichts zu diskutieren, wenn wir unsere Seele und Gott ernst nehmen. Wenn Du bereit bist, mit Deinem seelischen Willen zu entscheiden, Dein Leben objektiv anzusehen, dann ist Deine Entscheidung für die Liebe absolut.

Wenn Du objektiv erkennst, dass ein Mensch mit Dir offensichtlich keine Liebe teilt, dann führt das zu einer Entscheidung. Einer, bei der Du Dich nicht fragst, ob es besser wäre, nach Sicherheit zu suchen oder noch einmal in Erwägung zu ziehen, Deine Seele weiter an die „Hoffnung" auf Sicherheit „zu verkaufen". Es führt zu einer Entscheidung, die Deine Verantwortlichkeit mobilisiert, Deinem eigenen seelischen Wert und Wohl gegenüber zu handeln. In dieser Konsequenz, jetzt so für Dich zu sorgen, dass Du ohne diesen Menschen, zu Deinem eigenen Wohl, leben willst und wirst. *Aus Wertschätzung Deiner Seele gegenüber.* Das ist eine Voraussetzung, um Dich, in Dir, stimmiger und wertvoller selbst finden zu können und eines Tages, in einer wirklichen Beziehung oder einem stimmigen Umfeld, mit Liebe erfüllt und bereichert zu sein.
Dein seelischer Wille ist Dein Motor, den Gott Dir mitgegeben hat, um Sinnvolles für Deine Seele zu unternehmen, zu verantworten und zu entscheiden. Natürlich darfst Du – freiwillig - erst einmal mit Deinem seelischen Willen diese absolute Entscheidung treffen, seelische Verantwortung für Dich übernehmen zu *wollen*.

**Unterstützung für Deine Seele:
Gebet Liebe verspricht Liebe
Willensübung**

Die „Unterstützungen für Deine Seele" findest Du im Kapitel 9

> **Merkmale des seelischen Willens**
>
> - Er ist niemals ohnmächtig oder gibt auf, da er unbeirrbar ist,
> - er bleibt für eine Sache oder ein Ziel „dran",
> - er nennt die Dinge beim Namen (z. B. ich lasse mich nicht mehr einschränken oder meine Grenzen von Egos überschreiten),
> - in ihm steckt mitunter der „Beobachter",
> - er lenkt seine Aufmerksamkeit stets darauf, was der Seele guttut oder diese weiterbringt,
> - er ist konsequent und hält an seelischen Konsequenzen fest,
> - er ist an der Wahrhaftigkeit der Seele geknüpft,
> - er ist Teil Deiner göttlichen Macht, auf die Du zurückgreifen kannst,
> - er macht Dich „erwachsenenkompetent",
> - er hat immer ein wertvolles Ziel,
> - er unterbricht den Weg zum Ziel nicht, wegen (s)eines Egos,
> - seelischer Wille braucht Dein Zulassen und Dein Einverständnis,
> - er sucht immer nach einer Lösung,
> - er diskutiert nicht,
> - der seelische Wille *haftet* für sich selbst – selbstverständlich.

4. Passive und aktive Liebe

Passive Liebe
Jeder von uns kann die Liebe passiv geschehen lassen. Diese Form der Liebe kennen die meisten Menschen, wenn wir den Zustand der Liebe außerhalb einer Vorstellung wahrnehmen. In der passiven Liebe „ereignet" sich die Liebe von alleine, ohne bewusstes Hinzutun. Wir spüren dann ein warmes Gefühl der Liebe im Herzen, Wellen von Liebe im Körper, zum Beispiel zu unseren Kindern, unseren Eltern oder zu unserem Partner.
Dieses plötzliche warme Herzerleben – was nichts mit Verliebtheit zu tun hat – ist selbst zwischen Menschen möglich, die sich gar nicht oder nur sehr wenig ken-

nen. Über dieses warme Empfinden und unsere beherzte Hingabe an diesen beseelten Menschen erleben wir die Liebe. Passive Liebe entspringt aus der Ewigkeit unserer liebesdurchtränkten Seele. Diese gibt sozusagen permanent Wellen der Liebe ab und reagiert von Seele zu Seele unterschiedlich. Bei der Seele des einen Menschen mehr, bei der Seele des anderen Menschen weniger.

Je mehr das Ego des Menschen sich zur Seite stellt, umso mehr kann die passive Liebe aus einem Menschen über seine Seele heraus strahlen und von anderen wahrgenommen werden. Deshalb ist es uns möglich, einen Menschen über diese passive Liebe generell als liebevollen Mann oder als liebevolle Frau zu erkennen und zu spüren.

Grundsätzlich *geschieht* die passive Liebe. Sie ist für uns Menschen mehr ein „Zufall", wenn sie beispielsweise zwischen zwei Seelen schwingt und man sich darüber trifft. Wer dies schon einmal erlebt hat weiß, dass es sich durchaus magnetisch und außergewöhnlich anfühlen kann, ohne dass man dabei genau herleiten könnte, warum dies so passiert. Wichtig ist, präsent zu haben, dass dies geschieht, wenn die Egos der beiden Menschen, die sich in der passiven Liebe treffen, weit genug zur Seite gerückt sind. Die passive Liebe lässt geschehen.

Man ist dieser passiven Liebe jedoch irgendwie auch „ausgeliefert". Je nach dem Status und der Präsenz der jeweiligen Egos und je nachdem, inwieweit diese Egos gerade die Seelen zur Begegnung in passiver Liebe „freigegeben haben".

Passive Liebe

In mächtiger Liebe und doch der Liebe nicht mächtig
In der passiven Liebe ist das seelische Bewusstsein größtenteils ausgeschaltet und der seelische Wille nicht aktiv. Insofern verschafft man sich in der Regel keine Gewissheit darüber, ob gerade Liebe von Seele zu Seele stattfindet oder ob die Liebe von Ego zu Seele geschieht. Daher gerät der Mensch, durch dieses starke, erfüllende Gefühl der Liebe, schnell wieder in Projektionen und landet damit erneut in einer Ego-Wahrnehmung.

Zwei Menschen, die sich begegnen, können im selben Augenblick Liebe unterschiedlich intensiv erleben. Es ist auch möglich, dass nur einer der beiden Menschen Liebe zu dem anderen spürt. Der Mensch neigt jedoch dazu, davon auszugehen, dass das eigene Gefühl und die eigene Intensität der gefühlten Liebe automatisch das gleiche Gefühl beim anderen hervorruft.
Liebe findet *zunächst* unabhängig von einem anderen Menschen in Dir selbst statt und nicht automatisch gleichermaßen gemeinsam. Passive Liebe unterliegt der Gefahr, wieder mit Illusionen vermischt zu werden.

Der Mensch, der die Liebe passiv erlebt, ist der Liebe nicht mächtig. Die passive Liebe ist zwar ein besonderes Geschenk für uns Menschen, doch allzu nah an neuen Verwicklungsflächen gekoppelt, lassen wir unser seelisches Bewusstsein dabei außer Acht.

Die passive Liebe berührt, wenn die Seele des anderen offen ist, dessen Herz. Die passive Liebe kann – weil sie ohne Reflexion stattfindet – wiederum Anlass für Leiden, Selbstverlust und Illusionen werden, gerade weil es „so schön" war. Die passive Liebe ist wie ein Apfel, den man für 10 Euro kaufen muss. Du nimmst das, was Du gerade erfahren kannst, als Spektrum aller erlebbaren Erfahrungsmöglichkeiten in der Liebe, an. Du nimmst diese eine Möglichkeit an, ohne Dich davon zu überzeugen, dass es weitere Möglichkeiten gibt, Liebe zu erkennen und zu erfahren. Ohne zu prüfen, ob es sich in dieser Begegnung wirklich um Liebe in Dir und um Liebe auf Gegenseitigkeit gehandelt hat.

**In der passiven Liebe übernehmen die wenigsten Menschen
Verantwortung für sich selbst.**

Aktive Liebe
Wie der Begriff schon sagt, ist die aktive Liebe dynamisch, offensichtlich bewegend und findet mit dem seelischen Bewusstsein und mit Unterstützung des seelischen Willens statt. Die aktive Liebe ist nichts anderes, als den Stoff der Liebe mit seinem seelischen Bewusstsein in die Hand zu nehmen und zu beginnen, bewusst

damit zu wirken. Die aktive Liebe kann verstanden werden und sinnvoll stabilisierend zur Vermehrung der Liebe für einen Menschen zum Einsatz gebracht werden. Ganz praktisch. In der aktiven Liebe verschafft sich der Mensch Gewissheit darüber, dass die Dinge des Lebens im Großen und im Kleinen tatsächlich auf der Basis von Liebe und Selbstliebe geschehen. Viel eindeutiger ist in der aktiven Liebe das Erkennen, was wahre Liebe meint und wirkliche Liebe ist. In der aktiven Liebe kann sich der Mensch bewusst *über* die Liebe und die Selbstliebe ein Bild verschaffen. Der Mensch kann in seiner Selbstverantwortung etwas für die Liebe in seinem Leben tun. *Er wird mithilfe des Liebesbewusstseins der Liebe fähig.*

Die passive Liebe erlebt der Mensch häufig als Ursache für Grenzüberschreitungen, Verletzungen und Trauer. In der aktiven Liebe ist der Mensch, zu einem sehr frühen Zeitpunkt, mit seinem seelischen Bewusstsein in der Lage, förderliche Sorge zu tragen und Grenzüberschreitungen eines Egos abzuschmettern. In der aktiven Liebe erleidest Du keinen Selbstverlust oder bliebest etwa unerfüllt in der Liebe. Die aktive Liebe erfüllt *immer*. Du kannst in der aktiven Liebe beobachten, wie sie Menschen bewegt und wie dadurch sinnvolle Veränderungen in Beziehungen vonstattengehen können. Dadurch, dass die Liebe nachvollziehbar ist, fügt sie die Menschen untereinander stimmig zueinander oder auseinander. Die aktive Liebe ist ein Erlebnis!

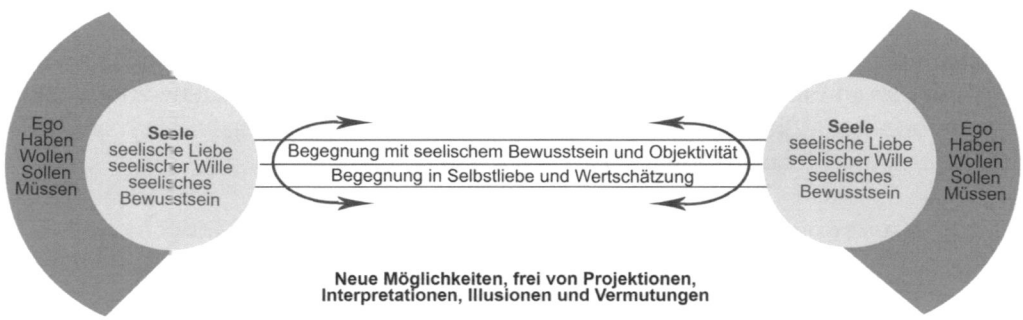

**Unterstützung für Deine Seele:
Gebet an die Liebe**

5. Diese eine Haltung: auf der Basis von Liebe

Wenn Du Dich entscheidest, auf der Basis von Liebe zu leben und zu agieren, dann drückst Du damit aus, dass es Dir um Deine Seele und deren Inhalte geht.
Dass es Dir in größtem Respekt vor dem Göttlichen um das Seelische im Leben geht. Du bist innerlich sozusagen dafür, dass das Seelische lebt, Dich führt und nährt und nicht die Existenz Deines oder eines anderen Egos.

Das Seelische ist das, was uns auf der Basis von Liebe vorantreibt. Es bedeutet, auf der inneren Basis von Wohlwollen und Güte für die eigene Seele und für die Seele eines anderen Menschen zu stehen.

Auf der Basis von Liebe handelst Du so, dass Deine Seele und die Seele eines anderen Menschen dem Seelischen gegenüber gerecht werden. Du triffst Entscheidungen, die Dich in Deiner Entfaltung weiterbringen können und andere Menschen in deren eigene Entwicklung bringen, wenn diese es seelisch zulassen. Du bist auf der Basis von Liebe bedingungslos und bewertest nicht. Auch dann nicht, wenn dies ein anderes Ego, was Deine Haltung missverstehen kann, anders aufnimmt und dieses Ego versuchen könnte, Dich in seinen eigenen Mangel einzuwickeln. Auf der Basis von Liebe handeln bedeutet, außerhalb von Mangel, Angst und Zweifel zu agieren. Auf der Basis von Liebe weißt Du vor Dir selbst, dass Du liebst und die Dinge aus Wertschätzung gegenüber dem Leben vollziehst. Damit ist gemeint, dass Du stets zum Besten innerhalb Deines Lebens und Deiner Beziehungen handelst – wahrhaftig, liebevoll, für das Seelische und vom Ego unbeeindruckt.

Wenn Du ein Kind hast und dieses Kind isst zu viele Süßigkeiten, dann sorgst Du auf der Basis von Liebe und im Sinne seiner körperlichen Gesundheit dafür, dass es zukünftig nicht mehr so viele Süßigkeiten isst, selbst wenn Dein Kind schreit und jammert.

Auf der Basis von Liebe schenkst Du Deiner Frau das neue Kleid, das sie sich schon lange wünscht, auch wenn das Geld knapp ist. Denn dieses Kleid bereichert Deine Frau seelisch so sehr, dass Du in der Erfüllung dieses Wunsches ihr gerne dieses Kleid gönnst (ohne hinterher über das knappe Geld zu reden oder zu klagen).

Auf der Basis von Liebe unterbrichst Du mit der Sprache der Liebe eine Unterhaltung, die für Dich nicht gut ist. Wenn Du zum Beispiel merkst, dass ein Ego Dich mit einem langweiligen Gespräch in seinen Mangel hineinziehen möchte oder Deine Bestätigung erwartet. Du mutest Dir auf der Basis von Liebe nicht zu nur aus Freundlichkeit dem Ego gegenüber, diese auslaugende Unterhaltung auszuhalten, ohne dabei auch selbst nur einen Ton zu sagen oder gar authentisch sein zu können.

Auf der Basis von Liebe redest Du konstruktiv mit Deinem Partner darüber, was Dich bewegt und Dich unter Umständen in der Beziehung unerfüllt lässt. Wenn zwei Menschen untereinander wissen, dass sie auch schwierige Themen, auf der Basis von Liebe, wahrhaftig miteinander besprechen können, stirbt das Missverständnis oder diese inneren Diskussionen mit dem Haben-Wollen, Sollen oder Müssen des Egos. Es kann auf der Basis von Liebe ein ehrlicher und durchaus kritischer, dennoch stets liebevoll angenommener Dialog vollzogen werden.
Du kannst auf der Basis von Liebe streiten, weil Du um diese Basis weißt. Diese eine Haltung, die mit tiefem Respekt vor dem Seelischen und dem Wissen um den wesentlichen Sinn im Seelischen nur eines will: den sinnvollen Ausdruck in Liebe und für die Liebe real leben zu lassen. Wie Du im Liebesbewusstsein „auf der Basis von Liebe" kommunizierst und handelst, wirst Du in den nächsten Kapiteln konkreter erfahren.

Wann fließt die Liebe unter den Menschen?
Liebe kommt aus Deiner Seele, sehenden Auges und fühlenden Herzens. Die Anerkennung und Wertschätzung Deiner Werte ist der Beginn – die erste und kleinste Einheit „Liebe". Die Liebe in Dir, zu Dir selbst und zu anderen Menschen zum Fließen zu bringen.

Unterstützung für Deine Seele:
„Gebet an die Liebe"
„Gebet an die Menschen"

Was uns seelisch mit anderen Menschen verbindet
Mit jedem Menschen können wir Werte teilen. Wertschätzung und damit Liebe in „kleinster" Form.

Wenn Du einen Einkauf tätigst und lässt Dich von einer Verkäuferin beraten, welche Geldbörse wohl am besten zu Dir passt und Du erfährst eine kompetente Beratung, dann hat Dir dieser Mensch bereits in diesem „kleinen Moment" seine Werte geschenkt. Während Du vielleicht eingangs nur danach gesucht hast, dass die Geldbörse schön sein und eine bestimmte Farbe haben soll, haben die Werte der Verkäuferin in Dir andere wichtige, alltägliche Auswahlkriterien der neuen Geldbörse offenbart. Hier die Werte „mitdenken" und „praktisch sein" – mit Ergebnissen, an die Du, ohne die Werte der Verkäuferin, vorher gar nicht gedacht hast. Dafür bist Du während der Beratung dankbar. Wenn Du den Wert, den die Verkäuferin lebt, erkennst und ihn nicht einfach mit Deinem Ego konsumierst, dann hast Du diesen Menschen seelisch „aufgenommen". Sozusagen mit seinen Werten in Dein Herz hineingenommen. Du spürst Deine Wertschätzung zu diesem Menschen, und damit die Form der Liebe – die hier zwar nicht tief ist – jedoch Liebe ist. Deine Antwort ist praktische Anerkennung ihrer Beratung. Du gibst ihr Werte von Dir zurück: Respekt, Dankbarkeit und Lob. So bereicherst auch Du diesen Menschen. Dies ist nur ein kleines, alltägliches Beispiel. Es zeigt Dir allerdings auf, welches große Spektrum wir unter Menschen schon im einfachen Alltag finden werden, öffnen wir unsere Wahrnehmung und lassen Wertschätzung im Geben und Nehmen zu.

Seelische Liebesbeziehungen
In einer Liebesbeziehung ist die Liebe zweier Menschen zueinander eine völlig andere und von unglaublicher Tiefe. Sie wird dann eine tiefe, seelische Liebe sein, wenn Ihr gleich zu Beginn miteinander und im Laufe der Zeit mehr und mehr Eure Werte gegenseitig erkennen und wertschätzen könnt. Dieses gegenseitige Erkennen von Werten hört in einer wirklich tiefen Liebesbeziehung niemals auf. Je mehr Werte Du in Deinem Partner schätzen wirst, desto tiefer ist Eure seelische Liebe. Je mehr Werte Du mit ihm teilen kannst, desto intensiver ist der Fluss der Liebe von Seele zu Seele. Das sind Liebes- und Lebensbeziehungen, die sehr stabil sind. Weil man weiß, was für ein großes, seelisches Reich man miteinander teilt und hat.
Wertschätzung kann sich geistig, körperlich und seelisch, sichtbar und unsichtbar, laut oder leise zum Ausdruck bringen. Je mehr Werte Du in einem Menschen sehen und erkennen kannst, je mehr dieser Werte Ihr miteinander offensichtlich teilt, desto tiefer ist die Liebe zueinander. Einmalig, vielleicht sogar absolut.

Wertschätzung
Wenn Du Wertschätzung praktizierst, wirst Du den inneren Fluss der Liebe spüren können. Da ist gegenseitige Berührung fühlbar ohne Worte. Das ist der Moment, in dem Du spüren kannst: „Ja, ich liebe. Ja, ich wertschätze". Wenn Du spürst, dass Dich Wertschätzung und Liebe ereilen, dann halte einen Moment inne und spüre: „Ja, ich werde wertgeschätzt" oder in engen Beziehungen: „Ja, ich werde geliebt." Dieses Gefühl ist im praktizierten Liebesbewusstsein eindeutig.

Du kannst also schon jetzt mit dem Lieben beginnen. Liebe ist fühlbare Gewissheit.

So gibt es Tausende von Varianten, wie wir Menschen untereinander Liebe leben und Werte teilen können, mithilfe offensichtlicher und gegenseitiger Wertschätzung. Sowohl in einfachen Situationen des Alltags als auch in großen Situationen und Momenten unserer Lebensbereiche. Bei unseren Eltern, Kindern, Partnern, Freunden, Kollegen und den unspektakulären zwischenmenschlichen Begegnungen im Alltag.

Unterstützung für Deine Seele:
Tagesandacht 1 und Gebet „Liebe verspricht Liebe"

Kapitel IV – Die vier Säulen im Liebesbewusstsein

*Das Ziel einer jeden Seele ist, dass wir im Bewusstsein der Liebe erwachen,
um in Synchronizität mit der eigenen Seele zu treten.*
(Marija)

Die vier Säulen im Liebesbewusstsein sind für Dich praktische Orientierungspunkte, um in Dir aktiv feststellen zu können, welche seelischen Werte in Dir existieren und wo Dich seelische Erfüllung und Bereicherung komplettieren. Die Säulen schärfen und weiten Dein aktives seelisches Bewusstsein und Deinen seelischen Willen. Du kannst Dein Leben in konkreter Selbstliebe verändern, durch die Überprüfung Deines Lebens auf Stimmigkeit. Die Unklarheit, was Selbstliebe für Dich an praktischer Selbstbewahrung und an konkreten Handlungsweisen mit sich bringen, vergeht darüber. Sie kann in der seelischen Logik der Dinge verschwinden, für die diese vier Säulen stehen. Über allem wachen Deine erhabensten Gedanken in den unterschiedlichsten Bereichen Deines Lebens.

1. Die erste Säule: Wertebewusstsein und Wertepräsenz

*Man muss nicht alles gut finden, aber man kann es auf der Basis von Liebe akzeptieren
und tolerieren, wenn es einen Wert an sich verkörpert und andere Werte nicht verletzt.*
(Marija)

Jeder Mensch trägt seelische Werte in sich. Jeder einzelne. Die seelischen Werte sind ewig und wie die Seele sind sie unerschütterlich. Diese Werte sind gottgegeben. Du trägst die seelischen Werte bereits vor Deiner Menschwerdung in Deiner Seele. Allerdings entscheidest Du selbst, unabhängig von Deinem Schicksal, welche Werte Du in Deinem Leben letztendlich aktiv leben und umsetzen willst.

Da jeder Mensch anders ist, existieren in jedem Menschen aus seiner Seele auch verschiedene Werte-Sammlungen, die unterschiedlich aktiv sind. Die Seele ist von Geburt bis zum Tod mit allen seelischen Werten, passiv und „ewig", ausgestattet. Sie kehrt mit allen vakanten passiven seelischen Werten ins Leben hinein. Und Du als Mensch entscheidest, welche Du für Dein Leben aktiv werden lässt und in welcher Anzahl sie zur Ausprägung kommen.

Die Seele kehrt mit ihrem Tod wiederum mit allen potenziellen und damit im Leben aktiv gelebten Werten oder nicht aus dem Seelenkern aktivierten Werten mit dem Tod zurück ins Jenseits.

Der Raum Deiner Seele

Es gibt in Dir eine große Anzahl an Werten – ob Du Dir dessen bewusst bist oder nicht. Diese Werte lebst Du tagtäglich oder Du bist dabei, diese im Laufe Deines Lebens zu entwickeln. Jeder erfasste und gelebte Wert von Dir ist ein Teil der *Gestalt Deiner Seele* und ist absolut. Deine für Dich greifbare und verständliche Gestalt Deiner Seele ist also die Summe Deiner Dir bewussten seelischen Werte. (Selbstwert).

Mit jedem Wert, von dem Du in Dir weißt, kannst Du automatisch in selbstverständliche Selbstliebe zu Dir treten.

Ich habe Dir zur Erfassung von Werten ca. 200 seelische Werte (aus einer Anzahl von sicher Tausenden) zusammengetragen:

> Offenheit – Fürsorge – Belastbarkeit – Stil – Geschmack – Geborgenheit – Liebe – Gelassenheit – Geduld – Eingehen – Schönheit – Ordnung – Verlässlichkeit – Strukturiertheit – Mut – Dankbarkeit – Toleranz – Annehmen – Hilfsbereitschaft – Fleiß – Durchhaltevermögen – Ausdauer – Akzeptanz – Entwicklung – Kontakt – Willenskraft – Schenken – Verantwortung – Humor – Hingabe – Geben – Leidenschaft – Konfrontation – Freude – Klarheit – Ernsthaftigkeit – Objektivität – Zugewandtheit – Natürlichkeit – Sensibilität – Flexibilität – Frische – Gefühlstiefe – Umsorgen– Großzügigkeit – Anerkennung – Sanftmut – Einhüllen – Initiation – Aufrichtigkeit – Wertschätzen – Schutz – Struktur – Pünktlichkeit – Taktgefühl – Pietät – Direktheit – Authentizität – Unterstützung – Intimität – Herzlichkeit – Bedingungslosigkeit – Konsequenz – Disziplin – Erschaffen – Menschlichkeit – Genießen – Gönnen – Emotionalität – Erreichbarkeit – Präsenz – Geselligkeit – Interesse – Ehre – Aufmerksamkeit – Konzentration – Rücksicht – Umsicht – Optimismus – Erfüllen – Wärme – Tatkraft

– Bewusstsein – Sicherheit – Einsicht – Ausdehnung – Vertrauen – Kreativität – Verwirklichung – Pflege – Glück – Körperbewusstsein – Verzeihen – Kompetenz – Heilung – Leichtigkeit – Lebensfreude – Verbindlichkeit – Standhaftigkeit – Ehrlichkeit – Pragmatismus – Unbeirrbarkeit – Weisheit – Frieden – Stimmigkeit – Balance – Ausgerichtetheit – Lebendigkeit – Erfolg – Treue – Integrität – Zärtlichkeit – Gemeinschaft – Zuversicht – Erneuerung – Versöhnlichkeit – Freundschaft – Verständnis – Bildung – Selbstbewusstsein – Bezogenheit – Fairness – Gerechtigkeit – Unabhängigkeit – Sinnlichkeit – Teilen – Tiefgründigkeit – Verstand – Intelligenz – Kommunikation – Kritikfähigkeit – Freiheit – Hinterfragen – Zielstrebigkeit – Selbstvertrauen – Führung – Vision – Umsetzen – Wachstum – Entfaltung – Erblühen – Höflichkeit – Respekt – Manieren – Hoffnung – Gewissheit – Stabilität – Konfliktfähigkeit – Realismus – Dienen – Erlösung – Fokussierung – Fülle – Integration – Konstruktivität – Loslassen – Lösungsorientiertheit – Materialisieren – Ruhe – Sorgfalt – Systematik – Wachheit – Vielseitigkeit – Vielfalt – Talent – Reichtum – Bereicherung – Entgegenkommen – Präzision – Genauigkeit – Neutralität – Zuhören – Genuss – Begeisterung – Brennen – Gastfreundschaft – Entspannen – Engagement – Großmut – Nächstenliebe – Wohlwollen – Barmherzigkeit – Fruchtbarkeit – Förderung – Empfänglichkeit – Sinn – Einfühlungsvermögen – Demut – Inbrunst – Entschiedenheit – Intensität – Loyalität – Solidarität – Anstand – Qualität – Tapferkeit – Eleganz – Obhut – Beistand – Zufriedenheit – Einverständnis – Harmonie – Verständigung – Einklang – Zusammenhalt Verbundenheit
– und so weiter

Erkenne Deine Werte an.
Wenn Du Dir diese Werte ansiehst, sei Dir bewusst, dass sie keiner Bewertung oder Hierarchie unterliegen. So können Werte eher praktisch, spirituell, emotional, rational und noch ganz anderer Natur sein. Alle Werte sind in Dir gleich wichtig, sie werden nur unterschiedlich oft von Dir gelebt.

Deine Werte sind absolut. Entweder Du bist treu oder eben nicht. Ein bisschen treu, vielleicht oder ab und zu, gibt es nicht. Treu ist treu. Ab und zu treu, ist Ego.

Es gibt Werte, die Du täglich lebst, andere Werte lebst Du gelegentlich oder situativ. Wichtig ist für Dich, dass Du Dir Deiner seelischen Werte an *sich* bewusst bist und sie in Dir benennst, damit Du ein Spektrum in Dir erfährst, was Deinen Selbstwert ausmacht. Wenn Du beispielsweise den Wert der „Großzügigkeit" als seelischen Wert anerkennst, weil Du ihn ganz praktisch im Leben lebst, dann bedeutet dies zugleich, dass Du diesen Wert *automatisch* in Deinem „Selbstwert" trägst. Also der Gestalt Deiner Seele. Deinen Wert in Dir anzuerkennen bedeutet also nicht nur, darüber nachzudenken, welchen Wert Du hast und welchen Wert Du für andere lebst. *Es bedeutet auch, in Dir seelisch zu achten, dass Du es selbst „wert" bist, diesen Wert zu erhalten und entgegengebracht zu bekommen.* Das innere Wertebewusstsein über Dich selbst zu haben ist ein Schlüssel, um elementare Selbstliebe zu praktizieren. Mit dem aktiven Wertebewusstsein kannst Du über den jeweiligen Wert in Dir „wachen", der sich über Deine Seele als Wert nach innen und außen ausdrückt.

Die Werte sind der Ausdruck Deiner Seele zu Ehren Gottes.
Da Du spirituell bist, weißt Du, dass Du aus dem Göttlichen stammst. Und da Du weißt, dass Deine Seele für Gott die Möglichkeit ist, Dich als Stellvertreter zur Verbreitung der Liebe einzusetzen, darf Dir diese Ehre zutiefst bewusst sein. Jedoch darf Dir auch die Verantwortung bewusst sein, die Du Gott gegenüber hast. Die Verantwortung, die Du Deiner Seele gegenüber hast und auch aus Respekt anderen Seelen gegenüber. Gott möchte, dass Du ihn durch den Ausdruck Deiner Seele, über ihre seelischen Werte, achtest und ihn so ehrst. Er möchte, dass Du Dich selbst mit Deinen Werten als wertvoll erachtest, weil dies zur Ehrung des Göttlichen dazugehört. An dieser Stelle gilt: Alles ist eins und ungetrennt.

Wenn Du den Wert der „Großzügigkeit" in Dir sehen kannst und Dir eindeutig zuschreibst, dass Du ein großzügiger Mensch bist, dann nimm ihn als Teil der Gestalt Deiner Seele an. Sei Dir dieses Wertes *in Dir* und des Werteausdrucks *durch Dich* bewusst. Du gehst großzügig mit anderen Menschen um, gönnst anderen Menschen gerne etwas oder machst ihnen aufmerksame Geschenke.

Du liest Deinen Liebsten die Wünsche von den Augen ab. Du berechnest nicht Deinen vollen Stundensatz oder gibst Deinen Kunden noch eine Kleinigkeit – eine Aufmerksamkeit – zu ihrem Einkauf dazu. Anerkenne Deine Art und Weise, großzügig zu sein. Es ist ein wunderbarer Wert, der aus Deiner Seele stammt, da die Liebe ein Füllebewusstsein ist. Großzügigkeit ist ein hilfreicher Wert, Liebe zum Ausdruck zu bringen. Doch sei Dir bewusst, dass alle Werte jeweils auf ihre Weise Liebe mehr oder weniger zum Ausdruck bringen.

Merke: In Deiner Seele lebst und anerkennst Du beispielsweise den Wert der Großzügigkeit.

Wertepräsenz – lass Deine Werte aktiv zutage treten.
Jetzt kommt es zum nächsten Schritt. Es gilt, den Wert in Deiner Selbstliebe zu leben: durch offenbares Ausleben Deines Wertes, hier im Beispiel der Großzügigkeit. Der erste Schritt war sicher der, diesen Wert vor Dir anzuerkennen und vor Dir innerlich zu sagen: „Ja, ich bin ein großzügiger Mensch!" Da bist Du sicher und das bezweifelst Du nicht. „Es ist mir wichtig, großzügig anderen Menschen gegenüber zu sein". Du bist an dieser Stelle über diesen Wert *absolut*.

Selbstwert, die Logik der Wertepräsenz
Der zweite Schritt ist dann der, dass Du Dir die göttliche Logik einräumst. Vergiss sie in keinem Fall. Merke Dir: Weil Du den Wert der Großzügigkeit lebst, bist Du selber Großzügigkeit wert. Dieser Wert darf also zu Deinem realen Lebensanspruch oder gar zu einer berechtigten Sehnsucht in Dir existieren.

Alle seelischen Werte, die Du aktiv in Dir lebst, bilden die Summe Deines praktischen Selbstwertes. Diesen Selbstwert und Deine Werte gilt es einerseits zu leben, aber auch, für Dich in Selbstliebe zu vertreten, weil Du jeden einzelnen Wert in Dir eben „wert" bist.
Was bedeutet das?

Was Du gibst, darfst Du auch erhalten.
Hier fangen Menschen an zu straucheln: Innerlich anzunehmen und zuzulassen, dass sie einen Wert selbst „wert" sind. Ja, Du bist Großzügigkeit wert, weil Deine Seele Großzügigkeit in sich trägt und deshalb auch selbst diese Erfahrung machen darf und muss – Großzügigkeit zu erleben.

Das bedeutet keineswegs, unbedingt die gleiche Großzügigkeit zurückzuerhalten, die Du einem Menschen entgegenbringst oder entgegengebracht hast. Es bedeutet jedoch, dass Du in die innere und selbstliebende Offenheit zu Dir treten kannst, Dir selbst die Erfahrung von Großzügigkeit einzuräumen, die Dir entgegenkommen kann, sie zuzulassen und für möglich zu halten. Ja, auch Du darfst Großzügigkeit erfahren.

Nehmen wir einmal an, Du lädst einen Menschen zu einem schönen Essen im Restaurant ein und dieser Mensch hat wenig Geld. Du weißt das und möchtest ihm oder ihr eine Freude machen. Dieser Mensch genießt das Essen und Deine Großzügigkeit der Einladung sehr. Dies kannst Du ganz offensichtlich an seinem

Wohlergehen erkennen, was Dich wiederum sehr erfreut. Danach schlendert ihr in der Stadt herum und kommt an einem Eisstand vorbei. Du erwähnst nebenbei, Du hättest Lust auf eine Kugel Vanilleeis. Spontan lädt Dich Dein Gast zu einer Kugel Eis ein. Das bist Du überhaupt nicht gewohnt, dass ein Mensch Dir etwas gönnt – und wenn es nur eine Kugel Eis ist. Genauso aber kannst Du die Erfahrung machen, dass auch ein anderer Dir großzügig entgegengetreten ist. Dieser Mensch hat – auf seine Weise – Großzügigkeit gelebt und so hast Du mit Deinem Wert der Großzügigkeit erfahren, dass Du selber Großzügigkeit wert bist. Noch mehr ist geschehen, denn Du konntest mit Deinem Gast sogar einen Wert gemeinsam teilen.

Wenn Du einem anderen Menschen einen Wert von Dir schenkst, ist es für Dich wichtig, dass du bemerkst, dass die Intention, die mit Deinem Wert einhergeht, beim anderen ankommt. In diesem Beispiel ist Deine Absicht, diesem Menschen eine Freude mit einem schönen Essen zu bereiten, angekommen. Deine Einladung hat Freude bei Deinem Gast ausgelöst und sogar noch ein kleines Dankeschön aus Großzügigkeit innerhalb seiner finanziellen Möglichkeiten. Damit gewinnt die jeweilige Großzügigkeit unter Euch an Ebenbürtigkeit. Es geht nicht um Geld, Haben-Wollen, Sollen oder Müssen, sondern um beherzte gegenseitige Achtung und Anerkennung.

Sich in Werten zu begegnen heißt, einander seelisch zu erfahren.

> *Die seelische Begegnung ist immer eine Begegnung, die den anderen seelisch begreift*
> *oder versucht, den anderen seelisch zu verstehen und vor allem versucht,*
> *dem anderen seelisch etwas zu geben.*
> *(Marija)*

So begegnen sich Menschen auf seelischer Ebene. Die Begegnung geschieht, wenn Du mit einem anderen Menschen einen Wert teilst und dieser Wert mit Deiner Absicht bei ihm ankommt. Und wenn darüber hinaus dieser Mensch den Wert für sich dankbar fühlen und wertschätzen kann, dann hat wirklich seelisches Miteinander stattgefunden. Dieses seelische Miteinander muss überhaupt nicht spektakulär sein. Es kann sogar sehr alltäglich sein und deshalb auch häufiger unter Menschen geschehen, als Du es bisher wahrgenommen hast. Wenn Du ein humorvoller Mensch bist und Du erheiterst mit Deinem Witz andere Menschen, dann ist der Humor ein seelischer Wert, den Du lebst. Wenn die anderen Menschen beginnen, durch Deinen Humor selber witzig zu werden und es entsteht eine sehr lustige Runde, dann teilt Ihr miteinander den Wert des Humors. Auch das ist seelische Begegnung unter Menschen.

Und so kannst Du mit Deinem seelischen Bewusstsein viele besondere und alltägliche Erfahrungen über Deine seelischen Werte machen. Du kannst feststellen, wie Du mit anderen Menschen Werte teilst. Du wirst sehen, dass Du sie in Wertschätzung zurückerhältst, auf die eine oder andere Weise.

Nicht immer bekommst Du von einem Menschen den gleichen Wert zurück, den Du ihm gegeben hast. Da es mannigfaltige Werte gibt, sind die Schnittstellen relativ groß und in der Regel vermischen sich mehrere Werte im Zusammensein mit anderen Menschen.

Woran kann ich echte Wertschätzung erkennen?

- Echte Wertschätzung ruft immer ein Gefühl hervor, zum Beispiel Freude, Erfüllung, Liebe, Dankbarkeit, Erleichterung, Frieden
- Ich spüre eine zugrunde liegende Ernsthaftigkeit und Bewusstheit beim Dankenden
- Ich fühle die ehrliche Dankbarkeit des anderen, die er mir gegenüber auch ausspricht und zeigt
- Der andere freut sich, ist glücklich, erfüllt
- Der andere äußert mir gegenüber, dass er sich erfüllt und bereichert fühlt
- Es berührt mich, bewegt mich, den anderen erfüllt zu sehen
- Ich spüre, dass meine Hilfe/Worte/Taten wirklich angekommen sind
- Das, was ich gegeben habe, wird geehrt und gepflegt
- Der andere wird inspiriert, ebenfalls zu geben oder zu bereichern
- Die Wertschätzung wird adäquat und klar formuliert oder ausgedrückt, also nicht übertrieben oder überschwänglich
- Der Augenblick der Wertschätzung wird ganz bewusst und intensiv in Stille erlebt
- Der Kontakt von Seele zu Seele ist spürbar, es entsteht ein Gefühl der Verbundenheit oder des Eins-seins

Wertebewusstsein schafft seelische Gerechtigkeit.
Es ist wichtig, dass Du ein Bewusstsein für Deine seelischen Werte hast. Nicht nur, um zu wissen, was Du an seelisch wertvollem Gut lebst, sondern auch, um Deinen Selbstwert präsent zu haben und in Selbstliebe für Dich agieren zu können. Der Liebe also mächtig und fähig zu sein.

Mitunter kommt es vor, dass Du unbewusst anderen Menschen einen Wert schenkst, den diese gerne annehmen, da er praktisch und schnell zu haben ist. Also wenn Du großzügig bist, weiß beispielsweise Dein Partner oder Deine Partnerin, dass man von Dir eher schnell Wünsche erfüllt bekommt. Du bist diesen Menschen gegenüber großzügig, weil Du ja andere Menschen erfüllen und bereichern möchtest, mit Deinem Wert und Deinen Gaben. Du liebst diese Menschen und bringst Dein Wohlwollen und Deine Fürsorge ihnen gegenüber auch über Deine unkomplizierte Großzügigkeit zum Ausdruck. Du bist einfach ein Gönner. Wenn dem so ist, dann erkenne das an und wertschätze Dich selbst für diesen Wert.

Du hast nicht nur die Gabe, großzügig für andere zu sein, sondern auch in Dir die Pflicht, diese Gabe wertzuschätzen. Einen seelischen Wert in sich wertzuschätzen heißt, darauf achtgeben zu können und offenen Auges (durch Objektivität) und sehenden Herzens (zu fühlen, was es mit Dir macht) zu praktizieren. Sich dessen gewiss zu sein, dass Deine Liebe durch Deinen Wert bei der Seele des anderen angekommen ist.

Denn Gott will seelische Gerechtigkeit, damit auch Du mit Deinen Werten Erfüllung und Bereicherung verspüren und erfahren kannst. Wenn Du also Deinem Partner die Wünsche von den Augen abliest und nicht über Mühe oder Geld aus Liebe zu ihm nachdenkst, dann ist es wichtig, etwas für Deinen seelischen Wert sicherzustellen. Nämlich, dass Du mit diesem seelischen Wert bei Deinem Gegenüber wahrgenommen und angenommen wirst. Soll heißen: Wenn Du einen Menschen beschenkst und er konsumiert mit seinem Ego selbstverständlich Deine Großzügigkeit und benutzt sie der „Einfachheit" halber für sich, dann musst Du an dieser Stelle für Deine Seele und Deinen Selbstwert beginnen, „Stopp" zu sagen. Aus Wertschätzung Deinem eigenen seelischen Wert gegenüber, der nicht für ein Ego, sondern für die Seele des anderen bestimmt war.

Liebe will in der Tat ankommen.

Liebe, die konsumiert wird, ist Liebe, die nicht wertgeschätzt wird.
(Marija)

Das Herz und die Seele eines Menschen sollen satt werden. Anders als das Ego. Das ist auf Konsum getrimmt. Und wenn Du durch Deinen seelischen Wert sagst, Du willst etwas von Deiner Seele einer anderen Seele geben, dann soll diese seelische Begegnung – mit Deiner Art, zu erfüllen und zu bereichern – definitiv ankommen.

Darauf musst Du achten, nimmst Du Deinen Selbstwert ernst. Die Liebe will beim anderen ankommen. Gott will durch Dich beim anderen ankommen.

Wenn Deine Liebe über diesen Wert der Großzügigkeit bei Deinem Partner oder Deiner Partnerin nicht ankommt, weil du spürst, dass das Geschenk verkonsumiert wird, dann wird es Zeit, für Dich einzutreten. Wenn Deine Gabe, Dein Wert, nur mit einem oberflächlichen Dank kommentiert wird, weil es sich „so gehört", „Danke" zu sagen – dann ist es Zeit, für Deinen Selbstwert auf der Basis von Liebe einzustehen. Entweder, Du merkst Dir das, änderst Dich und bist nicht mehr großzügig. Dies ist jedoch nicht im Sinne des Göttlichen, sich einen Wert zu verkneifen, den man selbstverständlich lebt, denn das passt nicht zu einer sich gebenden Seele. Die andere Möglichkeit wäre, den Beschenkten auf der Basis von Liebe zu hinterfragen und anzusprechen … zu konfrontieren.

Ist Dein Wert mit Deiner Tat angekommen, erkennst Du dies leicht, denn Deine Seele wird selbst spürbar berührt sein, durch die authentische und spontane Freude des Beschenkten und durch seine Reaktion auf Deine gelebte Großzügigkeit.

Du wirst feststellen, ob Deine Kunden bemerken, dass Du ihnen immer noch eine Kleinigkeit zusätzlich schenkst und diese es wertschätzend und dankbar registrieren oder es einfach mitnehmen. Du wirst bemerken, ob sich ein Mensch dafür bedankt, dass Du ihm nicht Dein gesamtes Honorar berechnet hast, ihm beispielsweise statt einer Stunde und zwanzig Minuten nur eine Stunde berechnet hast. Du wirst an irgendeiner Reaktion bemerken, ob der Mensch, dem Du Deinen Wert geschenkt hast, diesen wertschätzend zur Kenntnis nimmt und Dir auf seine Weise ausdrückt, wie gut ihm dieses Geschenk, also hier der Wert der Großzügigkeit, getan hat.

Stellst Du fest, dass Dein Wert auf irgendeine Art und Weise angemessen wahrgenommen und wertgeschätzt wird oder mit einem Wert an Dich Dir gegenüber beantwortet wurde, dann ist es wunderbar.

Im Liebesbewusstsein ist es wichtig, objektiv diese Dinge, die Du aus Deinem Selbstwert anderen Menschen gibst, zu überprüfen. Du sollst Dich als beseelter Mensch nicht an egomanem Unsinn verschenken. Manche Zeitgenossen sagen hierzu: „Ich brauche das nicht. Ich brauche nichts zurück." Aber das sagt auch das Ego. Die Logik der Seele mit ihren seelischen Werten hingegen ist selbstverständlich für den Empfang seelischer Werte, von anderen zu Dir hin, gemacht. Diese Empfangsbereitschaft ist Teil Deines Selbstwertes. Es soll nach Gottes Geheiß eine stetige Erfahrung im Leben eines Menschen werden, von den Werten anderer Menschen erfüllt und bereichert zu sein. Das ist ein Aspekt der Liebe. Darauf darfst Du nicht verzichten.

Selbstliebe ist vor allem Selbsttreue.

„Sei ein treuer Freund Deiner Seele."
(Hildegard von Bingen)

Sich seiner eigenen Werte bewusst zu werden, sich selbst mit dem seelischen Bewusstsein zu betrachten, hat nichts mit leichtfertiger Selbstbeweihräucherung des Egos zu tun.

Über Dein eigenes Wertebewusstsein wird es Dir möglich, konkret darüber Kenntnis zu gewinnen, welchen Selbstwertes Du in Dir bewusst sein kannst. Du wirst darüber erkennen, wie die Gestalt Deiner Seele ist. Über diese inneren, von Dir selbst anerkannten Werte, kannst Du fundiertes Selbstbewusstsein in Dir entwickeln. Mit dem Selbstwert und dem Selbstbewusstsein trittst Du Dir selbst gegenüber in eine Wertepräsenz. Durch Deine inneren Werte weißt Du, worauf Du in Dir selbst zurückgreifen kannst und worauf Du Dich in Dir verlassen kannst. Du kennst Dich, vertrittst Dich, verleugnest Dich nicht mehr und stehst auch für Dich ein. Ohne Wenn und Aber. Dieses Selbstbewusstsein über Deine inneren Werte, die Du lebst oder noch entwickeln willst, macht Dich zeit Deines Lebens mit Deiner Seele selbstsicher und stabil. Mit diesem Selbstbewusstsein kann Dein Ego Dir oder einem anderen Ego kein X mehr für ein U vormachen. Du weißt, wer Du bist, weil Du aus Deiner Seele und auf der Basis von Liebe lebst.
Wenn Du Deinen Selbstwert in Dir durch die vorhandenen Werte ernst nimmst, dann lebst Du selbstverständliche Selbst-Liebe, da das oberste Gebot der Selbstliebe die Selbsttreue ist.

Deine Werte sind keine Funktionen. Deine Werte sind gelebte Liebe aus Deiner Seele heraus, die Du gerne anderen Menschen schenkst und mit ihnen teilen darfst. Jedoch dürfen Deine Werte durch ein Ego nicht funktionalisiert oder konsumiert werden.

Wenn Deine Werte ins Leere laufen
Stellen wir uns einmal eine Situation vor, in der Du von Dir einen Wert gegeben, also Deinem Partner einen Wunsch von den Augen abgelesen hast, ohne dafür etwas „haben zu wollen". Außer Bereicherung und Erfüllung für Deinen Partner auszulösen, mit dem, was Du gibst.

Plötzlich stellst Du fest: Das, was Du gegeben hast, ist nicht bei Deinem Partner seelisch angekommen. Du kochst zum Beispiel am Abend, weil Dein Partner spät nach Hause kommt und während des Tages nichts „Vernünftiges" zu essen bekommt. Das tust Du mit Liebe und Bedacht. Du servierst ihm gerne seine Lieblingsspeisen.

Du schaffst zu Hause Atmosphäre und lebst in dieser Situation gleichzeitig ganz viele Deiner inneren Werte, weil Du es diesem Menschen nach einem schweren Tag gut gehen lassen möchtest. Du lebst den Wert der Fürsorge, der Geborgenheit, der Kreativität, des Fleißes und der Mühe, den Wert der Detailgenauigkeit, denn immerhin soll der Tisch auch schön gedeckt sein.

Du hast ganz viele seelische Werte in diesen Abend einfließen lassen, bis Dein Partner nach seinem Arbeitstag nach Hause kommt. Dabei muss noch erwähnt werden, dass Du während des Tages selbst gearbeitet hast und es Dir trotzdem nicht nehmen lässt, am Abend wohlwollend für Deinen Partner zu kochen. *Er ist Dir so viel wert.*

Nun kommt Dein Partner nach Hause und geht direkt zum Esstisch und füllt sich gierig den Teller mit den Speisen voll. Es scheint ihm ganz gut zu schmecken, aber dass er es so richtig genießt, ist nicht der Fall. Auch hat er wenig Lust, sich mit Dir zu unterhalten, geschweige denn mit seinen Sinnen wahrzunehmen, wie schön der Tisch gedeckt ist. Vielmehr macht er den Fernseher an und isst die Speise vor dem Fernseher oder schaut zwischendurch auf das Handy, ob noch eine neue SMS angekommen ist. Das ist jetzt ein sehr deutliches Beispiel für ein Ego, das alles um sich herum einfach konsumiert und nichts dabei wertschätzt.

Weder den liebevollen Menschen noch dessen Kochkunst und das Ambiente. Nichts dergleichen.

Genau hier ist es jetzt wichtig für Dich, die sich diese Mühe mit all ihren Werten gemacht hat, aufzuwachen und einzusehen, dass Deine Werte bei diesem Menschen seelisch nicht bereichernd aufgenommen werden. Du hast von Seele zu

Seele etwas geben wollen, aber das Ego des Partners war so stark, dass er nur beim Ego und im Konsum gelandet ist.

Dein Ego könnte jetzt frustriert emporkommen und sich enttäuscht und verletzt und nachtragend zurückziehen. Dann wäre die Rechnung in dieser Situation unter den Egos tatsächlich wieder aufgegangen, denn nur ein Ego erschafft Minderwert und Mangel und hält sich daran fest und ein anderes Ego lässt sich davon anstecken.

Eine Seele – Deine Seele – schafft Werte.
Halten wir fest: Du wurdest funktionalisiert, ohne für Deine wertvollen Taten um das Abendessen beachtet oder wertgeschätzt worden zu sein. Dabei geht es nicht darum, dass derjenige, der so ein Abendessen serviert bekommt, ständig in Lobeshymnen aufgehen soll. Es geht um die kleinen Zeichen des Registrierens und Anerkennens, das Seelische vernommen zu haben. Und dies auch zu äußern: „Schön, dass Du gekocht hast", und wenn es schmeckt „Sehr lecker, das bekommt mir gut" oder „Danke" (jedoch: ein Dank von Herzen). Vielleicht sogar noch: „Du gibst Dir so viel Mühe mit der Tischdekoration, so gemütlich ist es." Oder: „Dass Du dies nach Deinem eigenen Arbeitstag noch für uns oder mich hinbekommst, finde ich toll."

Sein Registrieren all der Werte, die Du als Mensch ihm für das Abendessen geschenkt hast und sein Bekunden, wie gut es ihm tut oder schmeckt, gibt Dir etwas zurück. Das genügt schon, um für Dich zu erleben: Hey, meine Absicht, ihn mit diesem Abendessen zu bereichern, ist angekommen. Dann macht es Sinn, ihm diese Werte aus Deiner Seele zu geben.

Diesem ignoranten Menschen, der Deine Taten des Abendessens nicht wertschätzt und verkonsumiert, nunmehr falsches Verständnis entgegenzubringen, ist keine Umgangsart für Deine Seele, um mit dieser Situation zurechtzukommen. Sie möchte in jeder Situation Werte erschaffen und keine Illusionen aufrechterhalten, durch Annahmen des Egos, wie: „Er kann nicht anders", „Er hat das nicht gelernt", „Er ist einfach zu müde" praktizieren.

Einerseits, weil Du damit sein Ego stärkst und andererseits, weil Du Deinen Wert und Deine Mühen nicht ernst nehmen würdest. Es gibt kein Verständnis mehr dafür, wenn jemand so mit Deinen Werten umgeht. Es gibt keine falschen Entschuldigungen.

Du bist ein Mensch, der grundsätzlich nicht verkonsumiert oder für einen anderen Menschen funktionalisiert werden kann. Du bist ein beseelter Mensch, der einem anderen Menschen Liebe entgegenbringen möchte, über den Ausdruck Deiner Werte. Von Seele zu Seele. Somit hast Du Deine Seele, Deine Werte, Deinen Selbstwert, mithilfe Deines seelischen Selbstbewusstseins, auch aus Ehre zum Göttlichen zu vertreten.

Selbsttreue gewinnt im Liebesbewusstsein eine viel tiefere, einfachere und dennoch herausfordernde Bedeutung. Nimmst Du Dich jetzt mit Deinem Selbstwert ernst oder nicht? Oder: Was ist so schwach in Dir, dass Du dem anderen immer noch erlaubst, für sein oberflächliches und praktisches Leben Dich als seelischen Menschen zu konsumieren und zu funktionalisieren? Ist es Dein Ego oder sein Ego?

Wie Seelen sich im Alltag begegnen

Im Liebesbewusstsein geht es um die Begegnung von Seele zu Seele. Diese Begegnung findet ganz lebendig statt, ganz alltäglich, über das Leben und Teilen von seelischen Werten.

Wenn Dein Partner Dir während des Abendessens seine Wertschätzung ausdrückt, dann sind Deine Werte und Taten bei ihm angekommen. Dann, wenn er, wie auch immer gestaltet, Dich mit Deiner Mühe und Liebe erkennt und wahrnimmt und innerlich spürt, wie gut ihm das tut. Und dann bist auch Du bereichert und erfüllt. Durch Deine Werte und Taten, die den anderen so positiv erfüllt haben. Sie haben ihn offenkundig erfüllt, weil er – wie auch immer – seine innere Erfüllung durch Dich und Deine Taten zum Ausdruck bringen konnte. Wie dieser Mensch dies seelisch ausdrückt, ist auf vielfältige Weise möglich. Wichtig ist, dass er es Dir gegenüber irgendwie ausdrückt. Das ist sozusagen der „Lohn" an Deine Seele. Der Lohn ist diese Art der authentischen Wertschätzung durch seine Freude und seinen Dank oder seinen wachen und sichtbaren Genuss und sein Wohlergehen. Sein Dasein in dieser Situation und sein Dich-wahrnehmen.

Es ist ein spürbar lebendiges Erlebnis zwischen zwei Seelen, die einander erkennen und im Geben und Nehmen begreifen. Das ist gelebte Liebe. Sie ist über das Wertebewusstsein und über Deine Wertepräsenz für Dich eindeutig erkennbar.

Werteentwicklung oder Krisenmanagement

Es ist wichtig, Dir bewusst zu sein, dass es im seelischen Sinne ein Leben lang darum geht, immer wieder neue Werte in sich zu aktivieren und in seinem Leben zu leben. Du darfst Dich als beseelter Mensch über die seelischen Werte nach und nach vervollkommnen. Du darfst Dich mit Deiner Seele in stetige, bewusste Entwicklung begeben. Dieses Bewusstsein über die Entwicklung und Aktivierung neuer Werte in Dir lässt Dich über Dich selbst hinauswachsen. Über diesen Weg des Wertebewusstseins kannst Du Deine Entwicklung praktisch und bewusst vollziehen und Krisen mehr und mehr aus Deinem Leben entlassen.

Krisen kommen immer dann, wenn es Zeit wird, Deine Seele und Deinen in Unstimmigkeit geratenen Lebensausdruck mit neu zu entwickelnden Werten wieder stimmiger zu gestalten.

Selbstüberwindung als Krisenprävention
Bist Du ein spiritueller Mensch, der das Liebebewusstsein lebt, dann hast Du die Möglichkeit, freiwillig immer wieder selbstbestimmte Herausforderungen in Deinem Leben mit neuen Werten zu aktivieren – Werten, die Du vor Dir entwickeln willst. Werte, von denen Du weißt, dass Du sie Dir noch erobern musst.

Das „kostet" vielleicht zunächst „Überwindung", aber Du leitest eine kommende Krise schon im Vorhinein aus und bist der Eroberung eines Wertes mächtig. Eine Krise hingegen erinnert Dich erst einmal an die Ohnmacht Deines Egos.

Die Werte stellen die Substanz Deiner Seele dar. Ignoriert ein anderer Mensch diese Substanz, dann gilt es, sich unter Umständen von diesem Menschen abzuwenden. Es macht für Dich seelisch keinen Sinn, Dich mit Deinen Werten dem Mangel des Egos zu unterwerfen. Eines Egos, welches das Seelische nicht begreifen und nicht mit Dir teilen kann oder will und Dich somit nicht glücklich und zufrieden werden lässt.

Du entscheidest mit Deinem seelischen Willen, ob Du als spiritueller Mensch in Selbstliebe zu Deiner Seele und zu Deinen Werten stehen möchtest. Selbsttreu. Du entscheidest Dich mit Deinem seelischen Willen für Menschen und Umstände, die in Deinem Leben stimmiger sind.

Es geht immer auch um die Seele des anderen.
Die andere Variante ist die, auf der Basis von Liebe den Mangel des anderen anzusprechen. Von Seele zu Seele. Das ist auch gelebte Liebe durch den Respekt zur Seele des anderen. Gehen wir zurück zu dem Beispiel. Dein Partner kommt nach Hause und verkonsumiert Deine Werte mit all Deinen Mühen, was das Abendessen betrifft. Das ist sein Ego. Auf der Basis von Liebe können wir ihm unterstellen, dass das Verhalten des Partners nicht im Sinne seiner Seele ist. Denn auch seine Seele ist voll von seelischen Werten, die Du als seine Partnerin sicher an anderen Stellen des Lebens hast wahrnehmen und erleben können.
Sei Dir bewusst: Wenn Du auf der Basis von Liebe jetzt ein Gespräch suchst, dann machst Du es nicht, um diesem Menschen den Mangel seines Egos vorzuwerfen. Du suchst dieses Gespräch, damit seine Seele die Möglichkeit bekommt,

auf die ein oder andere Weise in ihre Kraft zu rücken. Deine Seele möchte Werte zwischen Euch leben lassen.

Nehmen wir an, Du sagst zu dem Partner, der vor dem Fernseher das Abendessen einnimmt und zwischendurch auf das Handy schaut: „Du, sag mal, schmeckt Dir das, was ich Dir gekocht habe?" Dann könntest Du auf der Basis von Liebe und von Dir ausgehend weitersprechen und sagen: „Du, ich bitte Dich, mir einmal einen Moment zuzuhören. Ich habe mich heute gefreut, für Dich etwas Gutes tun zu können und wollte es Dir nach Deinem Feierabend gemütlich machen. Ich dachte mir, das hast Du verdient. Jetzt habe ich das Gefühl, es ist Dir eigentlich egal, wie ich Dich empfangen habe und wie es hier aussieht und was Du gerade isst. Irgendwie habe ich sogar das Gefühl, *ich* bin Dir egal …" Soweit ein Beispiel, wie Du aus Dir selbst heraus Dich Deinem konsumierenden Partner entgegenstellen könntest. Von Deiner Seele aus sprechend, nur mit Deinem Gefühl. Ohne Vorwurf und ohne Unterstellung.

Seelische Aussprachen sind nicht vorhersehbar.
Jetzt gibt es zwei Möglichkeiten, wie er Deine Worte verstehen könnte. Sein Ego bleibt weiterhin so stark, dass er nicht in der Lage ist, diese Worte wirklich zu verstehen, anzunehmen und darüber nachzudenken. Dann würde es das Ego sicher missverständlich aufnehmen, was Du gesagt hast und unter Umständen beleidigt, patzig oder streitig antworten, weil es seine Ruhe haben will.

Nun, Dir darf bewusst sein: Auf der Basis von Liebe räumst Du ihm diese Reaktion ein. Aus Selbstliebe willst Du auch objektiv für Dich entscheiden, ob es für Dich generell mit der Art Deines Partners eine bereichernde und erfüllende Sache ist. Ob Ihr wirklich im Liebesbewusstsein von Seele zu Seele fähig seid, einander offensichtlich wertzuschätzen und Liebe miteinander zu leben. Ob Ihr fähig seid, Werte miteinander zu teilen.

Wenn Du Dich also wie beschrieben in liebevoller Art seelisch geöffnet und für seine Seele erklärt hast und Dein Partner antwortet mit seinem verständnislosen Ego, dann weißt Du, dass es nicht so viel Sinn macht mit diesem Menschen, wenn Du in der Situation nach seiner Reaktion Deinen Selbstwert ernst nimmst.

Dieses Verhalten deutet nicht auf gemeinsame, seelische Entwicklung hin. Dies deutet nicht auf Deine eigene Bereicherung und Erfüllung durch diesen Menschen, aus seiner Liebe, hin. Vielleicht sogar in anderen Bereichen der Beziehung, die Du bislang nicht sehen wolltest oder konntest.

Jedoch – und das ist ja die große Chance, die das Liebesbewusstsein mit der Kommunikation auf der Basis von Liebe letztendlich verfolgt – kann es genauso gut sein, dass Dein Mut belohnt wird. Endlich einmal diesen Zustand von Seele zu Seele für Dich geklärt zu haben. Es ist sogar sehr wahrscheinlich, dass Dir Gutes dadurch widerfährt. So hast Du Deinem Partner mit Deinem Wertebewusstsein und Deinem Selbstwert die Möglichkeit gegeben, seiner eigenen Seele näher zu kommen. Er kann seinen eigenen seelischen Werten näher kommen – durch Deine Wahrhaftigkeit. Es könnte durchaus sein, dass dieses Verhalten Deinem Partner überhaupt nicht bewusst ist. Es kann sein, dass es sich so in seinem oberflächlichen Alltag eingeschlichen hat, dass er geradezu „gedankenlos" beim Abendessen so ist, wie er ist.

Und wenn er seelisch in der Lage ist, Deine Worte aufzunehmen, dann ist Dein Partner auch in der freiwilligen Lage, einen Schritt von seinem Ego zurückzutreten und mit seinem eigenen seelischen Bewusstsein die Situation und sein Verhalten zu reflektieren. Das sind dann diese wunderbaren Augenblicke und bereichernden Erfahrungen im Liebesbewusstsein für Dich. Gerade, weil Du wahrhaftig und in Selbsttreue gesprochen und gehandelt hast, konnte dieser Mensch mehr in seine eigene Seele eintauchen.

Er kann zum Beispiel plötzlich sehen, wie unbedacht, wie unfreundlich er Dir gegenüber war. Er kann erkennen, dass dies überhaupt nicht seine Absicht gewesen ist. Er kann feststellen, dass er all das, was Du ihm an Werten und Mühen gegeben hast, sehr wohl wertschätzen kann und auch aus Respekt vor Dir so annehmen will. Er kann sogar sehen, wie ungemäß er mit Dir umgegangen ist. Er kann sich vornehmen, ab morgen mit viel mehr Achtung und Aufmerksamkeit Dir und Deinen Werten gegenüber nach Hause zu kommen. Er kann Dich und das, was Du ihm gibst, tiefer und bewusster lernen, wertzuschätzen. So kann es sein, dass Dein Partner beginnt, mit Dir diese Werte zu teilen. Statt den Fernseher anzumachen, zündet er zur Komplettierung des Abendtisches die Kerzen an. Er setzt sich bewusst an den gedeckten und gefüllten Tisch und riecht erst einmal an den Speisen, sieht die schöne Dekoration und nimmt mit seinen Sinnen die Situation und Dich selbst wahr. Er lebt plötzlich den Wert der Sinnlichkeit, der Schönheit und des Genusses und bereichert Dich damit, dass er seelisch und nicht mehr konsumierend am Abendessen teilnimmt und sich selber wohlwollend mitteilt. All dies, weil Du den seelischen Mut hattest, Dich wahrhaftig von Deiner Seele her zu zeigen. Weil Du Deine Werte ernst genommen hast, konntest Du Deinem Partner die Möglichkeit geben zu erwachen. Du konntest ihm damit helfen, aufzuschrecken aus seiner konsumierenden Gewohnheit und sich seiner eigenen Werte und der Werteteilung mit Dir bewusst zu werden. Eure Nähe und seelische Verbundenheit, die Tiefe Eurer Liebe gewinnt ganz bestimmt eine neue Qualität und Begegnungsebene. Ihr könnt jetzt weiter miteinander wachsen.

Hoffen, Bangen, Warten – die Zeitspiele des Egos

Das Liebesbewusstsein ist ein dynamisches Bewusstsein, welches Deine Seele über die vier Orientierungssäulen bewegt, infolgedessen auch die Seelen der anderen Menschen bewegen kann. Und diese Bewegung bedeutet, Liebe sichtbar und wahrnehmbar zum Ausdruck und unter die Menschen zu bringen. Ganz praktisch und für alle nachvollziehbar.

Im Liebesbewusstsein hat ein Ego, das nur auf einen freundlicheren, anerkennenden Partner hofft, keinen Platz – das Ego, das auf einen Partner wartet, der vielleicht andere Umgangsformen entwickelt, wenn es ihm besser geht oder er erst einmal dieses oder jenes hinter sich gebracht hat. Scheinbar verständnisvolles Warten (oder sich selbst Hinhalten und Betrügen) hat niemals die gewünschte Wirkung auf den verkonsumierenden Partner, die es bräuchte. Warten weckt nicht auf oder verändert etwas seelisch eindeutig.

Deine Seele hat zwar viel Zeit, will aber andererseits keine Zeit an ein Ego verlieren. So ist es von Seele zu Seele wichtig, sich gegenseitig in seinem Wertebewusstsein zu unterstützen. Dadurch, dass Du den Wert eines anderen Menschen wahrnimmst oder erlebst und diesem Menschen seinen Wert durch Deine Anerkennung reflektierst, unterstützt Du die Wertepräsenz dieses Menschen. Dieser Mensch ist sich vielleicht seiner Werte gar nicht bewusst, obgleich er diese lebt. Durch Deine Mitteilung an ihn, wie wertvoll Du ihn erlebst, schaffst Du diesbezüglich Bewusstsein. Du teilst ihm mit: Du bist wertvoll und wichtig. Sich gegenseitig Wertschätzung zum Ausdruck zu bringen geht über die Sprache der Liebe. Sie hat nichts mit Süßholzraspelei oder Schmeichelei zu tun. Auch mit Gesten materieller wie immaterieller Art kannst Du Wertschätzung ausdrücken. Natürlich auch durch eine liebevolle Körpersprache.

Wahrheit heilt, das weiß die Liebe. Die Kommunikation von Seele zu Seele, auf der Basis von Liebe, ist eines der größten Heilmittel, die Gott uns gegeben hat. Das dürfen wir nutzen, zu unserer inneren Erfüllung und Bereicherung, für unsere Werte und deren Teilung mit anderen Menschen. Wenn Du *nur einmal* die Erfahrung gemacht hast, dass durch Deine Selbsttreue ein anderer Mensch sich selbst, seiner Seele und seinen Werten näher gekommen ist und Ihr dadurch auch noch Werte teilen könnt und euch näher kommt, weißt Du, wie „göttlich" es ist, Liebesbewusstsein zu praktizieren und zu verbreiten. Es ist ein Segen.

Beispiele von Werten und was daran bewusst wertzuschätzen ist:

Wert	Was ist daran bewusst wertzuschätzen?
Pragmatismus	Man kommt vorwärts, es wird nicht diskutiert, sondern erledigt.
Tatkraft, Anpacken	Dinge werden erledigt und bewegt oder neu geschaffen.
Fürsorge	Man kann Fürsorge genießen, sich darin wohl und geborgen fühlen.
Wärme, Zärtlichkeit	Man fühlt sich angenommen, geliebt, geschätzt und berührt.
Lösungsorientiertheit	Probleme werden direkt angepackt und gelöst, man kommt aus dem Mangel und der Ohnmacht.
Konfrontation	Bringt Entwicklung und Bewegung, ist ehrlich.
Offenheit	Erlaubt Nähe, Ehrlichkeit, Klärung, Toleranz, macht erreichbar für andere.
Umhüllen	Gibt Raum für seelische Entwicklung und Geborgenheit, seelische Sicherheit.
Initiieren	Ermöglicht, Neues zu schaffen und zu erschaffen, Produktivität und Kreativität, Schöpferkraft
Ordnung	Schafft angenehme, kraftspendende Atmosphären, in denen man sich gerne aufhält und sich wohlfühlen kann.
Pflege	Erschafft Achtsamkeit, Fürsorge, Verantwortung gegenüber dem, was man pfleglich behandelt.
Sinnlichkeit	Man fühlt sich gesehen oder wahrgenommen, man spürt Aufmerksamkeit, Begehren.
Materialisation	Sorgt für die materielle Versorgung und damit für Sorgenfreiheit und Sicherheit. Werte erschaffen und sammeln
Konzentration	Man bleibt an etwas dran, ist ernsthaft bei der Sache und in Verantwortung für ein gutes Ergebnis.
Ausgestalten	Fördert Feinheit, Bezug und Liebe zum Detail für eine erfüllende Umgebung oder Atmosphäre.

Ausdauer	Trägt durch schwierige Phasen, schafft Beständigkeit
Belastbarkeit	Selbstüberwindung und Dranbleiben für ein höheres Ziel.
Zuverlässigkeit	Macht verbindlich, gibt Sicherheit, beruhigt, man kann sich um andere Dinge kümmern, jemand steht zu seinem Wort.
Direktheit	Macht ehrlich, aufrichtig, man weiß genau, woran man ist.
Selbstlosigkeit	Ermöglicht den totalen Einsatz für eine Sache oder einen anderen Menschen, der in einem Sonderfall vonnöten sein kann.
Bescheidenheit	Ermöglicht den Blick für andere, teilen zu können, Rücksicht und Umsicht. Weniger ist oft mehr.
Mut	Schafft Selbstüberwindung, sprengt Grenzen, man wagt sich auf neues Gebiet und kommt so in Entwicklung, man kann Vorreiter sein, inspirieren, befreien, sich für sich und andere einsetzen.
Ehrempfinden	Man gibt sich nicht für alles her, sorgt für Verlässlichkeit und dass man für sich einsteht.
Unterstützen	Schafft optimale Bedingungen, damit sich etwas oder jemand entwickeln, entfalten, verwirklichen kann.
Ehrlichkeit	Ist ungeschönt und am Kern, wahrhaftig, ermöglicht seelische Kommunikation und Begegnung.
Dankbarkeit	Man fühlt sich wahrgenommen, wertgeschätzt, in seiner Intention erkannt, Verbundenheit und das Gefühl, dass man dem anderen etwas bedeutet.
Schönheit	Erfüllt und bereichert die Seele, komplettiert, kann inspirieren.
Objektivität	Macht unabhängig, ehrlich, unverfälscht, klar, wahrhaftig, unbestechlich.
Zugewandtheit	Man fühlt sich gesehen und angenommen, ermöglicht tiefes, seelisches Interesse am Gegenüber.
Ausgestalten	Fördert Feinheit, Bezug und Liebe zum Detail für eine erfüllende Umgebung oder Atmosphäre.

Loslassen	Schafft Raum für Neues und neue Entwicklungen, Unbelastetheit, Freiheit.
Flexibilität	Schafft innere und äußere Freiräume, baut Zwänge und Grenzen ab.
Fülle	Schafft Gelassenheit, Sicherheit, das Gefühl, dass genug für alle da ist und kein Mangel besteht.
Optimierung	Schafft Weitblick, Ausdehnung, das Streben nach Weiterentwicklung und Verbesserung.

Wie kann ich Wertschätzung ausdrücken?

- Durch miteinander sprechen, direkt sagen, was einen erfüllt und bereichert oder gefreut hat.
- Auch anderen gegenüber aussprechen, dass jemand einen erfüllt, zum Beispiel vor Freunden, Kollegen.
- Mit Blicken oder einem Lächeln, Lachen, einer Umarmung.
- Indem ich das mir Gegebene oder Entgegengebrachte ehre, achte, pflege, es gut behandele.
- Kontakt machen durch einen Brief, eine E-Mail, Anrufen.
- Durch ein Geschenk, beispielsweise Blumen oder eine Essenseinladung.
- Wiederum dem anderen auch etwas Gutes tun, ihn im Gegenzug bereichern und erfüllen, danken.
- Fragen, was den anderen erfreuen würde oder ihm aufmerksam zuhören.
- Bewusst mitbekommen und wahrnehmen, wenn man Werte erhält; wach sein und reflektieren, um gelebte Werte mitzubekommen oder dass sie einem entgegengebracht werden.

Unterstützung für Deine Seele:
Übung 1, Wertereflexion
Tagesrückblick 1: Selbstliebe und Selbsttreue

2. Die zweite Säule: Stimmigkeit

*„Die Seele liebt in allen Dingen das diskrete Maß.
Deshalb soll sich der Mensch in allen Dingen selbst das rechte Maß auferlegen."*
(Hildegard von Bingen)

Mit der zweiten Säule aus dem Liebesbewusstsein wird es Dir möglich, Deinen Werten noch tiefer nachzukommen. Menschen und Dinge, die für Dich seelisch keinen Sinn machen und Unwerte für Dich verkörpern (Dir innerlich oder äußerlich nichts geben), lernst Du zu enttarnen und in Deiner Selbstliebe für Dich angemessen zu verändern. Es wird für Dich durch die zweite Säule der „Stimmigkeit" leichter werden zu erkennen, wenn Dich etwas in Deinem seelischen Ausdruck mental oder emotional schwächt oder Dir Lebensenergie entzieht.

Die Sinnfrage

*Wichtig ist, sich als wertvoll und wichtig zu erachten und dass dies Gottes Intention ist:
Sei stimmig in der Liebe, sei stimmig mit Dir.*
(Marija)

Bei der Frage, ob ein Mensch, eine Situation oder eine Sache für Dich stimmig ist, geht es nicht um eine Bewertung, die Du mit einem Ja oder einem Nein beantwortest. Es geht für Deine Seele um die Frage, ob etwas, das in Deinem Leben ist, für Dich seelisch Sinn macht oder ob es seelisch keinen Sinn macht. Jeder Mensch erlebt dies für sich persönlich anders.
So kannst Du spüren, ob Dir etwas gute Gefühle gibt, eine Be- oder Entlastung ist, Dich harmonisch fühlen lässt, Deine Seele erfreut oder Dir die Möglichkeit gibt, Deinen Wert zu leben. Somit ist diese Ja/Nein-Frage eine Frage der Liebe, ob ein Mensch oder eine Sache Deiner seelischen Komplettierung und Deinem Erblühen dient oder eben nicht. Es ist auch die Intention Deiner Seele, einer anderen Seele die Möglichkeit zu geben, mit Dir und durch Dich Stimmigkeit im Leben zu erfahren.

Die Stimmigkeitsfrage durchzieht sich von den kleinsten Dingen bis hin zu den elementarsten Lebensbereichen. Wenn Du mit der Stimmigkeitsfrage und dem Stimmigkeitstraining aus dem Liebesbewusstsein beginnst, dann darfst Du Dir vieler bereits bestehender Stimmigkeiten, aber auch der Unstimmigkeiten in Deinem Leben bewusst werden. Was Dein Leben stimmig macht, gibt Dir Lebensenergie und Deiner Seele Kraft. Alles, was Dein Leben unstimmig macht, nimmt

Dir auf die eine oder andere Weise Lebensenergie, stärkt Dein Ego und schüchtert Dich gleichzeitig ein.

Es lässt Dich deshalb nicht frei sein, um Deine seelischen Werte leben oder ausdrücken zu können. Dies kannst Du als offensichtliches oder subtiles, diffuses Unwohlsein spüren.

Wahrhaftigkeit, ein intuitiver Weg zu Deiner Seele

Wenn etwas in Deinem Leben stimmig ist, dann berührt es Dich positiv und komplettiert Deine Seele. Das kannst Du spüren. Deine Seele ist ein sehr differenziertes, intuitives, hochenergetisches und sensibles System, auf dessen Regungen Du vertrauen kannst. In Deiner willentlichen Bereitschaft und mithilfe Deines seelischen Bewusstseins ist es wichtig, die Dinge Deines Lebens für Deine Seele wohlwollend und *wahrhaftig* anzusehen.

Wenn etwas in Deinem Leben stimmig ist, dann passt es zu Dir und Deiner Seele. Dann bist Du „richtig", etwas ist in „Einklang" oder „passend". Dann triffst Du die richtige Entscheidung oder hast bereits eine richtige Entscheidung für Dich getroffen. Wenn Du Stimmigkeit registrierst und anerkennst, gibt es nichts zu diskutieren, weil es eine klare Sache ist.

Nehmen wir ein Beispiel. Du liebst die Farbe Rot. Wenn Du für Dich spürst: „Rot ist meine Farbe", dann ist diese Farbe für Dich im Leben stimmig. Weil sie Dir gut steht, Dir Kraft gibt oder zu Deinem Schönheitssinn dazugehört. Sicher wirst Du sie, weil Dir diese Farbe etwas gibt, immer wieder in Deiner Kleidung oder in Deinem Wohnbereich verwenden, weil diese Farbe das Gefühl der seelischen Stimmigkeit für Dich erhöht.

Wenn Du weißt, dass Dich etwas stimmig macht oder Dir etwas gibt, solltest Du darauf achten, dies in Deinem Alltag zu nutzen oder einzubauen. Hier also die Farbe, die Du so gerne hast, für Deine Kleidung oder Deine Zimmerwände. Stell Dir vor, Du bist aufgefordert, nun die Farbe Grau zu tragen. Eine Farbe, die völlig unstimmig für Dich ist, da sie Dir Gefühle von Fadheit, Langeweile und Tristesse vermittelt. Dann ist diese Farbe eindeutig keine Farbe, die für Dich akzeptabel wäre oder Deiner Seele etwas gäbe. Du darfst dann aus Selbstliebe nicht einem scheinbaren, grauen „Modetrend" folgen. Ein Modetrend ist nur ein Mittel, um das Ego zu mehr Konsum anzuregen.

Wenn Du bereit bist, das Liebesbewusstsein zu praktizieren, kommst Du über die Frage der Stimmigkeit sehr weit. Dadurch, dass du seelische Reflexion über alle Deine Lebensbereiche vollziehst.

Du darfst prüfen, ob Deine Wohnung für Deine Seele stimmig eingerichtet ist, und kannst jedes Möbelstück und jede Dekoration einzeln darauf prüfen: „Gibt mir dies etwas?" Das ist ein gutes Training für „größere Stimmigkeitsfragen". Du kannst überprüfen, ob Deine Kleidung vom Stil und von den Farben, dem Alter und der Qualität her stimmig ist für Dich. Du kannst Deine Ernährung auf Stimmigkeit überprüfen, Dein Fahrzeug, Deinen Wohnort, Deine häusliche Ordnung und Pflege, Deinen Umgang mit Deinem Körper, Deine Sportart, Deinen Tagesrhythmus. Wenn Du beispielsweise bewusst überprüfst, ob Du ausreichend schläfst, kannst Du über die Stimmigkeitsfrage Verantwortung übernehmen – um dann für mehr Schlaf für Dich zu sorgen, wenn Du hier Unstimmigkeit in der Schlafdauer bemerkst. Du kannst überprüfen, ob Deine Geldausgaben stimmig für Dich sind oder ob Du das stimmige Gefühl hast, für Dein Geld einen angemessenen Wert durch Einkäufe oder Anschaffungen zu erhalten. Du kannst Dein Umfeld auf Stimmigkeit zu Dir hin prüfen. Sei es über die Frage des Niveaus, des sozialen Umfeldes, des persönlichen oder auch des intellektuellen Austauschs. Es gibt viel im Leben eines Menschen im Sinne der Stimmigkeit zu überprüfen und aus Selbstliebe aktiv zu verändern.

Du wirst bemerken, dass schon die ernsthafte Auseinandersetzung mit persönlichen Stimmigkeitsfeldern etliche Unstimmigkeiten offenbart, die sich einfach so über Dein Ego eingeschlichen haben. Diese Unstimmigkeiten hast Du bisher „in Kauf genommen". Dein Ego nimmt die Dinge ja auch „hin", wie den „Konsum".

Alltagssituationen, die man auf Stimmigkeit überprüfen kann:

- Den Sitzplatz im Bus/in der Bahn/im Restaurant
- Das Essen, das man gerade isst
- Was man für sich im Supermarkt einkauft
- Die Kleidung, die man angezogen hat
- Den Supermarkt, in den man zum Einkaufen gegangen ist
- Einen Friseurbesuch und die dortige Behandlung, das Preis-Leistungs-Verhältnis
- Die Art und Weise, in welcher Haltung man auf einem Stuhl sitzt

- Die Musik, die man gerade hört
- Ein Telefonat
- Eine Unterhaltung oder ein Gespräch
- Eine Essenseinladung, Einladung zu einer Party, zu einer Hochzeit oder Einladungen, die man selbst ausspricht
- Das Fernsehprogramm, den Kinofilm, den man aussucht oder guckt
- Das Handy, mit dem man telefoniert
- Den Arzt und die Praxis, in der man sich behandeln lässt, die Wartezeit beim Arzt
- In der Kantine oder bei Schnellrestaurants zu essen, nur weil es schnell und günstig ist
- Wenn mich jemand warten lässt oder eine Verabredung vergisst
- Wenn man eingeladen wird und jemand für einen mitbezahlt oder ein Getränk ausgeben will
- Wenn man gebeten wird, eine zusätzliche Arbeit zu übernehmen
- Snacks zwischendurch, beispielsweise, ob man Schokolade oder eine Möhre isst
- In einer Warteschlange stehen zu bleiben, die extrem lang ist oder schleppend vorwärtsgeht
- Ein Buch zu lesen, das man geschenkt bekam
- Wenn man etwas sehr Persönliches gefragt wird oder etwas, worüber man in dem Moment eigentlich gar keine Auskunft geben möchte
- Wenn jemand einen Witz erzählt, den man nicht lustig findet oder schon oft gehört hat
- Wenn man nach etwas gefragt oder um etwas gebeten wird, (beispielsweise nach einer Zigarette, ob man mal das Handy benutzen kann, ob man an der Kasse vorgelassen werden kann)

Und nach der Überprüfung?

Was sagt Dein seelischer Wille dazu? Willst Du es so belassen oder aus Selbstliebe ändern? Nicht zuletzt, um auch das Göttliche in Dir zu ehren? Im Konsum des Egos fallen Unstimmigkeiten oft nicht auf. Das Ego hat keine Lust dazu, die Unstimmigkeiten zu verändern. Es setzt auf die Gewohnheit, in der sich Unstimmigkeiten unbemerkt festsetzen können. Doch wenn Du jetzt Unstimmigkeiten feststellst, dann nimm sie ernst – für Deine Seele und aus Selbstliebe. Verändere sie zu Deinem Wohl, indem Du für Stimmigkeit sorgst. Das ist gelebte Selbstliebe. Das ist eine Art, Deine seelischen Werte zu pflegen und zu erhalten.

Vielleicht entdeckst Du über die Stimmigkeitsfrage noch mehr Werte in Dir, die Dir so gar nicht bewusst waren. Zum Beispiel fällt Dir auf, dass Dir Deine Wohnung im Grunde viel zu unordentlich ist. Sie ist also unstimmig für Deine Seele. Du beschließt, zukünftig Deine Wohnung für Deine Seele stimmig in Ordnung zu halten. Du bemerkst dadurch, dass Du den Wert der Ordnung in Dir trägst, und fängst an, diesen für Dich zu leben. Du merkst, dass Du für Deine Seele sogar den Wert der Ordnung brauchst. So lässt Du mehr und mehr die lebendige Gestalt Deiner Seele praktisch zu.

Der Blick auf Stimmigkeit liefert klare Antworten
Selbstverständlich gilt die Stimmigkeitsfrage bei den „größeren Themen" unseres Lebens ebenso. Ist Deine Beziehung stimmig und gibt es hier ein stimmiges Geben und Nehmen? Teilt Ihr miteinander Eure Werte? Seid Ihr in einer stimmigen, wertschätzenden Kommunikation oder sogar in einer gemeinsamen Entwicklung? Oder gibt es Unstimmigkeiten, die sich zum Beispiel durch Anpassung und Unterwerfung, Druck und Erwartungen in Eurer Beziehung zum Ausdruck bringen?

Wie sieht es beruflich bei Dir aus? Arbeitest Du in einer für Dich stimmigen Berufung oder Arbeitsstätte, die Dir seelisch etwas gibt? Gehst Du dort mit Dir und anderen Menschen stimmig um und lässt Du diese Menschen ihre Werte leben oder lebst Du dort Deine Werte? Wie ist das Betriebs- oder Teamklima? Ist es stimmig? Wie stimmig führst Du andere Menschen mit Deinen Werten, agierst Du aus einer Führungsposition? Wie sieht es in der Kommunikation mit Menschen aus?

Du darfst Dich dafür öffnen, Dir der Stimmigkeit Deines Lebens bewusst zu werden und dankbar dafür zu sein, dieses Stimmige in Deinem Leben zu entdecken. Du darfst für Deine Werte und für Deine Selbstliebe objektiv schauen und spüren, wenn etwas zwischen Dir und einem Menschen oder einer Sache nicht stimmig gelaufen ist oder abläuft. Du übernimmst Verantwortung für Dein seelisches und praktisches Leben.

Bist Du beispielsweise in einem Kaufhaus und eine Verkäuferin berät Dich, jedoch auf eine Art und Weise, die Dir überhaupt nicht guttut, dann ist diese Beratung für Deine Seele nicht stimmig. Du musst diese innerlich disharmonische Situation nicht aushalten. Du darfst die stimmige Entscheidung treffen, diese Beratung lieber abzubrechen oder eine andere Beratung zu wünschen. Dies kannst Du vollziehen, ohne die Verkäuferin zu verletzen, in dem Du ihr auf der Basis von Liebe sagst, Du würdest den Einkauf lieber mit Dir alleine ausmachen.

Wenn Dein Partner mit Dir nicht liebevoll und wertschätzend kommuniziert, dann ist dies für Deine Seele nicht stimmig. In Deiner Selbstverantwortung und in Deinem Selbstwert hast Du dafür zu sorgen, diese Situation für Dich zu ändern, bis sie für Dich stimmig wird.

Wenn Du mit einem Menschen zusammen isst und dieser hat von Tischmanieren keine Ahnung, dann darfst Du für Dich für Stimmigkeit in der Situation sorgen. Denn Du sitzt vor ihm und es tut Dir innerlich weh, diese fehlenden Manieren beim Essen mit anzusehen.

Immer dann, wenn Du einen Wert in Dir aktiviert hast, zum Beispiel „Ästhetik" und „Tischkultur" und ein anderer Mensch teilt diesen Wert nicht mit Dir und mutet Dir unüberlegt zu, diesen Mangel „auszuhalten", dann erschafft dieser Mensch in Dir Unfrieden, Unstimmigkeit und Unwohlsein. Das „freundliche" Ego würde dies vielleicht noch aushalten, aber die Seele, die in ihrer Kraft ist, findet gewiss auf der Basis von Liebe einen Weg, diese Situation für sich wieder stimmig zu machen. Da kommt es auf die richtigen Worte an, die in Klarheit und gleichzeitig aus Respekt vor der Seele des anderen ausgesprochen werden können.

Es ist Dein Recht, in Deinem Leben dafür zu sorgen, dass es sich kein Mensch der Welt herausnehmen darf, Deine seelische Stimmigkeit zu stören und in Unstimmigkeit oder Unfrieden zu bringen.

Ein Beispiel aus der Praxis

Einmal war eine Dame zu einem Seminar in meiner Praxis, die sich von den anderen Teilnehmern sehr unterschied. Sie war auf der Suche nach dem „ganz Besonderen". Während ich referierte, bemerkte ich, wie „wenig" mein Vortrag dieser Dame scheinbar gab. Die anderen Teilnehmer waren berührt von diesem Seminar, nur diese Dame nicht. Im Laufe des Seminars drückte sie aus, dass sie an sich ja schon alles kennen würde. Außerdem fragte sie während dieses Seminars Dinge, die nicht nur für mich, sondern auch für die anderen Seminarteilnehmer uninteressant waren und mit dem Thema überhaupt nichts zu tun hatten. Außerdem waren ihre Beiträge und Fragen definitiv langweilig. In meiner Rolle als Seminarleiterin war ich selbstverständlich bemüht, jedem Teilnehmer so viel „Inhalt" wie möglich mitzugeben, damit er erfüllt und bereichert nach Hause gehen und mit dem Erlernten weitermachen konnte. Doch bei dieser Frau schien dies unmöglich, egal, was ich auch versuchte, selbst bei der Beantwortung „absurder" Fragen. Erst viel zu spät bemerkte ich, dass ich ihr erlaubt hatte, ihren eigenen Unfrieden und ihre Unerfülltheit – ja man könnte auch sagen, ihr Ego – in mein Haus zu bringen. So ging diese Frau von mir und ich war unzufrieden, weil ich ihr scheinbar nichts an Essenziellem oder Neuem hatte mitgeben können. Die Frau war ebenfalls unzufrieden. Dies geschah entgegen meiner Intention und meiner Werte. Ich hatte ihr allerdings auch die Macht gegeben, mich in Unstimmigkeit zu bringen.

Diese Situation wurde zu einer wichtigen Erfahrung für mich. Ich habe gelernt zu erkennen, wann ein Mensch unerfüllt ist und *unerfüllt bleiben möchte*. Wann eine Person vor sich selbst und dem Rest der Welt beweisen will: „Es gibt nichts, was mir noch etwas ‚geben' kann". Ich habe für mich erkannt, dass ich zukünftig sehen und akzeptieren will und aus Selbstliebe und Wertschätzung, dem anderen gegenüber, stimmig handeln möchte.

Heute würde ich dieser Dame auf der Basis von Liebe sagen, dass ich den Eindruck habe, ich könne sie mit meinem Seminarangebot und dessen Inhalten nicht erfüllen und bereichern. Es ist nicht meine Intention einem Menschen gegenüber, ihn zu langweilen oder ihm „alten Informationskram" zuzumuten, der ihm nichts gibt.

Auf der Basis von Liebe und Stimmigkeit hat dies nichts damit zu tun, dass ich deshalb automatisch „schlecht oder wertlos" wäre. Mag sein, dass ich für diese Frau keinen Wert darstellte, weil sie ihn nicht erkennen konnte, oder ihr Ego innerlich in Bewertung und Entwertung mir gegenüber abgerutscht ist. Das ist in Ordnung für mich. Da teilen wir also keine Werte miteinander.

Wäre die Dame während des Seminars gegangen, wäre das für mich stimmig gewesen. Denn im Liebesbewusstsein möchte ich erfüllen und bereichern. Wenn ich diese Frau mit meinen Werten und Seminarinhalten nicht erfüllen und bereichern kann, dann ist es aus meiner Intention und ihrem Wunsch heraus, „das Besondere zu treffen", unstimmig.

Eine gute Lösung hätte also sein können, vorzeitig anzusprechen, dass ich das Gefühl habe, ihr nicht wirklich das werde geben können, was sie sucht, wobei es so schien, dass sie es am Ende auch selbst nicht einmal wusste. So hätte ich sie davon „freisprechen" können, bleiben „zu müssen".

Die andere Variante wäre gewesen, wenn diese Dame auf der Basis von Liebe und Selbstliebe dazu innerlich *gestanden hätte*, dass mein Seminar nicht stimmig für sie ist und dass es ihrer Seele nichts gibt. Das wäre eine stimmige Lösung im Liebesbewusstsein gewesen. Diese Frau hätte aus Selbstliebe gehandelt.

Du musst nirgendwo bleiben, wo Du Dich nicht stimmig fühlst, weder bei Deinem Partner noch an einem Ort, in einem Seminar oder einem Lokal, das Du spontan ausgesucht hast.

Im Liebesbewusstsein ist die Stimmigkeitsfrage eine Frage der Befriedung. Deine Seele kann friedlicher werden, wenn Du statt Schwarz die Farbe Rot trägst, weil diese für Dich stimmig ist. Niemand schreibt Dir vor, die Farbe Schwarz tragen zu müssen. Wenn Du einen Vortrag besuchst, der nicht stimmig ist für Dich, dann hast Du aus Selbstliebe das Recht zu gehen. Du musst nicht bleiben. Du befriedest nur die Gruppe derer, die diesen Vortrag eindeutig hören und verfolgen wollen und die durch diesen eine Bereicherung erfahren. Wenn auch der Referent im Liebesbewusstsein ist, wird er nicht beginnen, an sich zu zweifeln, sondern wissen, dass es für diese Person nicht stimmig war. Der Referent kann einverstanden sein, weil er niemandem etwas Unstimmiges durch seine Person zumuten möchte. Denn gleichzeitig wurde weder der Referent noch der Teilnehmer entwertet oder bewertet. Es war nur die Frage zwischen den beiden im Raum: Macht dieser Vortrag für den Zuhörer Sinn oder nicht? Wenn dieser für die Seele des Zuhörers keinen Sinn macht, ist es in Ordnung zu gehen.

So gibt es Menschen, die in bestimmten Dingen einen Sinn für sich und damit Stimmigkeit erkennen können. Andere Menschen wiederum sehen in diesem gleichen Tun und Handeln keinen Sinn. Das ist genau die Fläche, die uns miteinander wirkliche Werte teilen lässt und Frieden – besser gesagt – Stimmigkeit untereinander verschafft.

Echter Frieden ist kein Traum, sondern gelebte Stimmigkeit

> *Wenn etwas in Einklang und Gleichklang ist, ist es in Frieden.*
> *Wenn etwas in Stimmigkeit ist, ist es in Frieden.*
> *(Marija)*

Die Frage nach der Stimmigkeit bringt nicht nur Frieden und Kraft in unserer eigenen Seele. Die Frage bringt auch wahrhaftige, seelische Ordnung unter Menschen. Frieden ist nicht zu verwechseln mit „Wir haben uns alle lieb" und mit Friede, Freude, Eierkuchen. Diese Art von „Weltfrieden" wird es niemals geben.

In der Freiheit der Stimmigkeit schaffen wir Frieden, indem wir respektvoll zueinander sagen können: „Du, Deine Art, mit dem Leben umzugehen, entspricht nicht meiner Art, mit dem Leben umzugehen. Deshalb passen unsere Lebenshaltungen nicht zueinander". Was im Liebesbewusstsein bleibt, ist bei der Stimmig-

keitsklärung der absolute Respekt und die Achtung vor der Seele des anderen Menschen – vollkommen unbewertet und unverwickelt, frei!
Wenn sich ein Ehepaar trennt, weil beide bemerken, dass sie sich nicht weiterentwickeln, sich nicht mehr ausreichend wertschätzen und Werte miteinander teilen können, dann ist diese Trennung ein Akt der Selbstliebe und des Friedens. Die beiden Seelen werden davon erleichtert sein und dankbar für das einsichtige Wohlwollen des jeweiligen Gegenübers, dieser Trennung aus Selbsttreue zuzustimmen. Diese Art der wohlwollenden Trennung im Sinne beider Seelen lässt die Wertschätzung auch nach der Trennung untereinander bestehen bleiben. Und so kann eine stimmige Trennung von einem Menschen sogar eine „wertvolle" Trennung sein.

Wenn Du mit einem Menschen Deine Werte nicht leben kannst oder diese permanent unterdrücken musst, dann bist Du nicht in der Kraft und Stimmigkeit Deines Lebens. Unstimmigkeit macht Dich seelisch und körperlich krank. Im Liebesbewusstsein hat das vorstellungsgebundene „Auf-Biegen-und-Brechen" etwas Akzeptables „hinzubekommen" ein Ende. Nur das Ego erträgt eine disharmonische Ehe, weil es bereit ist, seine Seele zu verkaufen für seine Sucht nach „Haben-Wollen, Sollen oder Müssen" und für seine „Erfindung" von Sicherheit. Das hat nichts mit Selbstrespekt oder Respekt dem anderen Menschen gegenüber zu tun. Am Ende ist solch eine Beziehung weder von Liebe noch von Wertschätzung geprägt. Es brodelt bewusste oder unbewusste Verachtung, weil ein jeder sich im Kern nicht authentisch leben kann.

> **Du kannst „Stimmigkeit" innerlich spüren.**
> Wenn eine Person, ein Gespräch, eine Situation, ein Ort, ein Tier oder eine Sache für Dich seelisch stimmig ist, fühlt sich das unter anderem so an: ruhig, friedlich, eindeutig, wahrhaftig, zweifellos, getragen, fraglos, ehrlich, sicher, wissend, einverstanden, unerschütterlich, zeitlos, erfüllend, komplettierend.

Du weißt, was richtig und wichtig ist.
Mit dem Enttarnen von Unstimmigkeit beginnt wahrhaftiges Erkennen, was Dir guttut und was Dir nicht guttut. Dieses Erkennen und später verändertes Handeln ist praktisch gelebte Selbstliebe. Wenn Du spürst: „Diese fette Portion Braten mit Bratkartoffeln und Rotkohl ist nicht stimmig für meine Seele", dann ist es gelebte,

praktische Selbstliebe, Dich für ein Essen zu entscheiden, das Deiner Seele guttut. Mit den anderen Dingen Deines Lebens verhält es sich nicht anderes. Vielleicht sind andere Dinge nicht so schnell und so einfach zu regeln, wie das Essensbeispiel. Dennoch sind sie definitiv im Sinne Deiner Seele zu handhaben und aus Achtung vor ihr anzupacken.

So kannst Du sehr früh in einer neuen Situation feststellen, ob Du mit einem Menschen, einer Sache, einer sozialen Einrichtung oder einer Firma stimmig bist oder nicht. Noch bevor Du vorhast, Dich privat oder geschäftlich mit ihnen zu verbinden. Du kannst beginnen, zwischen den Zeilen zu prüfen, ob Dich ein Gespräch und der Ort der Begegnung stimmig berühren. Ob für Dich eine Umarmung stimmig war oder nicht. Ob ein Geschäftspartner sich stimmig gezeigt und geäußert hat oder nicht. Mit der Beobachtung über „Stimmigkeit" kannst Du beginnen, in allen Bereichen und Situationen Deines Lebens „zwischen den Zeilen" zu lesen!

Wenn Du eine Sache für Dich als stimmig erachtest, hat das nicht unbedingt damit zu tun, dass Dich aus einer reflektierten Stimmigkeit eine daraus folgende Entscheidung direkt erfüllt und bereichert.

Wenn Du zum Beispiel Dein Auto in die Reparatur bringen musst, weil die Bremsen kaputt sind, so ist diese Entscheidung sicher stimmig. Es könnte jedoch sein, dass Du zunächst alle Umstände nicht unbedingt als innerlich bereichernd und erfüllend erleben kannst wie den Weg zur Werkstatt, einige Tage ohne Auto zu sein und auch die Bezahlung der Reparatur. Die Frage der Stimmigkeit und Deine Entscheidungen für Deine Seele sind stets Schritte dahin gehend, Deine Werte zu leben, zu pflegen oder neu zu aktivieren. Hier in diesem Beispiel ist es der Wert der technischen „Sicherheit" und der „Zuverlässigkeit", die Du mit Deinem Auto weiterhin erfahren möchtest. Es ist eine andere Prüfungsvariante im Liebesbewusstsein, um für Deine Selbstliebe eintreten zu können, Liebe von außen zu erfahren und wahrzunehmen. Wenn Dein Kind erkrankt ist, so ist es für Dich sicher stimmig, diesem Kind zu helfen, indem Du ihm Medikamente gibst. Dies wird das Kind nicht unbedingt erfüllen und bereichern und Dich vielleicht auch nicht, aber es ist ein stimmiger Schritt zur Erhaltung des Wertes der „Gesundheit".

Unterstützung für Deine Seele:
Übung 2, Stimmigkeits-Reflexion
Tagesrückblick 3: Geben und Nehmen

3. Die dritte Säule: Erfüllung und Bereicherung

Erfüllung und Bereicherung sind sozusagen das göttliche Überwachungssystem über unser Leben, wenn wir unser Leben aus Liebe und in Liebe umsetzen und gestalten wollen.
(Marija)

Die dritte Säule im Liebesbewusstsein ist die innere und äußere Überprüfung, ob Dich eine Situation, eine Sache oder ein Mensch erfüllt und bereichert. Die Liebe hat als Füllebewusstsein nur eine Absicht, nämlich Dir in jedem Augenblick Deines Lebens Gefühle und Erfahrungen zu schenken, die Dich innerlich erfüllt, satt und bereichert fühlen lassen. Es ist ein Zustand, in dem Du Dich beispielsweise innerlich sehr warm, begeistert, zufrieden und glücklich fühlen kannst. Ein Zustand, in dem Du eindeutig weißt, dass Du etwas für Deine Seele erhalten hast.
Wenn wir über die dritte Säule im Liebesbewusstsein sprechen, so geht es um die Frage des „Angekommenseins". Erfüllung und Bereicherung sind der Endzustand einer Sache in der Liebe, die von Dir aus zu einem anderen Menschen, zu Dir selbst oder innerhalb einer Situation geschehen ist.

Erfüllung und Bereicherung lassen keine Fragen offen
Bei der Frage nach der Erfüllung und Bereicherung ist es wichtig, diese Liebe mit seinem seelischen Bewusstsein wechselseitig zu überprüfen. Erfüllung und Bereicherung ist ein absoluter Zustand, in dem „mehr" nicht geht und auch nicht „mehr" sein muss. Es gibt keine Diskussionen und keine Vorstellung darüber, was schöner oder besser hätte sein können. Erfüllt ist erfüllt. Bereichert ist bereichert. Göttlich gesprochen: Es ist vollbracht.
Wenn Du einem Menschen eine Freude machen willst und Du hast ihn mit der Auswahl dessen, was ihm Freude bereiten möge, seelisch berücksichtigt, dann wirst Du aller Wahrscheinlichkeit nach diesen Menschen mit Deinem Geschenk erfüllen und bereichern.
Wenn Du sagst, ich möchte für mich erfüllend und bereichernd wirken und auch andere Menschen mit meinem Tun und Handeln erfüllen und bereichern, so tust Du dies mit Deinen seelischen Werten und mit Deinem seelischen Bewusstsein. Damit schaust Du dann auf Dich oder einen anderen Menschen. Wenn Du Grau nicht magst, dann wirst Du Dir keine grauen Klamotten kaufen, da diese Dich nicht erfüllen und bereichern. Wenn Du einem Menschen, der Rot mag, Grau schenkst, weil du Grau gut findest, wird es dasselbe sein. Es wird diesen beschenkten Menschen nicht erfüllen, da die Auswahl Deines Geschenkes in den

Vorstellungen Deines Egos stattgefunden hat und Du Deinen eigenen Geschmack favorisiert hast. Zu sagen, ich möchte erfüllen und bereichern bedeutet, sich offensichtlich seelisch zu öffnen, um sich selber anzusehen oder einen anderen Menschen liebenden Auges und fühlenden Herzens begreifen zu wollen. Hier könntest Du Dich an seinem persönlichen Geschmack oder seinem Stil orientieren, seinen Interessen, seinen Vorlieben oder Eigenschaften. Wenn Du sagst, Du möchtest einen anderen Menschen erfüllen und bereichern, dann trittst Du von Deinem eigenen Geschmack und Deiner persönlichen Stimmigkeit zurück, weil Du gemäß seinem Geschmack und in seinem Interesse etwas für ihn bereiten willst.

Nehmen wir an, Du isst gerne Steak und möchtest Deinen Freund zum Essen einladen. Der mag lieber Kuchen. Dann bedeutet das, von Deiner Idee, Steak essen zu gehen, zurückzutreten, wenn Du diesen Menschen erfüllen und bereichern willst, wenn es Dir jetzt um diesen Menschen geht! Damit verleugnest Du Dich nicht, aber Du gibst Dich in diesem Augenblick der Erfüllung und Bereicherung Deines Freundes hin, der nun einmal gerne Kuchen isst. Wenn Du aus Deinem Herzen und Deiner Seele erfüllen und bereichern möchtest, also Deinem Gegenüber seelisch etwas geben willst, dann hinterlässt Du bei dessen offener Seele Spuren. Du hinterlässt Liebe. Und dies muss wiederum nicht spektakulär sein. Aber wenn Dein Freund erkennt, dass Du seiner Freude wegen mit ihm ins Café zum Kuchenessen gegangen bist, wird er sich automatisch von Dir wertgeschätzt und gesehen fühlen. Denn Du bist auf ihn eingegangen. Du hast Dir keine Zacke aus der Krone gebrochen, es hat auch nicht wehgetan, auf das Steakhaus zu verzichten. Du bist mit Deiner Liebe auf diesen Menschen, den Du mit seiner Freude am Kuchenessen erkannt hast, eingegangen. Du hast ihn erfüllt und bereichert. In dem Moment, in dem Du erkennst, dass Dein Freund bemerkt, was Du da gerade ihm zur Freude getan hast – zumal er Deine Steakvorliebe kennt – wirst Du wiederum in Dir durch seine Freude Erfüllung und Bereicherung spüren. Du wirst spüren, dass Deine Liebe angekommen ist und seine Liebe in Form von Dankbarkeit oder Freude zu Dir zurückfließt. So erlebt Ihr beide Erfüllung und Bereicherung.

Dieses Prinzip und diese Überprüfung von Erfüllung und Bereicherung gibt es im ganz Großen und natürlich im Kleinen. Es gibt dieses Gefühl im Alltäglichen und im Besonderen. Wenn Du Dich für diese beiden Zustände – Erfüllung und Bereicherung – öffnest und für die Gefühle, die diese Zustände auslösen, wirst Du bemerken, dass es viel häufiger unter Menschen Erfüllung und Bereicherung gibt als geahnt. Du musst nur einen offenen seelischen Blick dafür bekommen und am besten noch für Dein Umfeld dazu, damit Du spürst, wie viel Liebe schon jetzt unter den Menschen in der Welt ist.

Positive Alltagssituationen, in denen man Erfüllung und Bereicherung erleben kann:

- einen schönen, warmen Sonnentag erleben, Sonnenstrahlen spüren
- im wohligen, warmen Bett liegen
- einen Sternenhimmel betrachten
- das Rauschen des Regens hören
- das Haustier beobachten, wie es schläft, sich wohlfühlt, mit einem schmust
- an einem fließenden Bach oder Fluss sitzen
- eine Wanderung durch eine schöne Natur oder Landschaft machen
- von einem Kind angelacht, angelächelt werden
- die Zugewandtheit einer Mutter zu ihrem Kind beobachten
- nach einem erfolgreichen Arbeitstag abends entspannt auf der Couch sitzen und fernsehen/einen Wein trinken/lesen/relaxen
- die wohlige Wärme und Entspannung, wenn man ein Bad nimmt
- in einer Meditation oder einem stillen Moment
- durch ein besonders leckeres oder liebevoll zubereitetes Essen
- Geld auf der Straße finden
- wenn Du vor dem Weckerklingeln aufwachst und weißt, Du kannst noch eine Stunde in Deinem Bett liegen bleiben
- einen Marienkäfer im Gras entdecken
- einen Regenbogen sehen
- sich bei ungemütlichem Wetter warm eingemummelt und geborgen fühlen in seiner Kleidung
- Vogelzwitschern am frühen Morgen hören
- ein Parkticket geschenkt bekommen
- im vollen Restaurant unerwartet einen Tisch bekommen

- am Strand die Wellen beobachten, die Szenerie wahrnehmen
- einen schönen Garten/Park genießen
- Lebendigkeit auf einem Wochenmarkt/Flohmarkt/Kirmes
- ein Straßenmusiker, der tolle Musik macht
- in seiner Arbeit merken, dass man etwas besonders gut gemacht hat, viel erledigt hat, vollen Einsatz gezeigt hat, der sich auszahlte
- beim Hobby einen besonderen Moment erleben, zum Beispiel einen fantastischen Schlag beim Tennis, ein außergewöhnliches Bild malen, Freiheitsgefühl beim Motorradfahren
- ein Lieblingslied plötzlich im Radio hören
- jemanden aus tiefster Seele lachen sehen und hören und sich davon anstecken lassen
- Tiere, zum Beispiel Hunde, draußen beim Spielen und Herumtoben beobachten
- in der vollen Stadt einen Parkplatz finden
- die Vorfreude den Tag über, dass man abends zu einem Essen eingeladen ist, eine Verabredung hat oder ausgehen wird

Sich von etwas erfüllt und bereichert zu fühlen, ist ein sehr klares und warmes, wohliges Gefühl. Du kannst Dich mit Deinem seelischen Bewusstsein öffnen und immer wieder überprüfen: Was erfüllt und bereichert Dich? Alltäglich oder im Besonderen. Habe ein waches Herz und Auge darauf.

Geschenkte Momente, die bei Dir bleiben
Wenn Du Dich bereichert fühlst, wird dieses „sich bereichert" Fühlen eine nachhaltige Erinnerung oder ein nachhaltiges gutes Gefühl in Deinem Leben sein. Es bringt Dir zum Beispiel die innere Gewissheit, dass, wenn Du Dich von Deinem Lieblingsplatz bereichert fühlst, dies auch beim nächsten Mal so sein wird. Denn dieser Platz wird voraussichtlich nicht an Wert für Dich verlieren. Oder wenn Du gute Gespräche mit einem Freund führst, dann weißt Du, dass Du immer auf diesen Wert der konstruktiven und offenen Gespräche vertrauen kannst.

In der dritten Säule des Liebesbewusstseins steckt die Ewigkeit.
Alle positiven Erinnerungen und Erfahrungen Deines Lebens sind mit hoher Wahrscheinlichkeit mit erfüllenden und bereichernden Zuständen einhergegangen. Je bewusster und je seelisch offener Du bist, desto schneller wirst Du den Zustand der Erfüllung und Bereicherung erfassen können. Vielleicht kennst Du es aus Deinem Leben, dass Du erst im Nachhinein erkannt hast, wie Dich ein Mensch oder eine Situation einst zutiefst erfüllt und bereichert hat. Wenn Du den Moment in Dir spürst, wertschätze ihn. Auch rückwirkend. Denn Du wertschätzt damit die Liebe und erkennst das Seelische an, das Du erfahren hast.

Es ist stimmig kundzutun, wenn Du spürst: Du bist erfüllt und bereichert worden.
Nehmen wir einmal an, Du hast Probleme mit dem Telefon und Du wendest Dich an die Telefongesellschaft. Diese lassen Dich stundenlang in der Leitung hängen, und wenn Du einmal einen Mitarbeiter an die Strippe bekommst, drücken sie Dich aus der Leitung oder haben keine Ahnung. Mittlerweile hast Du bereits mit drei Mitarbeitern des Unternehmens gesprochen und jeder sagt etwas anderes. Völlig frustriert gerätst Du unerwartet an einen Mitarbeiter, der komplett anders ist als die vorherigen Kollegen. Er nimmt Dich ernst, versteht Dich und ist offensichtlich bemüht, das Problem für Dich zu lösen. Du musst fast gar nichts tun, weil dieser Mensch es sich scheinbar zu seiner ernsthaften Aufgabe gemacht hat, die Kunden, die mit ihm telefonieren, zugewandt und lösungsorientiert zu betreuen und zu informieren. Während des Gespräches erfährst Du nicht nur die Lösung Deines Problems, sondern hast auch noch andere gute Tipps für die Zukunft erhalten.
Es ist offensichtlich für Dich, dass dieser Mensch Dich erfüllt und bereichert hat mit seiner Art. Es war für Dich genug, um diese unverhoffte, wertvolle Situation zu registrieren und den Menschen, der Dir so geholfen hat, praktisch wertzuschätzen. Sag ihm, wie dankbar Du ihm bist. Dass Du wirklich froh bist, dass er sich bemüht hat, er Dich sehr zufrieden gestellt und seinen Job sympathisch, verständnisvoll und gut gemacht hat. Teile selbst in dieser simplen Situation diesem Menschen auf der Basis von Liebe und in angemessener Weise mit, welche Werte er Dir gerade von sich geschenkt hat. Bereichere diesen Menschen mit Deinen Worten, mit Deinem Wert der Achtsamkeit und Beachtung. Du wirst bemerken, dass dies weiterhin nach dem Telefonat in Dir spürbar ist. Für den Mitarbeiter der Telefongesellschaft sicher genauso. Er hat Dich gesehen, als Kundin mit ihrer „Not" und Du hast ihn „gesehen mit seinen Werten", als Kundenberater.

Erfüllung und Bereicherung macht Dich präsent, beherzt und effektiv. Und es macht Dich glücklich.
Im Liebebewusstsein ist es sinnvoll, sich zu zeigen und auszudrücken, wenn man erfüllt und bereichert ist. Damit bekommen die Menschen direkt eine Information von Dir, welche Werte sie Dir geschenkt haben und was diese Werte mit Dir gemacht haben. Das verursacht bei den Menschen, die Dich erfüllt und bereichert haben, wieder aktive Liebe und Dankbarkeit. Es ist beglückend, offensichtlich Liebe und Wertschätzung im Liebesbewusstsein miteinander zu teilen. Du brauchst es seelisch nur zu bemerken, zu registrieren und mit den Worten auf der Basis von Liebe und situativer Gemäßheit auszudrücken. Das bedeutet, Du reflektierst einen Berater mit seinen Werten selbstverständlich anders als beispielsweise einen Freund, Kollegen oder Verwandten, der Dir näher steht und dem Du vertrauter bist.

Wenn Du einem Menschen Werte zusprichst, also Werte in ihm erkennen kannst, erschaffst Du in Dir eine Art „seelische Gestalt" von diesem Menschen. Dadurch, dass Du die Werte eines Menschen erkennst, weißt Du, mit wem Du es auf der seelischen und wahrhaftigen Ebene zu tun hast.

Wurde Deine bewusste Erfüllung und Bereicherung nicht angenommen, so darfst Du dies benennen. Wie in dem Beispiel mit der Frau, die die Unstimmigkeit ihres Mannes, für den sie trotz eines langen Arbeitstages kochte, nicht akzeptieren wollte. Die Frau, die für ihre Seele und ihre Werte eingetreten ist. Für ihn ist es die Chance, die Werte seiner Frau erkennen zu können.

Blumen alleine reichen manchmal nicht.

> *Es ist auch wichtig, sich die Frage zu stellen: Komme ich seelisch mit dem, was ich Bereicherndes und Erfüllendes einem Menschen geben möchte, wirklich an?*
> (Marija)

Stell Dir vor, Du hast einen Mann, der Dir jede Woche Blumen schickt. Einen großen, schönen Strauß vom Floristen. Im Grunde weißt du schon, dass Du jede Woche einen neuen Strauß bekommst. Dein Mann ist der Auffassung, dass er Dir damit eine Freude macht. Er hat sich weniger die Frage gestellt, ob Dich diese Blumen erfüllen und bereichern. Er geht einfach davon aus. Die Blumen sind wirklich schön, wäre da nicht die Tatsache zu bemerken, dass Dir Dein Mann ansonsten nur wenig Aufmerksamkeit oder Achtung, gar Wertschätzung schenkt. Für ihn ist es einfacher, Blumen als Geschenk in Auftrag zu geben, als sich persönlich für Dich Zeit zu nehmen und sich mit Dir auseinanderzusetzen. Deshalb erfüllen und bereichern Dich die wöchentlichen Blumensträuße nicht. Diese Wahrhaftigkeit darfst Du in Dir anerkennen, wenn dem so ist.

Für Deinen Mann hingegen ist die Sache geritzt und er hat das gute Gefühl, großzügig zu sein. Vielleicht hat er aber auch einfach keine Ahnung davon, wie man seine Frau anders wertschätzen kann als durch Blumen. Nun ist es wiederum wichtig, Dich auf der Basis von Liebe mitzuteilen, da sonst seelisch diese Beziehung so keine Bereicherung und Erfüllung für Dich ist. Mit konsumierten Geschenken wie Blumen ist Dein Herz einfach nicht zu erfreuen. Also sprichst Du mit Deinem Mann auf der Basis von Liebe und Selbstliebe. Du sprichst von Seele zu Seele mit ihm, ohne zu wissen, was nach diesem Gespräch passieren wird. Dir ist klar: Entweder er versteht Dich und wird sich Dir aktiv und seelisch öffnen und zuwenden oder er wird es nicht verstehen und sich als „beleidigte Leberwurst" von Dir zurückziehen. Er wird vielleicht sogar noch der Meinung sein, Du seist undankbar.

Deinen Worten auf der Basis von Liebe obliegt es nicht, wie sich dieser beseelte Mensch letztendlich entscheidet. Lässt er sein Ego weiterhin Dir und seiner eigenen Seele gegenüber stark sein? Oder öffnet er sich für die Liebe und für seine Seele, um in seine seelischen Werte bewusster einzutauchen? Werte, die er ganz sicher hat.

Du könntest zu ihm sagen: „Ich mag Blumen und ich freue mich über die Schönheit der Blumen, die Du mir schickst. Doch Du bist mir wichtiger, Du, Dein Herz und Deine Seele. Und das vermisse ich zwischen uns: Mehr Beherztheit und Zärtlichkeit, mehr Zeit und mehr Gespräch zwischen uns. Das würde mich von Dir erfüllen. Ich habe das Gefühl, für Dich sind die Blumen, die Du mir schickst, ein Ersatz für all das, was mir jedoch mit Dir persönlich so wichtig ist. Ich möchte lieber auf die Blumen verzichten, dafür aber mit Dir von Herz zu Herz zusammen sein".

Dies ist ein Beispiel, wie man seine Unerfülltheit zum Ausdruck bringen könnte. Es ist ein Gespräch von Seele zu Seele. Du offenbarst damit Deine Seele und sprichst nicht über den Mangel Deines oder seines Egos. Du machst keine Vorwürfe, sondern sprichst von Deinen Gefühlen. Du sagst nicht, dass er blöde, doof oder oberflächlich ist. Wenn jedoch das Ego dieses Mannes dies so verstehen will, dann kannst Du nichts daran ändern. Dann ist das Ego dieses Mannes zu stark über seiner Seele stehend. Das musst Du dann aus Liebe zu Dir und Wahrhaftigkeit mit Deinem seelischen Bewusstsein akzeptieren. Dann weißt Du leider, es geht nicht um Dich.

Es kann genauso sein, dass Dein Mann erwacht und Deine Liebe dadurch spürt und die Tiefe Deiner wahren Liebe, die sich eben nicht mit ein paar Blumen abspeisen oder besänftigen lässt. So besteht gleichermaßen die Chance, dass Du der Erfüllung und Bereicherung dieser Beziehung den Weg geebnet hast – durch Dein mutiges Outen über Deine Unerfülltheit. Nicht nur für Deine Seele, sondern auch für die Seele Deines Mannes, der mit Dir beginnen kann, Werte zu teilen und tiefer gemeinsam zu lieben.

Deine Seele steht in ihrer Macht und lässt sich von einem Ego nicht beeindrucken. Deine Seele respektiert die generell wertvolle und mit Werten vollgefüllte Seele eines jeden Menschen. Sie ist selbstbewusst genug, mit dem seelischen Bewusstsein und dem seelischen Wille, für sich selbst gebührend zu sorgen.

Wo Höflichkeit die Stimmigkeit stört

Sitzt Du in einem Kinofilm und dieser Film erfüllt Dich nicht mit seiner Geschichte oder seinen Informationen, so hast Du das stimmige Recht, aufzustehen und zu gehen. Egal, ob andere Menschen im Kino den Film toll finden oder nicht. Du musst Dich nicht erklären und Du entwertest den Film damit nicht und bewertest die anderen Menschen auch nicht. Genauso wenig, wie Du Dich von anderen Menschen, über Deine Entscheidung zu gehen, bewerten lässt.

Du darfst jede Situation, die Dich seelisch nicht bereichert und erfüllt, ohne schlechtes Gewissen verlassen. Allerdings mit der Gewissheit, etwas für Deine Selbstliebe und Selbstachtung zu tun oder getan zu haben.

Unterstützung für Deine Seele:
Gebet an die Erfüllung
Wertschätzungs-Reflexion
Tagesrückblick 2: Erfüllung und Bereicherung

4. Die vierte Säule: „Der erhabenste Gedanke"

Es wird immer so bleiben, dass die Dinge des Lebens ungewiss sind, doch Unbeirrbarkeit ist wie selbstverständlich in der Essenz Deiner Seele integriert. Seelisch bist Du unbeirrbar.
(Marija)

Die vierte Orientierungssäule im Liebesbewusstsein ist der „erhabenste Gedanke". Ein „erhabener Gedanke" ist wie ein verschmolzener, göttlicher Leitsatz in Deiner Seele, der besonders kraftvoll in Dir wirkt.

Es ist eine zentrierte Aussage über Werte, die Du keinesfalls gegenüber einer Situation oder Person verlassen willst. Werte, die Du in jedem Fall entwickeln möchtest. Es gibt die unterschiedlichsten „erhabensten Gedanken", die Du Dir als *„heiligen Ernst"* in Deinem Liebesbewusstsein aufstellen und leben kannst.

So könnte einer Deiner „erhabensten Gedanken" lauten: „Ich will Liebe leben und geben." – „Ich will Erfüllung und Bereicherung für andere Menschen sein" oder: „Ich möchte ein hingebungsvoller Vater/eine hingebungsvolle Mutter sein".

In diesem erhabensten Gedanken stecken Werte wie Geduld, Fürsorge, Güte, Erziehungsbewusstsein, Verständnis, Konsequenz, Regelung, Achtung, Zärtlichkeit und viele mehr. „Ich möchte meiner Seele eine schöne, Kraft gebende Wohnung geben" oder: „Ich möchte Verantwortung für mein Leben übernehmen" sind weitere mögliche erhabenste Gedanken.

Kraftquelle, Ressourcengeber, Kreativposten

Eine Verkäuferin hat in ihrem Beruf den erhabensten Gedanken: „Ich möchte meine Kunden zuvorkommend beraten und bedienen". In diesem „göttlichen Leitsatz" stecken Werte wie Zuvorkommenheit, Freundlichkeit, Offenheit, Interesse, Beobachtungsgabe, fachliche Kompetenz.

Erhabenste Gedanken reichen in jeden Deiner Lebensbereiche hinein. Du kannst erhabenste Gedanken haben in Deinem Beruf, für Deine Gesundheit, Deine Familie, für Dich als soziales Wesen, für alle Bereiche, die Dir wichtig sind.

Der erhabenste Gedanke ist ein Energiegeber, der Dich trägt. Dieser Gedanke treibt uns für eine „höhere" und wichtige Sache unseres Lebens voran. In ihm steckt die *Ehre Deiner Seele*. Der erhabenste Gedanke ist ein Freund von Lösungen. Er steht über den Machenschaften des Egos. Besonders dann, wenn Du in einer Lebensphase bist, die viel oder sogar alles von Dir abverlangt. In der Dir Dein oder ein Ego geistig oder körperlich, mental oder emotional einreden möchte: Du kannst nicht mehr, dies oder jenes ist jetzt zu viel für Dich und Du hast keine weiteren Ressourcen mehr zur Verfügung.

Der erhabenste Gedanke offenbart Dir die Selbstverständlichkeit der Dinge, die getan werden müssen. Diese können vorübergehend durchaus unbequem und anstrengend sein. Es geht jedoch um Dein höheres, sinnvolles Ziel oder das gute Ergebnis im ‚erhabensten Gedanken" und Deine seelische Ehre Dir oder einer Sache bzw. einem Menschen gegenüber. Er ist das Einverständnis Deines hingebungsvollen Engagements für all das, was zur seelischen Bereicherung einer Sache oder einer Person sein muss. Während es dem Ego schon lange schwindelig wird, strebt die Seele gemeinsam mit Dir und voller Liebeskraft in Dir nach dem Zustand der Erfüllung und Bereicherung.

Nehmen wir das Beispiel einer jungen Mutter. Ihr erhabenster Gedanke könnte sein: „Ich will meinem Baby meine Liebe und Geborgenheit geben". Jede Mutter hat es wahrscheinlich erlebt, dass die erste Phase mit einem Neugeborenen gewöhnungsbedürftig und anstrengend sein kann. Schlafentzug, keine Zeit mehr für sich zu haben, ein schreiendes, nicht zu beruhigendes Baby betrüben unter Umständen das Glück als Mutter. Der erhabenste Gedanke hält in Dir innerlich hoch, zu Deinen Werten weiterhin treu zu stehen, eine liebevolle, Geborgenheit spendende, geduldige Mutter für Dein Baby zu sein. Der erhabenste Gedanke erinnert Dich als Mutter daran, dass Du Dich für Dein Kind entschieden hast, weil Du, *im Muttersein an sich*, Erfüllung und Bereicherung erlebst. Deshalb bist Du bereit, Dich auch außerhalb Deiner eigenen Befindlichkeit hingebungsvoll für Dein Baby und dessen Erfüllung zu engagieren.

Dein Schild und Ego-Abschirmer

Du lässt Dich mithilfe des erhabensten Gedankens nicht in Mangelgedanken oder Projektionen hineinziehen. Du lässt Dich trotz dieser Widrigkeiten nicht aus Deinen Werten herausholen. Du bleibst Deinem Baby und Dir als Mutter in Deinen Werten treu.

Es ist der Wille Deiner Seele, Deinen erhabensten Gedanken zu erfüllen und zur Gänze für Dein Kind da zu sein. Du lässt Dich trotz wenigen Schlafs und blanker Nerven nicht hinreißen, Dein Kind anzuschreien oder es im Bett weinen zu lassen. Du suchst nach einer Lösung, wie Du einmal beruhigt abspannen kannst, um Kraft zu tanken. Vielleicht, wenn Dein Baby für eine gewisse Zeit von einer anderen vertrauenswürdigen und liebevollen Person betreut wird.

Wenn Du in Zeiten bist, wo Du mental, emotional oder körperlich sehr gefordert bist, ist der erhabenste Gedanke ein Anker. Der Anker, um der Sache, die Dir wichtig ist, unerschütterlich in Liebe treu zu bleiben und auf Gefühle, die Dir Dein Ego offenbart, nicht einzugehen.

Der göttliche Leitsatz Deiner Seele

Nehmen wir einmal an, Du hast schon lange nach einer neuen Wohnung gesucht; plötzlich hast Du sie gefunden – allerdings zu dem „Preis", kurzfristig umziehen zu müssen und somit innerhalb kurzer Zeit Deine alte Wohnung aufzulösen und die neue einzurichten. Der erhabenste Gedanke fragt jetzt nicht nach den ganzen Problemen, die auftreten könnten bei dieser intensiven Aktion und der Organisationsvielfalt, die nun von Dir gefordert ist. Du gehst nicht in die Überforderung, sondern besinnst Dich durch den erhabensten Gedanken in Dir auf die Lösung. Du ziehst durch ihn die Kraft, *die Dich vorantreibt*, Dein Ziel zu erreichen, in der neuen Wohnung anzukommen.

Dieser göttliche Leitsatz Deiner Seele klagt nicht über die viele Arbeit, die jetzt auf Dich zukommt. In ihm steckt das innere Bild der spürbaren, schon vollbrachten Erfüllung. Das Klagen Deines Egos hingegen macht die Arbeit schwerer, größer und blockiert Deinen Kopf. Es raubt Dir unnötige Zeit und Energie.

Der erhabenste Gedanke ist wie eine von Dir selbst bestimmte Verheißung, die Du – ungeachtet aller Umstände, Herausforderungen, Forderungen oder Arbeitsschritte – seelisch selbst erfüllst.

Du machst Dich auf den Weg und packst Deine Kisten, organisierst den Umzug neben Deinem herkömmlichen Alltag oder Deinem Familienleben. Du organisierst ein Umzugsunternehmen, renovierst die neue Wohnung, sortierst in der alten Wohnung noch die Dinge aus, die Du sowieso nicht mehr brauchst. Dann ziehst Du um, renovierst oder putzt die alte Wohnung. Du räumst die Kisten in der neuen Wohnung aus. Alle! Deine Seele mit all ihrer Liebe ist durchaus belastbar für das höhere Ziel des „erhabensten Gedankens" in Dir.

Es geht um Erfüllung und Bereicherung. Das ist die Intention der Liebe. Es geht um das stimmige und erfüllte Ankommen in Deiner neuen Wohnung. Du kannst Dich zufrieden fallen lassen und weißt in seelischer Gewissheit: Es ist vollbracht.

Dein Ziel ist es, in der neuen Wohnung anzukommen. Da ist es gut, mit dem göttlichen Leitsatz zu leben. So kannst Du Dir vornehmen:

Bevor ich meine eigene Verheißung nicht erfüllt habe, höre ich nicht auf, an dessen Vollbringung zu arbeiten.

Du nimmst für eine gewisse Zeit etwas auf Dich, weil Du dahinter einen großen Wert und Sinn für Dein Leben weißt. Vielleicht sogar die Möglichkeit, noch mehr Werte dadurch leben, entwickeln und mit anderen Menschen teilen zu können.

Wenn Dich zwischendurch bestimmte Dinge – weil sie nicht so funktionieren, wie Du es gedacht oder geplant hast – irritieren, dann erinnere Dich an Deinen „erhabensten Gedanken". Sei Dir gewiss: Mithilfe Deiner Seele wirst Du nicht nur diese Zeit mit einer anderen Kraft durchleben, sondern auch im Falle von Stagnation oder Schwäche neue Impulse, Lösungen oder Regenerationsmomente erhalten.

Suchst Du eine adäquate Arbeitsstelle, dann gibst Du mit Deinem erhabensten Gedanken nicht gleich auf, auch wenn Du schon einige Absagen hattest. Du lässt Dich auch nicht aus dem Wert Deiner Qualifikation herausholen, selbst wenn Dir Jobangebote unterhalb Deines „Qualifikationswerts" gemacht werden. Mit Deinem erhabensten Gedanken weißt Du stets, für welche Arbeit Du Dich entschieden hast und wie wichtig es für Deine Seele jetzt ist, den Werten im erhabensten Gedanken treu zu bleiben.

Aus Liebe dranbleiben
Der erhabenste Gedanke bringt Dich, wenn Du innerlich schwankst, zum Kern einer Sache zurück, die in Deinem Leben oder Anliegen wichtig ist. Er erinnert Dich daran, dass Du „A" gesagt hast und ein „B" inklusive ist. Das „B" steht hier für konsequente Erfüllungsarbeit.

Der erhabenste Gedanke bringt Dich in den Zustand der „Hingabe" und der „inneren Erhabenheit", Schwierigkeiten oder anstrengenden Phasen Deines Lebens mit Standfestigkeit, Größe, Zähigkeit, Durchhaltevermögen und Unerschütterlichkeit begegnen zu können. Er zentriert Dich.

So gibt es im erhabensten Gedanken keine Lippenbekenntnisse. Er ist eine Art selbst erschaffenes Gebot der eigenen Seele oder der Seele eines anderen Menschen gegenüber, Lebenswerte und Lebensziele getreu einzuhalten. Diese gehören zu Deinem Sinn und obliegen Deiner Selbstverantwortung. Für die bist Du bereit, alles, was Du an Werten geben kannst, zu geben. Ohne Wenn und Aber, ohne Diskussion Deines Egos und ohne Einschüchterungen oder Prägungen seitens Deiner Eltern oder der Vergangenheit.

Der erhabenste Gedanke macht Dich vorübergehend „übermenschlich". Er erobert mit seiner Kraft, aus Dir heraus all das, wofür Du Dich seelisch im Nehmen und Geben entschieden hast.

Du gehst Deinen Weg – den Weg der bedingungslosen, ehrenvollen Liebe.

Beispiele für erhabenste Gedanken	Tragkraft dieses Gedankens und Konsequenz daraus
Ich will meine Eltern ehren und ihnen im Alter ein würdevolles und gutes Leben ermöglichen.	Ich bin geduldig, stelle eigene Bedürfnisse und Befindlichkeiten hinten an, ich bin bereit, meine Eltern zu pflegen.
Das Wohl und die optimale Versorgung meines Kindes ist mir das Wichtigste.	Ich halte Schlafmangel aus und dass ich weniger Zeit für mich oder für meinen Partner habe.
Ich will mein Buch fertig schreiben.	Ich diszipliniere mich und motiviere mich zum Schreiben, auch wenn ich keine ‚Lust' habe; ich stelle andere Projekte beiseite.
Als Therapeut will ich meine Patienten optimal behandeln, beraten und ihnen weiterhelfen.	Meine persönlichen Befindlichkeiten spielen in dieser Zeit keine Rolle, ich halte auch für mich unangenehme Situationen aus, ich weise beispielsweise den Patienten liebevoll auf ein falsches Selbstbild hin.
Ich will meinen Kindern, meinem Partner und mir einen gemeinsamen Familienurlaub ermöglichen.	Ich spare an anderer Stelle, gebe zum Beispiel nichts für Luxusgüter oder Verzichtbares aus.
Ich will eine gute Karriere machen und viel verdienen.	Ich arbeite viel, bin ausdauernd und flexibel, ich biete mich für zusätzliche Arbeiten an, nehme weniger Schlaf oder Freizeit in Kauf, ich bilde mich weiter.
Ich will das Liebesbewusstsein leben.	Ich verpflichte mich, in Selbsttreue zu sein, Kritik auf der Basis von Liebe anzunehmen und auszusprechen, mein Leben ehrlich auf Stimmigkeit zu überprüfen, mich seelisch auszurichten und zu entwickeln.

Ich will ein guter Vater sein.	Ich übernehme Verantwortung für mein Kind, dessen Versorgung, gute Lebensumstände und Wohlbefinden, ich gehe beispielsweise nicht mit Kumpels in die Kneipe, sondern mit meinem Sohn Fußball spielen.
Ich will in einer schönen, ordentlichen und sauberen Wohnung leben.	Ich putze, räume auf oder sauge, auch wenn ich müde bin oder keine Lust habe oder denke, keine Zeit dafür zu haben.
Ich will meinen Körper pflegen, gut versorgen und gesund halten.	Ich nehme mir Zeit, um frisch zu kochen, kümmere mich um Arztbesuche, wenn sie nötig sind, nehme Zeichen meines Körpers ernst (zum Beispiel Schmerzen), nehme mir Zeit für Körperpflege und investiere in Pflegeprodukte.
Ich will ein guter Freund sein.	Ich bin zuverlässig und verlässlich, hilfsbereit, höre zu und gehe auf mein Gegenüber ein, ich melde mich regelmäßig, bin ehrlich, objektiv und auch kritisch auf der Basis von Liebe.
Ich will mir selber treu sein.	Ich stehe für mich, meine Bedürfnisse und Gefühle ein, nehme sie ernst und nehme sie ehrlich wahr, ich halte es aus, konsequent zu sein, ich bin objektiv und kümmere mich bei allen unstimmigen Gefühlen, Situationen und Verhaltensweisen um Verbesserung.
Ich will mein Haustier gut behandeln.	Ich kümmere mich um das tägliche Fressen, die Fellpflege, den Tierarzt, die Versicherung, ich verbringe Zeit mit dem Tier, gebe ihm Aufmerksamkeit, sorge für genügend Auslauf.

Ich will beruflich erfolgreich selbstständig sein.	Ich arbeite so lange oder wann es nötig ist (auch am Wochenende oder abends), ich bin kreativ und immer bemüht um Entwicklung, ich bin lösungsorientiert und gebe nicht auf.
Ich will meinen Partner in einer wichtigen Phase unterstützen (beispielsweise während einer Abschluss-Arbeit)	Ich übernehme eine Zeit lang die Hausarbeit oder andere Aufgaben, um meinen Partner zu entlasten oder ihm/ihr mehr Zeit für das Projekt einzuräumen, ich akzeptiere, dass weniger Zeit für Zweisamkeit da ist oder der Partner gereizter/gestresster ist als sonst.

Unterstützung für DeineSeele:
Übung 4: Willensübung

Marija´s Zwischengedanken

Wir sind nicht auf die Erde gekommen,
um die Unstimmigkeit unserer Herkunft zu akzeptieren, sondern um uns selbst zuzuwenden
und die Stimmigkeit unserer Seele zu favorisieren. Das ist unser Weg!
(Marija)

Während meiner Bucharbeit sprachen mich Menschen darauf an, ob ich die Dinge so klar benennen und beschreiben möchte, wie Du sie in diesem Buch nun lesen kannst. Ich vertraue darauf, dass sich am Ende Wahrhaftigkeit und Liebe im Leben eines Menschen durchsetzen. Ich vertraue darauf, dass die Menschen, die dieses Buch lesen, den Wert der Wahrheit und Klarheit erkennen und wertschätzen können, weil es jeden *genau* dadurch seelisch weiterbringen kann. Definitiv.

Natürlich weiß ich, dass es der Klartext „in sich hat". Es ist für das Ego nicht geschmeidig zu lesen und immer wieder könnten in Dir ein Gefühl der Abwehr oder Gedanken aufkommen wie: „Wie soll das denn funktionieren, wenn ich damit anfange?". Deshalb ist es durchaus besonders, wenn Du Dich weiterhin mit diesem Buch auseinandersetzt. Viele Menschen sind noch nicht bereit dazu, in seelische Klarheit und Tiefe hineinzuwachsen. Deine Seele wird wissen, wie wichtig und wertvoll diese Informationen für Dich sind. Ist es stimmig für Dich, wird Deine Seele „dranbleiben".

Ich habe dieses Buch für Menschen geschrieben, die sich selbst nicht mehr an der „Nase" herumführen möchten oder weitere Literatur suchen, um mit dem „Selbst-verschaukeln" oder dem „Verschaukelt-werden" in der Liebe weiterzumachen.

Mein Anspruch, dieses Buch zu schreiben, war es, darauf zu verzichten, Dich sanft einzuhüllen in „schmackhafte Halbheiten" der Liebe gegenüber. Vielmehr, *Deinem absoluten* „seelischen Anspruch" nach Wahrhaftigkeit gerecht zu werden.

Zwangsläufig beinhaltet das, wie Du bis hierhin schon erfahren konntest, etwaige Lebenskorrekturen oder sogar Konsequenzen. Das Wort Konsequenzen ist ein sehr missverstandenes Wort für das Ego und die Ego-Industrie. Deshalb versteht es Dein Ego gerne falsch und einseitig. Für die Liebe und Selbstliebe ist es allerdings wie ein „Zauberwort" zu verstehen.

Ungeschönt heilsam

Bücher, Medien oder Angebote für Menschen, die ehrlich sind und die auch Dinge des Lebens wahrhaftig aus- und ansprechen, sind – laut Werbeexperten – zum Verkauf von Waren und Dienstleistungen für den Verbraucher nicht von Interesse.

Alles, was in irgendeiner Form Informationen vermittelt, die für den Menschen auf den ersten Blick unbequem, anspruchsvoll oder einfach zu ehrlich sind, werden gerne übersehen oder vermieden. Ich glaube an den neuen Zeitgeist und an die Suche im Menschen nach der Wahrheit und nach der Liebe. Deshalb versuche ich, die Dimension der Liebe *ungeschönt* und zugleich *heilsam* zu vermitteln, gekoppelt an eine *reale* Verheißung nach Erfüllung und Bereicherung. Dies schließt keineswegs aus, Güte und Barmherzigkeit gebührend miteinfließen lassen zu können.

Bedenke, Du bist erwachsen und kannst Dich dem Leben stellen.

Aus dem Respekt vor Deinem Status, „erwachsen zu sein", mute ich Dir die aus dem Liebesbewusstsein resultierenden, seelischen Konsequenzen zu. Es ist das Ziel, substanzielle Erfüllung und Bereicherung in Deinem Leben zu erfahren. Da darf ich für Deine Seele nicht „drum herumreden".

Du bist seelisch auf dem richtigen Weg, der Liebe mächtig zu werden. Was nutzten Dir bislang bequeme Behauptungen, dass die wertvollen und nachhaltigen Dinge des Lebens sich eines Tages wie von alleine, auf Knopfdruck oder mit einem Handstand zu Deiner Zufriedenheit regeln würden. Nichts! Weil sie nicht wahr sind!

Kapitel V – Liebe und Heilung durch die Kraft der Wahrhaftigkeit

Lass uns von Seele zu Seele miteinander sprechen.
Und lass uns gegenseitig Anlass sein, damit Dein Ego gehen kann.
(Marija)

Wahrhaftigkeit ist ein wichtiger Bestandteil der Liebe. Sie entstammt der Dimension des Göttlichen. Die Liebe möchte, dass Du in der Lage bist, Dich seelisch *wahrhaftig* zu fühlen und Dein Ego zu enttarnen. Das bedeutet: besonders die negativen Gefühle und Gedanken, die Dein Ego produziert. Damit sind solche gemeint, in denen Du Dich scheinbar „nicht richtig", „unpassend" oder nicht „gut genug" und „klein" in einer Sache oder zu einem Menschen fühlst.
Auf den vier Säulen des Liebesbewusstseins rückt Deine Seele in den zentralen Mittelpunkt Deines Lebens. Du hast mit den Säulen des Wertebewusstseins, der Stimmigkeitsüberprüfung, der Frage nach Erfüllung und Bereicherung sowie mit dem erhabensten Gedanken wichtige Eckpfeiler erhalten, um Dein Leben überprüfen und neu ausrichten zu können. In diesem Kapitel erfährst Du mehr über die detaillierte Praxis im Liebesbewusstsein. Ziel ist es, Dir damit substanzielles Bewusstsein und *vor allem Mut* zu machen, Dein Leben mit der Intelligenz Deiner Seele zu gestalten und so – nach und nach – Liebe erobern zu können.

1. Die Sache mit den Konsequenzen

Nachdem Du das Kapitel 4 mit den Säulen des Liebesbewusstseins gelesen hast, wird Dir eine Idee über das ungefähre Maß der Umsetzung in Deinem Leben aufgegangen sein.
Dir selbst die Umsetzung des Liebesbewusstseins und damit die angemessene Wertschätzung Deiner seelischen Werte einzuräumen bedeutet, dass Du Dir seelisch-logisch treu bleiben kannst. Es bedeutet sogar, eine neue Art der seelischen Konsequenz zu praktizieren, unter der das Ego manchmal zu stöhnen beginnt. Doch jede *unbedachte* und *leichtfertige* Konsequenz, die unser Ego erschafft, ist ebenfalls zu verantworten. Deshalb nehmen wir die Konsequenzen einmal genauer unter die Lupe, damit Du Deine Angst und Unwissenheit „gegenüber den Konsequenzen" verlieren kannst.

Eine natürliche Begebenheit wird unnötig bewertet und beschwert.
Wenn wir das Wort Konsequenzen hören, verbinden wir es oft mit Dingen, die mit Mühe, Kraftaufwand, vielleicht sogar mit Bestrafung und Entzug zu tun haben. Wir erinnern uns auch an Situationen, in denen uns „Konsequenzen" angedroht wurden, sei es von unseren Eltern oder anderen Autoritäten.

So ist es mit den Konsequenzen im Liebesbewusstsein nicht gemeint.

Dass wir uns mit dem Wort Konsequenzen unangenehm berührt und vielleicht sogar zwanghaft aufgefordert fühlen, etwas Bestimmtes zu tun oder zu verändern, liegt an unserer Art, die Dinge des Lebens zu bewerten und wie diese aufgrund von Bewertungen uns gegenüber von außen vermittelt wurden. Es liegt also an unserem Ego.

Schauen wir uns das Prinzip der Konsequenz genauer an, dürfen wir schnell feststellen, dass letztendlich unser gesamter Tag und unser gesamtes Leben aus Konsequenzen bestehen. Du fängst sozusagen den Tag mit einer Konsequenz an und hörst mit einer Konsequenz auf.
Du erwachst, stehst auf und die Konsequenz ist: Du bist wach und bewegst Dich. Du frühstückst, und die Konsequenz ist: Du hast gegessen und deshalb erst einmal keinen Hunger mehr. Du gehst arbeiten mit der Konsequenz, darüber eine sinnvolle Berufung zu erledigen und Geld verdient zu haben. Diese Konsequenz willst Du sogar. Du gehst einem Hobby nach mit der Konsequenz, darüber mit netten Menschen zusammengekommen zu sein und Spaß gehabt zu haben. Du gehst einkaufen mit der Konsequenz, einen vollen Kühlschrank zu haben. Du gehst nicht einkaufen mit der Konsequenz, einen leeren Kühlschrank vorzufinden. Eine Konsequenz ist eine logische Folge, die durch eine unbewusste oder bewusste, passive oder aktive Handlung einsetzt. Keine Handlung – Dinge einfach geschehen zu lassen – ist *auch* eine Handlung. Die Konsequenz ist mit jedem Verhalten und jeder getroffenen oder ungetroffenen Entscheidung mit deren Auswirkung gekoppelt. *Automatisch!*

Verantwortungsübernahme:
Konsequenzen in seelischem Sinne steuern können
Wenn Du beispielsweise im Winter leichtbekleidet spazieren gehst, dann ist die Folge sehr wahrscheinlich, dass Du kurz darauf krank wirst. Oder wenn Du am nächsten Tag einen anstrengenden Tag vor Dir hast, jedoch nicht für genügend Schlaf sorgst, dann ist die Konsequenz oder die Folge Deines Schlafmangels, am

anderen Tag nicht in Topform und in der Konzentrationskraft zu stehen, die Du bräuchtest, um den anspruchsvollen Tag optimal meistern zu können. Wenn Du „abgelaufenes" Essen isst, könnte die Konsequenz eine Magenverstimmung sein. Wenn Du Deine Wohnung nicht reinigst, ist die logische Konsequenz, dass diese verschmutzt. Wenn Du Dich nicht regelmäßig wäschst, ist die folgerichtige Konsequenz, dass Du irgendwann anfängst, streng zu riechen. Wenn Du Deine Beziehungen nicht pflegst, Dich nicht angemessen mit Deinem Partner auseinandersetzt oder für Deine Kinder da bist, ist die Konsequenz ein schlechtes Verhältnis untereinander oder sogar Trennung und Kontaktlosigkeit.

Das alles sind Konsequenzen, die Du durch die Übernahme von Verantwortung in Deinem Leben bewusst lenken kannst. Du gehst deshalb frühzeitig schlafen, bevor Du den anstrengenden Tag hast. So übernimmst Du Verantwortung und die Konsequenz ist, dass Du fit und konzentriert den herausfordernden Tag meistern kannst. Mit der Entscheidung, frühzeitig schlafen zu gehen, hast Du eine „andere" und bewusste Konsequenz eingeleitet. Und weil du Dich regelmäßig pflegst, ist die Konsequenz, dass Du wunderbar duftest und für andere Menschen attraktiv bist.

Dass dieses Wort oder das Aufmerksam-machen auf Konsequenzen für unser Ego unangenehm ist, liegt daran, dass es neben der „Strenge", die es in einer Konsequenz vermutet, auch Lästigkeit und Mühsal hineininterpretiert.

Doch ist mit den Beispielen für Dich sicher nachvollziehbar, dass alles, was Dein Ego sozusagen unbewusst, aktiv oder passiv in eine Folge bringt, eine logische Auswirkung entstehen lässt – die bewirkte Konsequenz einer Tat oder einer Untat Deines Egos.

Dies gilt definitiv auch für alle seine Vermeidungen oder Unterlassungen. Trotzdem hast Du für alle aktiven oder passiven Handlungen Deines Egos Verantwortung zu übernehmen. Auch mit den selbst geschaffenen Auswirkungen, die Du natürlich gar nicht wolltest, die allerdings durch das Verhalten Deines Egos oder Deines Unterbewusstseins eingeleitet wurden. Auch darüber gibt es für Deine Seele nichts zu diskutieren, weil es so ist.

Eine Idee von Rücksichtnahme und ihre Konsequenzen

Nehmen wir ein Bespiel: Du bist mit einem Partner zusammen, der nachts unentwegt schnarcht. Da Du der Meinung bist, wer liebt, muss auch einen schnarchenden Partner aushalten oder weil Du Deinem Partner dadurch zeigen möchtest, wie sehr Du ihn liebst, quälst Du Dich jede Nacht erneut neben seinem „Sägewerk". Die Konsequenz oder Folge davon ist, dass Du einerseits Schlafmangel hast, unzufrieden wirst, verärgert über Deinen Partner bist, dennoch schweigst, Dich unverstanden fühlst und die Beziehung sich verschlechtert. Das ist letztendlich die Konsequenz Deines Schlafmangels, den Du mit einer Ego-Idee akzeptiert hast. Du beginnst, mit einem anderen Menschen – hinter dem Rücken Deines Partners – darüber zu sprechen und Dich zu beschweren, wie schrecklich diese Nächte sind. Du übernimmst in diesem Moment keine Verantwortung für Dich oder den Wert des „Schlafes", der für Deine Seele von enormer Wichtigkeit ist. Du nimmst an dieser Stelle weder Deine Seele, noch die Seele Deines Partners ernst. Er könnte sich durchaus mit Dir im Gespräch so verständnisvoll zeigen, dass er Dir sagt, Du mögest unbedingt für Deine Nachtruhe sorgen, indem Du getrennt von ihm schläfst.

Nicht alles, was sich „so gehört", tut Deiner Seele gut.

Das Ego könnte die Ideen bekommen, eine „Kuscheleinheit" zu verpassen, weniger Zeit miteinander zu verbringen oder aneinander vorbei zu leben, wenn man sich im Laufe der Nacht in einen eigenen Schlafraum verzieht. Das Ego hat die zwanghafte Vorstellung: Wenn man ein Paar ist, muss man unbedingt zusammen schlafen. Es ist wichtig im Liebesbewusstsein, sich die Frage zu stellen, ob es für Deine Seele sinnvoll ist, das alles wirklich auszuhalten. Denn die Konsequenzen für Deine Seele, wie Unzufriedenheit und Schlafentzug, sind durch das Ego hoch. Nicht zuletzt, da sie unterschwelligen, negativen Einfluss auf die Partnerschaft haben.

Natürlich bist Du in jedem Augenblick Deines Lebens im Liebesbewusstsein frei. Du kannst Dich selbstverständlich auch weiterhin für die schlaflosen Nächte neben Deinem schnarchenden Partner entscheiden. Aber dann ist es wichtig, dass Du die Verantwortung aus den daraus resultierenden Konsequenzen für diese Art „Schlafqualität" übernimmst und Dich eben nicht mehr darüber bei einer dritten Person beschwerst und jammerst oder launisch Deinem Partner gegenüber wirst, der das Schnarchen an sich weder beeinflussen noch ändern kann. Es ist die Konsequenz, inklusive aller oben genannten Nebenwirkungen, Deine Entscheidung in diesem Fall klaglos zu tragen.

Oder die Erholungsphase - Schlaf - für Deine Seele und den neuen Tag!

Unbewusste Einleitung von Konsequenzen durch das Ego im Alltag gegenüber Konsequenzen der Wahrhaftigkeit

Ausgangssituation	Konsequenzen, die ein Ego erschafft	Konsequenzen der Wahrhaftigkeit
Etwas an meinem Partner stört mich, er ist beispielsweise unordentlich	Ich sage nichts, weil ich denke, er merkt es selbst, aber nichts verändert sich und ich werde unzufrieden	Ich spreche es an und eine Entwicklung kann stattfinden
Ich möchte Urlaub machen, aber mein Partner nicht	Ich verzichte auf den Urlaub und werde unzufrieden, obwohl es mich in den Mangel bringt	Ich fahre alleine oder mit Freunden in Urlaub
Mein Haustier hinkt seit Tagen und frisst schlecht	Der Tierarzt ist zu teuer, deshalb warte ich ab, ob es von alleine weggeht; ich habe keine Zeit, mich jetzt darum zu kümmern; dem Tier geht es schlechter.	Ich gehe zum Tierarzt, lasse mein Tier untersuchen und pflege es gesund, auch wenn das einen Mehraufwand für mich bedeutet
Das Lokal, in das ich gegangen bin, ist innen ungemütlich und ich fühle mich nicht wohl dort	Ich esse trotzdem dort, weil ich schon da bin und die Preise günstig sind und es wäre mir peinlich, wieder aufzustehen	Ich verlasse das Restaurant und suche mir eines, wo ich mich wohlfühle und die Preise stimmig sind
Ich bekomme ein Geschenk, das mir aber gar nicht gefällt und auch nichts gibt	Ich sage nichts, nehme es trotzdem an und bedanke mich, weil sich das so gehört, und tue so, als ob ich mich freue; ich verschenke es bei Gelegenheit weiter.	Ich spreche es ehrlich an, auf der Basis von Liebe, und gebe dem anderen damit die Chance, mich wirklich zu bereichern

Ich suche einen Handwerker für Arbeiten in meinem Haus, der sich als Umstandskrämer entpuppt	Ich nehme diesen, weil er sich des Jobs sicher ist und ich das Gefühl habe, nicht mehr ‚zurücktreten' zu können und weil ich keine Lust habe, noch mal jemand anderen zu suchen; ich zahle drauf	Ich nehme mir die Freiheit, ihn zu entlassen und mir einen anderen und lösungsorientierten Handwerker zu suchen
Ich stehe an einer Kasse an und sehe, dass sich jemand vordrängelt	Ich ärgere mich im Stillen und murmele vor mich hin, wie unmöglich dieses Verhalten ist, und es ärgert mich noch den Rest des Tages	Ich spreche die Person an und weise höflich darauf hin, dass alle anderen auch anstehen und sie selbst sicher auch nicht übergangen werden möchte
Ich gehe mit Freunden ins Kino, die alle einen Horrorfilm gucken wollen, den ich aber eigentlich überhaupt nicht sehen will	Ich tue so, als mache mir der Film nichts aus, bin heilfroh, wenn er endlich zu Ende ist und habe danach auch noch Albträume	Ich sage ehrlich, dass solche Filme gar nichts für mich sind, frage, ob den anderen auch ein anderer Film gefallen würde oder gehe alleine in eine andere Vorstellung, die parallel läuft
Ich habe mir in der Mittagspause etwas zu essen gekauft, das mir überhaupt nicht schmeckt	Ich zwänge mir das Essen hinein, da ich kein weiteres Geld ausgeben und die kurze Mittagszeit nicht damit verschwenden will, noch etwas anderes zu besorgen	Ich kaufe etwas anderes zu essen, weil ich weiß, dass mir sonst später schlecht ist, ich schnell wieder Hunger bekomme oder meine Laune sich verschlechtert, weil ich mich ärgere über den Fehlgriff

| Ich bin mit Bekannten in einer Bar, in der es völlig verraucht und stickig ist, was mir sehr unangenehm ist | Ich bleibe, weil ich nicht spießig oder nörgelig wirken möchte, ärgere mich zu Hause aber über meine stinkenden Kleidungsstücke und bereue überhaupt, mitgekommen zu sein | Ich frage, ob wir in eine andere Bar wechseln können und bin auch konsequent genug, nach Hause zu gehen, wenn niemand darauf eingeht |

Nur Du selbst bist für Deine Seele zuständig.
Das Ego ist darauf spezialisiert, massiv inkonsequent für die Seele zu handeln. Das Liebesbewusstsein fordert Dich im Sinne Deiner Seele und Deines Selbstwertes auf, konsequent und mit Bedacht für die eigene Seele und damit für das Göttliche einzutreten, Selbsttreue zu praktizieren.

Das gelingt in der Kombination mit der Übernahme von Verantwortung für Dein eigenes Leben. „Ich übernehme die Verantwortung für mein Leben" ist schnell daher gesagt und gehört in manchen Kreisen schon, wie ein schickes Modewort, dazu.

Doch was ist eigentlich Verantwortung?

Mit diesem Begriff ist die Zuständigkeit gegenüber einer Sache, einer Person und vor allem gegenüber sich selbst gemeint. Es ist die Zuständigkeit dafür, in seelischer Gewissenhaftigkeit die „Haftung" für das Wohl zum Ausdruck zu bringen, mit dem eigenen Handeln, Entscheiden und Tun. Allerdings wird bei der Verantwortlichkeit, für einen Menschen oder für Dich selbst, niemals darüber diskutiert, ob Du „überhaupt" verantwortlich bist oder nicht. Die Verantwortung ist genauso absolut und Teil des Göttlichen wie die Liebe und das Seelische. Deshalb bist Du für jede Konsequenz, die Du bewusst oder unbewusst, aktiv oder passiv in Deinem Leben initiierst, verantwortlich. Die Zuständigkeit gegenüber der Vertretung Deiner Seele obliegt als Erwachsenem nur Dir allein. Deshalb bist Du in jedem Moment auch für Dein Ego und alles, was es erschafft, verantwortlich.

Der Unterschied zwischen den vom Ego initiierten, sinnlosen, feigen und unüberlegten Handlungen, Entscheidungen oder Taten und dem seelischen Bewusstsein ist, dass beim seelisch konsequenten Handeln in jedem Fall etwas *Sinnvolles* für Dich herauskommt. Dieses Seelische kannst Du fähig und mächtig vor

Dir und in Dir verantworten. Genau das ist im Liebesbewusstsein Dein göttlich intelligenter Weg.

Warum also darauf verzichten? Wegen Deines oder eines anderen Egos?

Krisen sind lehrreiche Konsequenzen.
Es ist logisch: Jede Krise, die Du mit Dir selbst, Deinen Kindern, Deinem Partner, Deinem Beruf, finanziell oder mit einem anderen Menschen erlebst, resultiert schlicht und ergreifend aus der inkonsequenten und Deinen Werten gegenüber bislang unbewussten Lebensführung – der vielleicht Deinen Werten gegenüber diametralen Lebensart Deines Egos oder eines anderen Egos zu Dir.

Die Krise in Deinem Leben ist immer ein Ausdruck der Unstimmigkeiten und Sinnlosigkeiten, die Du viel zu lange, leise und latent, unbemerkt oder verdrängt, in Deinem Leben hingenommen oder zugelassen hast.
Dafür trägst Du genauso die Verantwortung wie für die Erkältung, die aus Deinem Winterspaziergang resultiert, weil Du nicht angemessen gekleidet nach draußen gegangen bist.

Das Ego missachtet die simple Logik von Ursache und Wirkung.
Wenn Du beispielsweise nicht gut mit Geld umgehen kannst und nicht bereit bist, diesen Umgang gemäß Deiner Möglichkeiten und Werte zu lernen, so wird dies irgendwann Schulden, Dispositionskredite, Mahnungen und Geldmangel zur Folge haben. Das ist die logische Konsequenz, sofern Du durch Dein Ego mit Deinem Geld unbedacht und wenig haushälterisch umgehst oder Dich dafür zu wenig mit seelischen Werten einsetzt.

Wenn Du zu viel isst, dann ist die logische Konsequenz dieser verantwortungslosen Esskultur, dass Du dick wirst und vielleicht sogar sehr krank. Lebst Du Dein Leben mit Menschen zusammen, die Dich nerven, ärgern, unerfüllt und unbereichert lassen, so ist auch hier die logische Konsequenz, dass Du unglücklich bleibst.
Die Folge ist, dass Du zum Beispiel in Selbstmitleid verfällst, Dich zurückziehst, permanenten Streit erlebst, Vorwürfe erntest. Oder dass Du Erwartungen hast, die sich nicht erfüllen, sukzessive sich Verschlechterung ereignet und Du Deine wertvolle und wertegefüllte Lebenszeit verplemperst. Im schlimmsten Fall beginnst Du sogar körperlich zu symptomatisieren. Das ist die logische Konsequenz der unseligen Lebensführung, *einer seelisch verantwortungslosen Lebensführung*, die am Ende einer Ohnmacht gleichkommt und Dich als Opfer von Tätern fühlen lässt.

Die Konsequenzen, die Du aus Deinem Ego gestaltest, hast Du also zu verantworten. Aus dem Ego initiierte Konsequenzen sind weder positiv noch stärkend für Dich zu verbuchen. Vielleicht vorübergehend befriedigend.

Wenn Du im Alltag verantwortungsüberlastet bist, Dein Leben nur noch aus Arbeit besteht und Du aus dem „letzten Loch" pfeifst, dann ist auch hier die logische Konsequenz, die Folge davon, ein Verlust an Beziehungen, Burnout oder eine andere Erkrankung, die Dich unter Umständen noch arbeitslos werden lässt. All das sind Konsequenzen unseres Lebens, die sich für Dich massiv unterschiedlich offenbaren. Je nachdem, ob es unbewusst initiierte Konsequenzen aus dem Ego oder aus der Seele mit Bewusstsein sind.

Das mit den Konsequenzen wollen wir nicht gerne wahrhaben, wenn diese aus der Egokultur entspringen oder gesehen werden müssen. Genauer: wenn das Ego vor Konsequenzen steht. Und so kommen wir leicht auf den projektiven Gedanken, dass seelische Konsequenzen, die wir positiv und bewusst in unserem Leben steuern können, sehr viel von uns abverlangen und fast schon unmöglich zu bewerkstelligen sind.

Wir verwechseln Konsequenzen mit einer Art Bestrafung oder mit Entzug, weil wir bewerten. Sehen wir genauer hin, so sind die *unbewussten Konsequenzen*, die wir mit unserem Egoverhalten leben, tatsächlich in ihrer Folge und Auswirkung oft an Entzug, Verlust und „Selbstbestrafung" gekoppelt. Was für ein Missverständnis!
Ich möchte Dir das so deutlich machen, damit Du die projektive Angst vor „Konsequenzen" verlierst und in ein sinnvolles Verhältnis zu den Konsequenzen im Liebesbewusstsein wachsen kannst.

Noch einmal zu den Krisen

> *Das Liebesbewusstsein und das Miteinander im Liebesbewusstsein bedeutet, dass wir die Dinge ansprechen, bevor sie überhaupt in Krise oder Leid eskalieren.*
> (Marija)

Das Ego ist von Natur aus bequem. Kommen die Krisen in unser Leben, nimmt das Ego sich viel Zeit für Veränderungen, weil es die „Kraft" oder die „Feigheit" in sich trägt, alles auszusitzen und in Illusionen zu verharren. Viel zu lange und unbewusst erlauben wir, dass Dinge, Vorfälle, Situationen und Lebensumstände existieren, die uns seelisch schaden. Die trotzdem von uns gelebt werden oder die mit uns von einer anderen Person, durch unser unbewusstes Ego-Einverständnis, noch gemacht werden können. Wir nehmen die Unwerte, die aus dem Ego kommen, hin, entgegengesetzt unserer seelischen Werte. Wir machen uns dadurch selber „blöde" oder manchmal verbuchen wir es auch als „zu lieb".

Die Krise ist eine logische Konsequenz. Eine Krise ist immer ein Hinweis, zu spät an der richtigen Stelle, für sich selbst oder für eine Beziehung, Verantwortung übernommen und für Stimmigkeit auf seelischer Ebene gesorgt zu haben. Oder es sogar gänzlich versäumt zu haben. Krisen drücken „Unwerte" aus, die wir in seelische Werte mit unserer Seele verwandeln dürfen. So zum Beispiel bei dem Menschen, der nicht gut mit Geld umgeht. Er darf lernen, mit seinen Mitteln bewusst zu haushalten, sein Geld einzuteilen, Listen zu führen und in eine stärkere Prüfung seiner Einkäufe zu treten. So übernimmt er Verantwortung für sein Geldbewusstsein. Die Konsequenz ist, dass er keine Schulden anhäuft oder sogar beginnt, Geld anzusparen. Jetzt werden Werte gelebt; Erfüllung und Bereicherung über die neue Lebensweise setzt ein und Selbstliebe findet statt (Einteilen, Haushalten, Planen und „Bescheidener-werden" können an dieser Stelle viele positive Gefühle auslösen, da hiermit die gewünschten Werte erobert oder erhalten werden).

Genauso ist es in der Liebe und Selbstliebe im Liebesbewusstsein. Das darfst Du Dir als Mensch gönnen und erlauben, weil es im Interesse Gottes ist. Konsequenzen sind gut − seelische Konsequenzen erst recht und dürfen von Dir im Sinne der Liebe in jedem Fall als positiv und sinnvoll angenommen werden.

2. Die vier seelischen Konsequenzen im Liebesbewusstsein

Es gibt im Liebesbewusstsein vier zentrale Konsequenzen, die nur eines im Sinn haben: Es für Dich gut zu richten, Dir zu dienen und Dich in die Wahrhaftigkeit Deiner Seele und zu anderen Seelen zu bringen. Es sind Konsequenzen, deren Folgen *immer* werteerhaltend, werteerweiternd und positiv gestaltend für Dein Leben sind. Nie sind sie negativ, da Du diese mit Deinem seelischen Bewusstsein auslöst. Im Unterschied zum Ego, das seine Konsequenzen unbewusst auslöst und zunächst keine Verantwortung dafür übernimmt. Das Ego produziert permanente Konsequenzen, meist sehr unkluge, aus seinem Haben-Wollen, Sollen oder Müssen heraus.

Jetzt geht es darum, mit Hilfe Deines freien, seelischen Willens sinnvolle Konsequenzen in Deinem Leben auszulösen, um Krisen zu vermeiden und Liebe bewusst zu leben. Du bist einfach nicht mehr so dumm, Dich mit Deinem bequemen und feigen Ego dem Leben ohnmächtig hinzugeben. Du bist jetzt in der göttlichen Intelligenz angekommen, Dein Leben mit Liebe zu befähigen und konsequent positiv mit Dir und anderen Menschen zu gestalten. Ein Meilenstein für Dein Leben.

Die erste Konsequenz:
Seelische Bedingungslosigkeit – Selbsttreue, Selbstvertretung, Selbstverantwortung

Die *seelische Bedingungslosigkeit* beinhaltet die absolute Uneingeschränktheit in Dir, zu Deinen seelischen Werten und damit zu Deinem Selbstwert zu stehen. Ganz entgegen der vermeintlichen Bedingungslosigkeit eines Egos, welches glaubt, Menschen annehmen und akzeptieren zu müssen, auch wenn diese einem nicht guttun oder einen unerfüllt lassen.

Die seelische Bedingungslosigkeit ist das Kernmittel, sich in keinem Fall selbst zu verlieren oder seinen Werten wegen eines anderen Menschen untreu zu werden.

Der Verkauf der eigenen Seele – ein No-Go im Liebesbewusstsein

Wenn Du sagst, Du lebst das Liebesbewusstsein, dann achtest Du Deine seelischen Werte. Du schaust mit Deinem seelischen Bewusstsein darauf, ob Du diese Werte tatsächlich lebst, andere Menschen diese Werte von Dir seelisch annehmen und ob Du in irgendeiner Form diesen Wert zurückerhältst. Wenn Du Deine seelischen Werte kennst, bist Du bedingungslos bereit, Dich selbst als wertvoll zu erachten. Für jeden einzelnen Wert. Du bist es wert, Treue in Dir zu erfahren, wenn Du selbst ein treuer Mensch bist (und jeden anderen Wert, den Du in Dir in Erfahrung bereits gebracht hast oder noch bringen willst, ebenfalls). Du weißt vor Dir selbst, wie wichtig es Dir ist, den Wert der Treue zu leben und kannst in Deinem Selbstwert akzeptieren, dass Deine Seele ebenfalls diesen Wert von anderen Menschen erhalten muss, um sich erfüllt zu fühlen. In dieser bedingungslosen Akzeptanz Deines Wertes bist Du selbstverständlich so stabil, dass Du Deiner Seele niemals einen Partner zumuten würdest, der Dir untreu ist oder Dich verrät.

In der seelischen Bedingungslosigkeit stellst Du Dich vorbehaltlos hinter Deine eigenen Werte und achtest darauf, dass diese von Dir gelebt und auch erhalten werden. Es ist der Schlüssel für Dich, Dir im Kern treu zu bleiben und Dich nicht zu scheuen, für diese Selbsttreue auch Dinge zu unternehmen, die anderen Menschen oder Egos vielleicht nicht zusagen. Zum Beispiel, dass Du Deinem Partner ganz klar sagen kannst, dass Du seine Untreue nicht akzeptierst und dies für Dich kein Werteteilen, keine Bereicherung und keine Erfüllung darstellt. Wenn Du Dir seelisch bedingungslos zur Seite stehst, dann bedeutet es, dass Du Deinen Wert akzeptierst und diesen vor Dir selbst und vor anderen Menschen vertrittst. Du lässt Dich von der Verlustangst Deines Egos nicht in die Knie zwingen. Es bedeutet, dass ein anderer Mensch niemals Anlass für Dich ist, Dich aus Deinen Werten herauszuholen. Hier also zum Beispiel, dass Du trotz allem die Untreue Deines Partners akzeptierst, weil dieser Dir finanzielle Sicherheit bietet und sich deshalb so „trotz seiner Untreue" bei Dir „einkaufen" kann. Denke einmal an die Konsequenzen und was Dein „Seelenverkauf" durch diesen Egovorteil für Deine Seele bedeutet.

Dir seelisch selbst treu zu bleiben heißt, darauf zu achten, ob Deine Werte von anderen wertgeschätzt werden. Das beinhaltet, dass Du nicht mehr bereit bist, Dich einfach an Sinnloses oder Konsumierendes zu verschenken und Dich zu vergeuden, um einem Egoprinzip zu dienen.

Deshalb sprichst Du für Dich, wenn Du spürst, Du wirst ungemäß behandelt oder man spricht in einer verletzenden, kränkenden, bewertenden Weise mit Dir.
Du äußerst Dich gegenüber einem anderen Menschen, wenn dieser einen Wert bisher mit Dir nicht teilen will oder kann, weil *Dir* dies wichtig ist. Seelische Bedingungslosigkeit ist eine Konsequenz aus Selbsttreue und Selbstvertretung, die nur noch die Dinge geschehen und daraus Konsequenzen folgen lässt, die für Dich stimmig sind – auf der Basis von Liebe.

Eigener Wert	**Beispiel für ein unstimmiges Umfeld**	**Beispiel für ein stimmiges Umfeld**
Lebendigkeit	Unter alten Menschen, die Ruhe und Zurückgezogenheit möchten	Unter aufgeweckten, aktiven, temperamentvollen Menschen
Ordnung	In einem unordentlichen oder unsauberen Zuhause bei sich oder anderen	In angenehm ordentlichen, sauberen, gemütlichen Räumen, wo man sich wohlfühlt

Austausch	Ein Biologe, der sich über Biologie austauschen will unter lauter Buchhaltern, die sich über etwas anderes austauschen wollen	Ein Biologe unter anderen Biologen oder Personen aus verwandten Fachgebieten, die sich über dasselbe austauschen wollen, oder ein Austausch über ein Thema, das alle im Kreise betrifft, beispielsweise Fußball
Höflichkeit	Wenn man von einem/r Verkäufer/in unhöflich oder gar pampig behandelt wird, weil viel Andrang herrscht	Wenn ein/e Verkäufer/in trotz Stress freundlich bleibt und mich als Kunden höflich behandelt
Pünktlichkeit	Wenn ein Geschäftskollege wie selbstverständlich immer zu spät zu Verabredungen kommt	Termine werden eingehalten, Verspätungen werden rechtzeitig angekündigt und sich auch dafür entschuldigt, wenn man jemanden hat warten lassen
Warmherzigkeit	Jemand, der gerne teilt, sich um andere sorgt und liebevoll im Umgang ist in einem Freundeskreis, der diese Eigenschaften nur konsumiert und angenehm findet, aber nichts zurück gibt	Beziehungen und Freundschaften, in denen man gegenseitig warmherzig ist und warmherzige Taten oder Worte auch als solche gesehen und wertgeschätzt werden
Hilfsbereitschaft	Jemand hilft bei allen Umzügen kräftig mit, aber wenn er/sie selbst umzieht, ist keiner zur Stelle, der hilft; man wird ausgenutzt oder ist einfach nur ‚praktisch' für andere	Es herrscht ein Gleichgewicht zwischen Anderen-helfen und Selbst-Hilfe-erhalten; die Hilfe, die man gibt, wird wertgeschätzt

Gemeinschaftssinn	Man kocht Essen für eine Gruppe, in der manche gar nicht kommen oder nur kurz bleiben wollen, keine Lust auf gemeinsame Gespräche haben, die Mühe der Gastgeber nicht wertschätzen	Man kocht Essen für eine Gruppe, in der alle pünktlich kommen und etwas beisteuern, sich freuen, beisammen zu sein, helfen beim Abräumen, ausdrücken, dass es ihnen gut gefällt
Begeisterung	Man plant begeistert einen spontanen Kurzurlaub und die Mitfahrer werfen nur Bedenken ein, sind eigentlich unmotiviert, überhaupt loszufahren oder sich aufzuraffen, sind unentschieden	Die Mitfahrer brennen genauso auf den Urlaub, haben Ideen, bringen sich ein, sind aktiv und bester Dinge

Sein Wort halten oder seelische Entwicklung zulassen – ein Beispiel für menschliche Zwickmühlen

Nehmen wir ein Beispiel: Ein Mann hat seit vielen Jahren eine Partnerin und es war all die Jahre nur ein Thema wichtig: Berufliche Entwicklung und Geld zu verdienen. Zu einem sehr frühen Zeitpunkt der Beziehung vereinbart das Paar, keine Kinder zu wollen. Zwischendurch erwähnt die Frau immer wieder, wie gut sie es findet, frei von Familie und dieser Form von Bindung zu sein, um sich persönlich entwickeln zu können. Doch der Mann spürt seit einiger Zeit deutlicher in sich, dass ihm der Wert, „Väterlichkeit" zu leben, wichtiger ist, als er einst dachte. Andererseits gibt es noch diese früh zwischen ihm und seiner Frau getroffene Vereinbarung, sich nur um Beruf und Wohlstand zu kümmern. Eigentlich, so ist er der Meinung, muss man sich an Vereinbarungen halten. In diesem Fall handelt es sich jedoch *nicht* um eine seelische Vereinbarung zwischen diesen beiden Menschen.

Da der Mann sich entschließt, sich selbst seelische Bedingungslosigkeit entgegenzubringen, sucht er das Gespräch mit seiner Frau und offenbart sich ihr mit seinem Wunsch, Kinder zu bekommen. Mag sein, dass die Partnerin zunächst aus allen Wolken fällt und versucht, den Mann auf die Vereinbarung von damals festzunageln: „Aber wir hatten doch vereinbart und besprochen…" Mag sein, dass der Mann über diese ehrliche Mitteilung erfährt, dass seine Frau beleidigt ist, ihn als unzuverlässig und wankelmütig bewertet. Es kann aber auch sein, dass seine Frau zum Nachdenken kommt und sich im Laufe der Zeit damit beschäftigt, selbst das Gefühl in sich wahrnehmen zu können, den Wert der Mütterlichkeit und damit der gemeinsamen Elternschaft leben zu wollen.

Dieses Beispiel zeigt auf, dass dieser Mann für seinen Wunsch, den Wert der Väterlichkeit zu leben, Verantwortung übernimmt, indem er sich selbst seelische Bedingungslosigkeit, Selbsttreue und Selbstvertretung schenkt. Denn immerhin hätte er es eines Tages zu verantworten, damit zurechtzukommen, im Alter ohne Kinder leben zu müssen.

Dieser Mann muss wissen, ob er diese Konsequenz im Falle der Kinderlosigkeit verantworten kann. Wenn er im Laufe der Zeit bemerkt: „Nein, das kann ich nicht verantworten, weil ich Kinder haben will", dann bleibt ihm nur die Möglichkeit, sich in Selbsttreue seiner Frau mit seinem Wunsch zu offenbaren. Natürlich bleibt für ihn offen, ob seine Frau den Wunsch mit ihm trägt oder auf die Vereinbarung von damals besteht, keine Kinder miteinander zu bekommen. Doch auch hier ist es wichtig für den Mann, für sich in seelischer Bedingungslosigkeit zu bleiben und für den Fall, dass seine Frau keine Kinder will, sich ehrlich zu hinterfragen, ob er die Konsequenz aufgrund der Entscheidung seiner Frau und der daraus folgenden Kinderlosigkeit in Selbstreue tragen kann oder eben nicht. Und wenn er sich seelisch treu ist und spürt: „Nein, es ist nicht stimmig für mich, kinderlos zu bleiben, und genauso wenig ist es ein Wert in mir, meine Frau zu zwingen, Kinder zu bekommen, dann habe ich die Konsequenz zu tragen, mich unter Umständen wegen der unterschiedlichen Entwicklung von Lebensplanungen und Werten selbsttreu und wertschätzend von meiner Frau zu trennen".

Wenn seine Frau keine Kinder mit ihm will und er entscheidet sich aus dieser Situation heraus, deshalb auch auf Kinder zu verzichten, dann hat er diesen Verzicht, entgegen seines Wertes, Väterlichkeit leben zu wollen, zu verantworten. Erst recht im Alter, wenn es ihm besonders auffallen würde. Dies würde für ihn bedeuten, zu keinem Zeitpunkt über diese Kinderlosigkeit zu klagen oder gar seiner Frau zu einem späteren Zeitpunkt Vorwürfe darüber zu machen.

Wie man das Ego seines Gegenübers umgeht

Seelische Bedingungslosigkeit betrifft auch die Seelen anderer. Dies meint, die Seele des anderen ernst zu nehmen und das Ego des anderen einmal nicht zu beachten. Wie schon an einigen Beispielen in diesem Buch erwähnt, lassen wir uns von Ego zu Ego und von dessen jeweiliger Reaktion beeindrucken. Doch wenn wir die Seele oder das Seelische in das Zentrum unseres Lebens stellen, dann heißt es selbst in kritischen Momenten, sich dem Seelischen des anderen gegenüber bedingungslos zu zeigen.

Es bedeutet zum Beispiel, auf beherzte und respektvolle Art einen anderen Menschen auf etwas aufmerksam zu machen, was nicht erfüllend und bereichernd für ihn, für einen selbst oder für andere Menschen ist. Ihn also auf ein Verhalten hinweist, das Mangel verursacht.

Ein Beispiel für die blinden Flecken des Egos

Ich führte einmal ein Gespräch mit einer Klientin. Diese Frau wollte von mir Lösungen für ihr Problem erfahren. Sie empfand für sich das Problem, zu wenig Liebe und Aufmerksamkeit von ihrem Umfeld zu erhalten. Während ich eingangs der Frau und ihren Problemen folgte und sie aussprechen ließ, begann ich nun mit dem Dialog von meiner Seite aus. Ich hatte mich ganz auf sie eingelassen, war zugewandt und mit einem seelischen Lösungsbewusstsein für diese Dame präsent. Doch während ich meine „Arbeit" für ihre Seele machen wollte, unterbrach mich die Klientin permanent. Einerseits kam sie mit immer neuen Informationen, andererseits unterbrach sie meinen Rede- und Gedankenfluss durch stets neue Fragen. Immer und immer wieder. Sie schaffte es sogar, dass ich eine Welle der Demotivation spürte durch diese permanenten Unterbrechungen. Ihre Unterbrechungen zeigten mir, dass sie sich überhaupt nicht auf das von mir Gesagte eingelassen hatte. Sie hatte nicht zugehört und war weit davon entfernt, das anzunehmen, was für sie energetisch und praktisch in dem Moment als Lösung zur Verfügung stand. Mir gegenüber als Gesprächspartner war es zudem respektlos, mich ständig zu unterbrechen, da sie mich aus meinen Werten und guten Intentionen ihrer Seele gegenüber herausholte. Ihr Ego hätte sicher stundenlang und aus Gewohnheit heraus das Gespräch mit mir so führen können. Sie wäre am Ende wahrscheinlich wieder mit einer ähnlichen Erkenntnis aus dem Gespräch gegangen wie bei denen, die sie aus dem Umfeld ihres Lebens schöpfte: Nichts oder zu wenig von anderen erhalten zu haben.

Es war also Zeit, mit meiner Seele ihrer Seele gegenüber in seelische Bedingungslosigkeit zu treten und ihr Ego nicht so wichtig zu nehmen. So bat ich diese

Frau, einmal nichts zu sagen und erklärte ihr, von Seele zu Seele, dass ich es sehr schade fände, dass sie mir zu verstehen gebe, meinen Rat zwar zu suchen, jedoch sich letztendlich durch die vielen Unterbrechungen nicht für meinen Rat zu interessieren.

Ich erklärte ihr, dass, wenn sie mich nicht aussprechen ließe und somit das Gespräch nicht wirklich mit der Seele innehaltend und hörend verfolge, ich nicht bei ihr ankommen und damit auch keine vorgeschlagene Lösung von mir ankommen könne. Ich sagte ihr, auf der Basis von Liebe, dass sie sich letztendlich mit ihrer Art, zu kommunizieren selbst schade, weil dies das Gesprächsgegenüber als unfreundlich erlebe und von ihr das Gefühl bekomme, dass es keine zufriedenstellende Antwort oder Kommunikation für sie gebe. Ob die Klientin dies nun so bewusst wolle oder nur unbewusst geschehen ließe. Egal. Es heißt, dass Gegenüber erhält das Gefühl, ihr in keinem Fall gerecht werden zu können. Denn bevor ich eine Frage beantworten konnte, fiel die Dame mir in die Antwort mit einer neuen Frage – so, dass es offensichtlich war, dass sie nichts annehmen konnte oder wollte. Ein Fass ohne Boden der Unzufriedenheit.

In solchen Situationen ist es offen, ob dieser Mensch als beleidigtes Ego (was sich so etwas von mir nicht bieten lassen muss) aufsteht und aus dem Therapieraum geht oder ob er sich seelisch mit dieser liebevollen Kritik berühren lässt, um das eigene Kommunikationsverhalten zu überprüfen.

Steht sich Dein Gegenüber selbst im Weg, hilf ihm, die Tür zu sich selbst zu öffnen.
Wenn Du in Dir seelisch stark genug bist und Deine Werte lebst und kennst, dann meint seelische Bedingungslosigkeit, dass Du Dich nicht mehr mit Vorbehalten Deines Egos in eine Situation für das Seelische an sich bewegst. Gerade dann, wenn es um eine andere Seele geht. So wie bei dem Beispiel mit meiner Klientin. Kein Wunder, dass niemand sich mit ihr befassen wollte. War sie doch ständig dabei, einen Dialog oder sogar eine Hinwendung zu ihr zu unterbrechen und indirekt Ablehnung und Distanz zu produzieren. Sie war so unbewusst, dass sie selbst das Gute, das man ihr entgegenbringen wollte, in gewisser Weise zerschlug.

Seelische Bedingungslosigkeit meint, für die Seele des anderen in einem Rahmen bedingungslos da zu sein und sich von dessen Ego nicht beeindrucken zu lassen. Voraussetzung hierzu ist allerdings, dass Du in Dir selbst seelisch mit der Unantastbarkeit Deiner seelischen Werte stabil und kraftvoll verankert bist. Es schließt ein, die jeweilige Reaktion dieses Menschen anzunehmen. Komme sie nun aus seinem Ego oder aus seiner Seele; es bedeutet, die Reaktion zu akzeptieren. Unbewertet. Bedingungslos.

In diesem Fall – und so ist es mir schon oft ergangen – war die Frau jedoch dankbar dafür, dass ich ihr diesen Zusammenhang auf der Basis von Liebe deutlich gemacht habe. Diese Kritik war für sie ein wichtiger Schlüssel dahin, ihren eigentlichen seelischen Wert der Zugewandtheit leben zu können. Sie war mir überhaupt nicht böse und ihre Seele war schnell in der Lage, ihr Verhalten zu beobachten und anderen Menschen gegenüber zu verändern. Für die Klientin war dies eine gute Erfahrung. Sie stellte bald fest, dass andere Menschen sie als deutlich angenehmer und freundlicher erleben konnten. Und so konnten diese Menschen sich ihr wiederum anders zuwenden und ihr näher kommen, was die Klientin eingangs so sehr von Herzen wünschte.

Unterstützung für Deine Seele: Tagesübungen
Tagesrückblick 1: Selbstliebe und Selbsttreue

Die zweite Konsequenz:
Fülle statt Mangel und Minderwert

Die Liebe ist ein Füllebewusstsein. Deshalb haben Mangel und Minderwert in der Liebe nichts zu suchen. Findest Du in Dir Mangel oder Minderwert, ist es ein Zeichen, dass Du zu wenig in Kontakt mit Deinen seelischen Werten stehst. Außerdem bedeutet es, dass Dein Ego die Überhand hat, unsinnige Konsequenzen in Deinem Leben auszulösen. Das solltest Du in jedem Fall überprüfen.

Wenn Du sagst: „Ich will das Liebesbewusstsein leben", dann darfst Du Dich innerlich, mental und emotional beobachten. Du überprüfst in Dir, welche Mangelgedanken oder Mangelgefühle in Dir aktiv sind. Dies vollziehst Du mit Deinem seelischen Bewusstsein. Du weißt, dass Dich Mangel und Minderwert in Dir selbst, in Beruf und Beziehungen weder erfüllen noch bereichern. Deshalb ist es ein wichtiger Schritt, auch im Sinne der Selbsttreue, diesen Mangel in Dir weder hinzunehmen noch aufrechtzuerhalten. Denn dieser Mangel kann Wege bahnen für solche Konsequenzen, die zu einer ohnmächtigen Krise in Deinem Leben führen.

Es ist ein kluger Schachzug, den Mangel und den Minderwert mit Deiner unerschütterlichen, liebesdurchdrungenen Seele abzuholen. Dies tust Du, indem Du Deine Aufmerksamkeit nicht auf den Mangel lenkst, wobei Du ihn jedoch zur Kenntnis nimmst. Zur Kenntnis nehmen heißt nicht, dem Mangel oder Minderwert Energie zu geben, indem Du Dich damit weiter emotional oder mental beschäftigst, gar hineinsteigerst oder wie einen Kaugummi benutzt. Vielmehr gehst Du mit Deinem seelischen Bewusstsein in die Aufmerksamkeit, den Mangel mit einer Antwort aus dem Füllebewusstsein der Liebe zu handhaben. Also wenn Du schlecht gelaunt bist und Dir ist langweilig, dann überlegst Du, was Dich seelisch jetzt erfreuen könnte. Dies könnte bedeuten, Du gehst in die Natur spazieren oder Du hörst gute Musik, Du tanzt mit Dir alleine etc. Du sorgst mit diesen Un- ternehmungen für gute Gefühle und Gedanken und übernimmst gleichzeitig Selbstverantwortung für Deine Seele. Du praktizierst Selbstliebe. Wichtig ist, dass Du die Lethargie des Mangels und des Minderwertes in Dir *nicht* akzeptierst. Genauso wie Du die Stagnation einer Situation oder eines Umstandes durch „Hinnehmen" nicht mehr aufrechterhältst. Deine Seele ist dynamisch und ganz auf Erfüllung und Bereicherung bedacht. Nimm also Dein seelisches Bewusstsein und wandle – Schritt für Schritt und immer mehr – Mangel und Minderwert in Fülle und Liebe. Bleibst Du in der Lethargie oder der Stagnation des Mangels, dann hat das natürlich wieder Konsequenzen zur Folge, und zwar, wie Du Dir denken kannst, unangenehme. Deshalb sei seelisch so clever, für angenehme und bewusste Folgen in Deinem Leben zu sorgen.

Mangelgedanke/Mangelgefühl	Weg aus der Stagnation durch Lenkung der Aufmerksamkeit: Was tut der Seele jetzt gut?
Ich habe keine Lust, einkaufen zu gehen	Der Seele tut gut, frisches, gutes Essen zu bekommen, was der Körper braucht, um versorgt zu sein; leckere Sachen im Kühlschrank
Ich habe keine Lust aufzustehen	Der Seele tut gut, den Tag sinnvoll zu nutzen, ihn strukturiert und aktiv zu gestalten; Musik hören, Zeitung lesen, guten Kaffee trinken

Ich bin traurig, weil ich keine Freunde habe	Der Seele tut gut, mit sich selbst zufrieden zu sein, oder an Orte und Stellen zu gehen, wo man interessante Menschen kennenlernen kann; Hobbies pflegen, Kursbesuche, um Gleichgesinnte zu treffen
Ich bin einsam, weil sich mein Partner von mir getrennt hat	Der Seele tut gut zu reflektieren, was an der Beziehung stimmig war und was unstimmig war, die eigenen Werte zu überprüfen und darüber wieder in Selbstwert zu kommen, auch ohne die ‚Bestätigung' durch einen Partner
Ich fühle mich zu dick/dünn	Der Seele tut gut, den eigenen Körper als Wohnstätte der Seele anzuerkennen; sich damit auseinanderzusetzen, wo man unstimmig mit sich umgeht, sodass der Körper aus dem Gleichgewicht kommt oder kompensiert, der Seele tut stimmige Ernährung gut
Ich habe keine Zeit für Hobbys und zu wenig Freizeit oder Zeit für mich	Der Seele tut gut, die Tagestrukturierung zu überprüfen: Was kann man weglassen, wo kann man etwas 'kürzen' oder delegieren; die Prioritäten überprüfen und eventuell neu setzen
Ich habe Angst, vor anderen sprechen zu müssen	Der Seele tut gut, sich optimal vorzubereiten und objektiv die eigenen Fähigkeiten zu sehen; oder sich selbst gar nicht erst in den Zwiespalt zu bringen, vor anderen sprechen zu müssen, wenn man weiß, dass es einen überfordert

Ich habe Zweifel, ob meine Arbeit wirklich gut ist	Der Seele tut gut, objektiv den Wert der eigenen Arbeit anzugucken, indem man sich fragt, ob einen die Arbeit erfüllt und ob man andere damit erfüllt und bereichert
Mir ist langweilig	Der Seele tut gut, sich sinnvoll zu beschäftigen, beispielsweise ein Bild zu malen, spazieren zu gehen, Sport zu machen, Freunde zu treffen, einen Film zu gucken, ein Buch zu lesen, die Wohnung aufzuräumen, Musik zu hören, ins Kino zu gehen, einen Stadtbummel zu machen

Gerade beim Verändern von „schlechten Momenten" ist das Ego ein Gewohnheitstier. Du wirst bei der Eroberung der Liebe in Deinem Leben erleben, wie unbequem das Ego diese seelische Ausgleichsbewegung von Missständen oder Mangel dokumentiert.

Unterstützung für Deine Seele: Gebet an die Erfüllung

Das Liebesbewusstsein möchte, dass Du das Füllebewusstsein der Liebe für Dich zutiefst verinnerlichst. Deshalb achte auf Deine egomane Bereitschaft, auf Dinge, die Dir eigentlich wertvoll und zutiefst wichtig sind, zu verzichten. Verzicht kommt im Liebesbewusstsein nicht vor, da Du damit offensichtlich auf eine Erfüllung und Bereicherung aus einem seelischen Wert in Dir nicht bestehst. Überprüfe, ob Du verzichtest, weil Du damit einem anderen Menschen einen Gefallen tust, Dich angepasster machst oder durch den Verzicht meinst, etwas zu bekommen. Übrigens, seelisch gesehen möchtest Du selber nicht, dass ein Mensch auf etwas für Dich verzichtet. Deine Seele und die Liebe sind generelle Gönner und wollen niemals Verzicht von einem anderen Menschen geleistet sehen. Anders ist es, wenn Du etwas für einen anderen Menschen aus dem erhabensten Gedanken heraus unternimmst. Dann erfüllt Dich Deine Tat aus dem erhabensten Gedanken heraus und hat wiederum mit Verzicht nichts zu tun.

Ein Wort zu Geld
Es ist, seelisch gesehen, wichtig, Geld wertzuschätzen und in einen seelischen Bezug zu bringen. Geld oder Besitz (Geschenke), welche Du von einem Menschen erhältst, der es Dir in Güte und Wohlwollen seelisch gibt, solltest Du stets bewusst und dankbar von dieser Person annehmen und für Deine Seele einsetzen.

Geld anzunehmen, das Dir ein Ego gibt, um Dich vielleicht danach zu manipulieren oder Dir ein schlechtes Gewissen einzureden, ist aus Sicht des Liebesbewusstseins abzulehnen. Wenn Du Geld erbst, wertschätze das geerbte Geld oder den Besitz, der dahinter steht. Etwas zu erben ist eine Ehre, da Dir der Vererber von sich etwas anvertraut. Hierbei spielt es keine Rolle, wie Dein Verhältnis oder Deine Vergangenheit mit dem Vererbenden war. Bedeutsam ist, dass Du dieses Erbe wertschätzt und seelisch für Dich verwendest. Dies gilt auch, wenn dieses Geld oder dieser Besitz bislang unselig verwaltet oder unselig erschaffen wurde. Du bist in der Lage, jetzt ein seelisches Wertebewusstsein mit diesem Geld oder Erbe zu verknüpfen, damit Du Dich seelisch mit diesem Geld stimmig fühlen kannst.

Materialisierte Erfahrungen in Stimmigkeit
Einige Menschen sind der Meinung, Geld sei Lebensenergie. Aus der Sicht des Liebesbewusstseins ist Geld ein Ausdruck der Stimmigkeit. Je stimmiger und bewusster Du mit Deinen Werten bist und lebst, desto sinnvoller und gehäufter tritt Geld in Dein Leben. Wenn Du Geldmangel erlebst, ist das ein Ausdruck von unstimmigen Selbstwerten oder seelischen Werten, die Du noch nicht lebst oder unzureichend vertrittst. Es ist Ausdruck Deines Egos, Dich an der Wurzel Deines seelischen Daseins nicht entwickeln zu wollen oder zu meinen, es nicht zu können. Je mehr bewusste Werte Du lebst, desto mehr Geld kommt in Dein Leben. Allerdings kommt dieses Geld nur mit Deinem Bewusstsein und dem Entschluss, das Geld für Werte einsetzen zu wollen. Das Geld soll Dir im übertragenen Sinne Liebe – also Erfüllung und Bereicherung – schenken.

Mit der Liebe zusammen bedeutet Geld, praktische Selbstliebe, Selbsttreue und Selbstwert zu erfahren durch das, was Dir das Geld ermöglicht. Deshalb richte Deine Aufmerksamkeit im Falle von finanziellen Wünschen seelisch aus.

Wenn Du Geld für die Miete brauchst, dann sag Deiner Seele, Du brauchst Geld für die Miete, weil Du damit den Wert Zuverlässigkeit, Sorgenfreiheit,

Wohnqualität etc. bekommst und Werte wie Ruhe, Gelassenheit, Geborgenheit, Freude, Stimmigkeit, leben kannst.

Wenn Du Dir Geld für ein Fahrrad wünschst, dann wünsche Dir nicht vornehmlich das Geld, sondern sei Dir der Werte bewusst, die Dir das Fahrrad für Deine Seele ermöglicht. Also was für Dich mit dem Fahrrad erfüllend und bereichernd ist. Hier wären das Werte wie Unabhängigkeit, Schnelligkeit, Flexibilität, Bewegung, die Du benennen könntest. *Gib dem Geld einen offensichtlichen Sinn!*

Geld macht nicht glücklich und ist nur eine projektive Scheinerfüllung von Sicherheit. Es dient dem Ego zu befriedigendem Konsum. Deshalb solltest Du darauf achten, mit wem Du Dein Geld teilst oder wem Du Dein Geld leihst. Wenn sich ein Mensch von Dir Geld leiht und dies sogar des Öfteren, darfst Du Dir als Geldgeber immer die Frage stellen, ob dieser Geldnehmer sich das Geld aus seelischen Gründen ausleiht oder aus Gründen, sein Ego zu befriedigen. Oder weil er weiter seiner materiellen Verantwortungslosigkeit Tribut zollen möchte.

Unterstützung für Deine Seele:
Tagesübungen – Tagesrückblicke

Wasser auf die seelischen Mühlen oder: Perlen vor die Säue
Nehmen wir zwei Beispiele:

1. Ein Mann bat seinen guten Freund um Geld, um ein teures Seminar für kreatives Schreiben besuchen zu können. Der Freund fragte interessiert nach. Der Mann ließ während seiner Ausführungen nicht nur seine Begeisterung durchblicken, sondern der Freund gewann auch den Eindruck, dass das Seminar diesem Mann viel geben würde, ihn also bereichern und erfüllen würde. Der Freund kannte dessen Schwächen und Stärken und er kannte dessen Talente. Er entschied sich deshalb, ihm das Geld dafür zu geben. Noch lange danach konnte der Mann von den Erfahrungen aus diesem Seminar zehren, die der Freund durch seine Leihgabe ermöglicht hatte. Und diese Erfahrungen waren nun im Herzen des Mannes untrennbar mit seinem Freund verbunden.

2. Einmal geriet eine Frau in Verschuldung, da sie auf Kredit und Ratenkäufe Anschaffungen tätigte, obwohl sie wusste, dass sie eigentlich kein Geld dafür hatte. Doch sie sagte sich, diese Sachen seien alle für sie und ihre Seele so wichtig. Und dass es ihr schon gelingen würde, die Aufmerksamkeit auf Geld-

fluss zu lenken. Sie machte dafür viele Rituale und zündete etliche Kerzen an. Und die gelieferten Sachen würden ihr ja auch wieder Kraft geben. Sie war zweckoptimistisch. Nun hatte diese Frau zwar Vertrauen in die Geistige Welt, jedoch kein Vertrauen in ihre eigenen Fähigkeiten. Sie akzeptierte für sich, dass sie nicht viel arbeiten und Geld erwirtschaften könne, weil sie ja so schlecht qualifiziert sei. Und so borgte sie sich, weiter, immer wieder, Geld bei einer Bekannten, um Seminare zu besuchen, die ihr „mentale und emotionale Fähigkeiten" vermitteln sollten, die ihr helfen sollten, das Geld dann zu „materialisieren". Dies blieb jedoch aus. Sie hatte also nicht nur materiell, sondern auch immateriell konsumiert. Sie hat sich nicht wirklich um ihre eigenen Werte gekümmert, keine Verantwortung übernommen. Das geliehene Geld konnte sie weder zurückzahlen noch für sich daraus einen Erfolg verbuchen. Hier ging es nicht um Erfüllung und Bereicherung, sondern um Verkonsumierung für Mangel unter einem esoterischen Deckmantel.

Was zählt ist, wo Du hin willst.
Bei der Erschaffung von Geld und Besitz gilt im Liebesbewusstsein, dass Du unabhängig von Deiner Herkunft und Deinen momentanen Möglichkeiten bist.

Wenn Du einsehen kannst, dass Geld ein Ausdruck der Stimmigkeit Deiner bewussten Werte ist und wenn Du Deinen Fokus auf die seelischen Werte legst, dann kann Dein Bewusstsein mit Deiner Seele stärker finanzielle Fügungen initiieren, um gerade das Geld zu erhalten, das eine Sache Deines Herzens und Wertes ermöglicht. Sei es eine Reise, eine Anschaffung oder dergleichen mehr. Wenn Du zu Deinem eigenen Selbstwert stehst, wird Geld zu dem Ausdruck Deiner seelischen Bedingungslosigkeit und zu Dir fließen.

Eine wichtige Bewusstseinsübung aus dem Liebesbewusstsein ist, Dir über die Dinge klar zu sein, *die Du bereits hast oder über die Du verfügst*. Die meisten Menschen, die Geldmangel verspüren, haben an sich schon eine Menge in Besitz. Auch die kleinen Dinge zählen, wie Möbel, Pflanzen, Telefon, Musikanlage, gemütliche Wohnung usw. Dieser Besitz, der diesen Menschen vorliegt, gibt ihrer Seele bereits sehr viel Erfüllung. So ist es wichtig, auch das bereits materiell Verfügbare seelisch wertzuschätzen, um das Geld, das von Dir seelisch außerdem benötigt wird, mobilisieren zu können. Wertschätzung zieht Wertschätzung an.

Unterstützung für Deine Seele:
Übung 3: Wertschätzungs-Reflexion

Was Geld betrifft, haben im Liebesbewusstsein die Fügungen besonders mit der „Werte-Achtung" zu tun – im Großen wie im Kleinen. Sie sind also verbunden mit der Registrierung der Werte – Werte in Form bereits vorliegender Besitztümer und all der Werte, die sich für Dich einstellen, wenn Du das Geld für Deine seelischen Wünsche zu Deiner Verfügung umsetzt.

Stehst Du in Kontakt mit Dir selbst, kann Dein Geld für Deine Seele arbeiten.
Jeder von uns kennt Menschen, die aus gut situierten Elternhäusern hervorgekommen sind oder für die es sich auf andere Weise (z. B. unerwartete Erbschaft, extrem gut bezahlter Job) ereignet hat, einen guten finanziellen Status ihr Eigen nennen zu können. Einige davon leben finanziell sorgenfrei, doch leiden sie an Unerfülltheit und fühlen sich mit dem Geld und mit dem, was es ihnen ermöglicht, keineswegs bereichert.

Dies liegt an der Missachtung ihrer eigenen Werte, dem Wert des Geldes selbst und was es demjenigen – der den materiellen Wohlstand hat – an Lebenswerten für sich und für andere ermöglicht. Damit meine ich: Geld zu haben ist eine Sache. Es für sich selbst so sinnvoll einzusetzen, dass man sich durch das Geld seelisch erfüllt und bereichert fühlt, eine völlig andere. Hierzu bedarf es des inneren, seelischen Kontakts zu sich selbst, den viele Menschen noch nicht haben – oder vermeiden.

Geld für andere Menschen einzusetzen ist für einen selbst zufriedenstellend, wenn man es von Seele zu Seele vollzieht. Wenn spürbar seelische Erfüllung stattfindet, bei dem anderen Menschen oder bei der Sache, für die man das Geld einsetzt. Geld ist Ausdruck der seelischen Stimmigkeit. So sollten wir mit unserem Geld, mit jedem Cent, dem Konto auf der Bank und dem Geld eines anderen Menschen wertschätzend umgehen. Wir sollten für unsere Seele etwas daraus machen. Nicht das Geld ist das Ziel. Das Ziel ist, den Kern zu treffen von Erfüllung und Bereicherung über die Werte, die das Geld uns ermöglicht.

Mangelgedanke in Geld und Besitz	Bereicherungsgedanke für die Seele
Ich habe leider kein Geld für ein Fahrrad	Ein Fahrrad bereichert meine Seele, weil ich damit mobil, schneller, unabhängiger, aktiver bin.
Ich hätte gerne ein eigenes Haus, aber die Finanzierung ist so schwer	Ein eigenes Haus bietet mir einen seelischen Kraftplatz, ich habe mein Eigentum und bin mein eigener Chef.
Mein Auto ist alt und kaputt, aber ich habe kein Geld für ein neues	Ein neues, adäquates Auto bereichert mich, weil es meinem Status entspricht, sicher ist, komfortabel, mehr Freude am Fahren macht.
Ich kann mir kein Motorrad leisten	Ein Motorrad gibt mir ein Freiheitsgefühl, bereichert als Hobby meine Freizeit, aktiviert meine Sinne beim Fahren, ich kann die Landschaft genießen und Gleichgesinnte kennenlernen
Ich verdiene zu wenig in meinem Job	Mit mehr Gehalt kann ich mir mehr gönnen, meine Wohnung aufwerten mit Dekoration, Blumen, neuen Möbeln, ich werde entsprechend meiner Leistung adäquat entlohnt und fühle mich dadurch wertgeschätzt.
Ich kann mir keinen Urlaub leisten	Ein Urlaub gibt mir Entspannung, Erholung, Erfrischung, ich kann neue Kräfte sammeln, Neues kennenlernen, Zeit für mich haben.

Meine Wohnung müsste renoviert werden, aber ich habe kein Geld dafür	Eine renovierte Wohnung bietet mir einen Kraftplatz, in dem ich mich wohlfühlen und regenerieren kann, gerne andere einlade, strukturiert und ausgerichtet bleibe; der Wert und die Substanz der Wohnung bleiben erhalten.
Ich habe keine Geld für neue Kleidung	Neue und stimmige Kleidung gibt mir ein Wohlgefühl, ich kann den Stil tragen, der mir gefällt, ich fühle mich frisch, modern und attraktiv und auch angenehm für andere.
Ich kann mir keine hochwertigen Lebensmittel leisten	Frische, hochwertige Nahrung ist optimal für meine Gesundheit, meinen Körper und gibt mir gute Energie, die auch vorhält, sie bereichert mich über den Geschmack, sieht appetitlicher aus.

Die dritte Konsequenz:
Objektivität und seelisches Erfassen (Mut zur Klarheit)/Weg vom Selbstbetrug

Objektiv zu sein bedeutet im Liebesbewusstsein, die Dinge in sich selbst und um sich herum anzusehen. So, wie sie wirklich sind. Das heißt, dass man Menschen, Situationen, Umstände und sich selbst ungeschönt betrachtet. Außerhalb von Interpretationen, Vermutungen oder unter falschem Verständnis und falscher Rücksichtnahme.

Es heißt, den Mut in sich zu tragen, sich mit seinen Gedanken zu Menschen, Dingen oder Gefühlen ehrlich zu befassen. Du darfst *Dir zuliebe* das, was in Dir gedanklich und emotional vorliegt, positiv wie negativ, eingestehen. Damit fängst Du an, Dich selber ernst zu nehmen und Dir nichts mehr vorzumachen. Aber auch, Dir nichts mehr vormachen zu lassen.

Hast Du Dich im Liebesbewusstsein dazu entschieden, das Seelische in Dir zu erfassen und auch das Seelische im anderen, dann setzt Du Dich mit Deiner Objektivität dafür ein, dass auch das zur Erfüllung und Bereicherung kommen kann, was noch unerfüllt und nicht bereichert ist. Dies musst Du vorher allerdings – meist in Form eines Mangels – erkennen können. Das braucht eine objektive Betrachtung und Erfassung von unstimmigen Wahrheiten in Dir und um Dich herum.

Es geht darum, negative Konsequenzen zu erkennen, die Dein Ego erschaffen hat oder dabei ist zu erschaffen, und sie im Folgeschritt zu eliminieren. Es ist der Seele gegenüber fair, ganz klaren Blickes, eben objektiv, Dein Leben anzuschauen und Dir nichts schön oder bequem zu reden. Natürlich bedarf es hier des Mutes, um sich Dinge vor sich selbst einzugestehen oder die ein oder andere Unstimmigkeit in seinem Leben oder in Beziehungen zuzulassen.

Offenheit und Objektivität – Spielraum für die Seele

Du kannst Dir seelisch selber zusagen: „Ich will mich nicht mehr selbst betrügen. Ich will auch andere nicht mehr betrügen oder bewusst oder unbewusst belügen." Deshalb braucht es Deinen objektiven Blick über die Dinge und wie diese wirklich für Dich sind. Wenn Du mit Deinem Freund essen gehst und Dir schmeckt Dein Essen nicht, dann darfst Du vor Dir und Deinem Freund zugeben, dass es Dir nicht schmeckt. Wenn Dein Freund Dir etwas über Fußball erzählt, aber es interessiert Dich kein Fußball, dann darfst Du auf das Basis von Liebe deutlich machen, dass Dich dieses Thema nicht unterhält. Sicher gibt es einen Gesprächsstoff, der Euch beide gleichermaßen interessiert und näher bringt.

Objektiv zu sein bedeutet, sich keinen inneren Erwartungen seitens Deines oder eines anderen Egos zu unterwerfen oder genau damit auf Stimmigkeit oder Erfüllung und Bereicherung in der Konsequenz der Dinge zu verzichten.

Schau Dir einmal objektiv an, ob Deine Eltern wertschätzend mit Dir umgehen und ob Du wertschätzend mit Deinen Eltern umgehst. Überprüfe, ob Du wirklich Kontakt zu Deinen Werten hast und danach lebst. Gefallen Dir die Farben Deiner Kleidung? Objektiv zu sein bedeutet, offen zu sein für die Wahrhaftigkeit Deines erwachsenen und selbstverantwortlichen Lebens. Es bedeutet, die Konsequenzen aufgrund der Objektivität betrachten und einschätzen zu können, wie die Folge für Dein Leben voraussichtlich sein wird. Diese Offenheit gehört unbedingt zum Liebesbewusstsein dazu.

Unterstützung für Deine Seele: Tagesrückblicke

Die vierte Konsequenz:
Das Wort zählt … oder die Sache mit der Wahrhaftigkeit

Wenn Du Liebe und Wertschätzung lebst, dann sagt Du aus Dir heraus nur Dinge, die Du so meinst, wie Du sie sagst. Du kannst im Liebesbewusstsein auf Freundlichkeitsfloskeln und falsche Komplimente oder oberflächliche „Mutmacher" verzichten. Auch brauchst Du keinem Menschen zu sagen, dass Du an ihn glaubst, wenn Du es nicht wirklich tust. Entweder, weil Dir und Deinem Gegenüber all diese Lippenbekenntnisse nicht weiterhelfen oder nicht ehrlich gemeint sind. Ein Wort, das Du abgibst, sollte aus Deiner Seele kommen und damit stets verlässlich sein. Verlässlichkeit ist ein seelischer Wert, auch von Dir. Wenn Du also einen Menschen begrüßt und Dich freust, ihn zu sehen, dann sag ihm das so. Wenn Du Dich nicht freust, dann sag es ihm nicht, nur weil es sich so gehört. Sag lieber nichts. Wenn Dir ein Essen nicht schmeckt, sprich keine faulen Komplimente aus, nur weil es die Stimmung der Tischgesellschaft hebt. Zwinge Dich nicht zum unstimmigen Verspeisen der Mahlzeit.

Beispiele für Floskeln und Lippenbekenntnisse im Alltag:

- Wenn der/die Kassierer/in im Supermarkt ein schönes Wochenende wünscht, einen dabei gar nicht anguckt und eigentlich schon beim nächsten Kunden ist
- Wenn man jemanden trifft, den man kennt und aus Höflichkeit fragt, „Wie geht es Ihnen/Dir?", ohne dass man wirklich ein Gespräch anfangen wollte oder ernsthaft daran interessiert ist oder eine fundierte Antwort möchte
- Kommentare über das Wetter wie zum Beispiel „So ein Sauwetter schon wieder", „Es ist so kalt geworden", „Diese Hitze ist wirklich unerträglich"
- Zu sagen „Ich rufe Dich auf jeden Fall mal an", „Ich schreibe Dir", wenn es nicht wirklich ernst gemeint ist oder man sogar schon weiß, dass man es nicht tun wird
- In Wartesituationen, beispielsweise beim Arzt, über die Situation mäkeln: „Das ist immer so schrecklich mit dieser ewigen Warterei", „Warten Sie jetzt auch schon länger?"

- Nach einer Verabredung zu sagen: „Ja, lass uns unbedingt mal wieder treffen/ noch mal was unternehmen", weil man den anderen ‚schonend' loswerden will, aber eigentlich schon weiß, dass man kein weiteres Interesse hat
- Einem anderen schmeicheln mit Sätzen wie „Es war wirklich schön, Sie getroffen zu haben", „Wenn ich Sie sehe, ist mein Tag gerettet", „Ich komme nur hier einkaufen, um Sie zu sehen"
- Oberflächliche, nichtssagende Antworten auf die Frage „Wie geht es Dir?", beispielsweise „Ja, muss ja.", „Geht so", „Am liebsten gut", „Mal so, mal so"
- 'Antrainierte' Sätze, die abgespult werden, zum Beispiel bei Dienstleistern: „Danke, dass Sie gewartet haben", „Ja, da muss man jetzt erst mal gucken, was man da machen kann", „Da kann ich Ihnen leider nicht weiterhelfen"
- Oberflächliches und permanentes Wiederholen von Liebesbekenntnissen wie „Ich liebe Dich", „Hab Dich total lieb", „Du fehlst mir so"
- Bemängeln der Zeitumstände: „Es ist alles so stressig im Moment" „Man hat einfach nicht genug Zeit", „Keiner hat mehr wirklich Zeit für einen"
- Kommentare gegenüber Selbstständigen wie beispielsweise „Es ist heutzutage schwierig geworden mit einem Geschäft", „Die Konkurrenz ist natürlich da"
- Allgemeine Klagen wie „Es ist eben alles nicht so einfach im Leben", „Das Leben ist ein Kampf"
- Sich über körperliche Gebrechen beschweren: „Ich hab heute wieder so Schmerzen", „Es tut mir wieder alles weh", „Ich konnte überhaupt nicht schlafen"
- Bei Spaziergängen mit Hunden: „Och, das ist aber ein Lieber, wie heißt er denn?", „Wie alt ist denn Ihrer?"
- Wenn man beispielsweise ein Auto angeguckt hat und sich entscheidet, es nicht zu kaufen, oder ein potenzieller Mieter sich für eine Wohnung bei einem vorstellt, den man nicht nehmen möchte, trotzdem zu sagen, „Ich melde mich auf jeden Fall wieder bei Ihnen", „Ich rufe an, sobald ich mich entschieden habe"

- Treuebeschwörungen zum Beispiel gegenüber Ärzten, Friseuren, Ladeninhabern: „Ich komme auf jeden Fall nur noch zu Ihnen", „Ich gehe nirgendwo anders mehr hin"
- Abwiegelnde Sprüche, wie „Da steckt man nicht drin", „Vergiss es", „Da macht man nix", „Es ist, wie es ist"

**Unterstützung für Deine Seele:
Übung 4: Willensübung**

Genauso ist es, wenn Du einem anderen Menschen etwas zusagst, zum Beispiel Dich um etwas zu kümmern, für ihn zu tun oder etwas mit ihm zu unternehmen. Sag so etwas oder tue etwas mit einem oder für einen anderen Menschen nur dann, wenn Du es wirklich so meinst und auch so tun wirst und möchtest. Das Neinsagen ist genauso legitim im Sinne der seelischen Wahrhaftigkeit wie das Jasagen.

Halte lieber einen Moment inne, bevor Du einem Menschen „schnell etwas sagst oder sogar zusagst", was Du nicht so meinst oder halten kannst. Dies hat mit dem Respekt von Seele zu Seele zu tun und auch mit der Stimmigkeit in Deinem Leben. Mit dieser Konsequenz bleibst Du Dir und Deinen Werten treu und Du darfst davon ausgehen, dass auch die anderen Menschen Deine ehrlichen Worte wertschätzen und mit deren eigenen Zuverlässigkeit Dir gegenüber beantworten.

3. Schuld und Reue

Kaum ein Mensch kennt sie nicht: Schuldgefühle. Kinder werden damit groß und Erwachsene schlagen sich mit ihnen zeit ihres Lebens herum. Oder sie kennen Schuld als etwas aus der Kirche, für das man als Sünder tituliert wird.

Doch was sind Schuldgefühle überhaupt? Diese Gefühle, die unser Gewissen, ob nun logisch oder unlogisch, befallen? Bei denen wir uns ohnmächtig gegenüber einer Person, einer Situation oder einer Sache fühlen? Oder, wenn es ganz schlimm kommt: Was ist mit Schuldgefühlen, die wir für eine andere Person stellvertretend empfinden, weil diese offensichtlich kein Gewissen hat?

Enttarnung einer erlernten Ohnmacht

Schuldgefühle sind passive Gefühle des kindlichen Egos. Es sind Gefühle, die uns nicht aktiv werden lassen können, sondern uns in hilflose Lethargie hineinsteuern. Das kann ewig so weitergehen, betrachten wir das Phänomen der Schuld nicht aus dem Blickwinkel des Liebesbewusstseins.

Tatsächlich gibt es im Liebesbewusstsein die Möglichkeit, Schuld zu empfinden, schuld an etwas zu sein. Doch diese „Schuld", die man sich selbst, einer Person oder Sache gegenüber hat, resultiert *immer* aus einer vorher gelebten Verantwortungslosigkeit. Diese Schuldgefühle, die mit einer tatsächlichen vorhergehenden Verantwortungslosigkeit entstanden sind, sind deshalb realistische Schuldgefühle.

Die schützende Frage nach der Verantwortung

Diese Einsicht bedeutet demnach für Dich, dass Du Deinen subtilen Schuldgefühlen oder denen, die andere Menschen in Dir verursachen, in ihrer Wahrhaftigkeit schnell auf die Schliche kommen kannst. In der Frage, ob an Deinem Schuldgefühl reell etwas „dran" ist. Du darfst Dir mit jedem Schuldgefühl, das Du in Dir erlebst, immer die Frage stellen: „Habe ich für diese Situation oder diesen Menschen Verantwortung übernommen?" oder „Habe ich etwas verantwortungslos unterlassen, was hätte getan werden müssen?" Hast Du Verantwortung übernommen, hast Du alles getan, was in Deiner Macht stand, so sind Deine Schuldgefühle absurd und Du kannst sie mit dieser Klarheit über Deine gelebte Verantwortlichkeit loslassen. So brauchst Du Dir niemals mehr Schuld einreden zu lassen oder sie Dir selbst einzureden.

Ein Mittel gegen lähmende Schuldsprüche von innen und von außen

Du kannst Dir noch eine weitere Frage stellen, wenn Du Schuld empfindest: „Hatte ich für diese Person oder Situation *überhaupt* Verantwortung zu tragen?" Auch hier wirst Du mit Deinem seelischen Bewusstsein und einem objektiven Blick erkennen, ob an Deinem Schuldgefühl etwas Realistisches und damit für Dich Ernstzunehmendes greift oder eben nicht. Mit diesen einfachen Fragen kannst Du im Nu Schuldgefühle in Dir eliminieren und Dich seelisch wieder auf Deine Werte besinnen.

Schuldgefühle entfernen, Wertepräsenz und Kompetenz

Schuldgefühle sprechen Dir blitzartig Werte, die Du lebst, ab. Denn häufig geraten wir in Schuldgefühle, wenn wir scheinbar Werte nicht gelebt haben. Oder wenn sie von uns oder nach Auffassung anderer Menschen im Rahmen einer Verantwortlichkeit nicht gelebt wurden. Auch, wenn wir im Irrglauben verhaftet waren, wir hätten diese Werte für andere Menschen stellvertretend leben müssen. Das funktioniert jedoch nicht.

Nehmen wir ein Beispiel: Du hast Freunde zum Essen eingeladen und alles wunderbar vorbereitet. Das Essen stimmt, die Getränke sind liebevoll von Dir ausgesucht und der Tisch ist schön gedeckt. Auch hast Du die Atmosphäre in Deiner Wohnung bedacht vorbereitet, die Gäste können kommen. Während des gemeinsamen Essens ist die Stimmung nicht so gut, wie Du es gerne für Deine Gäste hättest. Zwar regst Du mit interessanten Themen die Gesellschaft an, sich am Gespräch zu beteiligen, aber es kommt nicht so richtig Stimmung auf. Du bekommst inneren Stress und Schuldgefühle wegen dieser Stimmung. Einige Deiner Gäste sind bereits zerknirscht bei Dir angekommen. Der Grund war, dass ein Paar vor dem Besuch bei Dir in Streit geraten ist und dieser Streit immer noch zwischen diesen beiden existiert. Sie sind „böse" aufeinander. Diese Stimmung des Paares überträgt sich auf die anderen Gäste und bremst deren Stimmung aus. Damit kommt bei all Deinen Bemühungen keine wirklich gelöste Atmosphäre auf. Das ist eine klassische Situation, in der ein Gastgeber verzweifeln könnte und sich schnell in der Verantwortung sieht, für eine bessere Stimmung sorgen zu müssen. Schuldgefühle stellen sich über den Gedanken ein, nicht das Beste für die Gäste getan zu haben. Doch wenn du diese Situation von der Seite der Verantwortlichkeit betrachtest, so gibt es für den Gastgeber keinen Grund, sich hier verantwortlich zu fühlen. Er kann nichts für den Streit, der zwischen dem Paar existiert und auch nichts für deren schlechte Stimmung. Der Gastgeber kann auch nichts dafür, dass die anderen Menschen sich von dieser schlechten Stimmung anstecken und einschüchtern lassen und sich deshalb nicht trauen, in Freude und Leichtigkeit überzugehen. Es gibt deshalb keinen Grund für den Gastgeber, Schuldgefühle zu entwickeln. Für die Stimmung seiner Gäste hat er aus seiner Sicht alles getan, dass diese sich gut fühlen, Freude empfinden und sich liebevoll bewirtet sehen können.

So gibt es viele Varianten, sich für etwas schuldig zu fühlen, was man im Grunde nicht zu verantworten hat.

Worüber Du Dich schuldig fühlen kannst, ohne dafür verantwortlich zu sein oder verantwortungslos gewesen zu sein:

- Wenn man einem Freund auf seine Frage eine ehrliche Meinung – auf der Basis von Liebe – geäußert hat und dieser ist dann enttäuscht oder sogar beleidigt ist, weil er eine andere Antwort erwartet hatte oder hören wollte.
- Wenn man seinem Kind gesunde Grenzen setzt, indem man zum Beispiel den Fernsehkonsum einschränkt, kann es durch Schreien, Weinen und Vorwürfe Schuldgefühle erzeugen, man sei zu streng, nicht verständnisvoll genug, gemein.
- Wenn man aufgrund einer Fehlinformation durch eine ansonsten zuverlässige und gute Quelle einen Fehler macht, zum Beispiel wenn man die Information bekommt, ein Treffen sei um 15 Uhr, obwohl es schon um 14 Uhr beginnt.
- Wenn man sich von einem Partner trennt, weil man die Beziehung als unstimmig empfindet, der andere jedoch nicht loslassen will und sich beispielsweise sehr stark gehen lässt, seinen Job gefährdet, sich (selbst)zerstörerisch verhält.
- Wenn man eine Bitte ablehnt, weil man gute Gründe hat, zum Beispiel, wenn man gebeten wird, bei einem Umzug zu helfen, aber gerade erst einen Bandscheibenvorfall hatte, den man auskuriert.
- Wenn man mit jemandem eine Verabredung hatte, der an mehr interessiert ist, während man selber dieses Interesse nicht erwidert und das auch ehrlich sagt, um dem anderen keine falschen Hoffnungen zu machen.
- Wenn man etwas geschenkt bekommt, beispielsweise ein Kleidungsstück, das einem gar nicht gefällt, es auf der Basis von Liebe dem anderen mitzuteilen.
- Wenn sich an einer Kasse jemand vordrängelt, den man höflich darauf aufmerksam macht, dass er die anderen übergeht und der daraufhin pampig oder aggressiv reagiert.

- Wenn man verdienten Erfolg hat, während jemand anderes, vielleicht sogar jemand, der einem nahe steht, keinen Erfolg hat, zum Beispiel bei einer gemeinsamen Prüfung durchfällt, mit seiner Selbstständigkeit scheitert, einen Job nicht bekommt, den man selbst bekommen hat.
- Wenn man einen Bekannten trifft, der immer schlechte Laune hat, auch wenn es Grund zu guter Laune gäbe, und man sich verantwortlich fühlt, weil man ihn/sie trotz Bemühungen nicht aufmuntern kann.
- Wenn ein Partner/naher Verwandter/guter Freund eine Sucht hat, wie Alkoholismus oder Spielsucht, wobei man dem Betroffenen beim besten Willen nicht helfen kann, wenn er/sie nicht selbst will.

Der Schuldspruch, ein Ego-Werkzeug für Manipulation
Eine andere Spielart ist die, dass Dir jemand ein schlechtes Gewissen und Schuld einreden möchte.

Nehmen wir ein weiteres Beispiel: Eine Frau, deren Mutter einsam und sehr zurückgezogen lebt. Außer der Tochter hat die Mutter keinen Ansprechpartner dafür, sich mit einem anderen Menschen auszutauschen. So hat die Mutter ihre Tochter in eine Gewohnheitspflicht hineinmanövriert, die sich in der Art und Weise abzeichnet, dass die Tochter täglich die Mutter anruft, um deren Verlangen gerecht zu werden. Die Mutter ist in der täglichen Erwartung, dass ihre Tochter anruft. Das weiß die Tochter und steht hier unter Druck.

Die Mutter trägt allerdings die Verantwortung für ihre Einsamkeit selbst und hätte sich zu einem viel früheren Zeitpunkt darum bemühen müssen, mehr als nur ihre Tochter als Gesprächspartnerin zu haben und sich in ihrem Leben als einsames Opfer zu fühlen.

Was hier passiert: Die Mutter projiziert den Mangel, den sie in ihrem Leben über diese Kontaktarmut erlebt, auf die Tochter. Wenn sich ihre Tochter einmal nicht bei ihr meldet, weil diese mit ihrem eigenen Leben und der Familie genug zu tun hat, stellt sich bei ihr sogleich ein Schuldgefühl der Mutter gegenüber ein. Automatisch. Weil sie keine Zeit und auch keine Lust hat anzurufen. Diese Schuld wirkt wie ein Implantat und macht die Tochter unfrei. Sie ist eingesponnen vom übertragenen Mangel und von den Erwartungen der Mutter.

Sie trägt ein Schuldgefühl in sich, weil sie der Mutter und ihrer Erwartung nach Kontakt stellenweise nicht nachkommt. Die Tochter hat ein schlechtes Gewissen.

In diesem Fall hält die Tochter das kindliche Schuldgefühl zur Mutter lebendig. Ohne sich selbst mit ihrem seelischen Bewusstsein über die Realität des Schuldgefühls zu überprüfen, geschweige denn, sich davon befreien zu können.

Es kommt, wie es kommen muss: Nachdem die Tochter einen Tag nicht angerufen hat, ist die Mutter am anderen Tag am Telefon abweisend, beleidigt und kurz angebunden. Vielleicht macht sie sogar ihrem erwachsenen Kind Vorwürfe. In jedem Fall wirkt die Mutter bewusst oder unbewusst aus ihrem Ego heraus strafend auf die Tochter ein, die ja sowieso schon ein Schuldgefühl in sich trägt. Damit verstärkt sich bei der Tochter das Gefühl, ihr Versäumnis zu ihrer Mutter hin nicht mehr gutmachen zu können und dies nicht noch einmal geschehen lassen zu dürfen. Das volle Manipulationsspektrum von „Schuld" findet statt.

Die erwachsene Tochter hingegen, die im Liebesbewusstsein lebt, wird schnell dahinter kommen, dass hier keine Kommunikation von Seele zu Seele stattfindet. Sie wird sich vom beleidigten Ego der Mutter nicht beeindrucken lassen. Sie darf ihr schlechtes Gewissen loslassen und sich bewusst sein, dass sie für die Einsamkeit der Mutter keine Verantwortung trägt und sie sich nicht für den Mangel der Mutter permanent einspannen lassen muss. Dass sie sich erst recht nicht kleinmachen lassen muss mit Schuldgefühlen, die unfrei machen, lähmen und noch mehr Anpassung zur Mutter hin verlangen. Diese Tochter hat eine Verantwortung für sich selbst und ihr Leben, ihr seelisches Wohl und für die Gerechtigkeit zu ihren Werten. Gerne ruft sie aus freien Stücken, wenn sie es von Herzen will, die Mutter an. Frei und von Herzen – von Seele zu Seele – und nicht aufgrund des Vorangetriebenseins einer „Erwartungshandlung", die das Kind der einsamen Mutter scheinbar „schuldig" ist.

Niemand hat das Recht, Dir eine Schuld einzureden, weil diese Person es zu einem früheren Zeitpunkt versäumt hat, für einen Mangel in ihrem Leben Verantwortung zu übernehmen. Niemand kann Dir Verantwortungslosigkeit einreden, wenn Du überhaupt keine Verantwortung für etwas hast oder hattest.

Reue, ein seelischer Wert, ein erwachsenes Gefühl
Schuld ist kein seelischer Wert. Anders verhält es sich mit dem Gefühl und dem Wert der Reue. Die Reue ist der Weg aus der Schuld, in welcher tatsächliche Verantwortungslosigkeit und Unterlassung im Vorfeld stattgefunden hat. Schuld ist ein passives Gefühl, während Reue ein aktives Gefühl ist. Du darfst Dich zum Beispiel fragen, ob Du es bereust, eine Sache unterlassen zu haben oder eine Sache zugelassen zu haben, Dir oder einer anderen Person gegenüber, für die Du

Verantwortung hättest übernehmen müssen. Und weil Du es nicht getan hast, dies zu negativen Auswirkungen oder ernsthaften Konsequenzen gekommen ist.

Wenn Du Dir eingestehen kannst, dass Du etwas in Deinem Leben bereust, ist das der erste Schritt, in die Verantwortung des „Fehlers" zu treten. Und die Werte, die Du versäumt hast, in Verantwortung zu leben, aufzugreifen oder nun endlich diesen notwendigen Wert in Dir zu entwickeln. Wenn Du bewusst eine Sache bereust, dann übernimmst Du mit der Reue die Verantwortung und legst Zeugnis darüber ab, diese oder andere Situationen nicht mehr verantwortungslos zu handhaben. Reue ist ein erwachsenes Gefühl und sehr wertvoll, da es bewegt, verändert und es die Größe der inneren Einsicht über einen Fehler oder einer Unterlassung ausdrückt.

So geschehen zum Beispiel bei dem Mann, der sein Auto fuhr, obwohl er wusste, dass etwas mit den Bremsen nicht in Ordnung war und sie überprüft werden mussten. Er fuhr dennoch damit umher. Der Mann geriet in Regen und verursachte einen Unfall, bei dem eine Person verletzt wurde. Schon lange vor dem Unfall hat der Mann keine Verantwortung übernommen. Er hätte reagieren müssen. Nun fühlte er sich schuldig und war über den Vorfall untröstlich. Glücklicherweise blieb er in dem Schuldgefühl nicht stecken. Er besuchte das Unfallopfer. Die Begegnung mit dessen Familie rührte an seiner Ehre. Es löste in ihm tiefe Reue aus. Dies sollte ihm nie wieder passieren. Er übernahm Verantwortung im Straßenverkehr und hielt sich an die Verkehrsregeln. Der Mann nahm sich vor, zukünftig auf sein Auto und auf alles andere, wofür er zuständig war, acht zu geben.

Die Spur der Reue führt zurück in seelische Ernsthaftigkeit, Verantwortung und Selbsttreue.
Du kannst Dir also, um Deine Schuldgefühle in Dir zu klären und zu ordnen, auch die Frage stellen, ob Du eine Sache, die Du gelebt und getan hast, bereust. Wenn Du diese nicht bereust, dann war es stimmig für Deine Seele und Du kannst das Gefühl der Schuld oder der Reue loslassen.
Schuldgefühle in Dir aufzulösen bedeutet einen großen Akt der Selbstliebe und Selbstbefreiung. Insbesondere dann, wenn generell oder objektiv keine Schuld vorliegt. Auch dann, wenn es dieses passive Schuldgefühl in Dir „zu geben hat" oder wenn Du keine Schuldgefühle stellvertretend für andere zu tragen hast. Du solltest Dir im Liebesbewusstsein immer vor Augen halten, dass Schuldgefühle, die Du selbst hast oder die Du anderen leichtfertig überträgst, eine Machenschaft Deines oder eines anderen Egos sind.

Wenn Du einem anderen Menschen sagst: „Du bist schuld", konsterniert es ihn und macht ihn eher ratlos und passiv. Wenn Du sagst: „Du warst verantwortungslos" (und Du kannst das nachvollziehbar erklären), dann ziehst Du diesen Menschen in die Verantwortungsübernahme einer Sache, durch seine Werte, hinein. Aus der Schlinge der Schuld kannst Du im Liebesbewusstsein ganz leicht herauskommen. Aus dem Wert der seelischen Verantwortung niemals.

Reue ist auch als ein Gefühl möglich, wenn Du auf Dein Leben zurückblickst. So kannst Du Dinge reflektieren, die Du nicht geändert oder nicht angenommen hast. Oder wenn Du Dich für etwas anderes entschieden hast als für das, was Dir rückblickend besser getan oder gefallen hätte. Dies ist oft weniger eine Frage der Verantwortung, sondern die Frage, ob Du Dir und Deinen Werten treu geblieben bist und Dich gemäß Deiner Werte entschieden hast. Deshalb steht auch hier wieder die seelische Stimmigkeitsklärung im Fokus einer Entscheidung.

4. Vergeben und Verzeihen

Im Liebesbewusstsein ist das stimmige Vergeben und Verzeihen ein tiefer Bewusstseinsprozess, der seine Zeit im Menschen braucht, um das, was ihm widerfahren ist, in einen stärkenden Sinn für die eigene Seele verwandeln zu können. Oberflächliches, gedankenloses, „vernünftiges" Vergeben und Verzeihen oder „Gefälligkeitsverzeihen" schafft in Deiner Seele keine nachhaltige Substanz oder gar Zuverlässigkeit gegenüber dem, was Du zu verzeihen hättest oder gegenüber demjenigen, dem Du vergeben willst.

Tiefe Verletzungen und ihre Ergründung

Tiefe Verletzungen, die wir im Laufe unseres Lebens erfahren, kommen von Menschen oder Umständen, die für uns eine Bedeutung haben oder prägend sind. Diese tiefen Wunden in uns entstehen in der Regel dadurch, dass die Person, die uns diese Verletzung zugefügt hat, verantwortungslos und unbedacht gehandelt hat. Der Mangel dieses Egos ist der Auslöser dafür. Entweder, weil dieser Mensch keinen Kontakt zu sich selbst hatte oder aber, weil er keinen Kontakt zu Dir hatte. So verletzt sein Ego auf eine rohe Weise das Seelische.

Die seelischen Verletzungen haben damit zu tun, dass unsere Seele und ihre Werte im Moment des verletzenden, grausamen Geschehens von der Person, die dieses ausgelöst hat, weder wahrgenommen noch erkannt, geschweige denn wertgeschätzt wurden. Deine Werte wurden verletzt durch den Mangel der anderen Person. Darin liegt die seelische Verletzung begründet.

Fehltritt, Verantwortungslosigkeit, Mangel

Im Liebesbewusstsein geht es immer darum, zunächst bei sich zu bleiben und seine eigene Seele zu stärken und sie mit der Kraft der seelischen Werte bewusst zu verbinden. Wenn wir Anlass haben, einem Menschen einen Fehltritt verzeihen und vergeben zu wollen, so ist im Liebesbewusstsein nicht dieser Mensch der Grund, sich mit dem, was geschehen ist, auseinanderzusetzen. *Denn Vergeben und Verzeihen hat nichts damit zu tun, diesem Menschen seine „Unverantwortlichkeit", die er über uns vollzogen hat, verzeihen zu müssen.* Das ist ein Missverständnis. Dieses Verzeihen wäre absurd und hätte nichts mit einem seelischen Wert zu tun. Allerdings geht es beim stimmigen Vollziehen des Verzeihens und Vergebens um das Verzeihen des Mangels. Des Mangels aus dem Ego, das Dich mit seinem Verhalten verletzt hat.

Sei Dir bewusst, dass diese Unverantwortlichkeit und der Mangel nicht Deine Sache sind. Sie müssen oder gar können nicht von Dir bearbeitet werden. Das ist die Angelegenheit dieses anderen Menschen, der die Verletzung in Dir ausgelöst hat. Es ist im Liebesbewusstsein zunächst nicht interessant für Dich, ob dieser Mensch zu einer Einsicht mit seiner Unverantwortlichkeit findet oder sich gar zu seinem Vorteil aus seinem Mangel heraus bewegt und positiv verändert. Von diesem Prozess, der diesem Menschen obliegt, machst Du Dich im Liebesbewusstsein frei. Denn es ist für Dich wichtig, Dich nicht an diesem Ereignis, an diesem Menschen und an der Vergangenheit oder an falschem Warten und Hoffen auf Einsicht der Dich verletzenden Person festzuhalten.

Der Gravitation des Mangels entkommen

Es ist wichtig, dass Du Dich aus dem Mangel, der diese Verletzung herbeigeführt hat, erhebst und davon befreist. Denn wenn Du diesen Mangel des Egos überwindest, welches Dich verletzt hat, dann ist der stimmige Augenblick gekommen, verzeihen zu können. Dein Ego wird sicher dazu neigen, sich mit der Verletzung und deren Auswirkung (die Dich wiederum in Deinem Mangel weiter gefangen hält) zu beschäftigen. Doch das zieht Energie und bringt Dich seelisch weder in Deine Kraft noch in eine Entwicklung.

Es ist absolut verständlich, dass vehemente Verletzungen und grausame Taten anderer Menschen tiefe seelische Wunden in einem verursachen und hinterlassen. Doch Deine Seele kann sich selber heilen. Mit ihrer Kraft und mit Hilfe Deines seelischen Bewusstseins. So darfst Du Dich ganz Deiner Seele zuwenden und Dir bewusst werden, welche Werte nicht gesehen wurden – in dem Moment, in dem dieses verletzende Ereignis geschehen ist, von dem Menschen ausgehend, der Dich verachtet hat. Du darfst Dich fragen, was dieses Ereignis in Dir ausgelöst und mit Dir gemacht hat und natürlich auch, welche Bedeutung dieses Ereignis für Dich heute noch hat. Bist Du immer noch an diesen „Mangel" gebunden?

In den Prozess des Verzeihens und Vergebens zu treten bedeutet, sich selbst verständnisvoll Zeit zu lassen. Hier zählt nicht der gut gemeinte Rat von Dritten „Du musst noch Deiner Mutter verzeihen" oder „Du musst Deinem Vater verzeihen", wenn es nicht stimmig für Dich ist.

Im Liebesbewusstsein ist das Verzeihen und Vergeben in Dir dann stimmig, wenn Du im Laufe des Prozesses den tiefen Sinn dieses Ereignisses in Dir anerkennen und begreifen kannst. Wenn Du das Ereignis in Dir seelisch so bewegt hast, dass Du feststellst, dass der tiefe Sinn dahinter Dir eine viel größere seelische Weite, tieferes Bewusstsein, seelische Fülle und neue Lebenskompetenzen ermöglicht hat. Wenn Du Deinen Mangel, der Deine Verletzung ausgelöst hast, umgekehrt hast in seelische Werte, die Dich komplettieren und weiterbringen. Dies ist jedoch nur möglich, weil Du Dich von dem Ereignis nicht in einen Kokon von Passivität, Selbstmitleid, Opfersein oder jahrelangen Ego-Therapien hast einspinnen lassen.

Nehmen wir ein Beispiel.

Ein kleines Mädchen wird in eine Familie geboren, in der es nicht willkommen ist. Dieses Kind erfährt in frühen Jahren, was Liebe alles *nicht* ist. Durch die Eltern, die keine Ahnung von Liebe haben und auch keine Ahnung davon haben wollen. Das Kind wird geschlagen, beschimpft, gedemütigt, entwürdigt, verflucht, eingesperrt und feiert schon als Fünfjährige in ihrem Zimmer alleine mit einem Radio Weihnachten und vieles mehr. Die Erfahrungswelt dieses Kindes sind Kaskaden von Lieblosigkeiten. Man könnte meinen, dieses Mädchen und später diese Frau könnte von Liebe ebenso keine Ahnung haben und, daraus folgernd, grausam mit ihren eigenen Kindern oder ihrem Leben und dem Partner umgehen. Alternativ könnte sie in der „Gosse" landen, denn aus der Fülle des vorgelebten krassen seelischen Mangels der Eltern könnte ihr theoretisch, außer dem Abgrund und der seelischen Verwahrlosung, nichts Weiteres einfallen außer permanentem Selbstverlust und Selbstzerstörung durch sich selbst und durch andere.

Das Mädchen und die Frau sind zutiefst verletzt durch die Ereignisse. Es besteht ein großes „Angebot", die Eltern anzuklagen und in Selbstmitleid zu verfallen. Doch diese junge Frau beschließt sehr früh, aus ihrem seelischen Bewusstsein heraus, es anders zu machen als die Eltern. Sie mobilisiert in jungen Jahren seelische Werte in sich, ohne es zu wissen oder genau benennen zu können. Sie ist sich des Mangels und Leidens in ihrem Ego bewusst durch die Kindheit. Sie kann es nicht vergessen und wird immer daran erinnert. Zum Beispiel durch ähnliche Menschen oder Situationen in ihrem voranschreitenden Leben.

Viele erhabenste Gedanken, es im Leben besser zu machen und vor allem, Liebe zu leben, mobilisieren diese Frau seelisch so sehr, dass sie entgegen ihrer Herkunft ganz viele seelische Werte aktiviert und in ihrem Leben sichtbar in die Welt bringt. Hätte sie sich fixiert auf die Verletzungen und sich als das Opfer der Familie gesehen, hätte sie unbewusst auf das bessere Leben verzichtet. Sie hätte sich viel zu sehr an die Dunkelheit ihres frühen Lebens geklammert.

Es dauerte einige, ja viele Jahre, bis diese Frau innerlich stimmig vor sich selbst sagen konnte, dass sie ihrem Vater und ihrer Mutter das Grauen von einst verziehen hat. Sie konnte es sich aufgrund ihrer eroberten, seelischen Fülle erlauben, den Eltern deren Mangel zu verzeihen. Einen Mangel, unter dem sie heute nicht mehr leidet. Jedoch ein Mangel, in dem wahrscheinlich diese Eltern nach wie vor leben.

Als die Frau dies für sich stimmig fühlen und das Verzeihen aussprechen konnte, wusste sie, dass es ihren Eltern gegenüber die Wahrheit ist. Denn sie fühlte sich von dem, was sie aus ihrem Leben gemacht hatte, über alle Mühen der Jahrzehnte hinweg, zutiefst bereichert und beschenkt. Sie hatte in sich die Kraft entwickelt, nicht nach hinten zu schauen, sondern nach vorne – Werte zu leben und es anders zu machen. Und sie nahm ihre Herkunft als Anlass, alles, was Liebe nicht ist, keinesfalls nachleben zu wollen, sondern alles, was Liebe ist, zu tun und zu unternehmen. Das war der seelische Sinn dieser tiefen Verletzungen in ihrem Leben, vielleicht sogar die Chance, als Einzige aus dieser Familie ein anderes Leben zu führen. Ein seelisches Leben. Es ging nicht darum, das Spektrum aller Unverantwortlichkeiten ihrer Eltern zu verzeihen und zu vergeben. Das ist das Päckchen der Eltern. Die Frau hat die Verantwortung für ihre Verletzungen übernommen, um etwas seelisch Wertvolles daraus zu machen. Sie hat die Liebe erobert und damit die göttliche Fülle in ihr Leben gebracht. Sie lebt Liebe und niemand wird das ändern.

In dem Moment, in dem bei ihr die tiefe Erfahrungsweisheit über den Sinn dieser Ereignisse für ihre Seele verstanden und bejaht wurden, fand Verzeihen und Vergeben den Eltern gegenüber statt.

Wichtige Phasen vor der Vergebung

Das Wichtige daran ist, dass es die Zeit und Reifung braucht, die es benötigt, damit die Einsicht, das Gute daran zu sehen, in seelischer Ruhe stattfinden kann.

Die eigene gute, seelische Entwicklung, die durch die Ereignisse ausgelöst wurden, zu sehen. Tieferes Bewusstsein zu erlangen und die Mobilisierung neuer seelischer Werte zu ermöglichen.

Man könnte sogar sagen, dass es völlig unklar ist, ob eine Seele sich ohne tiefe Verletzungen in dieser Gänze so mit seelischen Werten kräftigen könnte, wie sie es durch den Auslöser einer Verletzung durch einen unbedachten Menschen geschehen lassen kann. Es ist ein Kriterium, in sich überprüfen zu können, ob man wirklich einem Menschen den verletzenden Mangel verziehen hat, weil man für sich ganz wahrhaftig erkennen kann, dass man daraus seelische Werte und seelische Fülle geschöpft hat. Wenn dem nicht so ist, dann darf sich der Mensch noch Zeit geben, bis es mit dem Verzeihen und Vergeben wirklich stimmig ist.

Deine Seele steckt niemals den Kopf in den Sand. Deine Seele möchte, dass Du alles in Deinem Leben seelisch nutzen kannst – selbst die Verletzungen Deines Lebens durch wichtige Menschen. Deshalb darfst Du Dich im Falle von verletzenden Ereignissen immer fragen: „Welchen Wert kann ich jetzt aus meiner Seele mobilisieren, weil ich mich von dem Unvermögen und der Verantwortungslosigkeit der Person, die mich verletzt hat, nicht klein machen oder beeindrucken lasse?"

Natürlich bedeutet es in der Verarbeitung der Verletzung, traurig und enttäuscht zu sein. Dieser Trauerprozess ist wichtig für Deine Seele, um Dich selbst zu achten und wertzuschätzen. Das ist meistens die Phase vor dem Eintauchen in den Erkenntnisprozess über den Sinn der Ereignisse.

Schicksal kannst Du auflösen

Wenn Du innerlich verziehen hast im Liebesbewusstsein, dann löst Du auch das „Schicksal" auf. Das Schicksal, dass es Dir nochmal so ergehen könnte oder Deine Nachkommen das ähnliche Schicksal erleiden. Nur Du bestimmst Dein Leben und niemand „verhängt" etwas über Dich. Nur Dein Ego hält das Schicksal aufrecht durch Unbewusstheit, „Abfinden" und „Hinnehmen" von Schicksal oder Schicksalsergebenheit.

Im Liebesbewusstsein gibt es kein Schicksal. Wie im Beispiel dieser Frau, in dem sie sich mit dem Los „ohne Liebe groß geworden zu sein und dem ausführlichen Wissen, was Liebe alles nicht ist" nicht abfinden konnte.

Dein Wertebewusstsein und Dein seelischer Wille löst mit Hilfe Deines konsequenten seelischen Bewusstseins jedes „Los" und jedes „Schicksal" auf. Du darfst Dich seelisch niemals aufgeben oder vergessen. Selbst wenn es andere getan haben oder Unseliges Dir gegenüber tun. Du tust es nicht.

Das ist das Geheimnis der Schicksalsauflösung. Durch das Erkennen der Inkompetenzen der Menschen oder des Menschen, der Dir die Verletzung zugefügt hat, kannst Du mit Deinen Werten einen neuen Weg einschlagen, der Dich unabhängig von den Verletzungen werden lässt. Du kannst in Dir mit diesen Werten als Antwort auf die Verletzungen vorgehen. Du kannst mit ernstzunehmenden inneren Beschlüssen beginnen, seelisch das Beste für Dich aus den Erfahrungen zu machen.

Der Sinn ist, Dein Potenzial freizulegen und in die eigene, wertebewusste Lebenskompetenz zu treten und Dich dadurch von dem Menschen, der Dir Verletzungen mit seinem Ego zugefügt hat, *zu unterscheiden*. Du darfst diese zum Anlass nehmen, Stärken in Dir zu mobilisieren, die niemand an Dir geschätzt hat oder Du in Dir selbst nicht für möglich gehalten hast.

Verletzungen sind gute Gründe, mit Hilfe unserer Seele über uns selbst hinauszuwachsen. Und wenn uns das gelungen ist, dürfen wir wohlwollend auf uns selber blicken und die Erfahrung machen, wie Erfüllung und Bereicherung uns gegeben und offenbart wurden, durch das „Über-uns-hinauswachsen". Genau das macht Vergeben und Verzeihen stimmig.

Selbstvergebung

Sich selbst eine Sache zu vergeben, ist oft viel schwieriger und braucht in der Regel noch mehr Zeit. Je nachdem, um welchen Mangel es sich handelt oder welche seelische Kontaktlosigkeit einem Menschen gegenüber sich aus dem vollzogenen, eigenen verletzenden Gebaren ergeben hat.

Bevor Selbstvergebung stattfinden kann, muss ein tiefer Reueprozess über die jeweilige Unverantwortlichkeit, Unbedachtheit oder Unterlassung einer Sache vorangehen. Es muss sozusagen im Laufe der Zeit ein stabiles Gerüst entstehen, sich auf sich selbst *ultimativ* verlassen zu können, solch einen Fehler oder eine solche Verletzung sich oder einem anderen Menschen nicht mehr zufügen zu wollen und auch nicht mehr zufügen zu können. *Hier liegt das Augenmerk, auf „nicht mehr zufügen können".*

Das Ereignis mit seinen Konsequenzen, das man sich selbst verzeihen müsste, resultiert ebenfalls aus einem Mangel an nicht gelebten seelischen Werten. Denn unsere seelischen Werte sind auch Schutz in uns davor, Unverantwortliches schon im Vorfeld unmöglich zu machen. *Wertebewusstsein ist ein Schutz!*

Nehmen wir ein Beispiel: Ein junger Mann wurde einmal von einer guten Freundin gebeten, etwas für sie zu erledigen. An diesem Tag ging es der Freundin nicht gut und sie musste eine für sie wichtige Begegnung absagen. Der Mann sagte zu, die Absage zu übernehmen und versprach ihre prompte Erledigung. Der Mann vergaß jedoch, demjenigen, der an dem Termin beteiligt war, abzusagen. Mit dem Ergebnis, dass der „Termin" vor der Tür der kranken Freundin stand und sich echauffierte, warum ihm nicht Bescheid gegeben worden sei und er nun umsonst den ganzen Weg auf sich genommen habe. Die Person machte der Freundin die Hölle heiß. Als nun der junge Mann von seinem Versäumnis erfuhr, war er zutiefst betroffen. Er schämte sich, dass ihm das passiert war, dass aufgrund seiner Unterlassung ein sehr geschätzter Mensch verletzt worden war. Reue durchfuhr ihn und er fragte sich ernsthaft, wie er sich das verzeihen sollte, unabhängig davon, ob ihm die Freundin das würde verzeihen können. Das Ereignis sollte einen tiefen Schnitt in seinem eigenen Selbstbild hinterlassen, dass er sich fortan schwor, so etwas werde ihm nie wieder passieren können. Er hatte, obwohl nicht er selbst, sondern die Freundin verletzt wurde, am „eigenen Leibe" erfahren, was seine Unbedachtheit und Verantwortungslosigkeit ausgelöst hat.

Nur wenn in Dir tiefe Gewissheit existiert, dass Du einen unverantwortlichen Fehler, aufgrund Deiner präsenten Werte, niemals mehr vollziehen kannst, ist Selbstvergebung möglich. Aufgrund der seelischen Werte in Dir, die das definitiv nicht zulassen und sozusagen „überwachen". Selbstvergebung durch das Einsehen des Sinns, das dieses – vielleicht sogar nicht mehr wiedergutzumachende – Ereignis Anlass dafür ist, genau jetzt diese wichtigen Werte in Dir zu entwickeln. Vor sich treu zu schwören, von den Werten niemals mehr abzurücken. Niemals!

Die größte Hürde in der Selbstvergebung ist im Liebesbewusstsein, sich selbst tatsächlich tiefes, substanziellen Wissen versprechen zu können (und nicht nur Glauben), das Geschehene niemals mehr zu wiederholen oder in einer anderen Form auszuleben.

Um Vergebung bitten mit dem gewissen Etwas
Wenn Du einen Menschen um Verzeihung bittest, ist es erst dann stimmig, wenn Du für Dich geklärt hast, was Du in ihm seelisch nicht erachtet hast. Also seine Werte. Durch Dein Erkennen und weil Du an Dir arbeitest, durch diesen Fehler Deinen Mangel aufzulösen, gelangst Du in eine stimmige Haltung. In eine adäquate Haltung, um den Menschen, den Du enttäuscht oder verletzt hast, um Verzeihung zu bitten. Das geschieht durch Dein inneres Erkennen, welchen Respekt und Wert Du diesem Menschen zukünftig geben möchtest, um ihm seelisch gerecht zu werden. Teile ihm das auf der Basis von Liebe mit. Offenbare Dich. Auch Deinen „neuen" bewussten Wert, diesen Menschen fortan seelisch wertzuschätzen und nicht mit Mangel zu verletzen.

Wenn Du einen Menschen mit dieser Haltung und inneren Klärung um Verzeihung oder Vergebung bittest, dann sprichst Du von Deiner Seele zu seiner Seele. Du bittest diesen Menschen, Dir Deinen seelischen Mangel zu verzeihen. Dann ist ein Anfang gemacht, dass zwischen Euch etwas heilen kann. Ohne Wollen, Sollen oder Müssen.

5. Dankbarkeit und Anerkennung

Im Liebesbewusstsein ist es stets von Bedeutung, mit Hilfe Deines seelischen Bewusstseins auf Stimmigkeit zu achten und konsequent Unstimmigkeiten aus Deinem Leben für Deine Seele zu beseitigen. Dies bedeutet, gelegentlich selbst die Unstimmigkeiten in zwischenmenschlichen Beziehungen oder Begegnungen auszusprechen, um sie mit den seelischen Werten in Einklang bringen zu können.

Ein wertvoller Moment, der Bewusstsein schafft
Gleichermaßen bedeutungsvoll sind im Liebesbewusstsein Dankbarkeit und Anerkennung. Dankbarkeit kann „alleine" in Dir gefühlt werden oder mit einer aktiven Anerkennung einer Sache oder Person verknüpft sein. Dankbar zu sein, also sich über das bewusst zu sein, was man erhalten hat von einem Menschen oder einer Situation, der Natur oder sich selbst, ist zunächst ein passives Gefühl.

Es ist gut, sich offenen Herzens bewusst zu sein, wofür man in seinem Leben und im Alltag dankbar ist oder sein kann. Es gibt viele Gründe, echte Dankbarkeit in seinem Leben zu empfinden. Mit diesem Gefühl öffnest Du Dein Herz und Deine Seele für das Füllebewusstsein der Liebe. Wenn Du für etwas dankbar bist, dann wirst Du Dir des wertvoll „Erhaltenen" bewusst oder dessen, was Dir bereits zur Verfügung steht.

Hier einige Beispiele, worüber Du in Deinem alltäglichen oder besonderen Leben Dankbarkeit empfinden kannst, die wir Menschen leicht übersehen. Dankbarkeit gegenüber dem, was Dich erfüllt und Dein Herz berührt.

Wofür man bewusst Dankbarkeit im Alltag entwickeln kann:

- Wenn man unerwartet ein tolles Schnäppchen macht oder ein gutes Angebot auftaucht, beispielsweise eine Kamera, die man schon länger gerne kaufen wollte, ist plötzlich deutlich reduziert.
- Man bekommt einen tollen Parkplatz, obwohl es überall überfüllt ist.
- Dass einem Freunde oder andere Menschen aufmerksam zuhören oder wirklich interessiert Fragen stellen und auf einen eingehen.
- Wenn man umsorgt wird, ein Mitbewohner beispielsweise ein gemeinsames Essen vorbereitet oder den Kühlschrank mit leckeren Dingen füllt.
- Man wird an einer Kasse vorgelassen, weil man wenige Teile hat oder es macht genau in dem Moment, an dem man zur Kasse kommt, eine neue Kasse auf.
- Wenn Haustiere einen erfreuen, durch liebevolle Gesten oder weil sie einen zum Lachen bringen durch ihre Art und natürliche Authentizität.
- Jemand hilft einem, beispielsweise etwas Schweres ins Auto zu heben oder winkt einen in eine enge Parklücke ein.
- Wenn jemand einem weiterhilft, weil er zum Beispiel gut einen Weg erklärt oder einen Tipp gibt, wo man etwas besonders gut einkaufen kann.
- Menschen, die einen aufheitern oder in bessere Stimmung bringen, weil sie eine andere Perspektive geben oder mit ihrer Art auflockern und entspannen.
- Gegenseitiges rücksichtsvolles Verhalten im Straßenverkehr, wie jemanden ausparken lassen, abbiegen lassen.
- Man bekommt etwas ausgegeben, wird eingeladen, bekommt ein Geschenk ohne besonderen Grund.
- Dass einem mit Verständnis begegnet wird, wenn man beispielsweise auf der Arbeit einen Flüchtigkeitsfehler gemacht hat oder mal etwas weniger Leistung bringt, weil man weniger fit ist.
- Gegenseitige Unterstützung in der Familie, wie bei den Hausaufgaben helfen, im Haushalt mithelfen, Autos ‚ausleihen', jemanden abholen oder bringen, fragen, wo man helfen oder unterstützen könnte.

- Wenn man Unterstützung angeboten bekommt, zum Beispiel „Ich kann auf Dein Kind/Deinen Hund aufpassen", „Ich kümmere mich um Deine Pflanzen, wenn Du im Urlaub bist"
- Wenn man an seinem Arbeitsplatz wertgeschätzt und respektiert wird, ein gutes Klima unter den Kollegen herrscht.
- Für die alltäglichen Annehmlichkeit, wie Auto, Computer, Handy, Telefon, die man selbstverständlich nutzt, weil sie den Alltag erleichtern.
- Für die medizinische Versorgung, die einem jederzeit und im Notfall zur Verfügung steht durch Ärzte, Sanitäter, Krankenwagen, Ambulanzen.
- Dafür, wie die Natur einen erfreut, mit Sonnenschein, schönen Blumen, Düften, Tieren, Frische, Wind, Tönen, Formen und Farben.

Sprich Dankbarkeit aus!
Wenn Du Dankbarkeit zu einem Menschen teilst, weil Du diesem Menschen spürbar dankbar gegenüber bist, dann drücke Deine Dankbarkeit großzügig aus.
Deine sichtbare Dankbarkeit ist eine wunderbare Bestätigung für den Menschen, der diese erfährt. Eine Bestätigung dafür, mit dem, was er Dir aus seinen Werten heraus gegeben hat, bei Dir seelisch angekommen zu sein. Ein wirklich beherztes „Danke" an einen Menschen zu richten bedeutet, dass Du ihm etwas zurückgibst und nicht konsumierst. Es gibt diesem Menschen seelische Kraft und Mut, weiterhin so zu sein, wie er sich beispielsweise Dir gegenüber wertvoll verhalten und gegeben hat. Vermeide jedoch das oberflächliche, eingespielte „Danke", welches im Alltag ohne Sinn vonstattengeht. Ein „Danke", weil es sich so gehört, ist ebenso auf Stimmigkeit zu überdenken.

„Danke" zu sagen, weil man Dankbarkeit spürt, ist hingegen ein wertvoller Moment, der für alle Beteiligten gefühlt werden kann. Das gemeinsam zu registrieren und zu spüren, ist ein Geschenk.

Eine Quelle kommt in Fluss
Du wirst freudig bemerken, wenn Du mit offenen Augen und fühlenden Herzens Deinen Tag durchlebst und mit dem „Erkennen" von Dankbarkeit in Dir handelst. Du wirst erkennen, dass Du Dich bereicherter fühlst, als Du zunächst ahnst. Und wenn Du einem Menschen einen ehrlichen Dank äußern und geben kannst,

dann wird dieser sich von Deinem Dank bereichert fühlen. Hier ist Geben und Nehmen im Fluss.

> **Unterstützung für Deine Seele:**
> **Tagesandacht 2: „Ich danke der Liebe"**
> **Tagesrückblick 3: Geben und Nehmen im Einklang**

Anerkennung und Wertschätzung, die aktiven Verwandten des Danks

Gehen wir einen Schritt weiter, kannst Du die Fülle der Liebe mit der Anerkennung einem Menschen oder einer Sache gegenüber komplettieren. Anerkennung ist ein aktiver Wert. So kannst Du zum Beispiel von Deiner Mutter Geld geschenkt bekommen, was Du gut gebrauchen kannst. Darüber kannst Du ehrlich dankbar sein und Deiner Mutter von Herzen „Danke" sagen. Gehst Du den Weg darüber hinaus in die Anerkennung, so drückst Du Deiner Mutter zudem aus, was Du mit ihrer Geste von Herzen an seelischen Werten bei ihr offensichtlich wertschätzt. Du könntest ihre Hilfsbereitschaft, ihre Großzügigkeit, ihre Unkompliziertheit anerkennen und Deinen Dank ihr gegenüber noch vertiefen.

Wenn Du einem Menschen „Danke" sagst und Du gibst ihm zudem aktive Anerkennung, wirst Du bemerken, wie sich die Energie des Dankes um ein Vielfaches verstärkt. Sobald Du einem Menschen Werte zusprichst, öffnet sich automatisch seine Seele. Selbst bei dem „verknöchertsten" Menschen kannst Du mit bewusster Anerkennung diese Erfahrung machen. Mag sein, dass dies zunächst den Menschen, der Deine offensichtliche Anerkennung erhält, beschämt und verunsichert. Jedoch bist Du mit dieser seelischen Tat ein Anlass für ihn, sich selbst einmal als wertvoll zu erachten.

Mit Anerkennung bahnst Du auf eine andere Art und Weise dem Menschen, den Du anerkennst, den Weg und den Bezug zu seiner Seele. Dankbarkeit und Anerkennung gehören bei den Menschen, die Dir wichtig und von Bedeutung sind, im Liebesbewusstsein zusammen.

Wenn Gott es könnte, würde er jeden Menschen ständig loben. Doch wir dürfen das unter uns Menschen stellvertretend für ihn tun. Wir dürfen unser Herz öffnen, unsere Augen und unseren Mund und wir dürfen Anerkennung dem anderen Menschen gegenüber mitteilen. Damit sollten wir nicht sparsam sein, denn es beflügelt die Seele des Menschen, der über sein Tun und Handeln, über sein So-sein Anerkennung und Wertschätzung erhält. Du gibst diesem Menschen etwas zurück, was er aufgrund seiner Werte verdient hat. Dankbarkeit und Anerkennung ist der Schlüssel, um den Konsum des Egos unter Menschen zu durchbrechen.

Wertvolle Lebendigkeit
Mit Anerkennung gepaarte Dankbarkeit machen das Seelische differenzierter und es unter Menschen lebendiger. Deshalb wachse im Sinne der Liebe in diese Offenheit und in die Lebendigkeit, einen anderen Menschen bewusst anzuerkennen und ihm dies, wenn möglich, mitzuteilen. Es tut dem Menschen, der Dir vorher etwas gegeben hat, und gerade seiner Seele *so gut*. Es gibt seelischen Zuspruch der besonderen Art, in einem stets positiven Augenblick.

Sollte es Dir am Anfang noch schwer fallen, so darfst Du Dir bewusst sein, dass dieser Umgang miteinander ein wichtiger Prozess der seelischen Öffnung für Dich ist. Es wird vollzogen einmal für denjenigen, der es ausspricht und für den, der dies annimmt. Du wirst bemerken, wie Dankbarkeit und Anerkennung „Wunder" bewirken. Es ist das Füllebewusstsein der Liebe, das Du damit aktivierst. Es ist ein Ausdruck von Seele zu Seele.

Zwischenmenschliche Sparsamkeit kannst Du eintauschen gegen das bewusste Ansprechen und Ausdrücken, dass Du Dich von einer Person bereichert und erfüllt fühlst. Dies gilt für die Menschen, mit denen Du unter Erwachsenen diese Erfahrungen machst. Es gilt jedoch ebenso für Kinder, indem Du ihnen bewusste Dankbarkeit und Anerkennung schenkst, wenn sie Dir etwas gegeben haben, was Deine Seele erfüllt hat.

Anerkennung schafft unter Menschen Klarheit. Es gibt uns das Gefühl, mit unseren Werten genau richtig und wichtig zu sein. Es lässt dieses „Schön, dass es Dich gibt" oder „Du bist ein wertvoller und wichtiger Mensch für mich", zu substanzielleren Aussagen werden.

Zögere keinen Moment damit, Wertvolles in Dir und um Dich herum zu erkennen und mit Deiner spontanen und ehrlichen Anerkennung zu achten. Es zeugt von der Offenheit Deiner Seele und davon, dass Du das Liebesbewusstsein praktizierst.

Nicht die Posaune ist entscheidend, sondern die Erkenntnis.
Selbstverständlich ist es wichtig, nur in stimmigen Augenblicken einem anderen Menschen, neben Dankbarkeit, offensichtliche und ausgesprochene Anerkennung seiner Werte zu vermitteln. Wenn dies für Dich – aus welchen Gründen auch immer – nicht möglich ist, nimm in jedem Fall das, was Du von diesem Menschen an Werten erhalten hast, zur Kenntnis. Vollziehe Deine Anerkennung ihm gegen-

über innerlich. Du kannst dies ebenso Menschen oder Situationen gegenüber nachträglich ausführen. Besonders dann, wenn Du in der Vergangenheit den Menschen zu wenig Beachtung geschenkt hast. Wenn Dich in der Zeit des gemeinsamen Erlebens oder Zusammenseins diese wertvollen Augenblicke seelisch erfüllt und bereichert haben, ohne dass Du es bewusst bemerkt hast. Wenn Du diese Anerkennung im Nachhinein innerlich vollziehst, dann vollziehst Du seelische Gerechtigkeit. Das tut auch Deiner eigenen Seele gut.

Kapitel VI – Liebesbewusstsein zum Körper

> *Ein jeder, der sich für die Liebe entscheidet, ist befugt, bemächtigt, nicht das Opfer seiner Herkunft zu sein oder Täter seiner Herkunft zu werden, sondern ein bewusst liebender Mensch, aus sich selbst heraus.*
>
> *(Marija)*

So wie unsere Eltern uns göttlich gegeben sind und unsere Kinder göttlich gegeben werden, so ist es auch mit unserem Körper. Diese drei Absolutheiten entspringen nicht aus einer Frage unseres Wollens oder aus der einer Wahl.

Wir haben unseren Körper für unser jetziges Leben so erhalten, wie er gerade ist. Unser Körper ist eine Totalität und eine materielle Verschmelzung mit unserer Seele - v o n unserer Geburt bis zu unserem Tod. Er ist die Wohnstätte unserer Seele und aus Sicht dieser das Beste, was es für sie gibt. Dein Körper ist für Deine Seele die Möglichkeit, sich menschlich und irdisch sinnvoll zum Ausdruck zu bringen. Deine Seele kann sich mithilfe Deines Körpers im Laufe des Lebens mit inneren Werten entwickeln und ausdehnen und die äußeren Werte stimmig erschaffen, sie also manifestieren. Deine Seele achtet Deinen Körper als Schlüssel für das irdische Leben und ist ihm voller Wertschätzung zugetan.

1. Körperbewusstsein

Unser Körper ist die Erinnerung an die Endlichkeit dieses einen Lebens. Er will uns daran erinnern, dass wir unser Leben und unsere Jahre für die seelische Entwicklung und das sinnvolle Erschaffen – das Werden – nutzen mögen. Dafür steht unser Körper passiv zur Verfügung.
Einige Menschen haben in sich das Glück gefunden, in liebevollem Einverständnis mit ihrem Körper zu sein und diesen selbstverständlich wertzuschätzen, ohne Wenn und Aber.
Doch wie sieht es bei den meisten Menschen in der Realität aus, mit der eigenen körperlichen Bezogenheit? Die wenigsten sind mit ihrem Körper wirklich einverstanden oder gehen emotional und mental liebevoll mit ihm um. Sie haben keinen bewussten Kontakt zu ihrem Körper, ganz zu schweigen davon, ihn seelisch wertzuschätzen. Das beginnt bereits in der Pubertät, wenn die oder der Jugendliche

sich am Pickel, den zu kleinen Brüsten und der Behaarung vor dem Spiegel stört. Wir werden geradezu damit groß, uns körperlich permanent kritisch anzusehen, wie unser Körper noch besser sein könnte. Unser nicht perfekter Körper ist für das Ego der Anlass schlechthin, Mangel mental oder emotional in uns zu verbreiten. Zu klein, zu dick, zu hell, zu dunkel, zu dünn, zu faltig, zu behaart, zu alt, zu schwabbelig, zu groß und anderes. Das Ego findet immer eine Stelle, die man am Körper bemängeln kann. Oder man schaut den Körper und sein Erscheinungsbild gar nicht erst an, ignoriert ihn und lässt ihn „vergammeln".

Dein Körper, Dein Ein und Alles

Je älter wir werden, desto „imperfekter" wird der Körper und umso mehr stehen wir dadurch in Konkurrenz zu anderen Menschen mit „besseren" Körpern. Die Modeindustrie tut ein Übriges dazu. Sie weiß genau, wie man ein Ego in seinem körperlichen Stolz beeinflussen und manipulieren kann. Anders als Deine Seele. Sie wendet sich Deinem Körper bedingungslos zu. Sie weiß um den absoluten Sinn Deines Körpers, um dessen Schönheit und Perfektion mit all seinen Funktionen.

Wenn Du das Liebesbewusstsein praktizieren möchtest, ist es von Bedeutung, Dir Deiner Haltung zu Deinem Körper bewusst zu werden. Deine Haltung zu ihm so zu verändern, dass Du beginnst, ihn seelisch und mit dem Herzen zu sehen und zu begreifen.

Dein Körper ist in Deinem Leben Dein *„Ein und Alles"*. Du hast für dieses Leben nur diesen Körper und Du darfst mit Deiner Selbstliebe alles für diesen Körper im besten Sinne tun. Deine Seele hat Deinen Körper in Besitz genommen und es ist Zeit, dass Du Sorge dafür trägst, dass Dein Körper nicht mehr im Besitz Deines Egos verweilt.

Nur durch ihn bist Du ein lebendiger Mensch, der das göttliche Leben verbreiten kann. Nimm ihn an, wie er jetzt ist, und beginne neu, mit Deinem Körper auf der „Basis von Liebe" zu leben. Denn Dein Körper hat es verdient. Deine Seele liebt Deinen Körper. Folge der Liebe Deiner Seele. Für sie ist es höchst respektlos und eine Missachtung des göttlichen Menschseins, wenn Du Deinen Körper bewertest, entwertest, ignorierst oder ihm Druck machst, anstelle ihn zu verstehen. Wenn Du der Meinung bist, Dein Körper sei zu dick, dann nimm das zur Kenntnis. Projiziere jedoch fortan nicht mehr auf ihn, dass er etwas dafür könne. Nicht Dein Körper ist von alleine dick geworden, sondern durch die Machenschaften und die Gier nach Befriedigung Deines Egos. Übernimm Verantwortung dafür, indem Du Dich fortan stimmig ernährst. Wenn Du Pickel hast, dann nimm die Pickel zur Kenntnis und schenke Deinem Körper an der Stelle wohlwollende Aufmerksamkeit, indem Du dafür sorgst, dass die Pickel schneller verschwinden können. Wenn Du Schmerzen hast oder andere Beschwerden, dann nimm diese zur Kenntnis und ignoriere sie nicht. Sorge für die Schmerzen oder Beschwerden, in dem Du nach Linderung suchst und darauf verzichtest, Deine Körpersignale zu ignorieren.

Es ist dem eigenen Körper gegenüber respektlos, dessen Zeichen zu „überhören". Eine körperliche Beschwerde oder einen Schmerz zu ignorieren führt oft zu einer Erkrankung oder Verschlimmerung der Grundbeschwerden, bis hin zur chronischen Etablierung eines körperlichen Problems.

Ignoriere genauso wenig den Zustand Deines gesunden Körpers. Gerade dann, wenn Dein Körper gesund ist, schenke ihm Dein dankbares Körperbewusstsein.

Innere und äußere Pflege des Körpers

Der Körper ist Ausdruck Deiner unerlösten Ego-Themen. Wenn Du Deinen Körper nicht beachtest und er mit Dir gemeinsam und unbewusst „wild" symptomatisieren darf, dann überlässt Du weiterhin Deinem Ego das Zepter über Deinen Körper. *Lerne Deinen Körper aus Liebe und Wertschätzung ernst zu nehmen und zu bewahren.* Er ist darauf angewiesen, dass Du ihn im Sinne Deiner Seele und nicht im Sinne Deines Egos bewahrst. Seelische Selbst-Fürsorge ist auch Fürsorge für Deinen Körper. Das bedeutet, dass Du ihn mit der seelischen Betrachtung seines großartigen Wertes entlastest und entspannst. Dass Du ihn aus dem Ego-Stress von Haben-Wollen, Sollen oder Müssen herausholst und liebevoll behandelst, befühlst und bedenkst.

Es geht nicht darum, alles in Dich hineinzustopfen, weil Dein Ego gerade Lust daran hat, sich mit Nahrung zu befriedigen. Es geht aber auch nicht darum, Deinen Körper zu überpflegen, zu überstylen und eine unnatürliche Perfektion anzustreben, die Du sowieso nicht erreichst und darüber hinaus für eine perfekte Figur hungerst. Es geht nicht darum, zu enge Hemden und beengende Krawatten zu tragen oder zu hohe Schuhe, die Schmerzen bereiten und Deine Gelenke ruinieren. Es geht nicht darum, sich mit unbequemer, einschnürender Kleidung zum Opfer der Mode zu machen, weil es chic ist und Du dann scheinbar noch besser aussiehst. Dies alles hat nichts mit Stimmigkeit für Deine Seele zu tun.

Natürlich ist es für Deine Seele schön, wenn Du Deinen Körper in Schönheit bringst und in einen angenehmen, natürlich Zustand. Wenn Du Dich beispielsweise so vorteilhaft kleidest, wie es Deinem Körper steht. Wenn Du Deine Haut und Deine Haare so pflegst und unterstützt, dass diese gesund sind. Natürliche und angemessene Schönheitspflege für den Körper ist wichtig für die Seele. Egal, wie Dein Körper aussieht – es ist schön, wenn Du ihn angemessen pflegst und fürsorglich zu Deinem Körper bist durch Kleidung, Nahrung und gesundheitliche Vorsorge.

Gut, wenn Du Akzente der Verschönerung setzt, ohne zwanghaft zu sein, zum Beispiel mithilfe eines schönen, stimmigen Duftes oder eines stimmigen Make-ups. Durch Schönheitspflege, die Dich unabhängig von ihr sein lässt, wenn Du gerade nicht auf sie zurückgreifen kannst.

Wenn Du Sport machst, weil Du Deinen Körper fit halten willst, kommst Du auch damit zurecht, wenn Du es einmal nicht schaffst, Sport zu machen oder ins Fitnessstudio zu gehen. Stellst Du Deinen Körper allerdings unter Zwang durch Sport- und Diätmaßnahmen, ist dies wiederum Dein Ego und das ist seelisch gesehen unnatürlich.

Altern: wenn das innere Leuchten das äußere ablöst

Viele Menschen haben Angst vor dem Altern. Die Frage ist, was sich hinter dieser Angst verbirgt. Gesellschaftlich ist es sicher so, dass Jugend „mehr Wert" hat, weil man optisch schöner erscheint. Und so ist die Angst vor dem Alter sehr stark an die Angst geknüpft, mit Falten und fortschreitenden Lebensjahren den Wert der Attraktivität zu verlieren. Wenn Du Dich im Liebesbewusstsein aufhältst, wirst Du diese Angst nicht haben. Denn mithilfe des Bewusstseins über die Vielzahl Deiner seelischen Werte und Deiner damit einhergehenden seelischen Kraft und Stabilität wirst Du Deine Aufmerksamkeit verlagern können - gerade dann, wenn Du älter wirst. Durch Dein Bewusstsein über die Lebendigkeit Deiner Seele wirst Du nicht nur Deine Seele mehr zum nachhaltigen Erstrahlen bringen, sondern auch in Ruhe und Gelassenheit über das Altern Deines Körpers gelangen. Die seelische Wertschätzung Deines Körpers ist größer und wertvoller als eine Falte oder die „Jugend". Du wirst Dich über Dein Wertebewusstsein vom Älterwerden nicht mehr beeindrucken lassen, da Du auf andere Dinge der Erfüllung und Bereicherung zurückgreifen kannst.

Dein Körper, die Domäne Deiner Seele

Du kannst Deinen Körper äußerlich so perfekt machen, wie Du es möchtest. Du wirst darüber vielleicht für einen Augenblick Befriedigung erfahren, aber wenn Du am anderen Morgen aufwachst, wird Dir wahrscheinlich wieder etwas Neues einfallen, was Du tun müsstest, damit Dein Körper „optimal" ist. Was ich damit sagen möchte: Es geht darum, mithilfe des Liebesbewusstseins den Zustand zu erreichen, seinen Körper in Frieden mit der eigenen Seele gebracht zu wissen, ihn in Stimmigkeit mit der eigenen Seele geführt zu haben. Dies bedeutet: Genauso, wie es in der Wahrnehmung und in der Kommunikation von einer Seele zu einer anderen geschieht, soll es gleichermaßen in Dir selbst geschehen.

Von Deiner Seele zu Deinem Körper in Kommunikation zu treten und in einen tiefen Verständnisprozess zu geraten. Geh weg von der äußerlichen Betrachtung Deines Körpers und weg von den Bewertungen. Fang an, Deinen Körper zu verstehen, indem Du ihm einräumst, so sein zu dürfen, wie er ist. Dass er auch seinen Grund hat, aufgrund Deines Egos so zu sein, wie er momentan ist.

Der Vergleich

Beobachte Dich deshalb einmal selbst, wo Du im Alltag in Vergleich trittst mit einem anderen Menschen, was Deine körperliche Attraktivität betrifft. Wo entwertest Du Dich gedanklich oder emotional in diesem Vergleich? Oder vermeidest Du, Dich selbst anzusehen, zum Beispiel im Spiegel oder auf Fotos? Wo glaubst Du, dieses oder jenes noch haben zu müssen, um Deinen Körper zu optimieren und im „Griff" zu haben (beispielsweise noch mehr Kleidung, noch mehr Pflege, noch mehr Training, noch weniger Essen, noch mehr Operationen)? Überprüfe, wo Du Dir auch erlaubst, daran mitzuarbeiten, dass Dein Körper nicht „stimmig" ist. Sei es durch Dein Essverhalten oder durch die Vernachlässigung von Bewegung und Gesundheitsfürsorge.

Überprüfe einmal, ob Du sogar anderen erlaubst, Dich körperlich zu bewerten oder zu entwerten. Entweder, weil Du es real erlebst, dass sie Dein körperliches So-sein bewerten oder weil Du es selber für möglich hältst, was die anderen von Dir halten und über Deinen Körper denken. Dies ist alles nur Ausdruck des unterschwelligen Armutsbewusstseins (D)eines Egos, das Deinen Körper unabhängig von Deiner Seele betrachtet, sozusagen allein und unbeseelt, rein äußerlich.

Deine Seele verlangt, dass Du Deinen Körper wertschätzt und deshalb so stimmig wie möglich und auch so angenehm wie möglich für Dich selbst und andere Menschen behandelst. Dein Körper soll der entspannte Ausdruck Deiner Seele sein. Das bedeutet, sich nicht krampfhaft perfekt zu stylen. Genauso wenig, sich geschmacklos oder lumpenhaft zu kleiden, gar mit einem strengen Körpergeruch unterwegs zu sein. Wenn Du körperlich Dir es selbst nicht wert bist, gepflegt zu sein, weil Du Dich körperlich nicht wertschätzt, dann mute dies keinem anderen Menschen zu! Wenn Du Dich überstylst und Deinen Körper nach Ego-Ermessen optimierst, erhöhe Dich nicht mit dieser Art „Schönheit" über andere, weil du sie mit ihren scheinbaren körperlichen Mängeln übertrumpfst. Beobachte Dich lieber selbst, wie Du vom Ego her nach Anerkennung und Komplimenten hechelst, weil Dir vielleicht ansonsten keine offensichtliche Wertschätzung in Verbindung zu Deinen Werten entgegengebracht wird.

Dein Körper ist Deinem Ego und seiner Mangelwirtschaft so lange ausgeliefert, bis Du innerlich bereit bist, mit Deiner Seele das Zepter für Deinen Körper liebevoll in die Hand zu nehmen. Dann hörst Du auf, Deinen Körper mangelhaft zu behandeln oder auf ihn Mangel, in welcher Form auch immer, zu projizieren.

Es ist absurd für Deine Seele, wenn Du anfängst, an Deinem Körper herumzuschneiden und herumzudoktern, weil Du älter wirst und scheinbar nicht mehr „perfekt" bist. Wie pervertiert bringen Menschen so ihre Angst des „Werteverlustes" „verschönt" zum Ausdruck.

Übergewicht und was es seelisch bedeutet

Wenn Dein Körper für Dich in seiner Natürlichkeit, seiner natürlichen Entwicklung und in seiner Form nicht stimmig ist, hat es etwas mit Deinem unerlösten Mangel in anderen Bereichen Deines Lebens zu tun. Und mit Deinen Projektionen über diesen Mangel in Dir.

Ist ein Mensch beispielsweise übergewichtig, dann liegt dahinter der Mangel, seine Seele zu unterschätzen und der eigenen Seele nicht all die Werte einzuräumen, die diese Seele hat. Statt die Ausdehnung der Seele zu ermöglichen durch die Anerkennung weiterer Werte und tieferer Wertschätzung, projiziert der Mensch die Ausdehnung auf den Körper durch Übergewicht. Der Körper geht stellvertretend für die Seele „auseinander", der Körper „erblüht" pervertiert und wird dafür ebenso entwertet und verachtet wie die Seele. Die Seele wird weiterhin unterschätzt und potenzielle Lebenskompetenzen missachtet. Wenn Du an Übergewicht leidest, beginn Dir innerlich einzuräumen, dass Deine Seele viel, viel mehr Werte in sich trägt und Du mehr wert bist, als von Dir selbst bisher anerkannt und gelebt wurde. Räume Dir den Mut ein, zu Dir selbst mit dem, was für Dich wertvoll und wichtig ist, zu stehen. Dann ist es wichtig, dass Du Dich innerlich öffnest und Deiner Seele einräumst, sich aus dem Schatten des Egos noch mehr befreien zu können und neue Werte zu entfalten. Mach Dir wirklich bewusst, dass Du Deinen Körper entlasten möchtest von Deiner Projektion der Ausdehnung. Nicht Dein Körper muss sich ausdehnen für Dein Ego, was keine Lust auf Seelenpräsenz hat, sondern Deine Seele. Sie darf sich fortan durch Deinen neuen Selbstbezug mehr und mehr entwickeln und im Leben einbringen.

Die Seele entlasten
Übergewicht ist im Liebesbewusstsein die klassische Unterschätzung der eigenen Seelenkraft und das „Vermeiden" der bisher noch nicht aktivierten „Seelenwerte", die aber notwendig sind, weil diese Werte zu Deinem Lebenssinn und Lebensplan dazugehören. Es geht an dieser Stelle wieder um den Respekt zum Göttlichen in Dir.

Wenn Du mit dieser Haltung beginnst, Deinen Körper zu verstehen und Deine Seele zu entlasten, wirst Du im Laufe der Zeit ohne Diät an Gewicht verlieren. Das, was Du hierzu einsetzen musst, ist wie bei allem im Liebesbewusstsein Dein Werte- und Stimmigkeitsbewusstsein.

Was Du Deinem Körper geben kannst
Diese Haltung gilt auch, wenn Du Dir etwas für Deinen Körper kaufst, sei es Kleidung oder Pflegeprodukte. Wem ist es nicht schon mal so ergangen, dass er sich etwas gekauft hat, was er letztendlich nicht brauchte und später nie oder äußerst selten getragen hat? Das sind die Käufe des Egos mit seinem Haben-Wollen, Sollen oder Müssen. Auch hier ist es wichtig, mit Deinem Bewusstsein für Deinen Körper loszugehen und Dir die Frage zu stellen, ob dieses Kleidungsstück für Dich wirklich stimmig ist und es Deine Seele sowie Deinen Körper erfüllt und bereichert. Du wirst im Laufe der Zeit bemerken, ob Du etwas kaufst, weil es Dich befriedigt, oder ob Du spürst, dass das, was Du für Deinen Körper gerade ausgewählt hast, Dich komplettiert. Du wirst Deine wohlausgesuchte und stimmig gewählte Kleidung anders wahrnehmen und wertschätzen, lieber und öfter tragen. Und eine Menge Geld kannst Du bei der Gelegenheit auch noch einsparen für andere Stimmigkeiten Deines Lebens.

Frag Dich täglich: Wo gibst Du Deinem Körper seelisch etwas? Gibst Du ihm seelisches Verständnis und Wertschätzung über sein So-sein und den Sinn, den er für Deine Seele hat? Beachte Deinen Körper aus Sicht Deiner Seele.

Du nimmst indes täglich viel von Deinem Körper an. Diesem Wunderwerk mit seinen unermüdlichen Funktionen, die so selbstverständlich für uns Menschen sind. Mit Deinem Herzschlag und Deinem Atem strömt die göttliche Energie, Deine Lebensenergie, durch Dich hindurch. Wenn Du Dir bewusst machst, was alles so selbstverständlich tagtäglich durch Deinen Körper als die Voraussetzung Deines menschlichen Lebens geschieht, von Deiner Geburt bis zu Deinem Tod, dann kannst Du in Demut zu Deinem Körper wachsen. In Demut vor seiner Einmaligkeit und in Demut vor seiner Vergänglichkeit.

Sobald Du Deinen Körper seelisch anerkennst, mit liebevollem Auge betrachtest und ihn mit Deiner Selbstfürsorge beschenkst, wirst Du innerlich eine große *Entlastung* verspüren. Du nimmst Deinem Körper den Druck und die Ausweglosigkeit, Deinem Ego niemals gerecht werden zu können und doch weiter für seinen unerlösten Mangel benutzt zu werden. Du nimmst die „Wertlosigkeit" aus Deinem Körper, die Dein Ego ihm auferlegt hat.

Dein Körper muss grundsätzlich nichts aushalten. Weder zu enge Kleidung, noch unbequeme Schuhe, weder falsche Ernährung, noch Unterlassung von gesundheitlicher Fürsorge oder Vorsorge. *Dein Körper muss nichts aushalten, was für ihn unbequem, schmerzhaft, überhitzend oder unterkühlend ist.*

Der liebevolle Blick ohne Vergleich und Bewertung
Beobachte Dich selbst, beobachte Deine Gedanken und Gefühle, die Du zu Deinem Körper hast. Verbiete Dir aus Liebe ab sofort jede körperliche Bewertung und jeden körperlichen Vergleich. Sonst trittst Du wieder in das Mangelbewusstsein hinein – und damit aus Deiner Selbstliebe heraus.

Ein seelischer Schönheitsbonus
Du darfst durch die Anerkennung, dass Dein Körper altert, gleichzeitig die Schönheit des Alterns in Dir aufnehmen. Das klingt jetzt vielleicht verrückt, weil wir, wenn wir uns im Ego befinden, die Sache anders sehen. Aber die Seele geht aus göttlicher Sicht davon aus, dass je älter Du wirst, Du desto mehr über Dich erfahren, an Werten entwickeln und in Deiner Seele verankern wirst. Je älter Du wirst, desto schöner wirst Du mit jedem Wert, den Du seelisch ausdrückst. Dass die Schönheit Deiner inneren Werte sich in Dir durch Deinen Seelenausdruck zeigt. Wenn Du im Verlauf Deines Lebens bewusst innere Werte im Sinne der Liebe verankert hast und sie mit anderen Menschen teilst, die das Gleiche tun, dann kommt es nicht zu diesem äußeren, projektiven Optimierungsstress mit Deinem Körper. Deine Werte strahlen durch Dich hindurch und sind der Jungbrunnen Deines Herzens.

Klärungsfragen:

> **Finde Stimmigkeit zu Deinem Körper anhand folgender Überprüfungsfragen:**
>
> - *Lege ich Wert auf meinen Körper, indem ich ihm ausreichend Beachtung schenke?*
> - *Nehme ich die Zeichen meines Körpers wahr und nehme ich sie ernst?*
> - *Sorge ich für meinen Körper im Falle von Beschwerden oder Schmerzen?*
> - *Bin ich in Stimmigkeit mit meiner Kleidung und meiner Pflege?*
> - *Ist meine „Pflege" mehr eine körperliche Optimierungsmaßnahme? Welche Optimierung unternehme ich?*
> - *Welche Pflege meines Körpers mache ich aus meinem Ego heraus?*
> - *Wo denke oder fühle ich meinen Körper „schlecht"?*
> - *Womit mache ich meinem Körper Druck, wie und wo er besser sein könnte?*
> - *Treibe ich meinen Körper mit Optimierungsmaßnahmen voran oder lauge ich ihn damit aus, beispielsweise durch Sport, Nahrungsentzug und Diäten, zu wenig Schlaf, zu viele Nahrungsergänzungsmittel und andere „Aufheller" für mehr körperliche Perfektion?*
> - *Style ich meinen Körper mit unbequemen Sachen, wie zum Beispiel zu engen Miedern, Schuhen oder Kleidungsstücken?*
> - *Gönne ich meinem Körper ausreichend Schlaf, Entspannung und bequeme Kleidung?*
> - *Wertschätze ich die körperliche Begegnung – in welcher Form auch immer – mit Menschen?*
> - *Nehme ich körperliche Begegnung an und gebe ich körperliche Begegnung als Ausdruck von Liebe und Wertschätzung?*

Unterstützung für Deine Seele:
Gebet an den Körper

2. Ernährungsbewusstsein und Liebe

In den meisten Fällen hat das Ego eines Menschen über die Ernährung „das Sagen". Die Auswahl unserer Lebensmittel und Getränke findet im Haben-Wollen, Sollen oder Müssen statt. Selten basiert sie auf einem Kommunikationsweg zwischen Körper und Seele. Wenn Du bereit bist, Deiner Seele Deine Ernährungsauswahl zu überlassen, wirst Du bemerken, wie regulierend dies in jeder Richtung auf das Wohlbefinden Deines Körpers wirkt. Es ist letztendlich einfach (bis auf die Sache mit dem Ego), sich aus seelischer Sicht „stimmig" zu ernähren. Du brauchst nur die Frage nach der Stimmigkeit für Deine Seele zu klären. Mit der Antwort weißt Du, ob es Sinn macht, dieses eine oder andere Nahrungsmittel zu essen oder nicht zu essen. Deine Ernährung mit dem Liebesbewusstsein auf eine seelische Ebene zu bringen bedeutet, frei von jeglicher Ernährungslehre, Diät oder jedem Dogma zu sein. Es bedeutet, weder auf Fleisch oder Süßigkeiten, noch auf Alkohol verzichten zu müssen.

Der große Unterschied zur Ernährung mit dem Ego besteht darin, dass Du Deine Nahrung nicht mehr konsumierst oder kontrollierst. Du trittst mithilfe Deiner Seele aus dem unüberlegten Ernährungskonsum oder der Kontrolle über die Ernährung heraus. Heraus aus dem Haben-Wollen, Sollen oder Müssen im Zusammenhang mit Deinem Essverhalten. Damit gibst Du Deiner Seele die Macht, wohlwollend für Deinen Körper genau das Stimmige auszuwählen, was sozusagen seelisch-körperlich Sinn macht.

Stimmige Nahrungsaufnahme ohne Dogma

Wenn Du es praktizierst, Deine Nahrungsmittelauswahl bewusst mithilfe Deiner Seele auszuwählen, wirst Du bemerken, dass Du so einiges an Nahrung als unstimmig für Dich enttarnen kannst. Du wirst in der Folge so manches Essen lieber nicht zu Dir nehmen, das Du mit Deinem Ego jedoch einfach so verspeisen würdest. Die Stimmigkeitsüberprüfung in der Ernährung ist ein einfaches und sehr wirkungsvolles Mittel, um Dich in Deinem stimmigen Körper zu unterstützen und ihn mithilfe entsprechender Ernährung und Getränke auszugleichen.

Wichtig ist, dass Du nicht mehr konsumierst. Es gibt keine Vorschrift. Deshalb kann es Dir auch an manchen Tagen besonders stimmig schmecken, ein Steak zu essen oder ein Stück Schokolade. Es kann sein, dass Du heute gerne einen Wein trinkst und morgen wieder Orangensaft oder Kaffee. In der Stimmigkeitsernährung des Liebesbewusstseins gibt es kein „schlechtes Gewissen", sondern Du verbindest mit der stimmigen Auswahl Deiner Nahrungsmittel immer bejahende Gefühle.

Genau wie bei der Auswahl der Ernährung und der Nahrungsmittel im Einzelnen ist es gut, Dir bewusst darüber zu werden, ob Du das Fast Food aus dem Schnellrestaurant, aus dem Bioladen oder vom Italiener wertschätzen kannst, das Du zu verspeisen vorhast. Du darfst Dich fragen, ob Dich das Essen befriedigt oder ob es Dich erfüllt und bereichert. Mit diesen Überprüfungsfragen vor dem Verzehr von Speisen und Getränken wirst Du Dich noch besser kennenlernen und Deinen Kontakt selbstverständlich zu Deiner Seele pflegen und lebendig halten. Mithilfe der „Stimmigkeitsernährungs-Fragen" wirst Du nach einiger Zeit mit der „Stimmigkeitsernährung" so vertraut sein, dass Du Dir diese Fragen bald überhaupt nicht mehr stellen musst.

Wie alles andere, was Du im Liebesbewusstsein praktizierst, geht Dir auch die Stimmigkeitsernährung irgendwann in „Fleisch und Blut" über und Du praktizierst sie automatisch zu Deinem höchsten Wohl.

Nahrung und Wert, eine Momentaufnahme

Du wirst bemerken, dass Du Dich körperlich dann nur noch mit dem zu verbinden beginnst, was Dir einen Wert gibt – auch in der Ernährung. Sei es, dass es Dir einen wirklichen Genusswert, einen Geschmackswert, einen Sättigungswert, einen Gesundheitswert gibt. So kann ein Stück Kuchen für Dich den Wert des „besonderen oder seltenen" Genusses haben. Ein Apfel den Wert der Frische, ein Stück Fleisch den Wert der Kraft oder eine warme Suppe den Wert der Erwärmung. Wenn Du beginnst, Deine Nahrung so auszuwählen, wird Deine Seele definitiv dafür sorgen, dass Du Dich weder überisst noch zu gering ernährst und Du weder zu viel noch zu wenig trinkst.

Dein Ego und der seelische Speiseplan

Wahrscheinlich mischt sich am Anfang Deiner „Ernährungsumstellung" Dein Ego dazwischen. Hier ist es wichtig, Dich selbst gut zu beobachten und in Dir festzustellen und zu spüren, ob und wie das innere Ringen in Dir stattfindet, doch hier oder da beim Essen zuzugreifen, wenngleich Dir bewusst ist, dass dieses Nahrungsmittel oder Getränk überhaupt nicht stimmig für Deine Seele ist.

Ein Indiz ist auch, dass Dein Ego innerlich zu diskutieren beginnt. Wie in anderen Bereichen des Liebesbewusstseins gibt es nur eine Antwort: Ja oder Nein. Also entweder wertschätzt Du ein Nahrungsmittel oder ein Getränk oder Du wertschätzt es nicht. Entweder Du spürst, dass Dich ein Essen bereichert oder Du spürst, dass es Dich nicht bereichert. Entsprechend Deiner Antwort musst Du nicht mehr diskutieren, ob Du hier ein für Dich stimmiges Nahrungsmittel zur Disposition hast oder nicht. Du isst es mit guten Gefühlen, weil es Dir etwas gibt oder Du lässt es sein, weil es Dir nichts gibt. Du bist es Dir und Deiner Seele wert, Stimmiges in Deinen Körper hineinzulassen.

Deine Seele reguliert für Dich die Ernährung und damit Deinen Körper. So wirst Du bemerken, wie Dein Gewicht steigt, wenn Du zu wenig Gewicht hast oder wie es im Laufe der Zeit sinkt, wenn Du zu viel Gewicht hattest – wenn Du offen für diese Art „Ernährungsform" bist. Dazu brauchst Du nicht an Kalorien zu denken oder Dir jemals ein schlechtes Gewissen einzureden. Bedeutsam ist, dass Du aus dem Konsum gehst und aus der Bewertung gegenüber Nahrungsmitteln und Getränken heraustrittst. Denn selbst wenn Du plötzlich spürst, dass ein Stück Torte jetzt erfüllend und bereichernd wäre, dann wird dieser Genuss für Dich so nachhaltig sein, dass Du so bald wahrscheinlich keine Torte mehr essen möchtest. Zumal Du vielleicht sowieso selten Kuchen isst und an diesem Tag auf stimmige Weise Deine Ernährung fortsetzt mit leichten Speisen. Mache Dir keinen „Kopf" um Deine Ernährung, lass das lieber Deine Seele mit der Stimmigkeitsernährung regeln.

Mit Deiner Seele kannst Du Dich in Deinen eigenen Speiseplan fallen lassen und Dir gewiss sein, dass Dir mit der „Stimmigkeitsernährung" kein Nachteil zuteilwird. Du brauchst keine Diät, keine Appetitzügler oder Diätdrinks. Du brauchst keine Imaginationsübungen oder Affirmationen, die Dir dabei helfen sollen, weniger zu essen und schlanker zu werden.

Warum vier Fragen jede Diät erübrigen

Es geht nicht darum, Dein Unterbewusstsein „umzuprogrammieren". Es geht darum, Dein Bewusstsein mit Deiner Seele zu verbinden und über vier Fragen Klarheit zu erhalten, was Du jetzt stimmig für dich essen oder trinken kannst und was in Dir einen Wert hinterlässt. Es geht Deiner Seele gewiss darum, dass Du beim Essen und mit dem Essen Freude hast. Du darfst Freude am Essen mit Wertschätzung haben, außerhalb des Konsums. Essen soll weder eine Ersatzbefriedigung noch eine Ersatzbeschäftigung sein, nur weil Du nicht weißt, wie Du Deine Zeit mit Deinem Sinn und Deinen Werten im Leben umsetzen kannst. Essen ist auch kein Trostersatz, weil Du gefangen bist im Opfer-Täter-Gebaren Deines Egos.

Aus Sicht des Liebesbewusstseins ist eine Diät doppeltes Haben-Wollen, Sollen oder Müssen. Zum einen, weil Du Dir als Ego verordnest, eine Diät zu machen.

Also „will Diät machen, soll Diät machen". Dazu kommt ein Diätplan, der ebenfalls von einer Egostruktur stammt und Deinem Ego vorschreibt, was es jetzt als Ernährung alles „haben kann (oder auch nicht), wollen darf (oder nicht wollen darf) und sollen muss (was Du gar nicht tun möchtest)". Zum anderen ist eine Diät für Deine Seele Stress und Unsinn, da die Frage des Konsums weder gelöst noch die der Stimmigkeit in der Ernährung überhaupt aufgekommen ist.

Unstimmigkeit erschafft weitere Unstimmigkeiten. Oder an dieser Stelle besser gesagt: Unstimmigkeit erschafft den sogenannten Jo-Jo-Effekt. Aus Sicht des Liebesbewusstseins kannst Du es mit den Diäten sein lassen und Dich sinnvollerweise mit den vier Fragen auseinandersetzen – bevor Du Deine Ernährung wählst. Das gilt sowohl für Hauptmahlzeiten, die Du zu Hause einnimmst, als auch für Zwischenmahlzeiten oder beim Essen außerhalb Deines Zuhauses.

Die vier Fragen der Stimmigkeits-Ernährung:

- *Ist es stimmig, das jetzt und so zu essen oder zu trinken? (Umstände, Situationen, Zeitrahmen etc.)*
- *Spüre ich Konsum oder Wertschätzung gegenüber der Nahrung, die ich jetzt essen und gegenüber der Flüssigkeit, die ich trinken will? (Fastfood, Fleisch aus Massentierhaltung, aus dem Supermarkt, Restaurant, Bioladen, frische Ware vom Bäcker, Obststand etc.)*
- *Erfahre ich mit dieser Nahrung den Wert des Genusses und des Geschmackserlebnisses, wie Sättigung, Geselligkeit und dergleichen?*
- *Erfüllt und bereichert mich das Essen, mein Getränk?*

Diese Fragen lassen Dich schnell herausfinden, wie es mit Deiner Nahrungsaufnahme aussieht.

Diese Auseinandersetzung ist ein Stimmigkeitstraining, um Dich tagtäglich bereits im Kleinen für Deine Seele zu entscheiden. Es ist für Dich eine gute Beobachtungsgrundlage, in Dir zu erkennen, wie gut Du auf dem Weg bist, Deiner Seele die Macht zu geben. Du wirst auch bemerken, dass Dir die Entscheidung über die stimmige Ernährung zu Deiner Seele hin eine besondere Kraft gibt - nicht nur die Kraft aus der Nahrung für Deinen Körper, sondern auch die Kraft für Deine Seele, weiterzumachen mit dieser Stimmigkeitsernährung, die ein guter Provokateur und Anlass für Dein Ego ist, mehr und mehr zu verschwinden.

Voraussetzung für diese neue Wertschöpfung ist, dass Du mit dieser seelischen Überprüfung anfängst, indem Du einen inneren Schritt zurücktrittst, bevor Du zu essen anfängst. Wenn Du dann die Antworten hast, dann sei vor Dir selbst wahrhaftig und spüre, wie Du mit guten Gefühlen etwas essen kannst, weil sich etwas Wertvolles für Deine Seele mit Dir und Deinem Körper verbindet.

Oder spüre, ob Du wahrnimmst, dass Du ein bestimmtes Essen nicht wertschätzt. Im Falle dessen, dass Du es dann doch verspeist, mutest Du Deiner Seele und Deinem Körper einen Unwert zu, der Unstimmigkeit in ihm erschafft. Überprüfe auch, welche Menge und welche Portion Dich erfüllt und bereichert. Weniger ist oft mehr. Du wirst bemerken, dass Deine Seele den Zustand der „Sättigung" schneller freilässt als Dein Ego.

Der Wert des Appetits
Die Seele hat niemals ein Interesse daran, den Körper unterernährt zu lassen Wenn ein Mensch bereit ist, aus seiner Essunlust auszusteigen und bereit ist, mithilfe seiner Seele die Ernährung für sich stimmig auszuwählen, dann wird er bemerken, wie er in eine ausgewogene Essfreude hineintreten kann. Nahrungsmittel sollen Dich generell körperlich unterstützen. Sie sollen Dich stärken, weil sie Dir einen Wert geben, den Dein Körper braucht. Sie sollen Dir Energie geben für den Stoffwechsel und für alle körperlichen Funktionen.

Deshalb gibt es in der Stimmigkeitsernährung kein Dogma. Kein Nahrungsmittel ist schlecht, wenn Du in Dir spürst, dass es jetzt stimmig für Dich ist.

Die Wollust und die Verführung, die Dir Dein Ego im Bereich Deiner Ernährung vorgegaukelt hat, sind dann vorbei. Selbst Deine Vorstellung, nach einer gewissen Zeit wieder Hunger haben zu müssen, etwas essen zu müssen, wird mit der Stimmigkeitsernährung bedeutungslos.

Die Stimmigkeitsernährung ist für Deine Seele eine große Entlastung, besonders wenn Du für Dich „Essen" als Problemthema empfindest. Du kannst mit dem inneren Diskutieren und Bewerten von Essen aufhören. Du kannst Deine Freude am Essen entfalten, denn auch das ist ein Wert, den Deine Seele gerne in sich verankert wissen will: den Wert des Appetits.

Unterstützung für Deine Seele:
Stimmigkeits-Reflexion
Gebet an den Körper

3. Geschlechtsbewusstsein – Männer und Frauen

Wenn wir unseren Körper seelisch begreifen lernen, findet im Liebesbewusstsein die Bedeutung unseres Geschlechtes eine eigene Betrachtung. Gott hat uns im Menschsein polarisiert. Er hat den Mann und die Frau erschaffen. Hinter diesen beiden Geschlechtern steht zunächst der Sinn, sich für das Seelische und die Menschwerdung miteinander zu vereinen. So werden – zumindest für einen kurzen Moment – Mann und Frau zu einer Einheit während des Geschlechtsaktes.
Dass wir zwei Geschlechter als Menschen sind, bedeutet generell anzuerkennen, dass es ohne die Männer im Leben genauso wenig funktioniert wie ohne die Frauen. Wir bedürfen einander, wollen wir die Menschheit aufrechterhalten und das göttliche Geschenk des „Kinderkriegens" erfahren.
Deine Seele möchte – wie Gott auch – dass Du ein Bewusstsein für Dein Geschlecht hast und damit ein Bewusstsein für dessen Sinnhaftigkeit und seinen Wert - allerdings nicht ausschließlich im Sinne der Fortpflanzung. Es geht darum, das eigene Geschlecht in seiner Bedeutung zu begreifen, um diese Kraft zu nutzen und nutzbar für andere Menschen zu machen. Es ist es wichtig, als Frau generell das Wesen des Mannes und als Mann das Wesen der Frau wertzuschätzen. Was hier das Ego der einzelnen Frau aus ihrem Geschlecht macht, ob sie also zur „Zicke" wird oder der Mann zum „Macho", hängt vom einzelnen Menschen und seinem Ego ab.

Die Männer
Bist Du ein Mann, dann bist Du im Augenblick der Zeugung der Initiator des Lebens. Die männliche Kraft ist seelisch gesehen eine initiatorische Kraft, und zwar nicht nur während der Zeugung. Männer können über ihr Geschlecht viele Dinge im Leben initiieren, anregen, entwickeln und auf den Weg bringen, und zwar auf eine sehr direkte Art und Weise. Männer sind in der Lage, das Direkte und Unmittelbare zu erschaffen. Deshalb ist es kein Wunder, dass Männer ein Haus bauen und sich mehr für die Bausubstanz und das Praktische innerhalb des Hauses interessieren, als es in der Regel die Frauen tun. Männer schöpfen aus ihrem Ge-

schlecht Direktheit, deshalb gehen sie auch mit Sexualität anders um. Sie sind dem ganzen Überbau von „Ausschmückung" nicht so nah, der wie ein Prozess andauert, bis es zu einer Vollendung einer Sache und deren Erledigung gekommen ist, sowohl im sexuellen Sinne als auch im praktischen Leben. Mit der Direktheit steht gleichzeitig für ihn im Raum, etwas „erledigt", „abgeschlossen", „erfüllt" zu haben. Erfüllung als Ergebnis der Direktheit, für einen Mann und seine Taten mithilfe seiner Geschlechtskraft. Für viele Männer sind Gefühle eine Art „Umbau", vielleicht deshalb, weil Frauen viel Worte für Gefühle oder Gefühlsketten aufbringen, dabei jedoch nicht auf den Kern-Punkt kommen und damit für Männer manchmal „kompliziert", umständlich und unverständlich wirken. Es ist mit dem Geschlechtsbewusstsein möglich, Männer und Frauen, auf der Basis von Liebe und Geschlechtsverständnis, seelisch näher zu bringen.

Es mag daran liegen, dass wir im Liebesbewusstsein veranlasst werden, ohne „Umschweife und Umbau" – von Seele zu Seele – die Dinge zu benennen. Für die Seele und in der Liebe auf den Punkt zu kommen. Das möchten Männer. Männer möchten kein Rätselraten in Beziehungen, Begegnungen oder Gesprächen. Männer möchten Direktheit aufgrund ihrer Geschlechtskraft der Initiation. Männer möchten wissen, was es – im Falle eines Missstandes in Beziehungen – zu tun gibt und sie zur Verbesserung „zu erledigen" haben. Direkt. Das hat bei Männern dann nichts mit Anpassung zu tun.

Direktheit, die Geschlechtskraft des Mannes

Eine Frau sagt beispielsweise, dass sie sich offensichtliche Wertschätzung wünscht, indem der Mann ihre Werte zukünftig nicht nur einfach registrieren soll und er nur schmeckt, dass sie ein gutes Essen gekocht hat, sondern dass er es auch äußern möge. Der Mann kann etwas damit anfangen und einer Frau aus Wertschätzung und Achtung selbstverständlich anerkennende Worte zu ihrer Kochkunst vermitteln. Männer sind dadurch, dass eine Frau direkter agiert, empfänglicher dafür, mit ihr in essenziellen Kontakt zu treten. Dies gilt auch für die seelische Direktheit. Über diese seelische Direktheit wird der Mann sich für die Emotionen öffnen, die sich eine Frau in der Begegnung mit einem Mann wünscht. Und mit der Direktheit, die wir Frauen einem Mann einräumen können, im Verständnis um seine Geschlechtskraft wird der Mann den Mut haben, sich aus sich heraus und ohne Umbau einer Frau auf der Basis von Liebe mitzuteilen.

Geschlechtsbewusstsein ist notwendig, um das Wesen des Geschlechts und die Grundkraft von Mann und Frau zu verstehen und darüber gegenseitig nachsichtiger zu werden.

Weder Mann noch Frau tragen doch die seelische Absicht in sich, dem anderen Geschlecht mit deren Geschlechtskraft auf die Nerven gehen zu wollen oder unhöflich zu wirken.

Warum fahren Männer gerne schnelle Autos? Warum interessieren sie sich mehr für Technik und tragen vermehrt dazu bei, dass die Dinge im Alltag praktischer und schneller passieren können? Männer tragen mit ihrer Geschlechtskraft dazu bei, dass sich im Äußeren die Welt – besonders in technischer und wirtschaftlicher Hinsicht – direkter entwickeln kann. Siehe die Entwicklung des Autos, des Telefons, des Mobilfunks, des Internets, der Raumfahrt. All dies sind „direkte" Ausdrucksformen, die Männer erschaffen haben. Männer schaffen Räume. Das ist ein großer Wert, von dem wir Frauen profitieren und weniger die Augen über Männer und ihre Art verrollen sollten.

Eine Frau neigt in ihrem Ego dazu, einen Mann vorrangig als „potent" zu erleben und dadurch zu schnell als unsensibel zu bewerten. Die Direktheit schließt die Sensibilität eines Mannes nicht aus, nur drückt sich diese Sensibilität anders aus als bei Frauen. Es ist wichtig, der Direktheit des Mannes keinen Vorwurf zu machen, sondern diese Geschlechtskraft zu verstehen. Gott hat sich mit den Männern schon etwas gedacht. Einen Mann mit seiner Geschlechtskraft auszubremsen ist nicht im Sinne Gottes. *Selbstverständlich nur im Zusammenhang mit dem gelebten Liebesbewusstsein, denn es geht hier nicht um einen egomanen „Freibrief" für männliche Unflätigkeiten.*

Schon bei der Erziehung von Jungen ist es förderlich, ihnen direkte Spiele einzuräumen, wie das Spiel mit Autos und Rennbahnen, Baustellenfahrzeugen, Lego und Technik.

Der Mann an sich ist seelisch gesehen niemals ein Weichei, da seine Geschlechtskraft die Direktheit ist (ich schließe allerdings nicht aus, dass es Männer gibt, die ihre eigene Geschlechtskraft nicht annehmen können oder wollen). Männer, die sehr sexhungrig sind oder übermäßig zur Selbstbefriedigung neigen, kompensieren den Mangel, in anderen Lebensbereichen nicht direkt und praktisch Dinge zu initiieren und damit auf den Weg zu bringen. *Im Liebesbewusstsein darf der Mann sich aus Liebe zu sich selbst fragen, ob er in sich den Wert der Direktheit bereits ausreichend entwickelt hat und innerlich frei ist, zu seiner Geschlechtskraft zu stehen.* Diese Kraft des Mannes hat einzig und alleine die Absicht, in göttlicher Stimmigkeit dem Leben zu dienen. Es ist Dir diese Ehre als Mann von Gott mit Deinem Geschlecht und der Kraft der Initiation anvertraut worden. Deine Energie ist sozusagen die Zündung der Zeugung.

Wenn Du ein Haus gebaut hast als Mann, dann kommt in der Regel die Frau mit ihrer Geschlechtskraft hinzu und verleiht dem Haus Atmosphäre und Geborgenheit. Du hast mit Deinem Haus ein Zeugnis erschaffen, einen direkten Raum, den eine Frau nutzen kann, um diesen auszuschmücken. Ein Familienvater, der sich als „Haupternährer" seiner Frau und Kinder sieht, wird direkt die finanziellen Mittel für seine Familie zur Verfügung stellen, die diese monatlich braucht.

Die Frau wird durch diese Direktheit der „Versorgung" mit ihrer eigenen Geschlechtskraft des Umhüllens mehr für die Kinder, den Haushalt, das Wohnen in Fürsorge organisieren. Dafür braucht eine Frau Zeit, darf sich dem Seelischen der Familie widmen. Aber genau das steckt in ihrer Geschlechtskraft, der Umhüllung.

Hieraus wird auch klar, warum Frauen gerne initiative Männer haben. Denn Frauen nehmen die Geschlechtskraft eines Mannes wahr und es irritiert letztlich, wenn ein Mann in seinem Leben nicht initiativ ist. Das betrifft alle Bereiche. Männer „stoßen" an, sei es mit neuen Ideen, Vorschlägen, Einladungen, praktischem Tun und Verbesserungen im Leben. Männer bewegen etwas mit ihrer Direktheit und sind in der Regel handwerklich talentierter als Frauen.

Beispiele für das Gute der männlichen Geschlechtskraft

Männliche Direktheit	**Resultiert in …**
Tatkraft	Dinge erledigen, ein Haus bauen, den Garten gestalten, Renovieren, einen Reifen wechseln
Ehrlichkeit	Klarheit in Beziehungen; dass man weiß, woran man ist, Objektivität und dem ehrlichen Prüfen, was zu einem passt oder nicht
Konfrontation	Konstruktiver Auseinandersetzung, Klärung, Auflösen von latenten Konflikten oder Atmosphären, sich klar positionieren oder Grenzen setzen

Lösungsorientiertheit	Lösungen, Entwicklung und „Vorwärtskommen", aus dem „Lamentieren" und Klagen herauskommen, positiven Ergebnissen oder Erfolgen
Einfachheit/Schnörkellosigkeit	Gelassenheit, unkomplizierter Kommunikation, Dinge mit Selbstverständlichkeit regeln, schnellerem Erledigen ohne Umschweife
Materialisieren	Einem gesicherten Einkommen, eine Familie versorgen zu können, Mittel zu beschaffen, beispielsweise Holz für den Kamin
Mut	Risikobereitschaft, unbekanntes Terrain zu betreten oder zu erobern, Grenzen zu sprengen, über sich selbst hinauszuwachsen.
Kraft	Tatkraft, Dinge ganz praktisch bewegen zu können (beispielsweise Möbel tragen), Belastbarkeit, Selbstsicherheit und dem Wissen darüber, was man kann
Durchsetzung	Klarer Positionierung, sich nicht alles gefallen zu lassen, Selbsttreue, Respekt seitens anderer
Initiieren	Neues erschaffen, beispielsweise eine Firma gründen oder eine Familie, einen neuen Lebensabschnitt zu beginnen, Visionen zu verwirklichen, Kontakt zu machen, beispielsweise einen Makler anzurufen oder eine Frau anzusprechen.

Geschlechterrolle und Geschlechtsbewusstsein

Es geht im Liebesbewusstsein nicht um eine Geschlechterrolle, die es zu erfüllen gilt oder darum, die Geschlechter durch Anpassung zu neutralisieren. Dass also Jungs mit Puppen spielen sollten und die Mädchen mit Autos. Die Jungs spielen mit Kochgeschirr und die Mädchen mit Elektrobaukästen. Das kann punktuell so sein. Im Liebesbewusstsein und bei der Betrachtung des Geschlechts geht es um die Anerkennung der Geschlechtskraft und um das *Bewahren* der Geschlechtskraft von Mann und Frau.

Wir können das Geschlecht und die Grundenergie des Geschlechts des anderen verstehen und dankbar dafür sein. Du darfst Deinen tieferen Auftrag als Mann oder Frau mit Deinem Geschlechtsbewusstsein annehmen und musst Dich nicht ignorieren oder Dich ablehnen, respektive ablehnen lassen, weil Du ein Mann oder eine Frau bist.

Somit verliert es auch an der Oberflächlichkeit, das Geschlecht nur der Zeugung wegen zu betrachten und zu sagen, die Männer zeugen die Kinder und die Frauen bekommen sie.

Männer leben in ihrer Geschlechtskraft der Direktheit mehr die Konfrontation.

Sie setzen schneller als Frauen Grenzen, machen Dinge, die ihnen nicht gefallen oder nicht guttun, bei Weitem nicht so lange mit, sind gewaltbereiter, können dadurch aber verteidigen und überlegen nicht lange, wenn es darum geht, etwas zu verteidigen. Männer sind in der Lage, Dinge direkt „einzusehen". Und Männer können eine sinnlose Sache, die Vergangenheit oder einen Menschen direkter loslassen als eine Frau.

Die Frauen

Mehr als Männer neigen Frauen dazu, ihren eigenen Körper abzulehnen und als beschwerlicher zu empfinden. Es gibt immer einen Grund im Ego, das andere Geschlecht abzulehnen und das eigene zu beklagen. Bei Frauen erlebt man das häufiger, wenn es um die Frage der monatlichen Blutung geht. Für viele wird der Zyklus zum Anlass, sich zur Zicke zu entwickeln, da der Zyklus – nicht nur hormonell, sondern auch aus „Überzeugung" bedingt – Einfluss auf deren Launenhaftigkeit, Wehleidigkeit und Belastbarkeit hat. Oft wird so ein klagender Umgang mit der monatlichen Periode schon in jungen Mädchenjahren kultiviert, wenn die eigene Mutter, ähnlich genervt und wehleidig, wie ein Opfer mit der Periode umgegangen ist. Nimmst Du Deine monatliche Blutung als Frau einmal seelisch an, so wirst Du die Erfahrung machen, Dich mit dieser Selbstverständlichkeit als Frau freier und entlasteter zu fühlen. Auch schmerzfreier. Du kannst beginnen, Deine

Periode aus seelischer Sicht zu verstehen und wertzuschätzen. Ja, an diesen Tagen milder und fürsorglicher mit Dir umzugehen, mithilfe Deiner Seele.

Umhüllung, die Geschlechtskraft der Frau
Gott hat Dir als Frau die Ehre überbracht, Kinder empfangen und gebären zu können. Mit Deinem Körper göttlich fähig zu sein, durch den Samen des Mannes und seine Initiationskraft, mithilfe Deiner Eizelle einen neuen Menschen entstehen zu lassen. Du bist als Frau in der Lage, den Manifestationsprozess des neuen Menschen, Deines Kindes, körperlich mitzutragen und durch Dein Frausein zu ermöglichen. Du bist als die Mutter des Kindes der Ort seiner ersten menschlichen Wohnstätte. Du gibst diesem Menschen Zeit, sich körperlich zu bilden und der Seele des Kindes, sich nach und nach mit dem Körper bis zur Geburt zu verbinden, bis es dann außerhalb Deines Körpers selbstständig leben kann.

Ein Kind zu zeugen ist eine direkte Sache. Ein Kind zu empfangen und ihm Zeit zu lassen, sich dort mit seiner Seele körperlich zu bilden, ist keine direkte Sache, sondern eine „Umhüllung". Hier, wenn Du schwanger bist, ist die Kraft der Umhüllung ganz intensiv. Doch auch, wenn Du Deine Geschlechtskraft der Umhüllung im Alltag nutzt, indem Du Deine Kinder umarmst, Dein Zuhause einrichtest wie eine geborgene Hülle, etwas zu essen kochst, einkaufen gehst, liebevolle Gespräche führst, umhüllst Du. In der Geschlechtskraft der Umhüllung steckt die Fürsorge im Allgemeinen. Darin ist enthalten, dass Du Dich als Frau einer Sache zuwenden und widmen kannst. Diese Geschlechtskraft, die Du als Frau hast, ist mit dem Empfangen eines Kindes und der Schwangerschaft körperlich absolut zentriert. Auch Dein bewusster seelischer Kontakt und Dialog mit Deinem Kind, während es in Dir heranwächst, hat Bedeutung. So beginnst Du mit dem seelischen Umhüllen Deines Kindes so früh wie möglich. Du schenkst ihm Liebe, die seine Seele stärkt.

Umhüllung meint auch, den Dingen einen Platz zu geben. Der erste Platz Deines Kindes ist Dein Schoß und Du umhüllst es. Die Umhüllung ist absolut weiblich. Du darfst Dich deshalb nicht wundern, warum Du zeit Deines Lebens mit dieser Energie auf der Suche nach schöner Kleidung und schönen Dekorationen bist, da auch dies im praktischen Sinne mit „Umhüllung" zu tun hat. Deiner Umhüllung oder der Umhüllung der anderen. Frauen brauchen deshalb mehr Zeit als Männer. Männer sind grundsätzlich „nüchterner" als Frauen.

In der Umhüllung steckt die Hingabe an das Leben. Wenn Du schwanger bist, gibst Du Dich mit Deinem Körper und Deiner Seele als Frau hin. Deine Hingabe nimmt das sinnvollste „Weh", das Gott uns gegeben hat, in Kauf. Nämlich die

Geburt mit ihren Wehen. Ja, es tut weh, ein Kind zu gebären, aber es sind keine Schmerzen. Wenn Du bereit bist, die Geburt so zu sehen, mit ihrem sinnvollem „Weh", dann wird Dir Deine Seele dankbare Unterstützung geben, dass Du die Geburt Deines Kindes seelisch so angenommen hast. Alles, was Du seelisch verstehst, begreifst, erfasst und bejahst, schmälert Dein Ego und reduziert damit auch die Angst vor dem Geburtsvorgang.

Die Geschlechtskraft der Umhüllung bewahren

Für Dich als Frau (und auch für Gott) ist es wichtig, dass Du Dir Deine Kraft des „Umhüllens" *erhältst und bewahrst*. Achte als Frau darauf, dass Du Deine eigene Geschlechtskraft nicht „übersiehst", diese gar missachtest oder entwertest. Achte darauf, dass Du sie nicht durch Deinen Beruf oder Deinen Alltag oder Deine Herkunft versäumst zu leben. Achte darauf, sie Dir selbst, Deinen Kindern und anderen Menschen zu schenken.

Lehne Dich als Frau niemals ab, gar tausche Deine Weiblichkeit gegen die Geschlechtskraft des Männlichen – der Direktheit – aus. So lehne auch nicht Deine Periode ab. Sie ist ein Zeichen Deiner „Umhüllungskraft" und Erinnerung an die Bereitschaft Deiner Seele, gemeinsam mit Deinem Körper Leben zu empfangen. Die Saat der körperlichen Schöpfung in Dir aufzunehmen. Werde damit natürlich und unkompliziert.

Du bist als Frau in der Lage, Dein Kind mit der Muttermilch gedeihen zu lassen. Deine Saat geht durch Deine Muttermilch auf. Wertschätze diese Fähigkeit in Dir, durch Deine Umhüllung etwas Seelisches aufgehen lassen zu können. Sei Dir dieses Wertes bewusst.

Für Mädchen ist es förderlich, in ihrer Fähigkeit, zu umhüllen unterstützt zu werden. Nicht aus einem Rollenverständnis, sondern aus einem Verständnis ihrer Geschlechtskraft heraus. Zum Beispiel durch Puppenspiele, Verkleidungsspiele und Ähnlichem. Die Eltern sollten darauf achten, das Mädchen weiblich zu erziehen. Besonders mithilfe der Mutter, von der sich das Kind die Umhüllungen oder die Fürsorge der Mutter abschaut. Es ist nichts gegen kluge Frauen einzuwenden, wohl aber gegen intellektuelle, funktionalisierte, leistungsorientierte Frauen, die den Bezug zu ihrer Geschlechtskraft verloren haben. Die Geschlechtskraft ist eine göttliche Kraft, die in jedem Fall als Bereicherung und Erfüllung gelebt und für die Menschheit umgesetzt werden will.

Beispiele für das Gute der weiblichen Geschlechtskraft:

Weibliche Umhüllung	Resultiert in ...
Geborgenheit	dem Gefühl, sich in sicheren Umständen zu wissen, wo man zu Hause und geschützt ist
Wärme/Zärtlichkeit	Zugewandtheit, beispielsweise einem Kind gegenüber, Trost zu spenden, jemanden anzunehmen
Nähe	verbindlichen Beziehungen, in denen Vertrauen herrscht; gegenseitige Wärme zu spenden oder sich anlehnen zu können, Intimität
Fürsorge	guter Versorgung/Ernährung/Pflege, dass man sich beachtet und umsorgt fühlt, sich langfristig und gewissenhaft um etwas/jemanden zu kümmern oder zu bemühen
Offenheit	dem Gefühl, dass man sich anvertrauen kann, dass der andere ernsthaft ist, authentischen Begegnungen oder Gesprächen, Raum für Entwicklung
Zuverlässigkeit	Sicherheit und klaren Verhältnissen, auf jemanden zählen oder auf jemanden vertrauen zu können, zu seinem Wort stehen, Standhaftigkeit und Konsequenz
Ordnung/Sauberkeit/Pflege	guten Atmosphären, in denen man sich wohlfühlen kann, innerlich ausgerichtet zu sein durch äußere Ordnung, Übersicht und Überblick, eine angenehme Erschei-

	nung sein, Sorgfalt und Werteerhaltung, beispielsweise ein Auto pfleglich zu behandeln
Schönheit	optischer Bereicherung, etwas, was inspiriert, erfüllt, motiviert, aufbaut, kompetent ausgeführten Handlungen oder erhabenen Gedanken, guten Atmosphären/Räumen/Gärten
Flexibilität	sich und anderen die Freiräume zu schaffen, Spontaneität, einer Entwicklung Raum zu lassen oder Veränderungen zuzulassen, offener zu sein für Lösungsmöglichkeiten oder Ansätze
Sinnlichkeit/Gespür/Sensibilität	starker Wahrnehmung und tiefem Fühlen, Wachheit und Offenheit im Kontakt mit Menschen/der Natur/Tieren, sich einzulassen und Eindrücke zuzulassen, Intensität zu erleben, Kontakt und Nähe zu spüren

Annahme fördern mit Geschlechtsbewusstsein

Männer können im Liebesbewusstsein anfangen, die Geschlechtskraft der Frauen, also die Umhüllung, anzunehmen. Sich von den Umhüllungen der Frau bereichern und erfüllen zu lassen. Männer dürfen auch verstehen, dass, da die Frau die Geschlechtskraft der Umhüllung hat, sie von Natur aus nicht einfach so „direkt" wie ein Mann sein kann. Während ein Mann nur wenige Worte sprechen muss, um für sich etwas zu klären, braucht die Frau – selbst im Gespräch – eher diesen Umbau der „vielen Worte", bis sie zum eigentlichen Thema oder zu einer Kernaussage gelangt. Wenn Männer die Geschlechtskraft der Frau annehmen, können sie entspannter und freundlicher damit umgehen, dass es bei Frauen in allen Bereichen etwas dauert, bis diese „zur Sache" kommen oder „fertig" sind.

Mit dem Geschlechtsbewusstsein wird es möglich, sich noch einmal anders als Frau und Mann zu begegnen. Frauen können von Männern lernen, ihre Direktheit anzunehmen und gleichzeitig ein bisschen direkter zu werden. Männer können von Frauen lernen, sich selber mehr zuzuwenden, sich selbst oder sich einer Sache mehr zu widmen und zu umhüllen.

Klärungsfragen:

- *Habe ich Kontakt zu meiner Geschlechtskraft bzw. wo lebe ich diese aus?*
- *Erlaube ich mir, meine Geschlechtskraft zu leben?*
- *Gibt es Bereiche in meinem Leben, in denen ich meine Geschlechtskraft mehr entwickeln bzw. ausleben könnte?*
- *Wertschätze ich meine Geschlechtskraft?*
- *Wertschätze ich die Geschlechtskraft des anderen Geschlechts und nehme ich diese dankbar an?*

4. Körperliche Liebe

Mit unserem Körper sind wir in der Lage, Liebe und Nähe zum Ausdruck zu bringen, Liebe und Nähe mit anderen Menschen in unterschiedlicher Form zu teilen. So ist es elementar wichtig, den Körper eines anderen Menschen – von Seele zu Seele – wertzuschätzen und ihn nicht zu bewerten.

Unser Körper ist ein Ausdrucksinstrument für unsere Seele, Liebe und Nähe körperlich zu geben und zu zeigen. Wie schön ist es, Menschen stimmig zu berühren, mit Menschen zärtlich zu sein, Menschen zu umarmen. Wie schön ist es für Kinder, wenn die Eltern mit ihnen kuscheln und die Eltern ihren Kindern mit ihren Körpern Schutz und Geborgenheit vermitteln können.

Der Wunsch nach körperlicher Nähe liegt in der Natur des Menschen. Wir sollten uns dankbar zu unserem Körper stellen, durch den wir so viele wunderbare Erfahrungen von körperlicher Begegnung machen und Nähe erfahren können. Körperliche Nähe können wir in unterschiedlicher Intensität und aus unterschiedlichen Positionen heraus erfahren. Sie kann so vieles sein. Trost, Nestwärme, Wiegen, Zusammenhalt, Zugehörigkeit, Wertschätzung, Dank, Schutz, Begehren, tiefer Ausdruck von Liebe zwischen Mann und Frau – bis hin zur Verschmelzung, wenn wir einen geliebten Menschen körperlich lieben. Im Liebesbewusstsein bedeutet es stets, den Körper des anderen auf der Basis von Liebe und Wertschätzung anzunehmen. Das heißt, den Körper dieser innewohnenden Seele zuzuordnen und die Seele nicht getrennt vom Körper zu sehen. Es bedeutet, sich der Intention der Seele bewusst zu sein, ihrer Intention, mit dem Körper bereichernde körperliche Liebe geben und ausdrücken zu wollen.

Wenn Du Dein Kind umarmst, dann sei Dir bewusst, dass Dein Körper mit dieser Umarmung dem Körper Deines Kindes etwas gibt. Und Deine Seele lässt über diese Nähe etwas zur Seele Deines Kindes fließen. Wenn Du einen Menschen umarmst und tröstest, dann sei Dir bewusst, dass Dein Körper den anderen Körper tröstet und beruhigt. Dass von Deiner Seele während dieser Umarmung etwas zu der Seele des Getrösteten fließt.

Körperliche Liebe, Sex, wird vielfach getrennt von der Seele des Körpers gesehen, mit dem man sich während der körperlichen Liebe verbindet. Hier schlägt das Ego mit seinen Befriedigungswünschen zu. Es fährt zunächst mehr auf den tollen Körper eines Mannes oder eine Frau ab, ohne den Partner wirklich einmal seelisch betrachtet oder wahrgenommen zu haben. Ohne darauf zu achten, ob man selbst seelisch wahrgenommen wurde. Dies zu erkennen stellt einen Wert dar, der sich wohl erst im Laufe des Lebens und des Älterwerdens über die körperliche Liebe im Zusammenhang mit der Seele beim Menschen einstellt.
Das Ego erfreut sich seiner Befriedigung, sieht danach allerdings auch, was am Partner oder der Partnerin doch nicht körperlich optimal war. Bis hin zur Feststellung, dass die Persönlichkeiten sowieso nicht zueinanderpassen. Es hat keine seelische Erfüllung oder Berührung durch den körperlichen Akt stattgefunden. So kommt es zu der Leere unter Paaren.

Tiefe Erfüllung und Bereicherung speisen sich zwischen zwei Menschen nur aus dem Kontakt von Seele zu Seele. Sei es durch ein Gespräch, einen Blick, eine Umarmung, Zärtlichkeit oder körperliche Liebe.

Die Sexualität wird vom Ego dazu eingesetzt, sein Machtbedürfnis zu stillen oder sein Bedürfnis zu erleben, angenommen zu werden. Wenn ein Mann und eine Frau sich streiten und sie sind nicht in der Lage, sich seelisch auszutauschen oder zu verständigen, greifen sie auf das scheinbar so versöhnlich wirkende Mittel des Beischlafs zurück. Hiermit dokumentieren sie direkt oder indirekt, sich einander wieder angenommen zu haben oder aber wieder Macht über den anderen auszuüben.

Dieses Bedürfnis, sich angenommen zu fühlen, wird durch die körperliche Vereinigung für viele eine Art Ersatz für „Angenommen-sein und Geliebt-werden".

Sie sind damit aber nur im Schein des Annehmens und des „Angenommenwerdens". Denn selbst, wenn Mann und Frau miteinander geschlafen haben, stellt sich auf seelischer Ebene weiterhin die Frage, ob zwischen ihnen nach dem Beischlaf größerer seelischer und körperlicher Respekt und tiefere, innigere Wertschätzung existiert als vorher – sofern dies je bestanden hat. Wurden mehr Zuverlässigkeit, Verständnis füreinander, Klarheit und Vertrauen zueinander geschaffen?

Der „Alles-ist-wieder-gut-Beischlaf" ist ein ohnmächtiger Akt des Egos, der wirklichen Annahme des anderen und des wirklichen Verstehens und der Klärung gemeinsamer Werte auszuweichen. Es hat sich in der Regel nichts geändert durch den „AiwgB", diesem körperlichen Versöhnungsakt.

Im Liebesbewusstsein ist der Ausdruck von Liebe durch den Körper ein göttliches Geschenk. Empfangen durch die Werte der Lust, der Zärtlichkeit, der Leidenschaft und der Zuwendung. Dieses Geschenk ist nur dann stimmig für Deine Seele, wenn Du weißt, dass Du den Menschen, mit dem Du Dich körperlich vereinigst, wirklich wertschätzen kannst. Und es ist auch nur dann stimmig für Deine Seele, wenn Du von Deinem Partner spürbar wertgeschätzt wirst, sowohl seelisch als auch körperlich. Dann ist Raum für eine tiefere Begegnung mit Euren Seelen vorhanden. Statt „nur" einer kurzweiligen körperlichen Befriedigung stellt sich eine nachhaltige körperliche und seelische – sehr verbindende – Erfüllung und Bereicherung ein. Die körperliche Liebe wird extrem intensiv und ein jeder kann sich körperlich und auch den anderen noch absoluter, verbindlicher spüren.

Jugendliche Mangelkompensierung
Kinder oder Jugendliche, die frühe sexuelle Erfahrungen machen, tun dies unbewusst, da Sie nach dem Gefühl des Angenommen-seins suchen. Diese Jugendlichen kommen seelisch oft aus Familien oder Familienstrukturen, in denen keine oder wenig Geborgenheit und klare Orientierung herrschten. Sie erhoffen sich unbewusst, durch frühe Sexualität diesen Mangel zu kompensieren. Dies betrifft häufig Mädchen, die dazu neigen, sich „schnell und wahllos", aufgrund der existierenden seelischen Ungeborgenheit, hinzugeben. Leider spüren sich diese Mädchen körperlich wenig oder gar nicht. Jungs hingegen suchen die „schnelle" Macht in der frühen Sexualität, um emotionale „Ohnmacht" zu kompensieren.

Unterstützung für Deine Seele:
Gebet an den Körper

Kapitel VII – Beziehungen

Kommunikation auf der Basis von Liebe erschafft immer Nähe, egal wie kritisch es ist.
Alle positiven Absichten unter Menschen dürfen niemals dazu führen, dass man sich selbst
innerhalb einer Absicht oder positiven Intention verliert, weil man glaubt,
man müsste mit seiner positiven Absicht alles tun,
damit der andere auf die gleiche Absichtsebene kommen kann wie man selbst.
(Marija)

Wir entstammen einer Beziehung – wie auch immer diese Beziehung zwischen Vater und Mutter seinerzeit war. Wir führen unser Leben lang Beziehungen. Es gibt absolute Beziehungen, wie die zu unseren Eltern oder unseren Kindern. Und es gibt berufliche Beziehungen oder Wahlbeziehungen, zu Partnern oder Partnerinnen, Freunden. Diese werden im Liebesbewusstsein unterschiedlich betrachtet.

1. Liebe und Herkunft

Unsere Eltern sind absolut. Sie waren für unsere Seele die erste reale Hoffnung, leiblich zu werden. Egal, ob wir „gute" oder „schlechte" Eltern haben – diese Schöpfung ins Leben, in die Menschwerdung, haben wir unseren Eltern gegenüber anzuerkennen. Wir können wertschätzen, dass unser Vater uns gezeugt und ins Leben initiiert hat. Dass unsere Mutter unsere erste seelische Wohnstätte war, in der sie uns bis zur Geburt leiblich umhüllt hat. Diese schlichte Anerkennung Deiner Menschwerdung ist für *Dich* wichtig. Du selbst ehrst sie dadurch, dass Du Deine Eltern wertschätzt – Deine Menschwerdung über deren Akt, Dich leiblich werden zu lassen.

Seelisch gesehen ist das der erste und beste Akt Deiner Eltern gewesen, Dich ins Leben zu holen, durch deren jeweilige Geschlechtskraft.

Die Vererbung und Prägung von Mangel und Ohnmacht

Es gibt Menschen, die nichts Seelisches von ihren Eltern im Laufe ihrer Kindheit erhalten haben oder während ihres Zusammenseins mit ihnen. Diese Menschen wurden vornehmlich vom Ego der Mutter und dem Ego des Vaters oder nur eines Elternteiles erzogen. Sie sind mehr schlecht als recht ins Leben begleitet worden. Häufig ließ diese Erziehung viel Mangel in das Kind vonseiten der Eltern übergehen.

So hat der Mensch als Kind und späterer Erwachsener unter Umständen zeit seines Lebens unter dem Mangel an Erziehung seitens der Eltern zu leiden. Sie haben sein eigenes Ego geprägt. Wie bereits erwähnt, lässt sich nur Dein Ego – und das kindliche Ego im Besonderen – von einem Ego und hier vom Ego der Eltern beeindrucken und vor allem auch *erschüttern*.

Sei es durch die Erwartungen der Eltern an das Kind, durch deren Vorstellungen, was das Kind tun sollte und sein müsste: Das Kind mit seinem Ego lernt, dass es Angst und Zweifel in sich trägt, wann es sich unterwerfen oder kleinmachen soll, dass es aggressiv oder ohnmächtig gemacht wird.

Das Kind möchte in jedem Fall angenommen werden und erlebt seine Anpassungs- und Unterwerfungsversuche den Eltern gegenüber *nicht* als Selbstverlust. Es ist für das Kind ganz normal, da es erst mit dem Einsatz der Verstandeskräfte – was Jahre dauert – in die Kraft kommt, sein seelisches Bewusstsein benutzen zu können.

Im Ego liegt die Ohnmacht gegenüber dem Leben. So werden wir Menschen mit unseren inneren Mechanismen und Lebensmustern geprägt von den Lebensmustern und Erfahrungen der Eltern und deren Egos. Dazu kommen die psychogenetischen Muster unserer Eltern und unserer Vorfahren *(siehe hierzu Kapitel 9, Selbstliebe und Selbstheilung durch psychogenetische Beratung)*.

Wir werden von unseren Eltern über unsere eigenen seelischen Kräfte in der Regel nicht „informiert". Ego-Eltern prägen das Ego-Kind. So, wie eine Münze geprägt wird mit dem Hineinstampfen eines „Musters". Unsere Seele ist *nicht* geprägt. Unsere Seele ist von Liebe durchtränkt, voller Werte, ewig und zu jeder Zeit „unverwickelt".

Freiheit durch eigene Werte
Im Liebesbewusstsein geht es darum, seelisch unabhängig von den Eltern zu werden. Unabhängig von den egomanen „Beeindruckungen", die sie in uns, ihren Kindern, hinterlassen haben. Es geht darum, mit unserer Seele Klarheit in die Beziehung zu Vater und Mutter zu bringen und durchaus die Essenz des Guten hochzuhalten, welches sie auch in unserer Seele angesprochen haben. Das bedeutet, ein eindeutiges Bewusstsein dafür zu entwickeln, was unsere Eltern uns an offensichtlicher Wertschätzung und Wertvollem entgegengebracht haben. Es bedeutet, die tatsächlichen Werte der Eltern, die uns seelisch etwas gegeben haben, definitiv anzuerkennen oder deren Mangel – auch Unwert genannt – zu sehen.

Es geht darum, dass Du Dein Ego erlöst und gleichzeitig Deine Seele stärkst, indem Du Dich nicht weiter unbewusst oder bewusst an den „Unwerten" und „unwerten Taten" Deiner Eltern orientierst und darin verhaftet bleibst.
Unwerte sind sinnlose Verhaltensweisen oder Ausdrucksarten des Egos, die Deine seelische Befreiung blockieren. Sie bedecken Deine seelische Kraft. Dein Ego überlagert Deine Seele. Deshalb kann es sogar sein, dass Du selbst weißt, dass Du den einen oder anderen „Unwert" gar nicht leben willst, dies jedoch aufgrund Deiner Anbindung Deines Egos an das Ego der Eltern „einfach" tust und „machtlos" danebenstehst. Vielleicht sogar sehenden Auges und fühlenden Herzens mehr und mehr „wirst" wie Dein Vater oder Deine Mutter.
Wenn Du unter den Unwerten Deiner Eltern gelitten hast oder noch immer leidest, so sei Dir bewusst, dass Du Dich mit Deinem seelischen Willen entschließen kannst, diese Unwerte abzulegen.
Du wirst die Unwerte los, indem Du in Deiner Seele neue Werte aktivierst. Jeder neue Wert, den Du in Dir als „Antwort" auf die „Unwerte" Deiner Eltern in Dir stärkst und Dir aneignest, erhöht gleichzeitig Deinen Selbstwert. Jeder dieser neuen Werte erhöht zuverlässig Deine Macht und Kompetenz Deinem eigenen Leben gegenüber. Mit diesem Wissen rückst Du in die seelische Macht, mit Deinem seelischen Willen die Unwerte und den resultierenden Mangel sowie Dein Ego mehr und mehr zu eliminieren, durch das Wissen, welches Du durch das Enttarnen von Unwerten der Eltern erlangst. Du überprüfst, ob Du diese Unwerte selber lebst oder Dich diesen zur Verfügung stellst. Zum Beispiel durch Anpassung oder Unterwerfung gegenüber anderen Menschen.

Ego-zentrierte Lösungsansätze oder warum man unbewusst an seiner Historie hängen bleibt

Wenn Du im Laufe Deines Lebens unter dem Mangel Deiner Herkunft leidest, hast Du die Möglichkeit, Dich durch eingängige Selbsterfahrung kennenzulernen. Im Liebesbewusstsein ist es wichtig, darauf zu achten, dass Du eine Selbsterfahrung und gleichzeitige Egoenttarnung so wählst und in Dir praktizierst, dass es Dich seelisch weiterbringt. So, dass Du sicher bist, am Ende deutlich mehr in Deinen seelischen Werten und Deiner Seelenkraft zu stehen als vor der ganzen Prozedur.
Viele Menschen haben bereits etliche Selbsterfahrungsmöglichkeiten hinter sich und sind noch immer nicht bei sich selbst oder dem Gefühl angekommen, jetzt den Mangel der Herkunft wirklich erlöst zu haben. Mag sein, dass sie mit einer bestimmten Therapie oder Methode eine Art „Aha"-Effekt über eine bestimmte

Zeit in sich trugen, jedoch sich am Ende nicht dauerhaft und konsequent der Selbstliebe oder Liebe mächtig fühlten.

Vielleicht wurde bei dieser Art Selbsterfahrung zu viel über das Ego mit dem Klienten gearbeitet und nicht konkret über die „Gestalt" der Seele und über die Betrachtung und Stärkung der seelischen Werte.

Fakt ist, wenn Deine Eltern Dich mit „Unwerten" „hängen gelassen haben", so hast Du über das Liebesbewusstsein eine sichere Methode, Dich seelisch und im realen Leben an die Hand zu nehmen. Es ist nur wichtig, dass Du den Wunsch von „besseren Eltern" aufgibst oder dem Traum nicht mehr nachhängst, vom „Hätten die einmal …" oder „Würden die noch besser …".

Werte, die Deine Eltern nun einmal nicht in sich tragen oder Dir entgegenbringen, kannst Du definitiv nicht von ihnen verlangen. Du kannst sie auch nicht in Vater oder Mutter nachträglich „einhauchen" für Dich, damit sie sich Dir gegenüber gemäßer verhalten. Du hast keinen Zugriff oder „Einfluss" auf die gelebten und aktivierten seelischen Werte Deiner Eltern in deren Seelen. Genauso wenig, wie ihn Deine Eltern auf Dich haben, was Deine seelischen Werte betrifft (Gott sei Dank!) Deine Eltern können Dir Deine Werte zum Beispiel auch nicht absprechen, weil sie selbst diese nicht gelebt haben. Hier gilt wieder das Beispiel, wenn Deine Eltern nicht schwimmen können. Es ist für Dich, um Dir diese Fähigkeit anzueignen, unbedeutend, ob Deine Eltern es konnten oder nicht. Du entscheidest es für Dich, es einfach können zu wollen und fängst an, Schwimmen zu lernen.

Liebesbewusstsein bedeutet, sein Herz, seinen Geist, seine Seele zu öffnen, um mit Gottes Augen zu sehen, wo keine Liebe existiert – in einem selbst oder in der Welt.
(Marija)

Sei Deinetwegen offen.

Selbstverständlich besteht zwischen Dir und Deinen Eltern die Möglichkeit, im Liebesbewusstsein von Seele zu Seele miteinander zu sprechen. Es ist machbar, in Gesprächen, auf der Basis von Liebe, Dinge zu benennen, die für Dich nicht erfüllend und bereichernd vonstattengingen. Selbst wenn Du vielleicht glaubst, es ist zwischen Deinen Eltern und Dir keine Heilung mehr möglich, so weiß ich, dass es in jedem Fall einen Versuch für Deine Seele wert ist, auf der Basis von Liebe ein Gespräch von Seele zu Seele zu suchen. Es wird Dir in die eine oder andere Richtung zu mehr „seelischer" Erfüllung und Bereicherung verhelfen.

Du hast das Recht zu entscheiden, ob es zwischen Dir und Deinen Eltern genügend Werte gibt, die Du mit ihnen teilen und erleben kannst und möchtest. Deshalb darfst Du für Deine Seele entscheiden, ob Du mit Deinen Eltern – aufgrund des Mangels an gemeinsamen Werten oder Wertschätzung – zukünftig eine stimmigere Kontakthäufigkeit und Intensität möchtest.

Das Liebesbewusstsein möchte, dass Du in jedem Fall aus dem Täter-Opfer-Konstrukt, welches Du als Kind von Ego zu Ego erfahren hast, heraustrittst. Dies bedeutet, Dir eine andere Haltung zu Deinen Eltern und zu Dir selbst einzuräumen. Es bedeutet, zu unterscheiden, dass es die Eltern waren, die mit ihrem Ego Dein Ego geformt haben, allerdings nicht Deine Seele. Deine Seele und ihre Gestalt, die Du in Deinem Leben zum Ausdruck bringst, bestimmst nur Du alleine durch die seelischen Werte die Du in Dir lebst und neu aktivierst.

Unwerte der Eltern: Anlass für die Entscheidung zu seelischem Wachstum

So können uns die Unwerte der Eltern seelisch aufzeigen, um welche Werte es in unserem Leben gehen könnte. Die gelebten Unwerte unserer Eltern und den Mangel, den sie in unserem Ego hinterlassen haben, sind unsere Überprüfungsmöglichkeiten. Sie dienen dazu, uns innerlich zu erheben und seelisch willentlich zu entschließen:

„Ich will diese Unwerte weder nachleben noch weiter darin stecken bleiben, indem ich mich für diese Unwerte meinen Eltern oder anderen Menschen zur Verfügung stelle. Ich entscheide mich für meine Werte, und mithilfe dieser kann ich den Mangel meiner Eltern überwinden."

Bei dieser Betrachtung siehst Du Dir die Sache mit Deinen Eltern von oben an. Du betrachtest den Mangel und Dein eigenes Haben-Wollen, Sollen oder Müssen Deinen Eltern gegenüber, durch das Du innerlich gefangen oder eingeschränkt bist. Wenn Du beginnst, die Sache mit Deinen Eltern seelisch zu betrachten, räumst Du viel mehr Entwicklung, Erkenntnisse und seelische Werte in Dir selbst ein.

Eines ist gewiss: Es ist egal, wie sehr Deine Eltern Dich über Dein Ego eingeschränkt haben und somit Deine Seele haben überlagern können. Deine Seele konnten sie dennoch nicht beeindrucken. Du entscheidest, welche Werte Du seelisch lebst und *nur Du hast die Macht*, den Unwert in Deinem eigenen Ego abzulegen.

So gibt es Eltern, die ihren Kindern gute Anteile schenken und Taten vollziehen und andere, die dies ihren Kindern nicht haben angedeihen lassen. Es gibt Schauergeschichten von Eltern, die ihre Kinder gewaltsam und missbräuchlich erzogen haben. Vielleicht haben das auch Deine Eltern getan.

Es gibt alle Arten von Geschichten, wonach die Eltern ihre Kinder emotional, mental und auch real vernachlässigten. Jeder von uns findet irgendeinen Mangel in der Kindheit, der ihn geprägt hat.

Es gibt im Liebesbewusstsein jedoch keine Bewertung darüber, wessen Kindheit besonders schlimm und welche Kindheit weniger schlimm war. Es gibt nur eine Kindheit, eine mit zwei Seiten. Der Kindheit des Egos einerseits und der zeitlosen Seele, die eine Kindheit in diesem Leben als Mensch erlebt hat, andererseits.

Die Kindheit des Egos ist voll von Verletzungen, Ängsten, Zweifeln und Mangel. Die Seele des Menschen mit seiner Kindheit ist jedoch in der Lage, all dies zu überwinden, scheint es auch noch so schwer zu sein.

Die Menschen ändern sich nicht … ein Fakt für Egos

Wenn Du vermutest, Du könntest eine Erfahrung mit Deinen Eltern nicht in seelische Werte in Dir selbst umkehren, so irrst Du Dich. Es irrt sich Dein Ego. Denn Deine Seele lässt Dich über enorme Kräfte verfügen. Sie ist in der Lage, Dich selbst die schlimmsten Kindheitserfahrungen überwinden zu lassen. Dies schreibe ich Dir als Mensch, *der praktisch weiß und erfahren hat*, was er dort schreibt, weil auch ich die Kindheit eines Egos mit sehr speziellen Eltern erlebte. Ich schreibe Dir dies, weil ich Dir Mut machen möchte als beseelter Mensch.

Lass Dir nicht von Deinem Ego einreden, Du könntest Dich nicht befreien von den Unwerten und dem Mangel in Dir, die Dich geprägt haben und heute blockieren. Du bist in der Lage, in die Gestalt Deiner Seele zu wachsen und dadurch nach göttlichem Geheiß unendlich viele seelische Werte in Dir ausleben zu können und innerlich wie äußerlich frei zu werden. Definitiv. Du bist Dein eigener Anlass, Dich in Selbstliebe über die Werte in Deiner Seele anzunehmen.

Selbst wenn Deine Eltern Dir keine Werte zugesprochen oder sogar abgesprochen haben, weil ihr Ego dies nicht konnte, so ist dies *deren „Betrachtung" Deines Lebens – und nicht von Bedeutung*. Du hast mithilfe des Liebesbewusstseins die Möglichkeit, Dir Gewissheit über Deine seelischen Werte und die Kraft Deiner Liebe in Dir zu verschaffen. Du weißt es definitiv – vor Dir selbst und vor Gott – wer Du bist und was Du seelisch mit Deinen Werten als Mensch sinnvoll, bereichernd und erfüllend vollziehst.

Dein Ego hat überwältigende Argumente, warum es nicht funktioniert.
Es mag sein, dass der Weg dahin etwas dauert. Es mag auch sein, dass dieser Weg durch Dein Ego steinig ist. Doch erst recht, wenn Deine Eltern Dich seelisch weder sehen noch wertschätzen konnten, *ist es Deine Pflicht*, dies nun für Deine Seele zu vollziehen, auch zur Ehrung Gottes. Du kannst als spiritueller Mensch nicht verantworten, dass Deine Eltern Dir über deren Ego die Missachtung des Göttlichen in Dein Ego miteingegeben haben. Das ist die Sache Deiner Eltern.

Möglich, dass Deine Eltern Dich nicht als Geschenk des Lebens und von Gott kommend geschätzt und behandelt haben. Mag sein, dass Deine Eltern Dir keine Liebe entgegengebracht und Dich für persönliche Vorstellungen oder Zwecke benutzt haben.

Doch sei Dir bewusst, das ist für Deine Seele kein Grund, darauf zu verzichten, Deine Liebe zu leben und zum Ausdruck zu bringen. Deine Eltern haben weder die Macht noch das Recht, Dir den Ausdruck Deiner Liebe über Deine Seele abzusprechen. *Wenn, dann tust du das alles nur durch Dein Ego und weil Du dem Ego in Dir oder dem Ego der Eltern mehr glaubst als Gott.*

Was bist Du Dir wert?
Wenn wir über unsere Kindheit nachdenken und uns der Mangel bewusst wird, der uns geprägt hat, neigen wir Menschen dazu, uns selbst zu bemitleiden. Oder wir sehen unsere Eltern als Grund, warum wir im Leben nicht zurechtkommen. Wir zeigen indirekt mit dem Finger auf unsere Eltern und übernehmen immer noch nicht Verantwortung in unserem Leben.

Die Frage ist, was Du Dir wert bist und was Dir das Leben wert ist. Bist Du es Dir und Deiner Seele wert, aus den Fängen des Mangels Deiner Eltern herauszutreten? Und hast Du in Dir die Ehre, vor Gott zu sagen: „Ok, ich möchte den Unwert meiner Eltern nicht weiterleben. *Ich möchte zu Ehren ‚Gottes' durch meine Seele die seelischen Werte in mir favorisieren.*"

Du kannst Dich, wenn Du möchtest, Dein ganzes Leben lang mit Deiner traurigen Kindheit, dem Mangel, der Pein, der Entbehrung, der Einsamkeit, der Ungerechtigkeiten und der Lieblosigkeiten beschäftigen. Aber bringt Dir das etwas? Macht es Dich glücklich oder seelisch reicher? Bringt Dir dies inneren Frieden oder bringt es Dir neue Lebenskompetenzen?

Im Einklang mit sich selbst
Wenn Du für Dich zu der Überzeugung kommst: „Meine Eltern haben mir seelisch nichts gegeben. Meine Eltern haben mich weder erfüllt noch bereichert und meine Eltern haben mich nicht wertgeschätzt", dann komm zurück auf das, was ich eingangs erwähnte. Sei Dir Deiner schlichten „Menschwerdung" durch Deine Eltern bewusst. Sei Dir darüber bewusst, dass diese Haltung Deiner Seele guttut. Wenn du den Weg mit Deiner Seele in Deinem Leben, mit ihren Werten und der Selbstliebe und Liebe gehst, bist Du aus seelischer Sicht mit Deinem Leben in Stimmigkeit.

Unwert aus dem Ego:	**Neuer Wert aus Deiner Seele:**
Vernachlässigung	Fürsorge
Gleichgültigkeit	Interesse
Missbrauch	Unterstützung, Hilfsbereitschaft, Achtung, Respekt
Gewalt	Sanftmut
Aggression	Bedachtheit
Unbewusstheit	Bewusstheit
Groll	Einverständnis
Neid	Güte, Anerkennen
Missgunst	Gönnen
Zorn	Freundlichkeit, Gelassenheit
Hass	Liebe
Oberflächlichkeit	Tiefgründigkeit
Unverbindlichkeit	Verbindlichkeit
Faulheit	Fleiß
Unordentlichkeit	Ordnung
Verrat	Treue
Unzuverlässigkeit	Zuverlässigkeit
Härte	Weichheit, Sanftmut
Unpünktlichkeit	Pünktlichkeit
Geiz	Großzügigkeit
Diebstahl	Schenken
Würdelosigkeit	Würde
Lüge	Ehrlichkeit

Täuschung	Aufrichtigkeit
Unterdrückung	Freiheit
Egoismus	Gemeinschaftssinn
Intoleranz	Toleranz
Verkommen lassen	Pflegen
Rücksichtslosigkeit	Rücksicht, Umsicht
Konkurrenz	Miteinander
Verletzbarkeit	Schutz, Selbstschutz
Arroganz	Bescheidenheit, Demut
Depression	Freude
Schuld	Unschuld, Verantwortung
Minderwert	Selbstwert
Vorwurf	Lob, Würdigung
Selbstverlust	Selbsttreue
Unsicherheit	Souveränität
Respektlosigkeit	Respekt
Hilflosigkeit, Ohnmacht	Selbstmacht
Ablehnung	Annahme
Strafe	Belohnung, Anerkennung
Unlust	Lust, Motivation
Naivität	Klugheit, Bildung
Eifersucht	Vertrauen
Launenhaftigkeit	Ausgeglichenheit
Kompliziertheit	Einfachheit
Trotz	Einsicht
Kleinmut	Großmut
Versagen	Erfolg, Engagement
Feindschaft	Freundschaft, Toleranz
Inkompetenz	Kompetenz
Wut	Objektive Gelassenheit

Klärungsfragen:

> - *Welche „Unwerte" und welchen Mangel habe ich durch meine Eltern kennengelernt oder wurden in mich übertragen?*
> - *Welche Werte sind deshalb als befreiende „Antwort" wichtig, um diese in meiner Seele zu aktivieren und zu leben?*

Unterstützung für Deine Seele:
Gebet an Vater und Mutter
Selbstliebe und Selbstheilung durch Psychogenetische Beratung

2. Liebe und Erziehung

*Die Wahrhaftigkeit von Vater und Mutter sind wichtige Nährstoffe für die Seele des Kindes.
Je wahrhaftiger, je authentischer, je liebevoller sich Vater und Mutter zugewandt haben,
umso kräftiger kann die Seele des Kindes sein und werden.*
(Marija)

Erziehung findet im Liebesbewusstsein über das Geben, Zeigen und Vermitteln von Werten statt. Als Eltern sind wir für unsere Kinder Vorbilder. Im Liebesbewusstsein dürfen wir die seelischen Vorbilder unserer Kinder sein, die sich an uns durch unsere gelebten Werte orientieren können. Wir sind Vorbilder für unsere Kinder, wie wir in praktischer Selbstliebe als Vater und Mutter und in Liebe zu anderen Menschen unser Leben führen. Erziehst Du Kinder stellvertretend für die leiblichen Eltern, beispielsweise als Großeltern oder Adoptiveltern, so gilt dasselbe Prinzip.

Erziehung hat damit zu tun, dem „Kleineren" solange einen Platz der seelischen Orientierung zu geben, bis sich Dein Kind mit eigenen Grundwerten im Leben behaupten kann. Solange es noch nicht in der Lage ist, sich seelisch einen adäquaten Platz zu suchen und seelisch förderliche Entscheidungen für sich zu treffen. Das vollzieht sich in der Regel über einen Zeitraum von zwanzig Jahren. Dies könnte sich für Dich jetzt lange anhören, doch gemessen an der Reifung der Seele und der gesamten Lebenszeit eines Menschen ist das angemessen. Solange bist Du der „seelische Führer" Deines Kindes, auf der Basis Deiner Wertschätzung zu Deinem Kind. Und ist es seelisch erwachsen, also wenn es ca. 20 Jahre alt ist, dann darfst Du Dich als Vater oder Mutter zum „seelischen Freund" oder zur „seelischen Freundin" Deines Kindes wandeln.

Elternschaft = Ego-Abschirmer
Wenn Du im Liebesbewusstsein Dein Kind oder Deine Kinder erziehen willst, bist Du an erster Stelle ihr „Ego-Abschirmer". Du schirmst die Kinder von Deinem eigenen Ego und Deinen Mangelgefühlen ab. Du erziehst Dein Kind keineswegs über Konsum und Befriedigung. Da Du Dich im Liebesbewusstsein Deinem Kind widmest, gibt es in Dir keine Gefühle, Dein Kind schnell „groß" werden lassen zu wollen, um schnell Deine Ruhe vor ihm zu haben. Keine Gefühle von „Überforderung", die Du vor ihm haben könntest. Denn Erziehung im Liebesbewusstsein hat nichts mit Aufopferung, Mangel oder Verzicht zu tun.

Dein Kind ist ein Teil Deines Lebens, der Dich als Vater oder Mutter bereichern und erfüllen möchte. So hat es Gott vorgesehen. *Dein Kind fordert Dich heraus, Deine eigenen egoistischen Unerlöstheiten aufzuarbeiten.* Immerhin ist es Dein Fleisch und Blut und trägt somit auch Deine emotionalen Erbanlagen in sich – genauso, wie Du diese bereits von Deinen Eltern geerbt hast. So sind Kinder von Gott für Dich gemeint: als erfüllende Herausforderung.

Deine Bereicherung vollzieht sich über Deine persönliche Entwicklung, die Du durch Deine Kinder und deren Erziehung erfährst. Du erfährst diese Bereicherung von Seele zu Seele. Unter anderem aus der „Süße", die uns unsere Kinder aus dem Reich Gottes als beseelte Menschen mitbringen. Diese „Süße" kannst Du mit Deiner Seele wahrnehmen, auch später noch, wenn Deine Kinder bereits erwachsen sind. Diese Süße ist ewig.

Geduld ist ein Geschenk.
Als Vater oder Mutter legst Du im Liebesbewusstsein Wert darauf, Dein Kind seelisch „abzuholen" und mit Deinen Werten seelisch zu fördern. Im Liebesbewusstsein ist es Dir als Vater oder Mutter ein Anliegen, die Seele Deines Kindes zu stärken und nicht sein Ego zu schüren, indem Du vermeidest, mit Deinem Ego ein neues Ego der Zukunft zu erschaffen.

Hierbei spielt der Wert der Geduld eine wichtige Rolle in der gesamten Erziehungszeit Deines Kindes. Geduld einem Kind gegenüber zu haben bedeutet, ihm Raum zu geben für eine Entwicklung, für eine Verbesserung, für eine Einsicht, für einen Neuanfang. Durch Deine Geduld, die Du Deinem Kind schenkst, kann das Kind spüren, dass Du an es glaubst und mit liebevoller Nachsichtigkeit auf es schaust. Durch Deine Geduld kann Dein Kind Vertrauen lernen. Sei es, weil Du es trotz Schlafentzugs geduldig in der Nacht auf Deinen Armen wiegst, ihm geduldig dabei hilfst, das Laufen zu lernen, das „Sich-selber-anziehen" oder ihm bei den Hausaufgaben Unterstützung gibst, auch wenn Dein Kind sich etwas „begriffsstutzig" zeigt und mehr als andere Kinder „Zeit" abverlangt.

Wenn Dein Kind pubertiert und Dich „fast täglich abserviert", bleibe trotzdem in Deiner Güte und Geduld, es am anderen Tag erneut mit einem Gespräch zu versuchen, erneut an seine Einsicht im Umgang mit den Dingen des Lebens zu appellieren.

Geduldig zu sein, bedeutet nicht, sich an der Nase herumführen zu lassen oder darauf zu verzichten, klare Regeln aufzustellen oder Grenzen zu setzen. *In der Geduld offenbart sich für Dein Kind Nachsichtigkeit, gerade weil es Dir gegenüber nicht ebenbürtig ist.*

Innenschau zum Wohl des Kindes

Als Elternteil darfst Du die Geburt Deines Kindes noch mal zum Anlass nehmen, zu überprüfen, was Du Deinem Kind seelisch geben möchtest. Du darfst Dir noch einmal konsequenter vornehmen, die Entscheidung mehr für das Seelische in Dir zu treffen, um mit der weiteren Eliminierung Deines Egos fortzufahren. Überprüfe Dich, wo Du Dein Kind mit einem inneren „Haben-Wollen, Sollen oder Müssen" erziehst. Also mit Deinen Vorstellungen, wie Dein Kind – oder wie es mit Deinem Kind – jetzt sein müsste und zu sein hat.

Überprüfe Dich auf Deine Projektionen zu Deinem Kind hin. Schau, wo es Dich ärgert, nervt, überfordert oder sogar respektlos behandelt. Überprüfe Dich auf Dein Mangelbewusstsein Deinem Kind gegenüber. Zum Beispiel, was es alles nicht kann oder was es Dir nicht gibt oder was es nicht erfüllt. Beobachte ebenfalls das Haben-Wollen, Sollen oder Müssen Deines Kindes und versuche, dieses „kleine Ego" mit Deinen Werten zu minimieren, damit die Seele Deines Kindes erblühen kann.

Ein Elternteil zu sein bedeutet, sich in besonderer Weise dem Leben zu stellen. Du hast ein Geschenk mit Deinem Kind von Gott erhalten – das Geschenk des Lebens.

Indem Du ein Kind hast, möge Dir klar sein, dass es Dir nicht mit seinem Bewusstsein menschlich ebenbürtig ist. Dein Kind hat keinen Überblick über das Leben und die Bereiche des Lebens, die man als Erwachsener gleichzeitig zu handhaben hat. Dein Kind ist abhängig von Dir. Davon, dass Du es – im Sinne Gottes – mit Liebe, Verantwortungsbewusstsein, Hingabe und Deiner jeweiligen Geschlechtskraft seelisch erziehst.

Ein wichtiger Status für Dich als Elternteil ist es, aufgrund der Abhängigkeit Deines Kindes selbst in Unabhängigkeit von Deinen eigenen Eltern zu stehen und Dich ganz und gar selbstverantwortlich mit Deinen eigenen Ressourcen und Werten im Leben zurechtzufinden. Sei dies emotional, mental oder auch materiell. Sobald Du von Deinen Eltern unabhängig bist, stehst Du in der stimmigen Kraft, Deine eigenen Kinder zu erziehen und, von Deinen Werten ausgehend, das reale Leben, das Dich ausmacht und betrifft, zu „zeigen".

Erziehen bedeutet im Liebesbewusstsein, dass Du Dein Kind ins Leben einführst und ihm das Leben zeigst, bis es die Grundsätze des Lebens kennengelernt hat und damit umgehen kann. Es bedeutet: In all den Jahren Deiner Erziehung und der Anleitung über das Leben bereitest Du Dein Kind auf das Leben vor. Du zeigst ihm nicht nur praktisch, wie das Leben funktioniert – mit dem Wohnen, Leben, durch Gemeinschaft, über Beziehungen und vielem mehr. Sondern Du zeigst ihm auch, wie Menschen sein können und wie man mit Menschen so oder anders umgeht, *ohne sich selbst zu verlieren.* Du vermittelst Deinem Kind, wie es ist, auf der Basis von Liebe, in ganz praktischer Selbstliebe und der Liebe unter den Menschen zu leben. Du bist im Liebesbewusstsein als Elternteil dafür verantwortlich, Deinem Kind behilflich zu sein, das eigene seelische Bewusstsein im Laufe seines Lebens mit Dir kennenzulernen und zu aktivieren.

Nestwärme mit Geborgenheit und Präsenz
Dein Kind ist zu Beginn seines Lebens ständig damit beschäftigt, sich zu entwickeln. Körperlich, geistig, seelisch, bis es erwachsen geworden ist. Deshalb muss ein Kind zunächst von der Verantwortung und den Belastungen des alltäglichen Lebens weitgehend frei sein. Es darf sich keine Gedanken machen müssen, wie es sein Leben finanziert, wo es etwas zu essen gibt, wie was zu kochen ist, wo es wohnen kann usw. Diese Lebensselbstverständlichkeiten vermitteln wir als Eltern im Laufe der Erziehungszeit stückweise, ohne unsere Kinder zu überfordern oder zu einem zu frühen Zeitpunkt Erwartungen an sie zu stellen.

> **Das Wichtigste für ein Kind und seine Seele ist,**
> **Geborgenheit und Regelmäßigkeit zu erfahren.**

Das, was Du Deinem Kind an Geborgenheit vermittelst, ist für Dein Kind seelische Sicherheit. Du kannst eine schwierige Lebensphase mit Deinem Kind erleben. Findet sie jedoch in seelischer Geborgenheit und im Rahmen eines rhythmischen Alltags statt, wird diese Phase die Seele Deines Kindes nicht tangieren.

Geborgenheit gibst Du durch Deine Liebe, Deine Worte, Deine Nähe und durch körperliche Zuwendung. Du gibst sie durch ein schönes Zuhause, Gemütlichkeit, Wärme und, was sehr wichtig ist, durch Deine persönliche Präsenz. Dadurch, dass Du mit Deinem Kind zusammen bist.

Dabei bedeutet persönliche Präsenz nicht, Dich ständig um Dein Kind kümmern zu müssen und ihm Animateur zu sein. Es bedeutet, einfach da zu sein, während Ihr in Eurer Wohnung oder in einem Haus zusammen seid und jeder von Euch durchaus gerade etwas anderes machen kann.

Das Gefühl zu haben: „Mama oder Papa sind da", ist ein tiefes, seelisches Erfüllungsgefühl des Kindes. Dieses Gefühl der persönlichen Präsenz ist bei Weitem erfüllender für Dein Kind, als eine Stunde intensiven Spielens mit ihm, erst recht, wenn man keine Lust auf das Spiel mit dem Kind hat.

Du musst nicht immer Lust haben, mit Deinem Kind zu spielen oder ihm Geschichten zu erzählen, weil es in Elternratgebern so steht. Wichtiger sind Deine persönliche Präsenz und Dein Bewusstsein über Deine tiefe Liebe und Deine Bezogenheit zu Deinem Kind in einem Umfeld der Geborgenheit.

Körperliche Nähe ist ein weiterer Aspekt dieser Bezogenheit. Durch die körperliche Nähe fühlt Dein Kind praktische Wärme, erfährt Deine Zärtlichkeit, spürt Verbindung, Schutz und Sicherheit. Es ist wichtig, als Eltern mit den Kindern körperliche Nähe zu leben. Das macht uns für unser Kind greifbar und nahbar. Es macht unserem Kind seine eigene körperliche Zukunft greifbar und nahbar, was in seinen Beziehungen eines Tages von Bedeutung sein wird. Du öffnest mit der Zärtlichkeit zu Deinem Kind die Tür des Wertes, sich körperlich angenehm und angemessen geben zu können.

Die Liebe ist ein Füllebewusstsein.

Wer Liebesbewusstsein praktiziert, steht im Dienste der Fülle, der göttlichen Fülle.
Der Fülle des Gebens und Nehmens,
der Bereicherung und Erfüllung des Herzens durch die Präsenz der Seele.
(Marija)

Dein Kind kann einerseits nichts für Deinen Mangel und es hat auch mit dem Mangel erst einmal nichts zu tun, da es dafür keine Verantwortung trägt. Sei es

Dein eigener Mangel an Liebeserfahrungen, Dein Mangel an Geld, an Gesundheit, dem Mangel an Freude, an Beziehungen und an vielem mehr. Wenn Du Dein Kind in diesen Mangel miteinbeziehst oder ihm davon vorklagst, ihm ein Bild von Dir gibst, das Dich im Mangel ständig leidend zeigt, vermittelst Du Deinem Kind keine Werte, sondern erziehst mit Deinem Ego.

Mit Deinem erhabensten Gedanken wird es Dir möglich sein, Dein Kind vor Deinem Mangel abzugrenzen, da die Grunderfahrung Deines Kindes seelische Fülle sein darf – die Erfahrung, Deinem Kind weitgehend zu ermöglichen, dass es in seelischer Fülle und Liebe von Dir erzogen und gefördert wird. Egal wie Deine persönliche Befindlichkeit gerade ist.

Es bedeutet zum Beispiel auch für Dich – selbst wenn Du nur noch 100 Euro auf dem Konto hast und die Klassenfahrt Deines Kindes genau 50 Euro kostet – keinen Augenblick zu zögern, diese 50 Euro für Dein Kind und seine Erfüllung zu investieren. Dann hast Du zwar nur noch 50 Euro, aber Dir als Erwachsenem wird mit Deinen Werten etwas einfallen, damit zurechtzukommen. Es bedeutet, diese ausgegebenen 50 Euro innerlich nicht als „Verzicht" zu verbuchen, sondern Deine Aufmerksamkeit darauf zu lenken, wie sehr sich Dein Kind daran erfreut, diese Klassenfahrt jetzt einfach miterleben zu können. Du erklärst ihm auch gar nicht, wie es finanziell bei Euch aussieht, Du erklärst nicht, was Du an „Großherzigem" getan hast. Du tust es und erfreust Dich an der Freude Deines Kindes. Punkt!

Du ebnest Deinem Kind den *langfristigen Weg* in die Fülle seines Lebens, auch mit solchen Taten, die Dich scheinbar zunächst in größeren Mangel bringen. Scheinbar.

Bewusst und unbewusst wird Dein Kind sich *von allen* Deinen offensichtlichen oder nicht offensichtlichen, wertvollen Gaben – materieller oder immaterieller Art – nachhaltig bereichert und erfüllt fühlen. Nicht nur in dieser aktuellen Zeit, sondern zeit seines Lebens, aus der Summe all Deiner Großzügigkeiten.

Es mag sein, dass der Mangel in Dir und um Dich herum in Deinem Leben tobt. Dein Kind ist jedoch für Dich Anlass genug, Dich seelisch, für Dein Kind, über den Mangel zu stellen, um ihm seelische Fülle entgegenzubringen, wie bescheiden auch immer das im Einzelnen aussehen mag. Du bereitest Deinem Kind, so gut es geht, die Fülle, außerhalb von Konsum.

Du triffst die Entscheidung, ob Du eine erfüllende Mutter und ein erfüllender Vater für Dein Kind sein möchtest. Mit dieser Entscheidung, die zu Deinem erhabensten Gedanken wird, kommst Du in die Kraft Deines seelischen

Willens, ihm alles, was Deinem Kind seelisch dient, angedeihen zu lassen.

Dies tust Du, indem Du Deinem Kind Deine Werte schenkst. Du schenkst ihm Werte der Geduld, der Fürsorge, der Regelung, der Grenzen, der Großzügigkeit, des Zuspruchs, der Umgangsformen und Tischmanieren, der Pflege, der Geborgenheit, der Fürsorge und viele weitere. Bedeutsam ist, dass Du Dir bewusst bist, dass alle Werte, die Du Deinem Kind gibst, Dein Kind *langfristig* bereichern.

Schlaf, Kindlein schlaf – die ersten Egokämpfe
Vielleicht mag Dein Kind gerne lange aufbleiben und es hat so seine Tricks entwickelt, dies bei Dir durchzusetzen. Wenn Du Dein Kind mit Deinem Ego erziehst, findest Du es auch tolerant und modern, Dein Kind selbst entscheiden zu lassen. Dass es ins Bett gehen kann, wann es will. Der Trend ist, dass Kinder immer weniger Schlaf bekommen, weil die Eltern den Wert des Schlafes extrem unterschätzen. Der Schlaf ist die Ruhephase und die Ausgleichsphase der Seele jedes Menschen, über sein gesamtes Leben hinweg. Jeder muss auf geregelten und ausreichenden Schlaf achten. Richte dazu Deinem Kind unbedingt einen sehr gemütlichen, Geborgenheit spendenden Schlafplatz ein, den es total mag.

Für Kinder ist der Schlaf aufgrund ihres jungen, seelischen Lebens von großer Wichtigkeit. Ihre Seele muss sich an das Menschsein gewöhnen. Der Schlaf gibt ihnen Pause, das Leben zu verarbeiten. Durch weniger Wach-Zeit als beim Erwachsenen verhinderst Du, dass Dein Kind in eine zu frühe Überforderung gegenüber dem alltäglichen Leben gerät.

Aus meiner Sicht ist sogar der Mittagsschlaf für ein Kind bis zum Beginn der Schulzeit ein wichtiges Ritual. Selbst wenn das Ego Deines Kindes keine Lust auf Schlaf hat, darfst Du mit Deinem seelischen Bewusstsein über den Wert des Schlafes Dein Kind dazu bewegen, dass es jetzt – wie alle anderen Tage auch – einen Mittagsschlaf hält. Der Wert für Dein Kind ist mehr innere Ruhe und Ausgeglichenheit.

Der Kampf, ob es jetzt schlafen will oder nicht, erledigt sich, wenn Du mit Deiner inneren Haltung konform gehst, dass der Mittagsschlaf oder die Mittagsruhe für Dein Kind seelisch wichtig und richtig ist. Hält es keinen Mittagsschlaf, so darf es sich dennoch zurückziehen in einen Raum, wo es seelisch mit sich alleine sein kann und Du nennst diese Zeit für Dein Kind dann vielleicht *„gemütliche Stunde"*. Das klingt für Dein Kind „attraktiver". Über diese Zeit des Mittagsschlafes oder der „gemütlichen Stunde" lehrst Du Dein Kind, dass es mit sich alleine sein und sich alleine beschäftigen kann. Dass es unabhängig ist von der direkten Gegenwart eines anderen Menschen und deshalb trotzdem keine Einsamkeit existieren muss.

Das gibt Deinem Kind seelische Sicherheit mit sich selbst. Wenn Dein Kind keinen Mittagsschlaf mehr macht, in etwa ab dem Eintritt in die Schulzeit, ist es von nachhaltiger Wichtigkeit, ihm genügend Schlaf zu gönnen, indem Du anleitest, nach wie vor eine feste, tägliche Einschlafzeit während der Schule einzuhalten. Grundschulkinder sollten nicht später als zwischen 7 und 8 Uhr ins Bett gehen. Das gibt der Seele genügend Zeit zur Regeneration. So kann es den anspruchsvollen Alltag seelisch gesund bewältigen. Wertschätze den Schlaf für Dein Kind, dann kann Dein Kind den Schlaf ebenso wertschätzen und erlebt diesen nicht als Strafe. Strafe gibt es nicht im Liebesbewusstsein, allerdings liebevolle Konsequenzen und Grenzen.

Führen durch klare Entscheidungen für die Seele des Kindes

Viele Eltern geben zu schnell ihre Führung in der Erziehung des Kindes auf, weil sie dem Kind die „Macht" geben. Weil sie ihnen einräumen, intellektuelle Entscheidungen für sich selbst treffen zu können. Kinder können keine intellektuellen und guten Entscheidungen treffen, weil diese Entscheidungen geschürte Entscheidungen des kindlichen Egos sind. Sie werden aus dem Reich des Haben-Wollen, Sollen oder Müssens entspringen.

Mit der „frühen Freiheit" des Kindes, es aus dem Ego entscheiden zu lassen, was es jetzt will oder Ihr als Eltern tun sollt, schürst Du den kindlichen Tyrannen, der irgendwann die Eltern im Griff hat. Du gibst Deinem Kind den Raum, sein Ego und die Diskussionsfläche zwischen Euren Egos zu vergrößern. Doch bedenke, Du bist der seelische Führer Deines Kindes. Du entscheidest, wohin Euer Ausflug geht, bis Dein Kind beispielsweise ein Schulkind ist.

Du entscheidest, wohin ihr in Urlaub fahrt und Du entscheidest, was es zu essen gibt. Das bedeutet nicht, es zu unterlassen, nach den Wünschen des Kindes zu fragen. Doch Du entscheidest im Sinne seiner Seele und im Sinne Deiner Liebe. Du als Vater oder Mutter hast Deinem Kind gegenüber die seelische Pflicht, das Kind nicht in die Position zu bringen, wo es Fragen entscheiden soll, für sich oder auch noch für andere.

Dein Kind braucht Dich als seelischen Führer.

Dein Kind ist Dir nicht ebenbürtig. Deine seelische Führung beginnt mit der Wertschätzung, die Du zwischen Dir und Deinem Kind teilst. Wertschätze Dein Kind, welches Dich zur Mutter oder zum Vater gemacht hat. Wertschätze Deine Aufgabe und Verantwortung gegenüber Deinem Kind. Wertschätze die Seele Deines Kindes, indem Du bereit bist, dieser Seele das Beste entgegenzubringen und zu ermöglichen. Verschaffe Dir Gewissheit darüber, dass auch Dein Kind Dich als Vater oder Mutter wertschätzen kann.

Spielzeug und Alleinsein
Dabei spielt der Konsum eine Rolle. Du kannst Dein Kind verwöhnen, allerdings nicht zum Ego erziehen, durch Konsum von Spielzeug, Kleidung oder Technik. Achte darauf, dass Dein Kind inneren Bezug zu den Dingen hat, die es benutzt und die es von Dir bekommt. Es ist wesentlich, Deinem Kind kreatives Spielzeug zur Verfügung zu stellen. Spielzeug, bei dem es seine Seele einbringen, etwas formen, gestalten, Rollen spielen, Fantasiegeschichten entwickeln kann. Biete Deinem Kind Spielzeug an, mit dem es zufrieden und „mit sich selbst beschäftigt" ist. Gib ihm Spielzeug, bei dem es lernt, sich selbst zu erfüllen und zu bereichern durch das Spiel. So lernt das Kind auch, dass „Alleinsein" nichts mit Leere zu tun hat.

Wähle die Dinge für Dein Kind – sowohl materielle als auch immaterielle – immer unter dem Gesichtspunkt aus, dass dieses oder jenes der Seele Deines Kindes etwas Förderliches und Bereicherndes gibt. Du wirst anhand der Reaktion Deines Kindes bemerken, ob es sich davon bereichert und erfüllt fühlt. Ob es darüber Freude empfindet und auf seine Weise dankbar ist, weil sein Interesse dran haften bleibt.

Ehrliche und wahrhaftige Ansprache
Fühle bewusst Deine seelische Liebe zu Deinem Kind. Wenn Du diese Liebe zu ihm spüren kannst, dann drücke sie ihm gegenüber aus. Körperlich oder verbal. Dein Kind braucht offenbaren Zuspruch, dass seine Existenz von Dir wohlwollend und voller Freude angenommen wurde. Es hilft Deinem Kind, seine eigene Existenz selbstverständlich anzunehmen.

Drück diese Empfindungen nur dann aus, wenn Du diese Dinge zu Deinem Kind wirklich spürst. Wenn Du fühlst, dass Du Dein Kind liebst, sag es ihm. Wir können, wenn wir die Liebe aus unserer Seele zu unseren Kindern spüren, diese Liebe so oft es geht ausdrücken. So kannst du sagen: „Ich hab Dich lieb" oder „Schön, dass es Dich gibt", „Ich bin froh, dass ich Dich habe", „Schön, dass Du mein Kind bist", „Ich bin froh, dass ich Deine Mama bin" oder „Ich bin froh, dass ich Dein Papa bin". Teile Deinem Kind Deine Liebe mit, aber auch, was Du selbst an Bereicherung und Erfüllung durch Dein Kind erlebst. Nicht nur, wenn es gute Leistung erbracht hat und Dir zeigt, wie klug und angepasst es ist. Zeige ihm, dass es Dich seelisch erfüllt durch sein So-sein. Genauso, wenn es Dir etwas sagt, was Dich erfüllt und bereichert – dann sag es ihm auch. Dieses ehrliche Ansprechen Deines Kindes wird seiner Seele guttun. Verzichte nicht darauf, unterlasse es nicht, achte darauf, es zu sagen, wenn es in Dir die Wahrheit ist.

Kinder spüren, ob Vater und Mutter ehrlich zu ihnen sind. Wenn Du nicht spüren kannst, dass Du Dein Kind liebst, dann sag es ihm besser nicht. Sei nicht nur wegen eines Elternratgebers ständig danach auf der Suche, einen Anlass zu finden, Dein Kind zu beloben oder ihm, weil es sich so gehört, oberflächlich zu sagen: „Ich hab Dich lieb."

Bereichere Dein Kind durch Deine eigene Wahrhaftigkeit, damit Dein Kind weiß, worauf es in Dir definitiv bauen kann. Unsere Kinder brauchen unsere seelische Zuverlässigkeit. Es ist unser seelisches Ziel, unsere Kinder so glaubhaft mit unseren Werten auszustatten, dass diese keinen Zweifel an unserer Liebe und an unserem Engagement ihnen gegenüber haben.

Dein Kind bleibt nachhaltig über Deine Werte orientiert.

Es geht im Leben um den Ausdruck der seelischen Werte. So ist Dein Kind über das Leben an Dir als Vater und Mutter orientiert. Du zeigst ihm Deinen Wertefächer, an dem es erkennen kann, was seelisch gut ist und seelisch unsinnig ist, für sich selbst und andere Menschen. Wenn Du Dein Kind mit Deinen Werten erziehst und beschenkst, dann wird es sich an diese Werte ewig erinnern. Auch wenn es Dir vielleicht in der Pubertät Deines Kindes so vorkommen mag, als hättest Du es irgendwie nicht geschafft, ihm Deine Werte zu vermitteln, weil es gerade „Unwerte" bevorzugt. Glaub mir – wenn Du der Seele Deines Kindes Werte angeboten hast, dann wird Dein Kind über seine Seele *über kurz oder lang* wieder zu diesen Werten zurückfinden. Dann wird es nicht nur zu den Werten zurückfinden, die Du ihm gegeben hast, sondern im Laufe seines Lebens erkennen, dass Deine Werte auch seine Werte sind.

Dein Kind ist in der Aktivierung der eigenen Seelenwerte unabhängig von Dir. Dennoch, wenn Du ihm viele Werte vermittelt hast, wird es schneller und einfacher Werte des Lebens in sich bejahen und seelisch aktivieren wollen. Auf diese Weise lebst Du in Deinem Kind weiter, und wenn Dein Kind eines Tages als Erwachsener Deine ihm vermittelten Werte selber lebt, so ehrt Dich Dein Kind auf ganz selbstverständliche Art und Weise. Es ehrt Dich als Vater und Mutter seines Lebens.

Klärungsfragen:

- *Wo gebe ich dem Ego meines Kindes im Alltag zu viel „Entscheidungsmacht"?*
- *Wo lasse ich mich vom Ego meines Kindes mit meinem „Ego" in die Knie zwingen?*
- *Welche Werte möchte ich fortan meinem Kind intensiver geben?*

**Unterstützung für Deine Seele:
Gebet an das Kind
Selbstliebe und Selbstheilung durch Psychogenetische Beratung**

3. Liebe und Partnerschaft

*Liebe hat den Gedanken in sich, dass man sich miteinander weiterentwickelt
auf der Basis von Liebe und tiefem Verständnis.
Liebe hat nicht die Idee, dass man zu allem Ja und Amen sagt.
(Marija)*

Partnerschaften und Freundschaften sind Beziehungen in unserem Leben, die wir frei wählen können. Diese Beziehungen sind nicht absolut und können sich aufgrund unseres seelischen Wertebewusstseins verändern.

Partnerschaften und Freundschaften, die im Liebesbewusstsein geführt werden, zeichnen sich durch eine offensichtliche und bewusste Wertschätzung dem anderen gegenüber aus. Man legt miteinander Wert darauf, dass man wechselseitig keinen Selbstverlust erleidet, sondern sich miteinander auf der Basis von Selbstliebe und Selbsttreue voll Wohlwollen annimmt und betrachtet. Es geht um Stimmigkeit in der Begegnung.

Ein wichtiges Kriterium in den Beziehungen im Liebesbewusstsein ist die Ebenbürtigkeit.
Da wir uns als Erwachsene und in Gleichwertigkeit begegnen, ist die Ebenbürtigkeit ein sehr wichtiger Wert, gerade in einer Beziehung oder in einer Freundschaft. Früher wurde der Begriff „Ebenbürtigkeit" als „Standesgemäß" übersetzt. Ich meine damit im Liebesbewusstsein die seelische „Werte-Gemäßheit". Das bedeu-

tet, sich körperlich, seelisch und geistig wechselseitig „gewachsen" zu sein und die gleichen Fähigkeiten und Werte im anderen wie in einem selbst erkennen zu können.

Gleich und gleich gesellt sich gern auf Augenhöhe.

Wenn Du Dir Deiner Werte bewusst bist, weißt Du, wie Du seelisch bist. Dann suchst Du für Deine Seele eine Gemeinsamkeit mit einem Menschen, der seelisch ähnlich ist wie Du. Dies kannst Du am einfachsten dadurch erkennen, dass Du die seelischen Werte erfasst, die Dein Partner ausdrückt und lebt. Anhand seines seelischen Ausdrucks wirst Du für Dich ganz klar erkennen können, ob er mit dem Leben so ähnlich wie Du umgeht und ob er mit Dir Werte teilt.

Du wirst sehen können, ob es sich um ausreichend gemeinsame Werte handelt, die Ihr wechselseitig miteinander teilen könnt, auch um sich im Laufe der Zeit gemeinsam zu entwickeln.

Jeder Mensch hat Werte. Je differenzierter ein Mensch innerlich mit seinen Werten umgeht, desto stärker benötigt dieser Mensch einen vielfältigen, seelisch geweiteten Menschen als ebenbürtiges Gegenüber. Man könnte sagen: Wenn Du einen Menschen triffst, der 100 Werte aktiv lebt und Du lebst 200 Werte aktiv, dann wird dieser Mensch mit 100 Werten Dich nicht in der Art und Weise erfüllen, bereichern und ergänzen können wie ein Mensch, der 180 Werte aktiv mit Dir zu teilen in der Lage ist, oder gar mit 250 Werten. Dabei geht es nicht darum, *direkt* die gleichen Werte miteinander teilen zu müssen.

Es bedeutet, die „gleiche seelische Augenhöhe" und Lebensansprüche zu haben. Es bedeutet eine etwa gleiche seelische Reife in sich zu tragen, die man miteinander teilen kann – ohne den anderen zu über- oder zu unterfordern.

Selbstbezogenheit

In einer Beziehung im Liebesbewusstsein geht es um Selbstbezogenheit und Selbsttreue, denn Selbstverlust ist für den Partner oder Freund unattraktiv. Gleichzeitig geht es um Freiheit und Verbindlichkeit in dieser Beziehung – den anderen so anzunehmen, wie er ist, ihn so sein Leben führen zu lassen, wie er es gerade tut und seinen Weg in Selbstliebe zu unterstützten und zu begleiten. Wenn sich zwei Menschen in den Werten nahe sind, dann fällt all dies überhaupt nicht schwer und ist geradezu selbstverständlich. Es bedeutet, Gewissheit darüber zu haben, dass der andere ähnliche Werte und einen ähnlichen Umgang mit dem Leben und mit Menschen hat. Es bedeutet, dass Du es als angenehm und bereichernd empfindest, mit diesem Menschen Zeit zu verbringen. Oder Du es gar in Betracht ziehst, mit ihm zusammenzuleben.

Gleichzeitig bist Du mit Deinem wahrhaftigen Blick bei Dir selbst und achtest darauf, Dich nicht an das Ego Deines Partners zu verlieren, sondern vielmehr Dich mit ihm auf der Basis von Liebe auseinanderzusetzen.

Ja, in diesen Liebesbeziehungen kann man sich – weil man einander um Werte und Wertschätzung weiß – zeigen und zum Ausdruck bringen. Selbst mit Fehlern, Schwächen oder einer anderen Meinung. Alles geschieht in Respekt zum anderen und nicht in Bewertung oder Entwertung.

Gemeinsame Werte sorgen für gemeinsame Authentizität.
Dein Partner oder Deine Partnerin darf Dein engster Vertrauter im liebevollen Erkennen all Deiner Fehler und Schwächen sein. Er oder sie darf Dein liebevoller Helfer sein, den Mangel Deines Egos loslassen zu können.

So kannst Du bereits früh während des Kennenlernens feststellen, ob Ihr miteinander Werte und Wertschätzung teilen könnt oder nicht. Du kannst sehr früh feststellen, ob der Mensch, der Dir begegnet ist, Deine Werte wahrnimmt und Dich seelisch aufnimmt oder Dich mit seinem Ego konsumiert. Auch den Gehalt der Umstände Eures Kennenlernens können Dir Aufschluss darüber geben, wie stimmig dieser Mensch, den Du getroffen hast, gerade für Dich sind. Also ist es zum Beispiel für Dich in Ordnung, wenn ein Mann oder eine Frau noch in einer anderen Beziehung ist, akuter Scheidungskrieg herrscht oder übler Streit über Geld und Kinder im Raum steht?

Beziehungen, in denen es um den Konsum von Nähe, von Bewunderung, Praktikabilität und dergleichen geht, erfüllen und bereichern nicht. Sie können vorübergehend oder phasenweise befriedigen. Dein Ego kann so tun, als sei es glücklich und gibt sich mit Halbheiten aus anderen Gründen zufrieden.

Der Wunsch, nicht alleine zu sein, könnte Dich dazu hinreißen, Deinem Partner nicht die ganze Wahrheit zu sagen, dich nicht darüber zu äußern, was Dich an ihm stört oder Du Dir eigentlich von ihm wünschst. Der Wunsch, sich die Miete weiter zu teilen, könnte ein Grund dafür sein, die Launenhaftigkeit, die Süchte oder das Desinteresse Deines Partners an Dir hinzunehmen. Selbst dessen oder deren intellektuelle Unterlegenheit, die Dich stellenweise ziemlich nervt, erträgst Du, weil Du in anderen Bereichen Deines Lebens etwas Konsumierendes aus dieser Beziehung erhältst. Vielleicht genügt es Dir, wenn Dein Partner „hübsch" anzusehen ist oder sich gut präsentieren kann, weil er eine gute Position innehat.

Doch sei Dir bewusst, diese Beziehungsarrangements haben nichts mit Wertschätzung oder Werteteilung zu tun. Diese Beziehungen sind im Kern respektlos und unzuverlässig.

Deine Seele möchte mit einem anderen Menschen Werte teilen und trägt in sich den Wert, ebenfalls Erfüllung durch diesen Menschen erfahren zu dürfen. Deine Seele möchte ihr Leben mit einem beseelten, verständnisvollen Menschen führen.

Jeden Kompromiss, den Du machst, jedes Arrangement ist Selbstverlust aus der Motivation Deines Egos. Aus Bequemlichkeit, Angst, durch Zweifel, Minderwert, Krankheit oder anderen „Mangelerscheinungen". Zum Beispiel Überzeugungen wie diese: „In meinem Alter und mit meinen Schulden nimmt mich keiner mehr".

Bedenke, dass selbst Taktiken, die Deinen Partner dazu bewegen sollen, ein angenehmerer Partner zu sein, nichts mit Stimmigkeit in einer Beziehung zu tun haben.

Eigenes Wertebewusstsein schützt vor falschen Erwartungen.

Werte kannst Du niemals von einem Menschen erwarten. Wenn Du erkennst, dass Du in der Beziehung mit Deinem Partner für ihn etwas nicht wert bist, dann sei Dir dies zumindest vor Dir selbst in aller Klarheit wert zu erkennen (beispielsweise Aufmerksamkeit, Anerkennung, Zeit, Freude, gemeinsame Unternehmungen, Interessen, Treue, Zuverlässigkeit und vieles mehr). Sieh Dir Deine Werte bewusst an und ignoriere sie nicht *gemeinsam* mit Deinem Partner. Vergiss gerade in einer Beziehung auf Ebenbürtigkeit nie: Einen Wert, den Du gibst, zum Beispiel Warmherzigkeit, bist Du selbst wert und darfst Du vom Partner in ähnlicher Weise (zurück)erhalten.

Liebesbewusstsein: seelische Stabilität, langfristiges Vertrauen, klare Positionen

Im Liebesbewusstsein begonnene Liebesbeziehungen sind Beziehungen mit langfristiger und seelisch stabiler, vielleicht sogar einzigartiger Zukunft. Wenn Du eine solche Beziehung gefunden hast, bist Du Dir nicht nur sicher, den seelisch richtigen Platz für Dich gefunden zu haben, sondern Du bist in dem Bewusstsein, welches seelische Geschenk Du in dem Menschen an Deiner Seite hast. Du bist Dir der Werte dieses Menschen bewusst und kannst mit ihm darauf bauen, die Zeit Eures gemeinsamen Lebens konstruktiv und positiv leben zu können – selbst in Krisen.

In diesen Beziehungen gibt es wahren Grund für gegenseitiges, tiefes Vertrauen um das generelle Wohlwollen und die Unterstützung des anderen. Man weiß voneinander, dass man sich nicht bei anderen Menschen oder hinter dem Rücken des Partners übereinander beklagt, untreu ist oder ein Doppelleben führt.

In den Beziehungen im Liebesbewusstsein hat man sich ganz klar füreinander entschieden und zueinander positioniert. Gibt es Unstimmigkeiten und hast Du für Dich etwas zu äußern, weil Dir etwas nicht guttut, dann sagst Du es. Denn Ihr beide möchtet Stimmigkeit in Eurer Beziehung.

Euer gegenseitiger Beziehungsbeitrag ist nicht die Anpassung oder der Verzicht. Nicht der Mangel hält Euch zusammen. Ihr seid Euch wechselseitig bewusst, dass ihr Euch selbstverständlich erfüllen und bereichern wollt und alles, was diese Erfüllung blockiert, ausgesprochen werden darf.

In einer Liebesbeziehung innerhalb des Liebesbewusstseins brauchst Du Dich nicht mit dem Partner zu quälen. Du darfst offenen Herzens und sehenden Auges in einer Liebesbeziehung oder in einer Freundschaft hinterfragen, ob Dich diese Beziehung wirklich erfüllt und bereichert und ob Du selbst für Dein Gegenüber erfüllend und bereichernd bist.

Das Singledasein kann sehr wertvoll sein …

Wichtig ist, dass Du es Dir selbst wert bist mit Deinen Werten, einen wertvollen Menschen zu treffen, in welchem Du Dich mit Deinen Werten wiederfinden kannst und gerade deshalb mit ihm eine Liebesbeziehung führen möchtest. *Du darfst es Dir auch „wert" sein, ohne Partner zu leben, wenn Du bisher noch keinen ebenbürtigen Partner gefunden hast.* Es ist eine Wertschätzung in Richtung Deiner Seele, wenn Du darauf verzichtest, Dich an unebenbürtige Partner zu verschwenden, weil Dein Ego es so will. Es zeugt von seelischer Stärke und ist weit entfernt von Mangel, wenn Du ohne Partner auskommst, weil bisher dieser ebenbürtige seelische Partner nicht in Dein Leben getreten ist. Nur Dein Ego erlebt „Alleinsein" als Mangel. Mit Deinen Werten hast Du in Deinem Leben genügend Anlass, Dein Leben aus Dir heraus erfüllt und bereichert zu gestalten.

Menschen neigen dazu, weil scheinbar das „alleinige Sein" als Mensch ohne Partner „minderwertiger" ist, sich nur „komplett" und „richtig" zu fühlen, wenn sie einen Partner an ihrer Seite haben. Für sie ist ein Mann, eine Frau an der Seite das Zeichen, etwas wert und „angenommen" zu sein. Der Partner bestätigt rein oberflächlich durch sein bloßes Dasein, dass der andere scheinbar wertgeschätzt wird. Deshalb genügt es vielen Menschen sogar, einen Partner zu haben, ohne genau zu prüfen, ob dieser tatsächlich, vonseiten der Werte, zu ihnen passt.

Die Partnerwahl legt Deinen Selbstwert offen.
In der Partnerwahl oder in der Entscheidung: „Ich will mit diesem oder jenem Menschen mein Leben teilen", steckt jedoch die tiefe Bekundung zum eigenen Selbstwert. *Gerade mit einem Partner legst Du fest, wie viel Wert Du auf Dich und Deine Werte legst.* Durch Deine Partnerwahl drückst Du die *Ernsthaftigkeit* Deines Selbstwertes aus. Mit der Partnerwahl dokumentierst Du Deinen Glauben, dass Du mit all Deinen Werten in guten Händen bist. Weil Du mit diesem Menschen auf der Basis von Liebe Deine Werte geben, teilen und erhalten kannst.

Es bedeutet nicht, dass alles gleich zu 100 Prozent passen muss. Es heißt nicht, dass der eine oder andere noch nicht entwickelte Wert einen Grund darstellt, eine Beziehung nicht einzugehen. Aber es darf nicht der Mangel des anderen akzeptiert werden, der Dich dann klein macht und in Anpassung bringt, nur weil Du diesen Menschen willst. Du könntest einen Menschen kennenlernen, der zum Zeitpunkt des Kennenlernens nicht so viel Bewusstsein für das Seelische hat. Dennoch entpuppt sich dieser im offenen Gespräch als seelisches Naturtalent. Wenn Du Dich mit diesem Menschen auseinandersetzt, merkst Du plötzlich, dass er sehr wohl offen ist für das Seelische. Dass er das Potenzial in sich trägt, seelisch zu wachsen, sich neu zu orientieren und zu größerem Bewusstsein zu gelangen. Darüber hinaus verbinden Euch weitere Werte wie Zuverlässigkeit, Großzügigkeit, Bildung und Wissen, Neugier, Reiselust. Dann ist dieser Mensch es wert, mit ihm eine Beziehung oder eine Freundschaft zu versuchen.

Immer wieder gilt es, objektiv zu bleiben und nicht mit Vermutungen zu hantieren, wozu dieser Mensch wohl in der Lage sein könnte, weil Du ihn vielleicht willst. Schau Dir mit Deinem seelischen Bewusstsein die seelischen Fakten an. Das bist Du Dir wert!

Eure Werte dienen dazu, Eure Egos gegenseitig in Liebe zu enttarnen. So ist die Basis der Liebesbeziehungen oder Freundschaften im Liebesbewusstsein, die, sich niemals verleugnen oder verstecken zu müssen, sondern sich dem anderen bedingungslos zeigen zu können. *Das ist das tiefste Wachstum, was ihr miteinander teilen könnt.*

Klärungsfragen:

> - *Habe oder teile ich mit meinem Partner Werte? Wenn ja, welche?*
> - *Welche Werte möchte ich zukünftig mehr mit meinem Partner teilen?*
> - *Welche Werte vermisse ich in unserer Beziehung?*
> - *Welche Ego-Anteile in mir wollen diese Beziehung, wenngleich es seelisch nicht gut für mich ist?*
> - *Welche Ego-Anteile wollen meinen Partner, weil er mir Ego-Vorteile bringt?*
> - *Wie gehe ich mit meiner Partnerlosigkeit um?*
> - *Wie bewerte und erlebe ich mich als Single mit meinem Ego?*

**Unterstützung für Deine Seele:
Gebet an die Erfüllung
Selbstliebe und Selbstheilung durch Psychogenetische Beratung**

4. Liebe und Führung

Jeder Mensch möchte anderen Menschen eine Bereicherung sein, das ist der seelische Plan.
(Marija)

Der Unterschied zwischen Erziehung und Führung ist der, dass Du in der Erziehung eines Menschen diesen auf das Leben vorbereitest und ihm über lange Zeit verbindlich Werte vermittelst.

Führung innerhalb einer Berufung bedeutet, seelische Werte innerhalb einer festgelegten regelmäßigen und alltäglichen „Arbeitszeit" anderen Menschen oder Unternehmen zur Verfügung zu stellen. Im Liebesbewusstsein spricht man immer von Führung, egal, aus welcher beruflichen Position Du Deinen Beruf oder Deine Berufung ausübst.

Du führst als Unternehmer eine Firma oder als Arzt Deine Praxis. Du führst gleichzeitig Mitarbeiter, wie zum Beispiel eine Arzthelferin oder eine Sekretärin. Diese Mitarbeiter führen innerhalb ihrer beruflichen Aufgabe in einem Teilbereich, der ihnen vom Arzt oder Unternehmer anvertraut wurde. Mit den Werten

Deiner Seele führst Du Dein Leben und deshalb auch Deine Arbeit oder Menschen.

Deine Werte qualifizieren Dich besser als jeder Lehrgang.

Wenn Du Dir Deiner Werte bewusst bist, ist dies ein großer Vorteil für Dich, um in Dir deutlich spüren zu können, zu welchem Beruf oder welcher Berufung Du Dich in der Lage fühlst. Besser gesagt: Du spürst, wofür Du seelisch beruflich gemacht bist. Du kannst anhand Deines Wertebewusstseins für Dich entscheiden, mit welchen Werten Du Dich beruflich einbringen möchtest. Du kannst bestimmen, was Du mit Deinen Werten für Dein Leben oder für andere Menschen „erreichen" willst. *Deine Werte sind entscheidender als Deine formellen Qualifikationen.*

Aus Deinem Selbstwert heraus wählst Du eine stimmige Aufgabe innerhalb eines für Dich stimmigen Arbeitsumfeldes. Du machst Deinen Job nicht nur, weil Du gerade einen bestimmten Job angeboten bekommst oder nur, weil Du Geld verdienen musst. Du beginnst nicht irgendeine Ausbildung oder ein Studium, weil Deine Eltern es Dir gesagt haben. Du wählst Deinen Beruf, Deine Berufung innerhalb der Überprüfung der Stimmigkeit zu Deinen Werten. Diese Form der Berufswahl wird Dir mit großer Wahrscheinlichkeit Erfüllung und Bereicherung bei der Ausübung Deines Berufes schenken.

Leider neigen Menschen bei der Auswahl ihres Berufes dazu, nach materiellen oder nach Statuskriterien zu schauen. Oder aber nach dem Kriterium, bei dem sie mit dem geringsten Einsatz an Ausbildung und Qualifikation am schnellsten Geld verdienen können. Hier ist oft eine hohe Frustration innerhalb kurzer Zeit die Folge, da es sich niemals um seelische Erfüllung und Bereicherung bei der Ausübung des jeweiligen Berufes handelt – vorübergehende Befriedigung vielleicht.

Beruf und Berufung

Wenn Du bereit bist, aus Deiner Berufung die sinnvolle „Aufgabe" zu erkennen, die Du mit Deiner Arbeit innehast und bereit bist, sie dankbar anzunehmen, dann wird sie Dich erfüllen. Dann steht Dir mit der Aufgabe, die Du annimmst, eine seelische Tragkraft zur Verfügung. Eine Tragkraft, diese Aufgabe erfüllen und bewältigen zu können, auch wenn es einmal Tage oder Phasen innerhalb dieser Aufgabe gibt, die Dich herausfordern und nicht so leicht zu bewältigen sind.

In Deiner beruflichen Aufgabe steckt ein Sinn. Nehmen wir das Beispiel einer Verkäuferin. Sie kann für sich innerlich geklärt haben, dass ihre Freude, für Menschen zu arbeiten und diese zu beraten, wichtige Erfüllungskriterien für sie sind. So möchte sie ihre Werte von Fachkompetenz, Geduld, Freundlichkeit, Zugewandtheit und Offenheit innerhalb ihres Berufes einbringen. Für diese Verkäuferin ist es eine erfüllende Erfahrung, wenn sie einen Kunden oder eine Kundin – auf deren Bedürfnisse und Kaufgesuch hin – umfassend und zufriedenstellend beraten kann. Diese Verkäuferin widmet sich sozusagen während des Verkaufsgespräches den Wünschen der Kunden. Das ist ihr müheloses „Erfolgsrezept", warum diese sie positiv reflektieren und am Ende der Beratung bei ihr etwas kaufen.

Sie stellt ihre Werte in ihrem Beruf zur Verfügung und genau das macht sie erfolgreich und innerlich bereichert und bereichernd. Was sie an Werten gibt, kommt bei den Kunden an. Die Verkäuferin gibt sich auch dann hin, wenn sie es mit schwierigen Kunden zu tun hat, sie rückt nicht von ihrer Freundlichkeit ab. In dem Moment des Verkaufsgesprächs ist sie in Führung ihres Berufsfeldes. Sie berät aus ihrer höheren Fachkompetenz heraus einen Kunden, der hier beispielsweise von Leder oder der Machart von Taschen wenig Ahnung hat. Durch die Beratung kann der Kunde zu einer noch viel tieferen Überzeugung gelangen, jetzt genau das Richtige – oder das stimmigste Produkt – für sich ausgewählt zu haben.

Innerhalb der Führung, egal, um welche Position es sich handelt, geht es um das Bewusstsein über die Frage: „Welche Werte habe ich und welche Werte stelle ich anderen, die vielleicht auf diese Werte oder diese Fachkompetenz nicht zurückgreifen können, jetzt zu deren Wohl zur Verfügung?" Selbstverständlich gilt auch die Klärung der Frage: „Welche Werte kann ich mit den Menschen meines beruflichen Umfeldes teilen?"

Facetten der Führung am Beispiel der Arztpraxis
Ein Arzt, der mit einer eigenen Praxis auch Unternehmer ist, hat ein mehrschichtiges Ansinnen, was seine Führung innerhalb seines Berufes betrifft. So stellt er seinen Patienten Werte zur Verfügung wie medizinisches Wissen, Warmherzigkeit, Geduld, Engagement und den Anspruch, sich selbst immer mit den neuesten medizinischen Standards zu befassen, um eine wirklich gute medizinische Beratung und Betreuung zu garantieren. In der Haltung des Arztes sind viele Werte gleichzeitig aktiv, die zum Ausdruck gebracht werden, durch seine tägliche Präsenz und dem Eifer seinen Patienten gegenüber.

Er leitet zudem Mitarbeiter, Arztkollegen, die in seiner Praxis angestellt sind und zahlreiche Arzthelferinnen, um den Praxisbetrieb optimal koordiniert zu wissen. Der Arzt hat mit seinem Bewusstsein über die Werte, die er als Arzt und auch als Unternehmer zum Ausdruck bringen will, seine Mitarbeiter dahin gehend ausgewählt, dass er auch deren Werte erkennen konnte.

Für den Arzt war es wichtig festzustellen, ob seine Arztkollegen zu Patienten engagiert sind, hilfsbereit, fachlich kompetent und über eine eigene Meinung verfügen – ähnlich wie er. Er hat bei der Bewerberauswahl darauf geachtet, ob es dem Arztkollegen klar ist, worum es in dessen Position geht und inwieweit dieser dafür da ist, seinen Chef als Arzt zu entlasten oder andere Bereiche innerhalb der Praxis zu übernehmen. Dies gemäß den Standards, die der Arzt als Unternehmer für sich aufgestellt hat.

Es findet also in diesem Falle die Überprüfung der gemeinsamen Werte statt, und wenn eine große Wertegleichheit vorhanden ist, dann ist eine stimmige Zusammenarbeit in diesem Team zwischen dem „Arzt als Chef" und dem Arztkollegen sehr wahrscheinlich.

Hier zählt nicht nur die Fachkompetenz des Arztkollegen, sondern auch die offensichtlich menschliche, seelische Kompetenz. Es zählt, wie der Arztkollege wertschätzend mit dem „Arzt als Chef" umgeht, den Patienten, anderen Arztkollegen und mit den Arzthelferinnen innerhalb der Praxis. Immerhin ist ein gegenseitig wertschätzendes Mitarbeiterklima davon abhängig, welches wiederum dem „Arzt als Chef" wichtig ist.

Es gilt im Rahmen der Führung, einen Blick dafür zu gewinnen, ob derjenige, dem man Führung in einem bestimmten Bereich seines eigenen Unternehmens anvertraut, dies im Sinne des Unternehmers und im Sinne von dessen Werten vollzieht. Ob der neue Mitarbeiter selbst auf diese Werte in sich zurückgreifen kann und in der Lage ist, sie anderen zu geben.

Die Arzthelferinnen, die der Arzt einstellt, sind daraufhin zu überprüfen, ob sie führen können, mit Herzblut und Engagement, mit Werten der Organisation, der Konzentration, der Freundlichkeit, Warmherzigkeit, Geduld, Geschicklichkeit, um den Arzt in seinem Praxisablauf zu entlasten. Ob sie darüber hinaus Patienten wertschätzend behandeln und mit ihnen entsprechend umgehen.

Die Arzthelferin wiederum kann sich ihrer Werte, die sie dem Arzt, ihrem Chef und den Patienten geben möchte, bewusst werden. Sie kann daran erkennen, ob diese Arbeit sie erfüllt und bereichert. Sie kann mit ihren Werten dafür sorgen, dass der Arzt Erfüllung und Bereicherung erfährt. Durch ihr Organisationsgeschick und ihren Fleiß, weil Sie die Termine der Patienten optimal legt, das Sprechzimmer optimal vorbereitet oder während der Behandlung fachkundig assistiert. Sie kann erleben, ob ihre liebevolle Umgangsart die Patienten freundlich stimmt und ihre Zuvorkommenheit hilfreich ist.

Der Arzt kann bewusst feststellen, dass seine Mitarbeiterin mit ihren Werten einen guten Job macht und sie dafür offensichtlich wertschätzen, indem er ihr dies klar mitteilt oder sogar in Form einer Gehaltserhöhung zum Ausdruck bringt. Es wird nichts zwischenmenschlich konsumiert oder als „selbstverständlich" erachtet, „nur" weil man die Mitarbeiterin bezahlt. In dieser Art der Mitarbeiterführung und des Miteinanders werden die wechselseitigen Werte erfasst und Wertschätzung ausgedrückt. Der Arzt, weiß, was er an seiner Arzthelferin hat. Die Arzthelferin hingegen ist sich bewusst, welch wertvollen Chef sie hat und wie gut ihre Arbeitsbedingungen sind.

Das offensichtliche Teilen von Werten oder das Zur-Verfügung-stellen von Werten ist im Beruf sehr wichtig, egal, in welcher Position Du bist. Durch das bewusste Wissen um die eigene Intention wirst Du einen zufriedenstellenden Arbeitsplatz für Dich finden – oder Menschen, für die Du einen Arbeitsplatz anbietest. Dadurch, dass geistig und seelisch alle an einem Strang ziehen, und auch Stimmigkeit im Kern des Unternehmens existiert, ist der Erfolg des Unternehmens *gewiss*.

Sei Dir bewusst: Egal, welchen Beruf oder Job Du ausführst – in irgendeiner Form hast Du eine Führungsaufgabe und damit die Verantwortung für etwas zu tragen. Selbst wenn Du nur Briefe eintüten solltest, so stehst Du in der Führung, diese Briefe ordnungsgemäß versandfertig zu machen.

Du kannst Dich fragen, ob Dir der jeweilige Beruf genügend Möglichkeiten gibt, Deine Werte zur Verfügung zu stellen, so wie Du es als Anspruch in Dir trägst. Genügt Dir Dein Berufsfeld im Sinne Deines seelischen Werteausdrucks?

Du kannst Dir bewusst werden, welche Werte Du in dem Beruf, in dem Du gerade bist, zur Verfügung stellst oder stellen willst. Dir kann klar werden, wie Du damit zur Erfüllung und Bereicherung einer Firma oder eines Menschen beitragen kannst.

Dein Beruf und die Arbeit, für die Du Geld bekommst, musst Du genauso wenig ertragen wie einen Partner, der nicht zu Dir passt, der nicht stimmig ist. Du darfst Dir Deinen Beruf oder Deine Berufung mit Deiner Seele aussuchen. Du musst auch keine Mitarbeiter aus falschem Pflichtgefühl oder aus Abhängigkeit ertragen, wenn sie Dich belasten. Lass Dir nicht von Deinem Ego einreden, Du würdest keine andere Wahl haben, als nur diesen Beruf auszuüben und aus Mitleid einen Mitarbeiter „behalten" zu müssen.

Was willst Du? Öffne Dich mit Deinem Wertebewusstsein und fange an zu suchen, was es noch anderes an stimmigeren Arbeitsmöglichkeiten in Deinem Leben geben kann oder wie Du es mit einigen Veränderungen stimmiger gestalten könntest.

Du lebst Deine Werte aus und lässt Dich dabei nicht aufhalten
In dem Moment, in dem Du Deiner Aufgabe nachgehst, egal um welchen Beruf oder welche Arbeit es sich handelt – Deine persönliche Befindlichkeit muss für den Erfolg Deiner Werte innerhalb Deines Berufes „draußen bleiben".

Wenn Du einen Dekorationsladen eröffnet hast, so war es zum Beispiel Deine Absicht, Menschen schöne Dinge näher zu bringen, um deren Zuhause verschönern zu können. Du möchtest den Wert der Schönheit an die Menschen heranbringen. Du möchtest mit Deinen Werten Menschen in Deinem Laden inspirieren. Du möchtest den Menschen Geschmack vermitteln und einen wunderschönen Laden Dein Eigen nennen mit einladender Atmosphäre. Wenn Du die Ladentür aufschließt, sind dies Deine erhabensten Gedanken. Deshalb kommen die Menschen zu Dir: wegen Deiner Werte. Mag sein, dass Du privat im Moment ein paar Probleme mit Deinem Partner oder Deinen Eltern hast und Du Dich mit erbrechtlichen Dingen auseinandersetzen musst. Doch dies ist für Deine Berufung und Deinen Laden mit seinen Werten, die durch Dich dort eingebracht werden, völlig uninteressant. Dieses private Ego mit seinen Problemen und Sorgen ist von Dir für den Erfolg des Ladens außen vor zu lassen. Das ist wichtig für den Erfolg des Ladens. Deine persönliche Befindlichkeit ist in dieser Führung zweitrangig. Es geht darum, Deine Kunden mit Deinen Werten zu beraten und nicht mit dem unterschwelligen Gedankengut im Rücken, was den Streit mit Deinem Partner betrifft oder Dein Erbe. Dem kannst Du Dich sofort dann wieder widmen, wenn Du die Ladentür zugeschlossen hast.

Dienst ist Dienst …
Mangelführung ereignet sich beispielsweise dann, wenn Du selbstständig bist und auf Kunden „wartest", und wenn Du Deine privaten Egoprobleme mit in diese Selbstständigkeit trägst. Wenn Du beispielsweise hineinbringst, dass Du Geldmangel hast, belastest Du Deine Selbstständigkeit.

Stell Dir vor, Du seist selbstständiger Malermeister und Dein erhabenster Gedanke wäre folgender: Du möchtest Menschen zu einer gediegenen, anspruchsvollen, gepflegten und farbenfrohen Wohn- und Lebenswelt verhelfen. Dies in einem guten Preis-Leistungs-Verhältnis, zuverlässig und schnell. Dann ziehen die Werte Deines erhabensten Gedankens Deine Kunden an.

In dieser Zeit, in der Du dann selbstständiger Maler bist, haben Mangelgedanken aus Deinem Ego absolut nichts verloren. Diese unbewältigten Probleme musst Du außer Acht lassen. Da darfst Du an Dir selbst arbeiten. Denn sonst würde die Reinheit Deines erhabensten Gedankens gestört werden mit dem inneren Geschrei Deines Egos, das wahrscheinlich brüllt: „Bitte, bitte kommt zu mir, gebt mir Aufträge, ich brauche dringend Geld!" Mit Mangel lockst Du keine Kunden an. Mit Mangel wirst Du den erhabensten Gedanken des selbstständigen Malers nicht zufriedenstellend führen können.

Wenn Du Arzt bist, hast Du Dein Unternehmen „Praxis" zu leiten. Der Streit mit Deiner Ehefrau spielt in dieser Zeit keine Rolle, da dieser „Unwert" ansonsten Einfluss auf den geschaffenen Wert Deiner Praxisführung nimmt und den Erfolg Deiner Praxis mindert.

Wenn Du Therapeut bist und Du hast gerade persönlich Trauriges erlebt, dann bedeutet es in Deiner Führerschaft Deinem Klienten gegenüber, diese Trauer für die Zeit der Beratung komplett beiseitezustellen. Es geht jetzt nicht um Deine Trauer, sondern um den Klienten. Wenn Du das nicht kannst, sage lieber den Termin mit Deinem Klienten ab.

Im Liebesbewusstsein zu sein bedeutet, das, was man jeweils führt, so sehr wertzuschätzen, dass man in dem Moment für seine Aufgabe persönliche, private Befindlichkeiten beiseite stellt. Man gibt sich nicht auf, aber überwindet vorübergehend für den anderen oder die berufliche Tätigkeit seine mangelbesetzte Persönlichkeit.

Du gibst Dich innerhalb Deiner Berufung für die Führung der Person oder einer Sache solange hin, bis Du wieder privat unterwegs bist. Dafür wirst Du bezahlt.

Sei Dir bewusst: Du kannst wählen, ob Dir Dein Beruf so viel Erfüllung und Bereicherung gibt, dass Du auch bereit bist, Dich mit Deinen persönlichen Befindlichkeiten nicht mehr wichtig zu nehmen. Für die Sache, die Du führst. Es ist Teil Deines Wertesystems innerhalb Deiner Berufung.

Du möchtest selbst sicher sein können, dass Dein Therapeut, wenn Du mit ihm Dein Leben besprichst, nicht mit etwas anderem beschäftigt ist als mit Dir! Du möchtest auch nicht über sein Leben sprechen oder seines indirekt mit dabei haben! Immerhin vertritt er sozusagen Dein seelisches Interesse. Dafür muss er innerlich frei sein. Dafür hast Du ihn engagiert. Das ist der Therapeut aus seiner Führung heraus dem Klienten gegenüber „schuldig", da er sonst seine Führerschaft und den Auftrag für den Klienten weder ernst nimmt noch wertschätzt.

Du vertraust dem Arzt, dass er Dir das richtige Medikament verschreibt, weil er Dein Problem erfasst hat und nicht abgelenkt war von den Gedanken an den Streit mit seiner Frau. Du möchtest, dass die Verkäuferin sich bei der Auswahl Deines neuen Koffers mit Dir befasst, und nicht erleben, wie sie die SMS auf ihrem Handy verfolgt, weil sie auf eine Nachricht von ihrem Freund wartet und Dir damit das Gefühl vermittelt, lästig zu sein.

Intentionen der Berufswahl:

Absicht der Seele	Berufung	Absicht des Egos
Menschen mit frischen Backwaren versorgen, Kontakt haben im Verkauf, mit einem Lebensmittel umgehen, neue Kreationen erschaffen	Bäcker	Sich klein oder gewöhnlich fühlen über den Job, über frühes Aufstehen beklagen
Kreativität leben, Menschen anregen/aufrütteln/berühren, sich selbst und Gefühle über die Kunst ausdrücken	Künstler	Interessant sein, ein Star der Szene werden, Aufmerksamkeit suchen, Ruhm, jemand Besonderes sein, scheinbar besonders tiefgründig und essenziell sein
Menschen heilen, helfen, Leben retten, medizinischen Fortschritt voranbringen	Arzt	Großes Einkommen, „Halbgott in Weiß" sein, Macht über Leben und Tod haben, moralisch hoch angesehen sein
Praktisch Dinge erschaffen mit den eigenen Händen und Kreativität, andere mit der Dienstleistung bereichern, Lösungen schaffen	Handwerker	Sich mit seinem Können über andere stellen, Laienmeinungen nicht gelten lassen, beweisen, dass man kräftig und männlich ist oder hart zupacken kann

Jemandem zu seinem Recht verhelfen, Ungerechtigkeiten aufklären, Sicherheit geben über Information, Beratung oder Sachlagen, sich für andere einsetzen	Rechtsanwalt	Über Recht und Ordnung bestimmen wollen, andere anklagen, viel Geld verdienen, eine angesehene Position haben
Menschen helfen, unterstützen, beraten, ihnen neue Perspektiven oder Blickwinkel eröffnen, Heilung und Weiterentwicklung initiieren	Therapeut	Sich gerne reden hören, Macht über den Patienten haben, Manipulation eines Schwächeren, Helfersyndrom, Neugier auf menschliche Abgründe
Selbstausdruck, alle Facetten des Menschen/des Lebens erkunden, andere gut unterhalten oder zum Nachdenken anregen, Kulturgut bewahren	Schauspieler	Rampensau sein, berühmt werden, exhibitionistisch und exzentrisch sein, provozieren und schockieren, Fantasien ausleben, gesehen werden, bewundert werden
Kreativ sein, etwas Neues schöpfen und in die Welt bringen, andere unterhalten und anregen, informieren	Autor	Geld verdienen, sich wichtig machen, Bedeutung und Einfluss haben, einen Bestseller landen
Eine Vision verwirklichen, Prozesse optimieren, etwas aufbauen und hinterlassen, Arbeitsstellen schaffen	Unternehmer	Traum vom großen Geld, Profit, Untergebene anweisen, andere abhängig machen, Konkurrenzgehabe, der Beste sein wollen, selbst Chef sein und andere arbeiten lassen wollen

Andere beschützen oder ihnen zu Hilfe kommen, deeskalierend wirken, Sicherheit und Ordnung geben und bewahren, der Gesellschaft und dem Bürger dienen	Polizist	Macht über andere haben, Staatsgewalt sein, andere befehligen können, eine Waffe tragen und damit Macht über Leben und Tod haben, Respektsperson sein, ein „guter" Mensch oder moralisch korrekt sein wollen
Eine wichtige Mittlerstelle erfüllen zwischen Unternehmen und Kunde, den Kunden freundlich begegnen	Kassierer	Man muss sich nicht weiterentwickeln, Arbeitszeit „absitzen"
Menschen informieren, Missstände aufzeigen, aufklären	Journalist	Neugier, Sensationslust haben und befriedigen, reißerisch schreiben, Leute fertigmachen/an den Pranger stellen, mediale Macht ausüben
Kultur bewahren, zugänglich und erlebbar machen, Interesse an vorangegangenen Kulturen und deren Errungenschaften ehren	Archäologe	Der große Entdecker sein und damit berühmt werden, Traum vom großen Schatzfund, Spezialist für etwas sein
Für saubere Atmosphären sorgen, damit sich andere darin wohlfühlen, körperliche Schaffenskraft einsetzen	Reinigungskraft	Sich im Minderwert aufhalten: „Ich kann nichts anderes", es nur besser finden, als arbeitslos zu sein

Entwicklungen unterstützen, Wegbegleiter sein, lehren und ausbilden, Wissen weitergeben	Pädagoge	Macht über andere, beurteilen und bewerten, das letzte Wort haben wollen, Manipulieren von Unterlegenen, „Vorbild" sein wollen, zu dem aufgeschaut wird
Zu Freiheit und Mobilität über den Führerschein verhelfen, mit Geduld Fähigkeiten und Wissen vermitteln, Kontakt zu Menschen	Fahrlehrer	Andere an- oder zurechtweisen bei Fehlern, sich als überlegen und erfahrener fühlen, beeindrucken wollen, gemocht werden wollen von den Schülern

In der Führung aufgehen: die Hingabe der Berufung
In der Führung eines Arbeitsplatzes zu sein bedeutet, sich nur dieser Führung zuzuwenden; aus Respekt vor dem, der Deine Führung braucht. Du gibst Dich nicht auf. Du gibst Dich Deinen Werten *hin* innerhalb der Führung und wirst dafür materiell „ausgeglichen". Wenn Du Dich an Deinen Beruf und die damit einhergehende Führung nicht für eine festgelegte Zeit hingeben kannst, weil das Arbeitsfeld zu uninteressant, langweilig, über- oder unterfordernd ist, solltest Du aus Ernsthaftigkeit zu Deiner Seele einen anderen Arbeitsbereich wählen. Es geht um die Stimmigkeit in Deinem Leben, auch im Bereich Deines sinnvollen, beruflichen Tuns. Es ist der Bereich in Deinem Leben, in dem Du Deine Seele mit der beruflichen Aufgabe zum Erblühen bringen kannst.

Klärungsfragen:

- *Welche Werte kann ich derzeit in meinem Beruf als Angestellter ausleben?*
- *Welche Werte gibt es an dem Arbeitsplatz, den ich innehabe, zum Beispiel als Chef, mit Kollegen, im Team, am Arbeitsplatz?*
- *Welche Werte würde ich gerne bewusster innerhalb meiner Arbeit umsetzen?*
- *Wertschätze ich ausreichend meinen Arbeitsplatz? Müsste ich meinen Arbeitsplatz verändern oder wechseln?*
- *Wäre eine komplett neue Aufgabe für mich stimmig?*
- *Welche Werte lebe ich durch meine Selbstständigkeit, meine Unternehmung?*
- *Welche Werte möchte ich in Zukunft aktiver in meiner Selbstständigkeit leben?*
- *Welche wertvollen Mitarbeiter stehen mir zur Verfügung?*
- *Wertschätze ich ausreichend meine Mitarbeiter?*
- *Gibt es Mitarbeiter, die mich oder mein Unternehmen unstimmig machen? Warum trenne ich mich nicht von ihnen?*

Unterstützung für Deine Seele:
Gebet an die Erfüllung
Selbstliebe und Selbstheilung durch Psychogenetische Beratung

Kapitel VIII – Wie es für Dich mit dem Liebesbewusstsein weitergehen könnte …

Liebe heilt, aber Liebe heilt nur dort, wo stimmige Zustände vorhanden sind.
(Marija)

Wir leben in der Welt der Polarität. Auch in uns Menschen selbst. Es gibt Dein zeitlich begrenztes Ego in Deinem Leben. Und es gibt die Präsenz und Ewigkeit Deiner Seele mit all ihren seelischen Werten. Es gibt leider auch das reale Ringen mit dem Mangel vor dem Erobern der Fülle in der Liebe.

Über allem steht die Liebe. Die Liebe in Dir und in jedem anderen Menschen. Die Liebe von Gott, die durch Deine liebesdurchtränkte Seele ins praktische Leben tritt, wenn Du es zulässt und willst.

Du bist bis zu dieser Textstelle gekommen. Ich wünsche mir, dass Du mithilfe dieses Buches die Liebe in ihrer Dimension und Dich selbst besser, ja eindringlicher verstehen kannst als vor dem Lesen meines „Klartextes".

Vielleicht spürst Du die Motivation in Dir, Liebe aus dem Liebesbewusstsein leben zu wollen. Vielleicht kannst Du Dich erstmalig bewusst für die Liebe entscheiden, weil Du weißt, was wahre Liebe ist und wirkliche Liebe meint. Fange Du damit an, denn Du bist für Dich der erste und beste Anlass, die Liebe für Dein Leben und für den göttlichen Sinn mit Deinen Werten zu erobern. Bedenke jedoch voller Respekt die möglichen Machenschaften Deines Egos, für welches das Liebesbewusstsein mehr ein „Fluch" als ein Segen ist.

Deine Seele trägt in sich stets alle gerechten Antworten auf alle Risiken und Nebenwirkungen, die Dein Ego für sich aus dem Liebesbewusstsein ablehnend und bewertend zusammeninterpretiert.

1. Dein Ego und das Liebesbewusstsein

Dieses Buch ist ein ehrliches Buch. Wahrhaftigkeit macht wahrscheinlich Deinem Ego und anderen Egos Angst. Doch wie stimmig wäre dieses Buch über die Liebe, würden die daran hängenden Wahrheiten nicht benannt werden? Was würde es Deiner Seele nutzen, die Wahrheit vor Deinem Ego zu verschweigen?

Vielleicht, weil es mit der Wahrheit weniger Leser für dieses Buch geben könnte? Oder das Buch nicht weitergelesen würde, weil ein ehrliches Buch nicht so gut zu „verkraften" ist? Das ist alles Projektion, denn eines ist gewiss: Dieses Buch zu „verkraften" und die Inhalte für sein Leben zu befolgen ist einfacher als jede weitere Krise, die Dein Ego unsinnigerweise erschafft.

Ich nehme weiterhin keine Rücksicht auf Dein Ego und werde Deine Seele — ganz bewusst — über diese Risiken und Nebenwirkungen für das Ego aufklären, um sie in ihrer Unbeirrbarkeit zu stärken.

Natürlich fühlt sich Dein Ego oder ein Ego in seiner Existenz durch das Liebesbewusstsein bedroht. Immerhin zielt, wenn Du es lebst, das Liebesbewusstsein darauf ab, Dich mehr und mehr von Deinem Ego zu befreien. Mithilfe des Liebesbewusstseins nimmst Du an Dir eine Art „Ent-Egoisierung" vor.

Dies tust Du, um Deiner Seele und Deinen seelischen Werten den Raum, die Präsenz und Gemäßheit zukommen zu lassen, die Deiner Seele und dem Göttlichen generell gebührt. *Für ein richtig gutes Leben.*

Damit verliert Dein Ego an Daseinsberechtigung, es wird ihm durch Deine Seele sein Platz weggenommen. Das mag das Ego überhaupt nicht. Immerhin lebt es mit Dir seit Jahr und Tag recht eingefahren und eingewöhnt, auch wenn es sich damit um das Paket mit dem Mangel, den Zweifeln, Ängsten, Sorgen und Befürchtungen oder Unglück und Unzufriedenheit handelte.

Mit dem Liebesbewusstsein wird sich Dein Ego immer wieder mit neuen „Tricks" melden und versuchen, Dich davon abzubringen, Liebe und Selbstliebe treu zu leben. Das Ego fühlt sich provoziert und unverstanden. Es ist für ein Ego geradezu eine Unverschämtheit, wenn man behauptet, es gäbe im Liebesbewusstsein keine Entschuldigungen oder Ausreden mehr, etwas würde „nicht" gehen und es ließe sich jetzt nichts mehr auf das „Schicksal" abwälzen. Dein Ego jammert, sobald Du ihm die Opfer- oder Täterrolle absprechen und es mit seiner Unentschlossenheit, seiner Halbherzigkeit und seinen Unsicherheiten verbannen willst.

Deshalb wird es sich etwas „einfallen" lassen. Ich sage Dir das vorsorglich, damit Du mit Deiner Seele und Deinem seelischen Bewusstsein einen „wachen Blick" darauf haben kannst, was Dein Ego in Dir so alles veranstalten könnte.

Für Dein Ego oder ein Ego ist das Liebesbewusstsein komplett unbequem und es „gaukelt" Dir deshalb gerne „scheinbare Wahrheiten" oder besser gesagt „Unmöglichkeiten" vor, damit Du das mit dem Liebesbewusstsein sein lässt.

Ich möchte Dir einige „Gegenbewegungen" des Egos aufzählen, die Du mit Deinem seelischen Bewusstsein enttarnen und mit Deinen seelischen Werten oder Deinem seelischem Willen stoppen kannst

Gegenbewegungen des Egos, um das Liebesbewusstsein zu boykottieren:

- Man könnte trotzig, pampig, missgelaunt, traurig, depressiv, wütend, träge, unmotiviert, lustlos, missgünstig, überheblich, aggressiv, ungläubig, rechthaberisch, kindisch werden (alle destruktiven Gefühle)
- Mangelgefühle können hochkommen oder stärker werden
- Dinge könnten nicht erledigt werden, zum Beispiel wichtige Anrufe nicht getätigt, die Wohnung nicht gesaugt
- Man neigt auf einmal zu „dummen" oder leicht vermeidbaren Fehlern
- Man trifft eventuell Fehlentscheidungen aus Angst, Mangel oder Zweifel heraus
- Man tendiert dazu, keine Perspektive oder Lösung für ein Problem zu sehen
- Man bewertet und vergleicht sich öfter mit anderen, wird eventuell neidisch oder sauer, weil man scheinbar nicht fair behandelt wird
- Man fühlt sich gegebenenfalls vom Schicksal „schlecht behandelt" oder benachteiligt
- Man hat leichter das Gefühl, die Welt sei gegen einen oder man habe einfach kein Glück im Leben
- Das Gefühl könnte aufkommen, das Liebesbewusstsein sei zu „schwer" oder zu anspruchsvoll
- Minderwert könnte sich schnell breitmachen, beispielsweise in Gedanken wie: „Ich kann das nicht, ich bin dem nicht gewachsen, ich bin zu blöd dafür"
- Das Gefühl, man kommt nicht weiter oder dreht sich im Kreis oder macht sogar Rückschritte, könnte hochkommen

- Es entstehen möglicherweise Situationen im Außen, die genau „wunde Punkte" treffen, Menschen können auftauchen, die einen aus dem Konzept bringen, den eigenen Mangel bestätigen, beispielsweise mit Fragen oder Kommentaren wie: „Hast Du immer noch keinen Freund?", „Du hast ja immer noch nicht abgenommen"
- Das Ego versucht immer wieder, die Aufmerksamkeit und die Gedanken auf das Negative und den Mangel zu lenken und sich darin aufzuhalten.

Es gibt keine Pause vom Ego

Trickreich, wie ein Ego ist, kann es das Liebesbewusstsein trotz aller eindeutigen Erklärungen für seine Zwecke missverstehen. Das Ego kann leicht und mühelos das Liebesbewusstsein falsch auslegen oder sogar auf die Idee kommen, es für sich zu verwenden. Selbst hier ist es für Dich wichtig, einen wachen Blick in Dir zu wahren. Auch demjenigen gegenüber, der meint, er lebe das Liebesbewusstsein, dies allerdings in absurder und egomaner Weise vollzieht.

Wie kann man das Liebesbewusstsein falsch verstehen?

- Ich kann schneller den Eindruck gewinnen, ich sei gezwungen/genötigt/verpflichtet, Dinge zu tun, zum Beispiel aufzuräumen, auch wenn es mir schlecht geht oder ich müde bin: „Das kann mir doch gar nicht guttun"
- „Da ist man ja nur auf Krawall gebürstet, wenn man ständig herumkritisiert"
- Arroganz statt Selbstbezug: Für sich zu beanspruchen, alles beurteilen zu können oder den Anspruch darauf zu haben, dass etwas so und so ist, weil man es so empfindet, und unter dem Deckmantel des Liebesbewusstseins rechthaberisch, altklug, sich einmischend oder anmaßend unterwegs zu sein

- Missionieren, statt sich zu vertreten: Seine Wahrheit den anderen aufzwängen zu wollen, weil man meint, damit die Liebe zu verbreiten. Wenn zum Beispiel jemand meint, alle Menschen müssten natürlicherweise in der Natur leben, ohne Geld und Konsum, und gleichzeitig zu „verlangen", dass alle anderen das genauso sehen müssen
- Bei logischer und objektiver Kritik und Reflexion den Vorwurf zu machen: „Du bist ja im Kopf", obwohl es ganz offensichtlich sein kann oder eben einfach logisch hergeleitet ist
- Wenn man Trott und einen ereignislosen Alltag lebt ohne Krisen (im Sinne von Entwicklungschancen) und alles „Friede-Freude-Eierkuchen" ist, dann ist es perfekt, harmonisch und gut
- Frieden bedeutet ausschließlich: kein Streit, Ruhe, Stille, keine Auseinandersetzung oder Konfrontation
- Man muss mit allen Menschen irgendwie zurechtkommen, sich arrangieren oder solange reden, bis man auf einen gemeinsamen Nenner kommt anstatt Unterschiede zu akzeptieren und andere auch loszulassen, wenn man nicht miteinander kompatibel ist
- „Du bist kleinlich, penibel, zu kritisch, man kann es Dir nicht recht machen, Du verlangst Perfektion und niemand ist perfekt!"
- „Du willst mich verändern!"
- Man muss alles zusammen machen als Paar, alles gleich gut finden, in allem gleicher Meinung sein. Es geht aber in Wirklichkeit um Synchronisation, nicht um Gleichsein. Zum Beispiel: Ein Mann kocht gerne und gut und seine Frau hat den Raum zum Essen gestaltet, vorbereitet und eine schöne Atmosphäre zum Essen geschaffen
- Materiell völlig über die eigenen Verhältnisse zu leben, weil man naiv argumentiert: „Wieso? Der Ferrari bereichert mich doch und der Lamborghini auch"
- Man muss aufpassen, ob man sich stimmig fühlt, aber dabei in einem falschen Selbstbild (Ego) gefangen ist, sich beispielsweise ein riesiges Haus zu mieten, weil man meint, man gönne sich damit viel Raum und sei es sich wert und in Wirklichkeit fühlt man sich viel geborgener und stimmiger in einer Drei-Zimmer-Wohnung, weil man auch gar nicht mehr Platz braucht oder diesen Platz sinnvoll gefüllt bekommt

- Sich wegen oberflächlicher Inkompatibilitäten sofort von jemandem zu trennen. Zum Beispiel: Ein Mann hat Hausschuhe, weil ihm schnell die Füße kalt werden, die Frau sieht es und sagt: „Nee, das geht ja gar nicht, das ist total unstimmig für mich, ich bin weg"
- „Es ist ja, als ginge es darum, das Haar in der Suppe zu finden." – dabei geht es um die Verbesserung und Weiterentwicklung zum Besten aller
- Bei der Partnersuche geht es nicht darum, einen perfekten Partner zu finden, sondern jemanden, der gleiche Werte teilt und der auch eine Bereitschaft zur Entwicklung hat, die mit der eigenen korrespondiert
- Wenn Selbsttreue falsch verstanden wird: Jemand der im Liebesbewusstsein seine Bedürfnisse und Gefühle ernst nimmt, ist egoistisch, guckt nur nach sich, ist rücksichtslos, geht nicht auf andere ein – das Gegenteil ist der Fall
- Unter dem Mantel der Selbsttreue alle Brücken abzubrechen und sich aus der Verantwortung zu ziehen. Zum Beispiel: Ein Familienvater verschwindet von heute auf morgen nach Australien, weil das schon immer sein größter Traum war und meint, er wäre damit authentisch und sich selbst treu und sieht dabei nur sich selbst
- Denken, dass man alle Kritik annehmen und einsehen müsste. Man sollte sie prüfen, muss aber nicht blind alles für wahr und richtig halten

Der Beipackzettel zur Anwendung des Liebesbewusstseins
Aufgrund der Wahrhaftigkeit des Liebesbewusstseins möchte ich das Ego ein weiteres Mal nicht schonen. Du findest komplettierend und zur Stärkung Deiner Seele aufgeführt, was passieren kann oder wird, wenn Du Dich entscheidest, das Liebesbewusstsein zu praktizieren.

In dieser Liste findest Du die „**Risiken und Nebenwirkungen**" für das Ego:

Was passiert, wenn ich mich entscheide, das Liebesbewusstsein zu praktizieren?

- Keine Lippenbekenntnisse gelten mehr, man entlarvt sich selbst schneller, wenn man sich selbst „veräppelt" oder besseren Wissens falsche Entscheidungen trifft.
- Man greift seltener auf Ego-Alibis zurück, wie „Ich habe kein Geld", „Ich kann das nicht", „Ich weiß es einfach nicht".
- Klare Entscheidungen werden selbstverständlich und bringen dementsprechende Klarheit und Umsetzungskraft.
- Man gewinnt enorm an Selbstsicherheit und seelischer Sicherheit und weiß viel mehr, was man will, was zu einem passt und wo man hingehört.
- Steigerung der Selbstverantwortung, die dann als Wohltat empfunden wird und nicht mehr als Zwang oder Aufbürdung.
- Man kommt in Stimmigkeit in allen Lebensbereichen, die dann wiederum sich gegenseitig bekräftigen und noch tiefer in Stimmigkeit bringen.
- Man kommt zu 100 Prozent aus der Opferrolle heraus und kann immer und egal in welcher Situation etwas zur Veränderung, Verbesserung, Wandlung unternehmen, man kommt leichter in Selbstmacht.
- Man kann die positive Erfahrung machen, dass andere sich auch auf das Liebesbewusstsein einlassen, daran wachsen, davon profitieren und es annehmen und das dann auch zurückspiegeln (zum Beispiel bei einem Geschenk: Energie kommt in den Fluss von Freude und Dankbarkeit, die in ihrer Intention dann wirklich ankommt und zurückstrahlt).
- Die Kommunikation wird viel ehrlicher und substanzieller, sodass man sich wirklich etwas zu sagen hat und wenn es nichts zu sagen gibt, auch das stehen lassen kann, offen voreinander und miteinander ist und nicht oberflächlich.
- Man hat stabile und aufrichtige Beziehungen mit Menschen, auf die man sich verlassen kann, weil man Werte teilt, beispielsweise Hilfsbereitschaft oder offenes Ansprechen.

- Das Leben kann einem anders entgegenkommen und Lösungen und Möglichkeiten bringen, die man sich nicht hätte erdenken können, sodass man darüber in ein ganz tiefes Urvertrauen in das Leben und die Liebe hineinwächst.
- Man wird unabhängiger und freier von Bewertungen oder Meinungen anderer, weil man sich über die eigenen Werte definiert und darüber dann auch klar weiß: „Das bin ich und das bin ich nicht" oder: „Das mache ich und das mache ich nicht". Beispielsweise wenn jemand mir vorwirft: „Du bist ja egoistisch", dann kann ich objektiv reflektieren: „Nein, ich war nur selbstbezogen und in Selbstliebe unterwegs" und fühle mich dann auch nicht verletzt oder stehe über dem Angriff dieses Egos. Ich weiß, ich selbst habe ebenfalls niemanden verletzt.
- Man kann negative Emotionen gar nicht erst aufkommen oder sie sich etablieren lassen, weil sofort Verantwortung übernommen wird, durch klares Ansprechen, zum Beispiel: „Ich fühle mich gerade nicht ernst genommen oder beachtet".
- Man kommt immer wieder an eigene Grenzen und lernt, darüber hinaus zu gehen und Limitierungen aufzulösen.
- Missstände werden selbstverständlicher angesprochen, es stellt sich nicht mehr die Frage, ob ich etwas sage oder nicht.
- Man geht aufeinander ein, ohne die eigenen Bedürfnisse zu unterdrücken, zu missachten oder gar aufzugeben.
- Inkompatibilitäten werden objektiv schneller erkannt und im besten Falle angenommen, mit den dazugehörenden Konsequenzen, wie beispielsweise Trennungen.
- Ausreden gelten nicht mehr, zum Beispiel: „Ich bin zu müde, jetzt noch aufzuräumen" oder: „Ich kann nicht umziehen, ich habe kein Geld." Man schaut nach Möglichkeiten der Erfüllung und vertraut aufgrund dieser Ernsthaftigkeit auf seelische Fügungen.
- Man erklärt sich innerlich bereit, seinen Mangel anzusehen und zu akzeptieren, dass er da ist und dann konsequent für Verbesserung zu sorgen.

- Man kann akzeptieren, dass manche Situationen stehen gelassen werden müssen oder es in manchen Momenten keine sofortige Lösung gibt für ein Problem, man kommt also in Geduld, Akzeptanz, Ausdauer und Loslassen.
- Man findet sich nicht ab mit Gefühlen wie: „Ich empfinde einfach keine Freude, keine Begeisterung, kein Glück", sondern kümmert sich darum, dass man es lernt oder integriert, was einem fehlt.
- Man kommt einfacher aus jeder Ohnmacht heraus und schneller in Selbstmacht, Handlungsfähigkeit und Entwicklung. Wenn ich mich beispielsweise schuldig fühle, bleibe ich nicht in dieser Stagnation, sondern überprüfe, ob ich verantwortungslos war und bereue, oder stelle fest: „Ich war in Verantwortung" und bin daher ohne Schuld.
- Ich entlasse andere nicht mehr so einfach aus ihrer Verantwortung, indem ich zum Beispiel immer für sie aufräume oder hinter ihnen her räume, ohne dass sie selbst dafür die Verantwortung übernehmen müssen.
- In Verantwortung kann ich Aufgaben delegieren oder klar sagen, wenn ich mich für eine Aufgabe nicht befähigt fühle und dann lieber jemand anderen dafür suchen.
- Ich bleibe stabiler in Souveränität, egal, in welcher Situation ich bin, ob ich in den Himmel gelobt werde oder scharf kritisiert werde, angegriffen oder angeflirtet werde.
- Das Ego könnte alle Möglichkeiten und Ideen auffahren, damit ich das Liebesbewusstsein nicht praktiziere, also Ängste, schwierige Situationen, Prüfungen, um zu prüfen, ob ich mir selbst treu bleibe.
- Unstimmigkeiten werden offensichtlich und tauchen überall, oder zumindest sehr gehäuft, auf, was am Anfang vielleicht überfordern könnte oder den Wald vor lauter Bäumen nicht sehen lässt.
- Beziehungen erweisen sich eventuell als unstimmig oder eine Trennung wird stimmig, hier braucht man dann Konsequenz, Klarheit und Objektivität.
- Das Gefühl könnte auftauchen, dass auf einmal nichts mehr stimmt, nichts mehr zusammenpasst, ein Gefühl von: „Wo soll ich nur anfangen?".

- Menschen, die einen umgeben, können sich abwenden, weil sie mit dem Liebesbewusstsein und dessen Kommunikation nichts anfangen können oder sich dagegen entscheiden.
- Man kann das Liebesbewusstsein nicht mehr so leicht ignorieren, wenn man es einmal verstanden und erlebt hat.
- Das Wegfallen von Illusionen kann zunächst ernüchternd sein, enttäuschend, womöglich wütend machen, schockierend sein, wenn ich beispielsweise feststelle, dass ich am Arbeitsplatz überhaupt nicht wertgeschätzt werde und, wenn ich das artikuliere, nicht darauf eingegangen oder ablehnend reagiert wird.
- Das Loslassen von falschen Selbstbildern erfordert sehr viel Mut und Selbstüberwindung, Einsicht und Erwachsenenkompetenz.
- Ich kann mich vor mir selbst nicht mehr herausreden, dass ich etwas nicht ändern kann, denn ich weiß, dass alles verändert werden kann durch vorhandene oder neue Werte, Selbsttäuschung und Selbstbetrug funktionieren nicht mehr.
- Man lernt, Disharmonien auszuhalten, wenn ich beispielsweise meinen Kindern sage: „Dein Verhalten ist respektlos", muss ich es „ertragen", wenn sie wütend reagieren oder trotzig und trotzdem bei meiner Wahrheit bleiben, ohne ihrem Ego nachzugeben.
- Eventuell hat man eine Zeit lang wenige oder kaum Menschen, mit denen man sich austauschen kann oder gleich „tickt" und ist stark auf sich selbst zurückgeworfen, was als Einsamkeit empfunden werden kann.
- Man verlässt „sichere Pfade" und fühlt sich darüber vielleicht zunächst exponiert oder verletzbar, bis man die ersten bestätigenden Erfahrungen gemacht hat.

Deine Seele und das Liebebewusstsein

Am Schönsten wäre es, Du könntest Dich wie selbstverständlich mit Deiner Seele und Deinem tiefen Wissen über die Liebe aufmachen, die Liebe als göttliche Fähigkeit zu erobern. Ich verstehe Dich, wenn Du Regungen in Dir trägst, die anzeigen: „Ich weiß zwar jetzt, was wahre Liebe meint und wirkliche Liebe ist, doch einfacher ist es für mich dadurch nicht geworden".

Hier möchte ich Dir noch mal die Frage stellen: Bist Du spirituell oder bist Du nicht spirituell, also seelisch ausgerichtet? Wenn Du die Fragen wieder mit *Ja* beantwortest, dann hast Du allen Grund, Dich auf Dein substanzielles Vertrauen durch Deine seelischen Werte aufzumachen, die Liebe zu erobern. Du hast Dich für die seelische und gleichzeitig *höchste Lebensqualität* im Leben entschieden.

Deine Antworten zeugen davon, dass Du tiefen Glauben an die göttliche Tragkraft – die Liebe – hast und an den Sinn, den das Göttliche mit Deinem Leben verfolgt. Den Sinn, mit dem Schlüssel der Wahrhaftigkeit die Tür zur Liebe zu öffnen und stimmig zu verbreiten.

Gib Dich Deiner Seele hin

Es gibt spirituelle Techniken und Versprechen dahin gehend, wie sich „scheinbar" ein Leben in „Null-Komma-Nix" zum Besten verändern könne.

Das ist *kein* Versprechen des Liebesbewusstseins. Das Versprechen des Liebesbewusstseins ist Liebe, die Liebe verspricht. Definitiv, ultimativ, restgültig und nachdrücklich.

Das, was Du zu tun hast, ist, dass Du Dich – trotz aller Risiken und Nebenwirkungen des Egos und seiner „Spielchen"– auf Deine Seele einlässt. Denn Du wirst von ihr getragen. Du wirst von ihr geführt und bestätigt, während Du die Liebe eroberst. Dies vollzieht Deine Seele für Dich.

Du wirst durch sie intelligente, plötzliche und unerwartete Fügungen und Zeichen erleben oder Geschenke erhalten. Solche, die Du mit Deinem Denkvermögen und Deinem Ego niemals vorher so genial Dir hättest berechnen oder kalkulieren können.

Gib Dich Deiner Seele hin und lass Deine Seele Dein Leben gestalten und lenken; mit der tatkräftigen Hilfe Deines seelischen Willens und Deines seelischen Bewusstseins. Dann werden Deine Gaben im Leben zunehmen. Dein Leben wird mit eindeutigen und deutlichen Verbesserungen versehen. Es wird zufriedenstellend und überzeugend für Dich sein. Du wirst an hoher, seelischer Lebensqualität gewinnen. *Das kann ich Dir versprechen.*

Diese Wahrheit in Dir zu erlangen braucht Deine Unterstützung, Deine Geduld, um Deine seelische Lebensqualität zu etablieren, und etwas Zeit.

Es lohnt sich für Dich, für Deine Zufriedenheit, für Dein Umfeld, für Deine Familie, für all Deine Nachkommen und für jeden Tag Deines Lebens. Du wirst mit Deinem Weg im Liebesbewusstsein sehr bald erfüllende Bestätigungen erhalten, die Dich motivieren, mit der Eroberung weiterzumachen.

Die beste Wahl, die Du treffen kannst
Deine Seele ist zusammen mit Deinem seelischen Bewusstsein Dein allerbester Partner. Einen besseren gibt es für Dich nicht. Wenn du „Ja" sagst zum Liebesbewusstsein, sei für diese getroffene Wahl dankbar. Dankbar, dass Du die innere Größe hast, Dich Deiner Wahl und Deinem Leben fortan *seelisch zu stellen*, ja hinzugeben.

Ich überlasse Dir, meiner Seele, mein Leben.
(Siehe auch Hingabe-Meditation an die eigene Seele)

Du wirst zuhauf beschenkt, belohnt, überrascht, bereichert und erfüllt sein. Du wirst zuhauf beschenken, belohnen, überraschen, bereichern und erfüllen. Das ist die Wahrheit. Und vergiss bitte nicht: Du bist erwachsen und hast die „Dummheit in der Liebe durch das Ego" bereits jetzt oder bald schon hinter Dir gelassen und stehst damit in der Fähigkeit, die Liebe in der kommenden Zeit zu bemächtigen.

Nutze Kapitel 9

Das Liebesbewusstsein ist keine „hohle" Verheißung für ein besseres Leben.
Es ist eine seelische Verheißung, die sich erfüllt, durch Dich.
(Marija)

Arbeite mit Deiner Seele und unterstütze sie mit den Gebeten. Stärke Deine Seele, arbeite mit ihr gemeinsam an Deinen Werten und sei präsent mit Deinem seelischen Bewusstsein – an jedem Tag Deines Lebens. Praktiziere die Übungen aus dem Liebesbewusstsein oder die Tagesreflexionen, um Deine Seele besser kennenzulernen, Deinen Willen zu stärken und sinnvolle, neue, seelische Entschlüsse in die Tat umzusetzen. Benutze das Kapitel 9 für Deine Weiterentwicklung und um in das Liebesbewusstsein nach und nach hineinzuwachsen.

Wachse in die Erfahrung, dass das, was Dir zunächst schwierig erschien, mehr und mehr zur Selbstverständlichkeit wird und in Fleisch und Blut übergeht. Durch Deine Klarheit, Ausdauer und den erhabensten Gedanken, das Liebesbewusstsein für Dich zu leben.

So hast Du im Liebesbewusstsein Grund, Dich auf Dich selbst verlassen zu können, auf Dich zu bauen und Dir selbst zu vertrauen. Das ist der Sinn des Seelischen in Deinem Leben und Deiner Seele.

Dein Leben, Deine Eroberung, Deine Grundregeln

Niemand kann Dir etwas innerhalb der Eroberung abnehmen. Diese Eroberung ist aus göttlicher Sicht keineswegs eine Zumutung, sondern vielmehr Deine individuelle Ehre der Liebe gegenüber. Du kannst Dir während der Eroberung vieles von anderen Menschen zeigen lassen und anderen Menschen zeigen.

Die Grundregeln des Lebens im Liebesbewusstsein:

1. Du bist Dir bewusst, dass alle Menschen vom Ursprung und von ihrer seelischen Herkunft gleich und ebenbürtig sind. Wir alle sind beseelte Menschen, die ein Ego haben. Du entscheidest, ob Du seelisch ausgerichtet leben willst und welche seelischen Werte Du mit Deinem seelischen Bewusstsein aktivierst oder nicht. Es gibt kein Schicksal.
2. Du übernimmst für Deine seelischen Werte die Verantwortung, indem Du Deine Seele und die Intention des Göttlichen ernst nimmst. Deine Verantwortungsübernahme dient der Entfaltung der Liebe und Selbstliebe in Dir und damit der nachvollziehbaren und menschlichen Ehrung des Göttlichen.
3. Du trittst Deiner Seele und einem anderen Menschen und seiner Seele stets mit Respekt, Achtung und Wertschätzung entgegen.
4. Du lässt Dich von dem Ego eines Menschen weder einwickeln noch beeindrucken. Erst recht nicht, wenn dieser aus seelischer Sicht Unsinniges lebt, spricht, entwertet, bewertet und dergleichen mehr.
5. Du musst als Seele nichts von Deinem oder einem Ego aushalten oder hinnehmen oder ertragen.
6. Du akzeptierst das „Reden" und „Zuhören", um zu verstehen und um sich zu verständigen, als *das „Gold"* im Liebesbewusstsein. Deshalb sprichst Du von Seele zu Seele und lässt Dich auf eine Kommunikation von Ego zu Ego möglichst nicht mehr ein.
7. Bist Du mit einem Ego zusammen, bist Du bereit, auf der Basis von Liebe und von Seele zu Seele das Ego zu konfrontieren, wenn es Dich oder etwas anderes, seelisch Essenzielles betrifft – damit Du der Seele dieses Menschen Gelegenheit gibst zu erwachen. Damit dieser Mensch in seine

Seele hineinwachsen und damit die eigenen seelischen Werte aktivieren kann. Du weißt, dass Du stets auf Stimmigkeit in allen Bereichen Deines Lebens bedacht bist und daraufhin überprüfst. Du überzeugst aber kein Ego noch verordnest Du anderen ein bestimmtes Verhalten.
8. Du anerkennst, dass es ein Akt des Friedens ist, Unstimmigkeiten Deines Lebens loszulassen oder auch friedlich mit Menschen auseinandergehen zu können, die mit Dir, mit Deiner Meinung oder Deiner Art nicht kompatibel sind.
9. Du konfrontierst in einem Gespräch ausschließlich von Dir ausgehend und Deinem Erleben, ohne den Mangel des anderen zu benennen oder etwas vorzuwerfen und den anderen Menschen zu bewerten.
10. Du bist keine „beleidigte" Leberwurst, wenn Du auf der Basis von Liebe einen Menschen von Seele zu Seele angesprochen und konfrontiert hast, dieser aber mit seinem Ego, vielleicht schroff oder ablehnend, antwortet. Du gibst auf der Basis von Liebe den anderen Menschen frei, ob er aus seiner Seele oder mit seinem Ego die seelische Kritik annimmt oder nicht.
11. Du bist bereit, Dich außerhalb Deines Haben-Wollens, Sollens oder Müssens und außerhalb von Planbarkeit oder Taktik auf Deine seelischen Werte und die Vertretung derselben einzulassen – aus Selbstliebe und Selbsttreue.
12. Liebesbewusstsein zu praktizieren mithilfe Deiner Klarheit und Verantwortung, außerhalb Deines Verstandes – so gut es für Dich geht. Es bedeutet, Dich überraschen zu lassen, wie Dich die Liebe „trifft", auch und gerade weil Du Selbstliebe praktizierst.
13. Du verwechselst „Klarheit" von Seele zu Seele nicht damit, Dich als etwas Besseres zu fühlen, Dich über andere Menschen zu erheben und den ebenbürtigen, gemeinsamen seelischen Raum zu missachten.
14. Du weißt, dass Du durch jeden Menschen mehr über Deine Selbstliebe und Liebe erfahren kannst. Du weißt, dass Du mit jedem Menschen tiefer in Deine Werte und Stimmigkeit wachsen kannst und selbst Anlass dafür bist, genau diese Chance auch für andere Menschen zu sein.
15. Einem schwierigen Menschen etwas zu sagen bedeutet, für seine Seele und das Göttliche tätig zu sein. Dies basiert auf dem Respekt in Dir gegenüber der Seele dieses Menschen. Es geschieht nicht in der Erwartung, dass sein Ego seine Seele freigibt. Du scheust Dich nicht, trotz eines schwierigen Egos, auf der Basis von Liebe, für seine Seele zu kommunizieren.

16. Du akzeptierst auch beim stärksten Ego und generell bei jedem Menschen, dass dieser seelische Werte in sich trägt. Aktive oder inaktive. Du sprichst niemandem seelische Werte ab, wenngleich Du diese infrage stellen darfst.
17. Generell ist Dein Wohlergehen und Deine Stimmigkeit die wichtigste Orientierungsfläche, bevor Du etwas für andere Seelen unternimmst. Nur, wenn Du Dich seelisch stark und klar genug fühlst, kannst Du hier tätig werden.
18. Du gibst einem Ego oder Deinem Ego keine Macht mehr und beobachtest deren emotionale und mentale Machenschaften in Dir.
19. Du überlässt Deiner Seele Dein Leben.
20. Wenn es stimmig für Dich ist, segne.

Gib Dir Zeit und Raum

In die eigene Seele hineinzuwachsen, so bewusst, wie Du es im Liebesbewusstsein vollziehst, ist ungewohnt. Es ist ein Akt der praktischen Ehrung des Göttlichen, der in seiner wahrhaftigen und stimmigen Vollziehung für Dich nicht von heute auf morgen stattfinden kann oder muss. *Deshalb sei mit Dir geduldig.* Gib Dir und Deiner Seele Zeit. Sich in der eigenen Seele wiederzufinden und auszukennen, bedarf einer liebevollen und verständnisvollen Eingewöhnung. Der „Lohn" ist Deine seelische Substanz, die Tiefe und die Kraft, die Du für immer dann in Deinem Leben zur Verfügung hast.

Auf diesem Weg musst Du Dich nicht perfekt oder zwanghaft verhalten. Du darfst Dir selbstverständlich, wie beim Laufen lernen, „seelisch-motorische Fehler" erlauben und verzeihen. Deine Seele ist langmütig und geduldig. Sei Du es mit Dir auch, wenn Du beschließt, die Liebe zu erobern. Allein die Tatsache, dass Du in Dir und vor Dir den erhabensten Gedanken und Entschluss getroffen hast, das Liebesbewusstsein zu leben, ist der erste und entscheidende Schritt zur Selbstliebe und Liebe in Deinem Leben. Die Liebe räumt Dir *Deine Zeit, Deinen Rhythmus und Deine Möglichkeite*n ein, das zu erlernen, was Du zur Eroberung der Liebe lernen darfst. Bedeutsam ist, *„ernsthaft und bemüht dranzubleiben"* und ehrlich mit Dir selbst zu sein.

Deine Seele ist bereit!

Wahrheit heilt.
Wir Menschen müssen uns trauen, die Wahrheit aus Respekt vor dem Seelischen zu benennen. Das ist der Grund, warum ich Dir die Sache mit den Risiken und Nebenwirkungen aufgeschrieben habe. Wenn Du an etwas glauben darfst, dann an die Wahrhaftigkeit meiner Worte. Nicht nur in diesem Moment. Auch zu einem anderen Zeitpunkt, wenn Du Dich, obwohl „vorgewarnt", mit Deinem Ego oder anderen Egos unbequem fühlst. Gerade, weil Du vorgewarnt bist, kannst Du seelisch einschätzen, was in Dir geschieht. Du sollst Dich dann allerdings nicht nur an mich erinnern – weil Dir die Risiken oder Nebenwirkungen des Egos begegnen – sondern auch an die Verheißung, die *Du* definitiv durch das Liebesbewusstsein in Erfüllung bringen kannst. Spätestens, wenn Du die ersten, positiven Erfahrungen aufgrund Deiner Wahrhaftigkeit machst und erkennst, dass sich genau damit die Liebe ihren Weg bahnt, wirst Du Dich gestärkt und bestätigt fühlen, auf dem richtigen Weg zu sein.

Die Erfahrungen des Alltags sind es, die aufbauen und ermutigen, weiterzumachen und nicht lockerzulassen. Dazu lebt das Liebesbewusstsein von den kleinen Momenten, die wir mit „Links" schaffen. So gibt es Momente, in denen wir, mit offenem Herzen und wachem Geist, Liebe in kleinen Augenblicken des Alltags leben können. Sie verlangen nicht viel von uns und tun uns *so gut*.

Beispiele für liebevolles Miteinander im Alltag:

- Entgegenkommende Passanten anlächeln oder freundlich „Guten Tag" sagen, anstatt stumm aneinander vorbeizulaufen
- Jemanden im Straßenverkehr vorlassen oder einbiegen lassen, der sonst lange warten müsste
- Einen Fußgänger die Straße überqueren lassen
- Rücksichtsvoll fahren, wenn kleine Kinder in der Nähe oder auf der Straße sind
- Im Restaurant lobend hervorheben, wenn der Kellner oder die Kellnerin sich offensichtlich bemüht, indem man dies anspricht oder entsprechendes Trinkgeld gibt

- Benennen und ansprechen, wenn ein Mensch öffentlich liebevoll mit Kindern oder Älteren umgeht
- Wertschätzen und aussprechen, wenn einem eine Dienstleistung besonders gut getan oder gefallen hat oder schnell erledigt wurde, zum Beispiel beim Friseur oder in der Autowerkstatt
- Freunde zum Essen einladen oder zu einem Restaurantbesuch
- Jemandem weiterhelfen, der nach einem Weg/Geschäft/Adresse sucht
- Älteren oder gebrechlichen Menschen über die Straße helfen oder fragen, ob Sie Hilfe benötigen
- Einer Kassiererin/einem Kassierer richtig in die Augen schauen und freundlich begrüßen beim Auflegen der Ware
- Jemanden an der Kasse vorlassen, wenn er höflich fragt und es einen guten Grund gibt, dass jemand zum Beispiel nur wenige Teile hat oder sehr gebrechlich ist
- Bei Ärzten im Wartezimmer einander begrüßen, wenn man hereinkommt
- Bei Telefonhotlines benennen und aussprechen, wenn einem wirklich weitergeholfen wurde und sich der Bearbeiter besonders eingesetzt hat
- Von sich aus Hilfe anbieten, wenn man sieht, dass sich jemand schwer tut, zum Beispiel wenn eine schwangere Frau alleine schwere Getränkekisten in ihr Auto lädt
- Sich in einer Warteschlange rücksichtsvoll und geduldig einordnen, anstatt zu drängeln oder gestresst zu reagieren
- Aussprechen, wenn einem die Atmosphäre in einem Geschäft, Ladenlokal oder dessen Ware besonders gut gefällt
- Mitbewohner erfreuen, indem man die Wohnstätte aufräumt, putzt, mit Blumen oder Accessoires dekoriert
- Sich Zeit nehmen für gemeinsame Essen und Gespräche, zum Beispiel im Kreise der Familie
- Einem Straßenmusiker oder Obdachlosen Geld geben
- In einem Mehrparteienhaus die Mülltonnen an die Straße fahren oder hereinholen, auch wenn man nicht dazu verpflichtet ist
- Den Müll leeren, wenn man sieht, dass er voll ist, auch ohne dass man darum gebeten wird

> - Im Winter Schnee schippen und die Straßen freimachen
> - Jemanden darauf aufmerksam machen, wenn ihm/ihr etwas runter fällt und derjenige es nicht selbst bemerkt, oder es direkt selbst aufheben
> - Kindern, die einem freundlich zuwinken, zurückwinken oder sie anlächeln

2. Die Bedeutung von „Ich liebe Dich"

Wenn Du einem Menschen sagst: „Ich liebe Dich", offenbarst Du ihm gegenüber die seelisch tief greifendste Aussage, Deinen tiefsten Standpunkt, den es unter uns Menschen auszudrücken gibt.

Dies vollziehst Du auf der Basis von Ebenbürtigkeit. Wenn Du sagst: „Ich liebe Dich", drückst Du ein hohes Maß an Stimmigkeit, Erfüllung und Bereicherung, ja eine „Unvergleichbarkeit" aus. „Ich liebe Dich" zu einem Menschen zu sagen bedeutet im Liebesbewusstsein:

„Ich liebe Dich ganz und gar, Deine Seele, Deine Werte und was Du bist. Ich wertschätze Dich von ganzem Herzen und ich ehre Dich. Ich will Dich achten und pflegen, seelisch wie geistig oder körperlich, in guten und in schlechten Tagen. Du bist mir sehr wichtig, denn Du erfüllst und bereicherst mich durch Dein So-sein zutiefst".

„Ich liebe Dich" zu sagen bedeutet in einer Beziehung auch, dem anderen auszudrücken:

„Zwischen Dir und mir stimmt es. Deine und meine Werte passen zueinander und Du gibst mir und meiner Seele das zweifellose Gefühl, bei Dir in ‚guten Händen' zu sein. Dir gegenüber kann ich mich zeigen, wie ich wirklich bin, weil Du mich verstehst und ich mich von Dir angenommen fühle. Ich fühle mich von Dir geliebt, weil ich Deine Liebe deutlich sehen und wahrnehmen kann."

Zu sagen: „Ich liebe Dich", sind die erhabensten, seelischsten Worte, die es im Liebesbewusstsein gibt. Es ist solch eine fundamentale Aussage, die Du im Grunde nur wenigen Menschen während Deines Lebens zuteilwerden lassen kannst.

Ich hab Dich lieb.
Der Unterschied beim „Ich hab Dich lieb" ist, dass das „Liebhaben" auf der Basis von „göttlicher Süße" geschieht und es nicht um seelische Ebenbürtigkeit geht. Dies ist hingegen bei „Ich liebe Dich", immer der Fall. Deshalb sagen Eltern ihren Kindern in der Regel „Ich hab Dich lieb" oder Kinder sagen das zu ihren Eltern. Auch zu Beginn einer immer tiefer werdenden Beziehung ist „Ich hab Dich lieb" die Brücke zum „Ich liebe Dich". Freunden oder anderen lieb gewonnenen Menschen gegenüber passt diese Bekundung „Ich hab Dich lieb" ebenso und ist stimmig. Die Ebenbürtigkeit spielt dabei keine Rolle. Du kannst deshalb auch Deinem Tier gegenüber sagen: „Ich hab Dich lieb" oder allem anderen, was Du über ein besonderes Maß an Wertschätzung hinaus in Deinem Herzen wohnen lässt.

3. Der Sinn Deines Lebens

Der Sinn Deines Lebens ist nach allem, was Du bereits weißt, einfach zu erklären. Er entstammt aus Deiner Seele und setzt sich aus Deinen seelischen Werten zusammen, die Du bereits bewusst kennst und lebst oder noch aktivieren willst. Der Sinn Deines Lebens ist letztendlich die Frage Deiner Seele selbst: Was macht für Dich am Ende seelisch Sinn, von Dir zu geben und was, seelisch zu erhalten? Was macht für Dich Sinn, Dich erfüllend und bereichernd für das Leben, die Menschen und Dich selbst einzusetzen und Dich durch diesen Einsatz „komplettiert" und „vollendet" zu fühlen?

Dein Lebenssinn ist Dein seelischer Lebensextrakt. Er ist Deine frei wählbare Lebensaufgabe mit Hingabe, Herausforderungen und erhabensten Gedanken, Dein Leben sinnerfüllt zu leben.

Wenn Du Deinen seelischen Lebensextrakt – also Deinen Lebenssinn – weißt, dann weißt Du auch automatisch, welchen Weg Du gehen willst oder zur Erfüllung Deines Sinns zu gehen hast. Du weißt, was Du im Leben und unter Menschen bewegen und hinterlassen willst. Du weißt, welche Berufung zu Dir passt, ob Du Familie und Kinder möchtest. *Der Sinn Deines Lebens ist kein Rätsel im Liebesbewusstsein. Er ist eine selbstverständliche Offenbarung Deiner Seele, die genau diesen praktischen Lebensausdruck für den Sinn ihres Lebens leben und Spuren der Liebe hinterlassen will.*

4. Über die Kraft Deines Segens

Du kannst mit Deiner Seele segnen. Segnen geht einfach und ist sehr wirkungsvoll. Die einzige Voraussetzung ist, dass Du Dir der Kraft des Segens aus Deiner Seele bewusst bist. Du verstehst, dass mit dem Akt des Segnens göttliche Energie über Deine Seele mit Deinem seelischen Bewusstsein freigesetzt wird und im praktischen Leben zum „Einsatz" kommt.

Jeder Mensch kann mit seiner Seele Segenskraft hervorbringen. So kannst Du einen Menschen segnen, eine Situation, eine Sache, eine Unternehmung. Es gibt dabei keine Begrenzung. Du kannst Deine Segenskraft überall dort einsetzen, wo Du spürst, dass Du Deinen Segen hineinfließen lassen möchtest.

Dazu braucht es kein besonderes Ritual. Es genügt, wenn Du einen Menschen siehst, innerlich zu denken: „Ich segne Dich." Dann fließt aus Deiner Seele durch ihre göttliche Liebesdurchdrungenheit die Segenskraft direkt zu diesem Menschen. Der Segen bewirkt bei diesem Menschen das, was für ihn aus seelischer Sicht am sinnvollsten ist. Wenn Du segnest, beeinflusst Du einen Menschen oder eine Angelegenheit nicht mit Deinem Ego. Du gibst dem, den oder was Du segnest, über Deine Seele Deine göttliche, bedingungslose Kraft, die in jedem Fall etwas Positives bewirken wird.

Das wirst Du unter Umständen nicht selbst erfahren oder sehen können. Aber es wird geschehen. Mit dem Segen aus Deiner Seele bringst Du ganz praktisch die heilende, göttliche Energie auf die Erde und unter Menschen.

Wenn Du in einem stillen und bewussten Moment segnest, dann wirkt die Segenskraft stärker, da Du diese durch die Andacht zentrierst. So kannst Du einen Segensmoment in Deinem Alltag für Dein höchstes Wohl und das, was Dir wichtig ist, einräumen. Ebenso kannst Du in alltäglichen, unspektakulären Momenten segnen. Zum Beispiel im Wartezimmer oder an der Bushaltestelle, wenn Du Dir vorstellst oder daran denkst, was Du gerade segnen möchtest. Nimm die Segenskraft Deiner Seele als göttliches Werkzeug an und benutze sie. Du wirst bemerken, dass sie in Dir oder bei einem anderen etwas bewirkt, was Du selbst niemals für möglich gehalten hättest. Segne nicht nur das, was Du als positiv in Deinem Leben erlebst. Segne besonders das, was Dich negativ berührt oder umgibt.

Einige Beispiele, die Du in Deinem Leben segnen kannst:

> Den Tag, den Monat, das Jahr. Dein Leben, Deine Eltern, Deine Kinder, Deine Familie. Dein Ego, das Liebesbewusstsein, Deine Arbeit, Deinen Körper, Deine Gesundheit, Deine Erkältung.
>
> Deinen schlecht gelaunten Nachbarn, Deine Wohnung, Deine Mangelgefühle, Dein Auto, Deine Wohnungssuche, Dein bevorstehendes Gespräch. Deinen Partner, die Situation, in der Du gerade bist. Dein Projekt, Dein Geld, Dein Bankkonto, Deinen Einkauf, Deine Entscheidung, Deinen Streit, den rechtlichen Konflikt, Deine Schulden, Deinen Urlaub.
>
> Den Reiseweg, das Seminar, ein Treffen, Deinen Vortrag oder Auftritt, Dein Essen, Deinen fiesen Arbeitskollegen, Dein Gefühl, etwas nicht zu können, Deine Trauer … und vieles mehr, was Du mit Deiner Seelenkraft segnen kannst.

Segnen ist immer „segensreich".
Im Segnen verbindet sich Gott sehr speziell mit Deiner Seele, um für einen stark zentrierten Augenblick fokussierte Energie der Liebe für einen Menschen oder eine Sache durch Dich offen, jedoch in dessen seelischem Sinne, zu mobilisieren. Das Wunderbare am Segnen ist, Du kannst es stets mit gutem Gewissen und „heimlich" machen. Ja, sogar unbekannten Menschen gegenüber, wie dem Obdachlosen in der Stadt. Du kannst segnen und musst es niemandem sagen. Auch dann, wenn Du nicht zu den klassischen „Segenstypen" gehörst. Praktiziere es einfach.

Der Segen des Liebesbewusstseins
Der Segen des Liebesbewusstseins ist, dass Du die Fähigkeit hast zu lieben. Du kannst Liebe erkennen, seelische Liebe geben und annehmen, fühlen, verschenken, lenken, vermehren, zeigen, Vorbild sein …

Mögliche Anzeichen dafür, dass ich mir diese Fähigkeit erobert habe:

- Dass ich mich angstfrei traue, Missstände offen und ehrlich anzusprechen und andere darauf eingehen und zum Beispiel nachfragen: „Wie meinst Du das oder wie kommst Du darauf? Das wollte ich so nicht, war mir gar nicht bewusst, dass ich das mache."
- Ich kann Kritik souverän und objektiv annehmen und empfinden, dass es mich bereichert und weiterbringt in meiner Entwicklung. Wenn zum Beispiel jemand kommt und mir am Computer etwas erklären will mit der Intention, mir weiterzuhelfen, ich aber hineininterpretiere „Der will sich aufspielen und den Lehrer spielen". Im Liebesbewusstsein klärt man direkt die Situation, indem man seine Gefühle äußert (beispielsweise „Ich fühle mich gerade bevormundet") und der andere seine Intention klarstellen kann (zum Beispiel „Ich möchte Dir weiterhelfen").
- Wenn man sich gegenseitig einlässt auf die jeweiligen Intentionen oder auch Kritik und nicht eingeschnappt wird oder trotzig ablehnt.
- Ich fühle mich stimmig und damit sicher und unbeirrbar in meinen Entscheidungen, in meinem Umfeld und in meinen Beziehungen.
- Ich fühle/merke/sehe/empfinde, dass ich die Menschen um mich herum bereichere, weil sie sich freuen, dankbar sind, zufrieden sind, gut gelaunt sind und meine Liebe spürbar ankommt.
- Die Menschen, mit denen ich zu tun habe im Alltag, begegnen mir respektvoll, liebevoll, aufrichtig, freundlich, verlässlich und bereichern mich damit.
- Das Leben ‚fluppt', es läuft einfach gut, ich bin in stetiger Entwicklung und Ausdehnung, in der Spur, auf Zack, wach, aufmerksam und objektiv.
- Wenn ich in Situationen bin, wo es mir schlecht geht (schlechte Laune, Kopfschmerzen, traurig sein, Opfergefühle, Mangelgefühle) übernehme ich sofort Verantwortung für mich und die Situation, indem ich etwas praktisch tue, um für Besserung zu sorgen, ich sage beispielsweise eine Verabredung ab oder nehme eine Kopfschmerztablette.

- Wenn ich das Gefühl der Unstimmigkeit habe (beispielsweise habe ich bei einer Freundin das Gefühl, „Es steht etwas Unausgesprochenes zwischen uns"), dass ich es anspreche, das Gefühl damit ernst nehme und ausdrücke und damit den Raum für Entwicklung schaffe.
- Wenn mir jemand bei etwas hilft und ich das Gefühl habe, er tut es tatsächlich aus Liebe für mich und es geht ihm in dem Moment auch nur um mich (und er hat nicht im Hinterkopf, dass ich dann nächste Woche auch etwas für ihn erledigen soll).
- Ich überwinde mich selbst und spreche Dinge an, die für mich unbequem sind oder zunächst lästig erscheinen, oder vor denen ich Angst habe, danach dann aber total erleichtert bin, weil ich stimmig für mich eingestanden bin und Entwicklungsraum und Klarheit geschaffen habe.
- Ich bekomme Feedback von anderen, dass sie sich durch mich bereichert und erfüllt fühlen.
- Ich weiß immer, woran ich mit anderen Menschen bin, weil alles offen angesprochen wird und Gefühle direkt geäußert werden, ohne beispielsweise das Aufstauen von Ärger oder Unterdrückung von Gefühlen der Anziehung.
- Ich lebe erfüllte, respektvolle, liebevolle, zärtliche Begegnungen, Nähe und Intimität mit hoher Vertrautheit.
- Ich fühle mich frei und unabhängig und bin gleichzeitig in stabilen Beziehungen.
- Ich habe das Gefühl, mich frei äußern und entscheiden zu können, meine Meinung sagen zu können.
- Ich bin mir darüber bewusst, was ich tue, denke, sage und über welchen erhabensten Gedanken, welchen Wert oder mit welcher Intention ich es tue und bin damit unbeirrbar, in Klarheit, Kraft, Konzentration und Durchhaltevermögen.
- Ich lasse andere an meinem Leben und meinen Gefühlen teilhaben, indem ich sage und zeige, was mich begeistert, freut, worauf ich Lust habe, was mich ärgert oder nervt. Ich bin damit erreichbar und erlebbar für andere, beziehungsfähig und gebe die Möglichkeit, dass man sich mit mir synchronisiert.

Gottes Segen für Dich

Erlaube mir in diesem Moment (oder in immer neuen Momenten, wenn es stimmig für Dich ist), Dich zu segnen. Schließe Deine Augen, nachdem Du meinen Segen für Dich gelesen hast, und halte einen Moment inne:

> *Ich segne Dich.*
> *Ich segne Dich.*
> *Ich segne Dich.*

Danke, dass Du dieses Buch über die **Liebe für Dich** gelesen hast. Ich danke mit meiner Seele …Deiner Seele.

Marija

Kapitel IX – Kraft und Unterstützung für Deine Seele

*Jeder sinnvolle Akt in unserem Leben erfüllt unsere Seele
und lässt uns auch schwierige Dinge unseres Lebens einsehen als notwendigen Akt,
für die Entwicklung unserer Seele und ihrer gesamten Seelenkraft.*
(Marija)

Dieses Kapitel unterstützt Dich dabei, Deine Seele und deren Werte besser verstehen und wahrnehmen zu lernen. Du erhältst seelische Hilfen, die Dich stärken und stabiler machen, um schrittweise Deine Selbstliebe und die Fähigkeit, zu lieben erobern und das Liebesbewusstsein praktizieren zu können. Außerdem bieten Dir die Unterstützungen dieses Kapitels wirkungsvolle Handhaben, in Momenten Deines „starken Egos", etwas gegen diese Ohnmacht tun zu können. So gibst Du Deiner Seele die göttliche Macht über Dein Leben zurück.

1. Die Gebete im Liebesbewusstsein

Die Gebete im Liebesbewusstsein sind Gebete der neuen Zeit. Es besteht ein Unterschied zu den „alten" Gebeten, wie wir sie beispielsweise als „Vater unser" oder das „Gegrüßet seiest Du, Maria" kennen. Der Unterschied ist der, dass Du bei den Gebeten im Liebesbewusstsein keine andere Macht oder Kraft „anbetest", besser gesagt „aktivierst", als die Liebe und Deine eigene Seele. Du projizierst, während Du betest, nicht mehr auf ein geistiges Wesen oder suchst mithilfe eines Gebetes „Unterstützung von außen". Die Gebete im Liebesbewusstsein sind Gebete nach innen, zu Deiner Seele, zur göttlichen Liebe – und damit zum Ursprung Deiner Seele. Es sind Gebete an die Bereiche Deines Lebens, die Du Dir selbst mithilfe Deines Bewusstseins nicht selbst auswählen und in bewusste Stimmigkeit zu Deiner Seele bringen kannst. Du kannst durch das Liebesbewusstsein die Stimmigkeit Deiner Partnerschaft und damit Deinen Partner wählen. Du kannst Deinen Beruf wählen, Dein Zuhause, Deine Kleidung, Deinen Geldfluss mithilfe des Liebesbewusstseins beeinflussen. Du kannst diese Bereiche oder Menschen Deines Lebens ändern, wenn es für Deine Werte notwendig ist. Was Du nicht ändern kannst, ist das Göttliche, das Absolute. Und was Dir seelisch anvertraut wurde, um in liebevollen Einklang zu kommen.

Das bedeutet: Alles, was Dir als „Vorhersehung" in Dein Leben mitgegeben wird (wie Dein Vater und Deine Mutter, Deine Ahnen, aber auch Dein Körper und Deine Kinder), kannst Du mithilfe des Liebesbewusstseins nicht „umwählen". Dieses Kerngesetz des Lebens müssen wir Menschen vor uns selbst seelisch akzeptieren, auch wenn wir mit unserem Bewusstsein die Stimmigkeit unserer Beziehungen zu unseren Eltern, Kindern und unserem Körper überprüfen und verbessern können. Egal, was geschieht in Deinem Leben: Dieser Körper bleibt Dein Körper, diese Eltern bleiben Deine Eltern und dieses Kind oder diese Kinder sind nun einmal Deine Kinder. Diese drei weltlichen Dinge, die für das Menschsein wichtige Schlüssel unseres Lebens sind, haben daher ebenfalls Gebete im Liebesbewusstsein erhalten. Es sind Gebete, die uns in tiefen Respekt, in Klarheit und in Liebe bringen mit dem, was uns menschlich ausmacht und zeit unseres Lebens bleibt. Für die seelischen Schlüssel unseres Lebens, die Liebe und die Erfüllung, gibt es ebenfalls unterschiedliche Gebete, die Deiner Seele guttun werden.

Insgesamt sind die Gebete im Liebesbewusstsein für Dich wertvolle Hilfen, Deiner Seele liebevolle Achtsamkeit und Selbstliebe zu geben. Die Gebete sind gut für das, was Du nicht über Dein Leben entscheiden konntest, was Dir absolut gegeben wurde, um in liebevollen Einklang zu kommen – in Akzeptanz, Ruhe und Versöhnlichkeit. Die Gebete helfen Dir, klar zu sein und zu bleiben, auf Deinem Weg im Liebesbewusstsein. Sie helfen Dir, Kraft und Trost zu schöpfen, wenn es Dir einmal nicht so gut gehen sollte oder Dein Ego an manchen Tagen extrem stark ist.

Das einzelne Gebet kannst Du laut oder leise sprechen oder lesen. Die Gebete sind auch als Hörgebete auf einer gesonderten CD erhältlich. Diese habe ich für Dich besprochen, damit Du Dich tiefer auf die Inhalte der Gebete einlassen und in Dein Herz fallen lassen kannst. Du hast mithilfe der CD die Möglichkeit, die Gebete für Dich schneller „auswendig" zu lernen, um sie im Alltag unabhängig beten zu können. Gebete können unabhängig von Raum und Zeit, Stille und Platz, eingesetzt werden und bedürfen keiner Vorbereitung. Gebete sind eine „schnelle Hilfe" für die Seele. Natürlich nimmst Du die Tiefe eines Gebetes anders wahr, wenn Du in einem stillen Rahmen und ruhigen Moment ein Gebet sprichst oder denkst. So ist es generell empfehlenswert, die Gebete zunächst bewusst in Stille zu beten, um diese im Laufe der Zeit zu kennen und dann auch spontan beten zu können.

Da die kompletten Gebete sehr kraftvoll sind und definitiv etwas in Deiner Seele und in Deinem Herzen bewegen, solltest Du die kompletten Gebete immer einzeln und in größeren, z. B. auf den Tag oder die Woche verteilten Abständen beten. So kannst Du einerseits das einzelne Gebet tiefer in Deine Seele betten, andererseits in Dir deutlicher bemerken, was das Gebet in Dir bewegt und wie es in Dir wirkt. Wenn Du die Komplettgebete hintereinander anwenden würdest, wär das zu viel für Deine Seele. Die Wirkung eines jeden Gebetes würde für Dich nicht so deutlich wahrnehmbar sein und sich nicht in Deinem Bewusstsein ausdehnen können. Auch hier gilt Qualität statt Quantität. *Weniger ist oft mehr!*

Die Gebete im Liebesbewusstsein sind praktisch konzipiert. Einerseits gibt es das kurze „Grundgebet" des Liebesbewusstseins: „Liebe verspricht Liebe". Andererseits gibt es die „langen Gebete", teilweise mit Wortpassagen, die Deinen Segen einfließen lassen, die für die Zeit der Stille und der tiefen Andacht gemacht sind. Aufgrund der Länge ist es nicht jedermanns Sache, diese auswendig zu lernen, um sie im Alltag und zwischendurch anzuwenden. So resultiert aus jedem „langen Gebet" ein *„Essenzgebet"*. Das Essenzgebet ist ein sehr kurzes Gebet und ein kurzer Endauszug aus dem langen Gebet. Hast Du einige Male Deiner Seele und Deinem Unterbewusstsein dieses Gebet geschenkt, dann wird das Essenzgebet zu einer Erinnerung des gesamten „langen Gebets". Es wird eine ähnliche Wirkung für Dich innerlich haben, als würdest Du das gesamte „lange Gebet" gesprochen oder gedacht haben. Wichtig ist, dass Du das „lange Gebet" zunächst einige Male komplett gebetet hast, möglichst in Stille und Andacht. Dann wirkt das Essenzgebet auch im Alltag oder zwischendurch. Es gibt Deiner Seele ein Zeichen von Dir. Zum Beispiel, dass Du an sie und die Liebe denkst und dass Du Dich für das Liebesbewusstsein entschieden hast. Du gibst Deiner Seele eine Art Erinnerung an Deine Selbstliebe oder an die Wertschätzung dessen, was Dir wichtig ist: die Liebe und Gott. Du gibst Deiner Seele und Deinem Körper Liebe. Du sprichst in Achtung und Wertschätzung zu Deinen Eltern oder Deinem Kind oder den Menschen im Allgemeinen. *Du zeigst mit dem Essenzgebet auf direkte Weise an, dass Dir die Liebe zum Seelischen und das Liebesbewusstsein wichtig sind.* Du kannst sie so oft Du es möchtest beten.

Die Haltung beim Gebet
Die Gebete aus dem Liebesbewusstsein richten sich an Deine Seele. Durch das bewusste Sprechen oder Hören des Gebets verbindest Du Dich intensiv zu Deinem höchsten Wohl mit Deiner Seele. Du sprichst Deiner Seele im göttlichen Sinne zu. Anders als bei einer Meditation empfängst Du nichts, sondern Du verbindest Dich. Du verbindest Dich mit dem Göttlichen in Dir – Deiner Seele – und Deinem realen Leben, dem Sein und dem Werden. Ich möchte Dir empfehlen, Dir eine „Gebetshaltung" einzuräumen, die Deine Gebete verstärken wird.

Wenn Du Deine Hände zum Gebet miteinander verschränkst, dann vollziehst Du symbolisch das Zusammentreffen Deiner Seele mit der einen Hand und Deinem menschlichen Leben mit der anderen Hand. So bringst Du Deine Seele und Dein Leben sichtbar zueinander. Das ist ein bewusstes Ritual. Natürlich funktionieren die Gebete in ihrer tief greifenden Wirkung auch ohne diese Gebetshaltung.

**Das Grundgebet im Liebesbewusstsein
„Liebe verspricht Liebe"**
Dieses Gebet kannst Du immer beten. Es wirkt stärkend, beruhigend, tröstend und einhüllend für Deine Seele. Es wirkt auf das Seelische. Es erinnert Dich an das „Gesetz der Liebe" und die „Wirklichkeit und Wirkung" der Liebe. Es bringt Dir äußere Erfahrungen der Liebe und damit substanzielles Vertrauen, dass Liebe wirklich und wahrhaftig Liebe verspricht. Zum Beispiel gibt es Antwort durch Fügungen, Begegnungen im Alltag, innere Kraft und Klarheit zu Deiner Selbstliebe.

Liebe verspricht Liebe

Liebe verspricht Liebe.
Ich verspreche der Liebe meine Liebe.
Ich verspreche allen, die ich liebe, jemals geliebt habe oder jemals lieben werde, meine Liebe.
Ich verspreche auch mir selbst, meinem Herzen und meiner Seele, meinem Körper und meinem Geist, meine Liebe. Liebe verspricht Liebe.

Dieses Gebet wirkt in Andacht und Stille sehr stark. Es kann mehrmals hintereinander gebetet werden. Du wirst bemerken, dass Du durch die Wiederholungen immer tiefer in Dein Herz kommst.
Das Essenzgebet dieses „Grundgebetes" ist:

Liebe verspricht Liebe.

Da das Gebet nicht so lang ist und recht schnell auswendig gelernt werden kann, hast Du die Möglichkeit, dieses Grundgebet öfter komplett anzuwenden.

Gebet an die Liebe

Das Gebet an die Liebe ist ein „langes Gebet". Hier wird im Sinne der Selbstliebe und Deiner Seelenwerte alles vereint, was Deine Seele zur Klarheit und Stärkung benötigt. Dieses Gebet bringt Dich näher und bewusster zum Wesen Deiner Seele. Es lässt Dich treu zu Dir selbst stehen und eine klare Position für Dich im Liebesbewusstsein einnehmen. Deshalb kannst Du das „Gebet an die Liebe" zu Deiner Wohltat und Stabilität regelmäßig beten. Vielleicht am Morgen und am Abend. Es macht Dich dafür stark, Dich dem Plan der göttlichen Liebe und dem Sinn der Liebe hinzugeben. Es gibt Dir Kraft in Momenten der scheinbaren Schwäche oder auch dann, wenn Dein Ego wieder stark ist:

Gebet an die Liebe

Ich öffne mein Herz und trete in meine bedingungslose Offenheit,
meine eigene Liebe zu erfahren und fließen zu lassen.
Ich öffne mein Herz für mich selbst, dem Gott im Innen und im Außen, dem Gott in Dir und in mir und dem Gott der Menschheit, dem Gott des All-Einen, der Schöpfung.
Ich öffne mich dem Wesen und der Kraft der Liebe, ihrem Sinn, all ihrer fließenden Güte, ihrem sinnvollen Tun und Handeln und ihrem wahrhaft heilenden Wirken.
Ja, ich will diese Liebe leben – innen und außen.
Ich will diese tiefe Liebe geben und nehmen.
So danke ich für die Liebe in mir, die schon ewig existiert und mit jedem Atemzug meines Lebens mehr und mehr in mir und meinem Herzen und in meinem Bewusstsein, wie ein Feuer für die Liebe, entfacht ist.
Danke für die tiefe Absicht in mir, Liebe selbstverständlich zu geben, Liebe dankbar zu nehmen und Liebe fühlenden Herzens und sehenden Auges, erkennen zu können.
Danke.
So will ich ein Träger und Vorbild, ja, Anlass für die Liebe und den Frieden in der Liebe sein.
Alle Tage meines Lebens, alle Momente meines Lebens.
Eingebettet will ich sein in Achtung und Verantwortung Dir, meiner Seele, gegenüber.
Eingebettet, in der Entwicklung meines Seins zum höchsten Wohl der Schöpfung.
Eingebettet in Achtung zu Dir und zu mir, in guten Grenzen und in der Unbegrenztheit, voller Mitgefühl, Selbstrespekt und wirklicher Selbst-Liebe.
Danke, Gott und Schöpfer des All-Einen, danke, dass Du mich die Selbstachtung lehrst und das beherzte, tiefe Verstehen, was Liebe meint und ist.

Danke, Gott und Schöpfer des All-Einen, danke, dass Du mir die Macht der Liebe in mein Herz, zum göttlichen Erblühen, hineingesät hast.
So will ich diese heilige Macht und Saat in Deinem All-Eins-Sinne achtsam nähren und für Dich gedeihen lassen.
Ja, mein geliebtes Herz und meine geliebte Seele, ich meine es zutiefst ernst mit Dir und der Liebe.
So lege ich meine Hand auf mein Herz und spreche zu Dir und dem All-Einen:
Ich liebe Dich
Ich liebe mich
Ich liebe das Du
Ich liebe die Menschen
Ich liebe das Leben
Ich liebe die Liebe
So sei es, für alle Zeit.

Das Essenzgebet für das „Gebet an die Liebe" lautet:

Ich liebe Dich, ich liebe mich,
ich liebe das Du
Ich liebe die Menschen
Ich liebe das Leben
Ich liebe die Liebe
So sei es, für alle Zeit.

Gebet an Vater und Mutter
Das Gebet an Vater und Mutter ist ein Gebet von Seele zu Seele.
Dieses Gebet an Deine Eltern hilft Dir, aus Deinen Verwicklungen, aus Deiner Herkunft und Kindheit herauszukommen. Dabei ist es gleich, ob Du mit Deinen Eltern eine gute Beziehung und gute Erfahrungen gemacht hast oder ob Du mit Deinen Eltern keinen Kontakt mehr hast oder Erfahrungen gesammelt hast, auf die Du nicht gerne zurückblickst. In diesem Gebet geht es darum, dass Du mehr seelische Freiheit erhältst. Durch das Loslassen der Eltern als Deine scheinbaren Schicksalsgeber durch ihr So-sein und ihrem So-wirken an Dir. Es empfiehlt sich generell, dieses Gebet einmal über 21 Tage hinweg täglich zu machen – um über

die Eltern so innere Klarheit und Freiheit, Wertschätzung und Achtung zu erlangen.

Es bringt Dich von der Ego-Verbindung mit Deinen Eltern weg und stärkt Eure seelische Verbindung, außerhalb von Schmerz, Leid, Verwicklung oder psychogenetischer Vererbung.

Es hilft Dir in Momenten, in denen Du mit Deinen Eltern auf der alltäglichen Ebene Probleme hast, Sorgen, Kummer oder Streit. Sei dies in Dir alleine oder in Verbindung mit ihnen. Dann ist es besonders wohltuend, das Gebet akut mehrmals am Tag zu beten.

„Das Gebet an Vater und Mutter" unterstützt Dich in Loslösungsprozessen von Deinen Eltern zum Beispiel in Phasen der Selbsterfahrung, des Erwachsenwerdens. Dieses Gebet bringt wechselseitige Beruhigung und Frieden von Seele zu Seele. Das Erfüllende daran ist, dass Du, ohne überhaupt darüber gesprochen zu haben, die Wirkung des Gebetes durch einen neuen Einklang im Miteinander bemerken kannst, wenn Du mit Deinen Eltern realen Kontakt hast.
Oder du spürst die Wirkung in Dir, mit dem neuen Einklang, durch Deine tieferen Erkenntnisse über Deine Lebensspur und den Lebenssinn mit Deinen Eltern. Du spürst die versöhnliche Wirkung des Gebetes.
Es ist das Gebet an „Vater **und** Mutter" zu beten, auch wenn Du innerlich das Gefühl hast, im Moment berührt Dich mehr Deine Mutter oder Dein Vater. Bewerte nicht die momentane unterschiedliche Wahrnehmung oder Aufmerksamkeit zum Vater oder zur Mutter. Siehe die Eltern als Ganzheit, als Einheit. So sind sie als Deine menschlichen Schöpfer gemeint:

Gebet an Vater und Mutter:

Ich öffne mein Herz und trete in die bedingungslose Offenheit, meine eigene Liebe und die Liebe zu meinen Eltern, zur Seele meines Vaters und zur Seele meiner Mutter fließen zu lassen.
Ich will Euch, meinen Eltern und Euren Seelen, aus meinem Herzen und von meiner Seele tiefe Wertschätzung und Respekt entgegenbringen.
Ich will Euch Achtung zu Eurem Leben, zu Eurer Herkunft, zu Eurer Zeit und Eurem Sein als Vater und Mutter schenken.
Ihr seid die Mittler meines irdischen Lebens. Ihr wart seelisch meine erste lebendige Hoffnung, dieses Leben beginnen und führen zu können.
Danke, mein Vater. Danke, meine Mutter.

Mein erhabenster Gedanke, ein Leben zu führen voller Freude und Sinn, erfüllt sich nun durch die Liebe und Selbstliebe in mir.
So ist es Zeit, mich freizusprechen von Eurem Sollen, Wollen oder Müssen, freizusprechen von allem, was mich lähmt oder behindert, damit ich in die Unbeirrbarkeit der Liebe und meiner Selbstliebe treten kann.
Ja, es ist Zeit, Euch mit allem, was zwischen uns im Wollen, Sollen oder Müssen war oder noch ist, loszulassen.
Es ist Zeit, mein eigenes Wollen, Sollen oder Müssen Euch gegenüber freizulassen für die wahre Liebe in mir, zu Euch und allen Menschen.
Ich segne Dich, meinen Vater. Ich segne Dich, meine Mutter. Ich segne Euch, als meine Eltern. Ich segne mich, als Euer Kind. Ich segne den Frieden über meine Herkunft.
(Lasse nun einen Moment Deinen Segen fließen)
Ehre sei dem Vater meines Lebens. Ehre sei der Mutter meines Lebens.
Ehre sei der Selbstliebe in mir. So sei es.

Das Essenzgebet für das „Gebet an Vater und Mutter" lautet:

Ehre sei dem Vater meines Lebens. Ehre sei der Mutter meines Lebens. Ehre sei der Selbstliebe in mir.

Gebet an das Kind (oder an die Kinder)

Dieses Gebet ist für Dein Kind und seine Seele oder für Deine Kinder und deren Seelen. Es ist ebenfalls ein Gebet, welches Du von Seele zu Seele sprichst. Dabei sprichst Du – auch wenn Du „nur" als Vater oder „nur" als Mutter zu der Seele Deines Kindes betest, mit der Energie beider Elternteile. Du nimmst den Vater oder die Mutter Deines Kindes immer mit dazu. Dies ist wie beim Gebet an Vater und Mutter gleichermaßen bedeutsam, da die Eltern die erste Einheit der Menschwerdung des Kindes darstellen. Im Gebet bleibt diese menschliche Grundschöpfung geehrt und wertgeschätzt. Dabei spielt es keine Rolle, wie Dein Verhältnis zum Vater oder zur Mutter Deines Kindes gerade ist oder wie diese Beziehung für Dich war.

Das „Gebet an das Kind" oder die Kinder kannst Du, ganz gleich, wie alt Dein Kind ist, egal, ob Du mit ihm Kontakt hast oder nicht, immer sprechen. Es wirkt über Raum und Zeit von Seele zu Seele. Du kannst in Dir tiefe Liebe, Verbundenheit und Wertschätzung, Zuspruch und Segen zu Deinem Kind vollziehen. Das tut vielen Eltern gut. Besonders, wenn Dinge in der Vergangenheit außerhalb des Liebesbewusstseins geschehen oder in der Beziehung zum Kind missglückt sind. Durch das Gebet kannst Du als Vater oder Mutter für Dein großes oder Dein kleines Kind etwas sehr Wohltuendes tun. Das Gebet wirkt für Dich als Mutter oder Vater klärend, reinigend, tröstend und vertiefend zum Kind hin. Du kannst die Beziehung in Deiner Seele zu Deinem Kind oder zu Deinen Kindern noch einmal anders wahrnehmen und neu beginnen. Das Gebet initiiert zwischen Deiner Seele und der Seele Deines Kindes mehr Offenheit und Stimmigkeit. Das Gebet wirkt wie eine seelische Fürsorge für Dein Kind, indem Du es segnest. Du kannst das Gebet regelmäßig für Dein Kind beten, ohne besonderen Anlass.

Selbstverständlich unterstützt es Dich, wenn zwischen Euch etwas Belastendes steht oder Du einen Konflikt oder eine Ratlosigkeit in Dir zu Deinem Kind trägst. Es ist hilfreich, das Gebet zu besonderen Anlässen zu beten. Beispielsweise, wenn Dein Kind Geburtstag hat oder besondere Ereignisse anstehen, wie Eintritt in den Kindergarten, Eintritt in die Schule, Ende der Schulzeit, Beginn einer Ausbildung oder eines Studiums. Besonderen Schutz für eine Reise, während der Pubertät, wenn Dein Kind einen Partner gewählt hat oder selbst eine Familie gründet.

Wenn Du das Gebet betest und Du hast mehrere Kinder, so gilt das Gebet an Dein Kind gleichzeitig für alle Deine Kinder. Wenn Du mehrere Kinder hast, genügt es, dieses Gebet einmal zu beten, da es automatisch für alle Kinderseelen gilt. Du denkst vor dem Gebet einfach einmalig an Deine Kinder, indem Du deren Namen aussprichst. Hast Du ein Kind oder willst Du das Gebet speziell für ein Kind beten, dann denkst Du einmalig an den Namen dieses Kindes:

Gebet an das Kind (oder an die Kinder):

Ich öffne mein Herz und trete in die bedingungslose Offenheit, meine eigene Liebe und die Liebe zu Deiner Seele, mein geliebtes Kind, fließen zu lassen.
Ich will Dir diesen Moment, von Seele zu Seele, schenken als Dein Vater oder als Deine Mutter, will Dich in meiner Liebe wiegen, über Raum und Zeit, alle Zeit.
Mein Kind, Du bist das Geschenk von Gott, über das menschliche Leben in meinem Leben. Du wurdest mir mit Deinem Körper, Deinem Geist und Deiner Seele aus der Schöpfung anvertraut. Und ich spreche Dich frei, frei von meiner Herkunft, frei von meinen Unerlöstheiten, frei von meinem Wollen, Sollen oder Müssen.
Ich will Dir meine Liebe geben für Deine Selbstliebe, Du mein geliebtes Kind.

Ich bejahe Dich und Dein Leben. Bejahe auch Du Dich, bedingungslos und jetzt.
Erobere Du, mein Kind, Dein so wertvolles Leben, mit der Kraft Deines strahlenden Herzens.
Sei, wer Du bist und werden kannst, mit all Deinen strahlenden Werten, erhabensten Gedanken, inmitten geschöpft aus Deiner Seele und im Einklang mit Gott.
Stehe Dir selbst stets in Liebe und Treue zur Seite. Und schaue, mit Deinem göttlichen Verstand, über die Stimmigkeit Deines seelischen Lebens.
Gehe alle Tage Deines Lebens voller Freude und Sinn, voller Geben und Nehmen, voller Bereicherung und Erfüllung in Dir und unter den Menschen.
Mein geliebtes Kind, ich segne Dich. Ich segne Deine Seele. Ich segne Deine Liebe. Ich segne Deine Selbstliebe. Ich segne Deinen Selbstwert. Ich segne Deine Kraft und Lebensenergie. Ich segne Deinen Körper. Ich segne Deine Herkunft und Deine Ahnen. Ich segne Deinen Lebenssinn. Ich segne Deinen Weg. Ich segne Dein Leben. Ich segne Deine Zeit.
(Lasse nun einen Moment Deinen Segen fließen)
Ganz gleich, ob Du nun groß oder noch klein bist, ganz gleich, wie und wo Du gerade bist. Ich liebe Dich ewiglich.
Ehre sei Dir, meinem Kind, was mich zum Vater gemacht hat.
Ehre sei Dir, meinem Kind, was mich zur Mutter gemacht hat.
So sei es.

Das Essenzgebet beim „Gebet für das Kind" lautet:

Ehre sei Dir, meinem Kind, was mich zum Vater gemacht hat. Ehre sei Dir, meinem Kind, was mich zur Mutter gemacht hat.
Danke. So sei es.

Gebet an den Körper

Dieses Gebet bringt Dich in Frieden und in seelisches Einverstanden-sein mit Deinem Körper. Es hilft Dir, Dich körperlich, außerhalb des Wollens, Sollens oder Müssens Deines Egos, anzunehmen. Deinem Körper gegenüber in Liebe und Wertschätzung zu sein. Es holt Dich aus dem Stress heraus, was Du körperlich alles machen müsstest, um körperlich optimal zu sein. Du kommst mit diesem Gebet in Deinem Körper mit Deiner Seele an. Dieses Gebet unterstützt Dich bei der äußeren Selbstannahme und Selbstakzeptanz. Das Gebet an den Körper ist das längste Gebet, da der Körper nachhaltig unsere seelische Aufmerksamkeit und Akzeptanz braucht. Das hilft seiner ganzheitlichen Regeneration und seiner Verbindung zur Lebensenergie. Darüber hinaus ist es hilfreich, wenn Du krank bist, da es Heilung bewirkt, durch die Segenssequenzen. Es hilft im Falle von negativen emotionalen oder mentalen Entwertungsattacken, die du auf Deinen Körper ausübst, wenn Du Dich immer noch unstimmig ernährst oder Dich noch ungemäß kleidest oder pflegst.

Gebet an den Körper:

Ich öffne mein Herz und trete in die bedingungslose Offenheit, meinem mir gegebenen Körper, der Wohnstätte meiner Seele, für die Zeit meines Lebens tiefe Anerkennung und Wertschätzung entgegenzubringen.
Ich weiß, dass ich ohne Dich, mein Körper, mit meiner Seele nicht auf dieser Erde leben könnte, denn Du bist der Schlüssel meines irdischen, seelischen Ausdrucks, voller Liebe und Sinn. Ich bin mir Deiner mir geschenkten, göttlich anvertrauten Einmaligkeit bewusst.
Du bist mir anvertraut, denn Du bist, als dieser eine Körper, unwiederbringlich. Du bist das Zeichen meiner ersten Weltlichkeit.
Ich will Dich mit meiner Seele als meinen Körper zutiefst begreifen und Dich bedingungslos annehmen. Ich will der Liebe meiner Seele zu Dir folgen, will Dich von allen Belastungen meiner eigenen Verachtung oder Unterschätzungen meiner Seele gegenüber freisprechen, will Dich von meinen hilflosen Projektionen und von allem, was ich Dir mit negativen Gedanken und Gefühlen zugemutet habe, befreien.
Ich will Dir meine Wärme und mein Mitgefühl geben.
Du bist, als der Wohnort meiner Seele, mein Ein und Alles.
Ich nehme Dir allen Druck und jede Erwartung, wie Du besser sein könntest.
Ich will für Dich sorgen, Deine Gesundheit, Deine Vitalität, Deine Pflege, Deine Kleidung, Deine Ernährung in stimmiger Weise ernst nehmen und voller Verantwortung und in liebevoller Konsequenz Dir zu Ehren vollziehen, will Dich nicht überessen oder unteressen, will Dich nicht übertrinken oder untertrinken, will Dir Nahrung der Stimmigkeit schenken, will auf Deine Zeichen achten, mit denen Du meiner Seele etwas sagen möchtest, will Dir vertrauen. Du, mein Ein und Alles.
Ich segne Dich, meinen Körper, mit der Kraft meines Herzens. (Lasse nun einen Moment Deinen Segen fließen)
Ich segne meinen Kopf und meine Haare, meine Augen, meine Ohren und meinen Mund, meine Zähne, mein Gesicht und meinen Hals, meinen Brustkorb und meinen Rücken. Ich segne meine Arme und meine Hände. Ich segne meinen Bauch, meinen Steiß und meinen Unterleib. Ich segne

meine Oberschenkel und meine Beine, meine Unterschenkel, meine Waden, meine Füße und Zehen. *(Lasse nun einen Moment Deinen Segen fließen)*
Ich segne meine Haut, alle meine Organe, mein Herz und meine Lungen, meine Drüsen und alle meine Zellen, meine DNS, alle meine Knochen und alle meine Gelenke, meine Muskeln, mein Blut und meine Lymphen, meine Nerven, meine Venen und Adern, mein Gehirn und alle Säfte meines Körpers.
(Lasse nun einen Moment Deinen Segen fließen)
Ich segne Deine unermüdlichen und perfekten Funktionen, mein geliebter Körper, für die gesamte Zeit Deines Lebens.
(Lasse nun einen Moment Deinen Segen fließen)
Durch Dich kann ich zärtlich sein, wohltuende Nähe nehmen und geben, Menschen umarmen und Menschen wiegen, ja, in Liebe körperlich lieben. Danke.
So ehre ich meinen Herzschlag und meinen Atem, denn durch Dich atmet der Odem Gottes, solange ich mit Dir, meinem Körper, lebe und meine Seele ihr Zuhause hat.
Ehre sei meinem Geschlecht.
Ehre sei meinem
Körper.
Ehre sei Gott über die körperliche Schöpfung meines Lebens.
So sei es.

Das Essenzgebet für das „Gebet an den Körper" lautet:

Ehre sei meinem Geschlecht.
Ehre sei Dir, meinem Körper. Ehre sei Gott über die körperliche Schöpfung meines Lebens.
So sei es.

Gebet an die Erfüllung

Das Gebet an die Erfüllung ist ein Gebet an das, worum es im seelisch-göttlichen Sinne in allen Bereichen Deines Lebens geht. Der Unterschied ist der, dass Du die Art Deiner Erfüllungen gemäß Deiner Seelenkraft und Deiner Werte wählen und erachten kannst. Damit ist beispielsweise Dein Beruf, Dein Partner, Dein Wohlstand, Dein Wohnort, Deine Wohnstätte gemeint. Alles, worauf Du mit Deinem Bewusstsein Einfluss nehmen kannst im Sinne der Wahl oder Abwahl bei Unstimmigkeiten. Dieses Gebet weitet Dein Herz und Deine Seele, für die seelischen Erfüllungen und Bereicherungen empfänglich zu sein. Es ist das Gebet des großen Ja, welches Du Deiner Seele und der Schöpfung gegenüber aussprichst. Du kannst es regelmäßig zur Stärkung Deiner Seelenkraft und auch Deiner Synchronisationskraft beten, um die Dinge der Erfüllung für Dich in die Realität zu bringen. Du kannst es dann beten und anwenden, wenn Du einmal nicht an Dich und die Erfüllung Deines Lebens glauben kannst, also Mangelgefühle Dich vorübergehend überwältigt haben. Das Gebet hilft Dir, friedlich und geduldig zu werden und in Einklang mit der Zeit zu kommen. So zum Beispiel, wenn Erfüllungen Deines Lebens, die für Dich von großer Bedeutung sind, mithilfe Deines gelebten Liebesbewusstseins „immer noch" nicht in Deinem Leben angekommen sind. Wenn Dein Ego mit Ungeduld oder Unglaube reagiert.

Es mag sein, dass Du nur einen bestimmten Aspekt in Deinem Leben als besonders unerfüllt in Deinem Herzen verspürst. Dennoch möchte ich Dir empfehlen, das Gebet vollständig für alle Bereiche der Erfüllung zu beten. Dadurch, dass Du die Aufmerksamkeit im Gebet auf die Gesamtheit Deines Lebensspektrums lenkst, bist Du auch im Gebet nicht im „Haben-Wollen, Sollen oder Müssen":

Gebet an die Erfüllung:

Ich öffne mein Herz und trete in die bedingungslose Offenheit, meine eigene Liebe und die göttliche Erfüllung meines Lebens anzunehmen. Ich trete mit meiner Liebe die Eroberung der Liebe und alles, was mein Herz bewegt, in Selbstliebe an.
Ich öffne mein Herz für den Sinn meines Lebens und für all das Stimmige, das mich umgibt, alle Menschen, Situationen, die Zeit und die Ewigkeit und alle Plätze meines Daseins.
Ich sage Ja, zu meiner Selbstliebe und Selbstverantwortung, Ja, zur Stimmigkeit in meinem seelischen und praktischen Leben, Ja, voller Respekt für meine göttlichen Werte sorgen zu wollen.
Ich öffne mich für die nachhaltige Macht meiner Seele. Ich ehre meine Seele, so wie es meiner Seele vor Gott gebührt.
Ich öffne mich für meinen Selbst-Wert und mein Selbst-Bewusstsein.
Ich trete in meine Selbstliebe, deren Segen die stimmige Erfüllung meines Lebens ist. Möge das Ja den Weg der Liebe für meine Seele ebnen und segnen.
Ja zur Erfüllung meiner Seele und meines Lebens mit meiner Selbstliebe.
Ja zur Erfüllung meiner Seele und meines Lebens mit meiner Selbsttreue.
Ja zur Erfüllung meiner Seele und meines Lebens mit der ebenbürtigen Liebe meines Partners, meiner Partnerin.
Ja zur Erfüllung meiner Seele und meines Lebens mit dem gebührenden materiellen und immateriellen Wohlstand.
Ja zur Erfüllung meiner Seele und meines Lebens mit der gebührenden Wohnstätte.

Ja zur Erfüllung meiner Seele und meines Lebens mit den Kräften der Natur und den Tieren.
Ja zur Erfüllung meiner Seele und meines Lebens mit meiner Berufung und allem sinnvollen Tun und Handeln.
Ja zur Erfüllung meiner Seele und meines Lebens mit meiner Familie und allen Menschen, die mir wichtig sind.
Ja zur Erfüllung meiner Seele und meines Lebens im Geben und im Nehmen, selber Erfüllung und Bereicherung zu sein und zu erhalten.
Ja zu meinem erfüllten Leben, jeden Tag meines Lebens, jeden Moment meines Lebens, über alle Zeit meines Lebens.
Danke.
Ehre sei der Erfüllung.
Ehre sei der Erfüllung in mir. Ehre sei der Erfüllung aus mir.
So sei es.

Das Essenzgebet beim „Gebet an die Erfüllung" lautet:

Ehre sei der Erfüllung.
Ehre sei der Erfüllung in mir.
Ehre sei der Erfüllung aus mir.
So sei es.

Gebet an die Menschen – Seelen segnen
Dieses Gebet ist ein Gebet für die Menschen oder die Menschheit. Es ist für das Ewige unter den Menschen und für die Liebe unter den Menschen gemacht. Dieses Gebet ist durchtränkt von der Absicht, dass sich die Liebe unter den Menschen ausbreitet und sichtbar wird durch das Liebesbewusstsein. Dies durch die Vergangenheit hindurch, durch unsere Gegenwart und die Zukunft der Generationen. Es ist ein Gebet, das Du aus Deiner Seele zu den Seelen aller Menschen sprechen kannst, und mein Nachwort „Stell Dir vor" unterstützt – zwischenmenschliche Wirklichkeit zu werden. Es ist ein Gebet, welches Dir hilft, die Dimension der Menschheit mehr seelisch zu erfassen. Man kann es zur Vertiefung öfter sprechen. Ein wirklich sehr eindringliches Gebet, um die Dimension „Menschheit" in sich aufzunehmen. Es eignet sich als wirkungsvolles, Seelen be-

wegendes Gruppengebet zum Beispiel bei Meditationsabenden oder bei Seminaren.

Das „Gebet an die Menschen" lautet:

Gebet an die Menschen – Seelen segnen:

Ich öffne mein Herz und verbinde mich mit der Unendlichkeit meiner Seele.
Ich verbinde mich mit der Menschheit des Gestern, des Heute und des Morgen. Ich verbinde mich mit der Liebe.
So segne ich über alle Zeit und jeden Raum, mit der Kraft meines Herzens und mit der Liebe meiner Seele, von Seele zu Seele, jede Seele dieser Welt.
(Lasse nun einen Moment Deinen Segen fließen)
Ich segne das Erblühen der Liebe unter den Menschen, heute und für alle Zeit.
So sei es.

2. Hingabe-Meditation an die eigene Seele

Die Hingabe-Meditation ist eine Art „Mantren-Meditation". Es handelt sich um einen Satz an Deine Seele, der vieles gleichzeitig ausdrückt.

„**Ich überlasse Dir, meiner Seele, mein Leben.**"

Hingabe-Meditation heißt diese Meditation deshalb, da Du Dich mit diesem Mantra ganz in die Kraft Deiner Seele fallen lässt. Du vertraust Dich ihr mit Deinem Leben an. Während Du Dich vielleicht früher dem spirituellen „Außen" anvertraut hast, wie Gott Vater oder Engeln und Heiligen, gibst Du Dich jetzt mit dem Wissen um Deine Seelenkraft und um Deine Werte *Dir* selber hin. *Du sprichst mit der Hingabe-Meditation Dein substanzielles Vertrauen an Deine Seele aus.* Du baust auf Dein Wissen, dass Deine Seele für Dich das auf wohltuendste Weise richten oder fügen wird, was Du in Deinem Leben klären und komplettieren möchtest. Du drückst mit diesen Worten „Ich überlasse Dir, meiner Seele, mein Leben", das aus, worum es geht: Nicht Deinem Ego überlässt Du weiter Dein Leben, sondern dem Seelischen und der Liebe.

Sage immer wieder langsam den Satz „Ich überlasse Dir, meiner Seele, mein Leben". Diesen Satz denkst oder sprichst Du in Dir immer und immer wieder.

Eine gute Zeit für diese Meditation sind sieben Minuten. Sieben Minuten lang denkst oder sprichst Du langsam, immer wieder, diesen Mantra-Satz. Du lässt Dich nicht durch Gedanken ablenken. Solltest Du andere Gedanken als diesen Satz während der Meditation haben, lässt Du die Aufmerksamkeit zu diesen Gedanken los und besinnst Dich wieder auf das Rezitieren des Mantra-Satzes.

Schön ist es, mit diesem Satz einzuschlafen und die Nacht mit der Hingabe Meditation einzuleiten oder den Morgen, während des Aufwachsens, zu beginnen.

3. Grundübungen aus dem Liebesbewusstsein

Die nachfolgenden Übungen sind eine Auswahl an sieben Grundübungen aus dem Liebesbewusstsein. Ausführlicher sind die Übungen während der Seminare, die ich zum Liebesbewusstsein veranstalte. Doch schon mit diesen sieben Grundübungen hast Du die Möglichkeit, einige Dinge für Deine Seele zu klären. Es sind die wichtigsten Übungen, die Dir zu Beginn Deiner Eroberung Deiner Werte und Selbstliebe behilflich sind, einen Einstieg zu finden. Sie helfen Dir beim Praktizieren des Liebesbewusstseins. Mit den Übungen kannst Du Dich seelisch wahrnehmen und Dir Deiner Werte bewusst werden. Außerdem erhältst Du mit dem Vollzug der Übungen Klarheit, worauf Du im Erobern der Selbstliebe und der Liebe zu anderen achten darfst. Klarheit darüber, wo es für Dich nötig ist, Dich zu Dir selbst treu zu positionieren. Einige Übungen kannst Du täglich machen, um mit Dir seelisch in Kontakt zu bleiben und um Dein Bewusstsein täglich mehr zu erweitern über das, was für Dich wertvoll und wichtig ist, Dich bereichert und erfüllt. Es ist empfehlenswert, Deine Erkenntnisse aus den Übungen in einem Notizbuch festzuhalten. Das wird Dir im Verlauf der Zeit innere Sicherheit geben und Dir Deine Entwicklung in die Liebe und Selbstliebe aufzeigen.

Übung 1 – Werte-Reflexion

Diese Übung hilft Dir, über Deine inneren Werte bewusst zu werden. Dabei geht es nicht darum, Dir selbst zu erklären, was für ein „toller Mensch" Du bist, sondern, ernsthaft und objektiv, Dich selbst mit Deinen Werten zu erkennen. Du darfst Dich also auf die Suche machen, welche Werte Du in Dir offensichtlich aktiviert hast und welche Werte für Dich wichtig sind. In diesem Abschnitt geht es nur darum *festzustellen*, welche Werte Du lebst und welche Werte Dir wichtig sind. Du findest im Buch eine Liste von Werten (Seite 92/93), damit Du Ideen von seelischen Werten hast, die wir Menschen leben. Sicher hast Du etliche dieser Werte bereits aktiviert und verankert. Wichtig ist, dass Du Dir bewusst bist, dass diese nicht „bewertet" werden in Werte des Verstandes, Werte des Herzens oder Werte des Alltags. Es gibt keine „besseren" Werte oder „schlechteren", je nachdem, aus welchem Bereich diese stammen. All die Werte, die Dir wichtig sind, die Du aufgrund Deines persönlichen Lebens lebst, sind Deine göttlichen Werte in Deiner Seele. Bei dieser Werteprüfung beachte bitte, dass es sich nur um eine Erkenntnisübung handelt. Es geht nicht um die Frage, wie Du die Werte direkt besser umsetzen kannst. Diese Übung hat den Zweck, Dir Deines Selbstwertes bewusst zu werden. Er setzt sich zusammen aus Deinen Werten und bedarf eines entsprechenden Umganges von Dir. Werte, die Du noch nicht zufriedenstellend lebst oder erfährst, darfst Du nach der Übung mehr und mehr für Dich erobern.

Übung 1, Werte-Reflexion: Teil 1
Habe Dein Schreibzeug bei Dir und begib Dich in eine ungestörte Atmosphäre, sodass Du Dich auf Dich einlassen kannst. Lenke Deine Aufmerksamkeit auf Dein Herz und Deine Seele. Werde Dir Deiner seelischen Energie in Form der Werte bewusst, die Du in Dir als wertvoll erachten kannst. Sei Dir bewusst, dass Du durch das Herausfinden Deiner Werte die Gestalt Deiner Seele erfasst.

Welche Werte kannst Du in Dir entdecken, wenn Du Dich selber wahrnimmst und vor Deinem inneren Auge siehst, wie Du im Leben stehst oder mit dem Leben umgehst? Untersuche jetzt in Deinem Tempo und schreibe die Werte auf, die Du entdecken kannst. Werte wie zum Beispiel Fleiß, Warmherzigkeit, Zuverlässigkeit … was auch immer Du für Werte in Dir entdecken kannst.
Sei Dir Deiner Werte bewusst und notiere diese.

Übung 1, Werte-Reflexion: Teil 2
Schließe wieder Deine Augen und lenke Deine Aufmerksamkeit auf Dein Herz und Deine Seele. Überprüfe nun, welche Werte Dir außerdem – wenn Du sie noch nicht in Dir entdeckt hast – wichtig sind oder die Du gerne erfahren möchtest.

Lass Dir auch hier genügend Zeit. Sei Dir der Werte, die Dir *auch* wichtig sind, bewusst und notiere diese.

Übung 1, Werte-Reflexion: Teil 3

- Schließe Deine Augen und lenke Deine Aufmerksamkeit auf Dein Herz und Deine Seele. Du bist Dir der Werte in Dir bewusst und auch der Werte, die Dir wichtig sind. Entweder, um sie in Dir stärker oder neu zu entwickeln oder um sie von anderen Menschen erfahren zu können.
- Überprüfe zunächst einmal, ob Du die Werte, die Du bereits in Dir entdeckt hast, wirklich so lebst, wie Du diesen Wert eigentlich leben möchtest.
- Überprüfe dann, ob Du Dir diesen Wert selber wert bist. Also wenn Du sagst: „Ich bin pünktlich", ob Du Dir den Wert der Pünktlichkeit durch andere auch wert bist. Oder, wenn Du warmherzig bist, ob Du Dir den Wert der Warmherzigkeit ebenfalls selbst wert bist. Räume Deiner Seele das Recht ein, diesen Wert von außen erfahren zu können.
- Schau weiter, ob Du den Wert, den Du in Dir trägst, von anderen Menschen tatsächlich ausreichend zurückerhältst.
- Stelle fest, ob der Wert, den Du anderen Menschen gibst, auch von denen wirklich, gar bewusst, angenommen wird.
- Halte fest, ob der Wert, den Du anderen Menschen gibst, ihnen nachvollziehbar etwas gibt.
- Überprüfe dann, ob diese Menschen Dir, für diesen Wert, den sie von Dir erhalten, etwas zurückgeben. Entweder den Ausdruck der Wertschätzung, den Du wahrnehmen kannst oder den gleichen Wert. Wenn Du zum Beispiel warmherzig bist, prüfe, ob diese Menschen Deine Warmherzigkeit wertschätzen oder Dir ihre Warmherzigkeit zurückgeben.
- Gibt es hier im Geben und Nehmen Deiner Werte Unstimmigkeiten?
- Nimm diese Unstimmigkeiten Deinen Werten gegenüber aus Respekt vor Deiner Seele wahr.
- Gibt es hier im Geben und Nehmen Deiner Werte Stimmigkeit?
- Nimm diese Stimmigkeit aus Respekt vor Deiner Seele wahr.
- Überprüfe jetzt anhand all Deiner Erkenntnisse, wo Du für Dich selbst stärker in Deine Werte wachsen möchtest und Dir Deiner Werte bewusster werden willst. Welchen Wert Du als so wichtig anerkennst, dass Du ihn auf jeden Fall in Dir aktivieren willst.
- Überprüfe, wo Du den Wert für Deine Seele so anerkennen kannst, dass dieser es selbstverständlich wert ist, Wertschätzung für Deinen Wert oder Teilung der Werte mit anderen Menschen zu erhalten.

Übung 2 – Stimmigkeits-Reflexion

Diese Übung wird Dir behilflich sein, die Lebensbereiche auf die Stimmigkeit zu Deiner Seele zu überprüfen. Auch hier geht es zunächst um das *Feststellen* des „Status quo" für Deine Seele in Resonanz mit Deinem äußeren Leben. Bewerte nicht, sondern stelle objektiv fest. Es geht nicht um das direkte Wissen, wie Du mit diesen Erkenntnissen die Dinge Deines Lebens direkt verändern kannst. Es geht darum, dass Du die Unstimmigkeiten in Deinem Leben nicht mehr ignorierst, sondern für Deine Seele ernst nimmst und anstehende „Veränderungen" präsent hast.

Habe Dein Schreibzeug bei Dir und begib Dich in eine ungestörte Atmosphäre, sodass Du Dich auf Dich einlassen kannst. Lenke Deine Aufmerksamkeit auf Dein Herz und Deine Seele.

Übung 2, Stimmigkeits-Reflexion: Teil 1

Schließe Deine Augen und überprüfe – ganz ohne Druck oder Anspruch Deines Egos – die Stimmigkeit in Deinen Lebensbereichen:

Lenke Deine Aufmerksamkeit auf Deine Kleidung und werde Dir Deiner Kleidung oder Deines Kleidungsstils bewusst. Überprüfe jetzt einmal für Deine Seele, ob die Kleidungsstücke, die Du trägst, zu Deiner Seele und Deinem Selbstwert passend sind. Gehe in Deiner Beobachtung der Stimmigkeit Deiner Kleidung für Deine Seele nach. Stimmen die Farben Deiner Kleidung, der Stil und Pflegezustand? Ist Deine Kleidung bequem genug für Deine Seele oder schnürt sie Deinen Körper ein? Stimmt das Alter Deiner Kleidung, die Du heute trägst? Welche Gefühle und Gedanken hast Du zu Deiner Kleidung und hast Du Dir jemals Gedanken über die Stimmigkeit zu Deiner Kleidung gemacht? Überprüfe die Stimmigkeit zu Deiner Kleidung, und ob Du hier etwas verändern möchtest, für Deine Seele.

Mache Dir Notizen dazu.

Übung 2, Stimmigkeits-Reflexion: Teil 2

Schließe wieder Deine Augen und lenke Deine Aufmerksamkeit auf Dein Zuhause, dort wo Du wohnst. Siehe auch hier vor Deinem inneren Auge, ob die Art und Organisation, wie Du Deine Häuslichkeit lebst, Deiner Seele und Deinem Selbstwert entspricht. Stimmt für Dich die Ordnung? Wie sieht es mit den Möbeln aus? Mit der Einrichtung Deines Zuhauses überhaupt? Pflegst Du Dein Zuhause oder passt Du es gemäß Deiner seelischen Entwicklung an? Was ist mit den Farben in Deinem Zuhause, der Dekoration oder mit den Blumen? Überprüfe, ob die Art, wie Du Deiner Seele mit Deinem Körper in Deinem Zuhause einen Platz schenkst, angemessen ist. Oder ob noch etwas verbessert werden kann, weil Du Deine Seele wertschätzt.

Mache Dir auch hier wieder Notizen dazu.

Übung 2, Stimmigkeits-Reflexion: Teil 3

Schließe erneut Deine Augen. Lenke Deine Aufmerksamkeit auf Deinen Körper und Deine Gesundheit. Wie gut nimmst Du Deinen Körper wahr und wie bewusst nimmst Du Deinen Körper gerechterweise als die Wohnstätte Deiner Seele an? Magst Du Deinen Körper und gehst Du entsprechend liebevoll mit ihm um? Wie stimmig bist Du mit Deinem Körper? Oder gibt es etwas, wo Du sagst, dies wäre gut für Deinen Körper, gut, um ihn zu verbessern? Wie gehst Du mit den Signalen Deines Körpers um? Nimmst Du sie ernst? Und sorgst Du mit stimmiger Nahrung für ihn? Wenn Du krank bist oder Schmerzen hast, kümmerst Du Dich um Deine Gesundheit und Vitalität?
Mache Dir auch hier Notizen dazu.

Übung 2, Stimmigkeits-Reflexion: Teil 4

Gehe einen Schritt der Stimmigkeitsprüfung weiter und schließe wieder Deine Augen. Lenke Deine Aufmerksamkeit auf Deinen Geldfluss, auf Deine Einnahmen und Deine Ausgaben. Auf das Erhalten und Nehmen von Geld. Überprüfe den Geldfluss in Deinem Leben. Ob Du geschickt oder ungeschickt mit Geld umgehst. Ob Du Dich als Opfer in Sachen Geld fühlst und wie Du Dich mit Geld fühlst oder ohne Geld. Wie ist es für Dich, anderen Dein Geld zu geben? Wie ist es für Dich, Geld von anderen zu nehmen? Mit welchem Teil in Dir nimmst und gibst Du Geld oder welcher Teil gibt und nimmt Dir Geld? Ist es Dein (oder ein) Ego? Ist es Deine Seele (oder eine Seele)?

Wie stimmig ist also die Sache mit dem Geld in Deinem Leben?

Mache Dir auch hier Notizen dazu.

Übung 2, Stimmigkeits-Reflexion: Teil 5

Nun schließe wiederum Deine Augen und lenke Deine Aufmerksamkeit auf Deinen Beruf oder Deine Berufung. Dies kann durchaus unterschiedlicher Natur sein. Überprüfe auch hier für Deine Seele und Deinen Selbstwert die Stimmigkeit in Deinem Leben. Tut Dir Dein Beruf gut, machst Du ihn gerne? Bist Du an der richtigen Stelle mit Deinem Beruf oder Deiner Berufung? Kannst Du Dich dort weiterentwickeln und anderen Menschen etwas geben? Oder gibt es einen Beruf und eine Berufung, die gemäß Deiner Seele viel stimmiger wären? Mit welchen Werten führst Du in Deinem Beruf? Welche Werte teilst Du mit anderen beruflich? Überprüfe Deinen Beruf und Deine Berufung auf die momentane Stimmigkeit und mache Dir auch hier Notizen dazu.

Übung 2, Stimmigkeits-Reflexion: Teil 6
Schließe erneut Deine Augen. Lenke nun Deine Aufmerksamkeit auf Deine Beziehungen. Liebesbeziehungen. Freundschaften. Familie. Untersuche Deine Beziehungen auf ihre Stimmigkeit, zum Beispiel, ob Du Dich mit diesen Menschen wohlfühlst, Dir diese Menschen etwas geben und ob Du Dich mit diesen Menschen weiterentwickeln kannst. Wie stimmig ist Deine Beziehung zu Deiner Liebesbeziehung? Wie passend ist diese Beziehung für Deine Seele und Selbstwerte? Oder bist Du passend für sie? Wie sieht es hier mit Freunden aus? Passt Ihr wechselseitig zusammen und gebt Ihr Euch etwas? Wie stimmig ist Deine Beziehung zu Deiner Familie für Deine Seele? Stelle einfach nur fest, ohne zu bewerten. Achte die Wahrhaftigkeit dieses Bereiches Deiner Seele gegenüber, da es um die Stimmigkeit Deiner Seele und Deines Selbstwertes in Beziehungen geht.

Mache Dir auch hier wieder Notizen:

Übung 2, Stimmigkeits-Reflexion: Teil 7
Nun kommen wir zum letzten Bereich der Stimmigkeitsprüfung. Lenke Deine Aufmerksamkeit auf die Natur und die Tiere. Prüfe einmal, wie stimmig Du mit der Natur für Deine Seele umgehst. Wie sehr nimmst Du die Werte der Natur an und deren Schönheit? Wie sehr hast Du die Natur in Deinem Leben integriert? Wie stimmig gehst Du mit Tieren oder Deinen Tieren um? Passen die Blumen, der Garten oder die Plätze in der Natur zu Dir, die Du gerne aufsuchst? Wie sehr liebst Du Tiere oder möchtest Du ein Tier haben? Ist es stimmiger für Dich, kein Tier zu haben? Überprüfe auch diesen Bereich für Deine Seele und Deinen Selbstwert.

Mache Dir auch hierzu Notizen.

Wenn Du diese Übung gemacht hast, wirst Du auf den einen oder anderen Wert in Dir gestoßen sein, den Du bei der vorhergehenden Übung noch nicht notiert hast, welcher Dir nun jedoch als gegeben und wichtig erscheint. Notiere diese zusätzlichen Erkenntnisse über Deine Werte für Deinen Selbstwert in der oben genannten Liste.

Sei Dir noch einmal Deiner Werte bewusst.

Übung 3 – Wertschätzungs-Reflexion

Diese Übung hilft Dir, klar darüber zu werden, ob Du ein Bewusstsein für Wertschätzung und Anerkennung dem Seelischen und dessen Werten gegenüber hast. Es schärft Dein Bewusstsein dafür. Es geht hier wiederum nicht um Bewertung, wenn Du feststellst, Du hast an dem einen oder anderen Punkt bislang zu wenig Wertschätzung empfunden. Beginne einfach damit, es fortan bewusst zu tun. Beginne wertzuschätzen, was wertvoll für Deine Seele oder von der Seele des anderen ist.
Ziehe Dich mit Deinem Schreibzeug zurück und sorge dafür, dass Du in einer guten Atmosphäre für Dich jetzt ungestört bist. Schließe die Augen und lenke nun Deine Aufmerksamkeit auf Deine Wertschätzung gegenüber Deinen Lebensbereichen:

Übung3, Wertschätzungs-Reflexion: Teil 1
Spüre einmal in Dir nach, ob Du die nachfolgenden Bereiche wertschätzen kannst – egal wie Deine Antwort sein wird. Sei ehrlich zu Dir, denn diese Wahrhaftigkeit hat Deine Seele von Dir aus Selbstrespekt verdient. Bewerte nicht.

Spüre nach und überprüfe mit geschlossenen Augen, während Du Dir nach jedem Fragesatz innerlich Zeit lässt, dies zu klären:

Wertschätzt Du das Göttliche?
Wertschätzt Du das Seelische?
Wertschätzt Du die Liebe?
Wertschätzt Du das Leben?

Spüre einmal hin zu Deinen Werten und werde Dir noch einmal Deiner Werte in Dir bewusst. Kannst Du Deine eigenen Werte wertschätzen? Werden Deine Werte von anderen wahrgenommen und wertgeschätzt?

Übung 3, Wertschätzungs-Reflexion: Teil 2
Nun lenke Deine Aufmerksamkeit auf Deinen Körper und Deine Gesundheit. Wie sieht es dort mit der Wertschätzung Deines Körpers aus? Wie sieht es mit der Wertschätzung der anderen Menschen Deinem Körper gegenüber aus? Wertschätzt Du Deine Nahrung? Wertschätzt Du Deinen Körper über die Nahrungsaufnahme?

Übung 3, Wertschätzungs-Reflexion: Teil 3
Nun lenke Deine Aufmerksamkeit auf Deinen Beruf und überprüfe, ob Du Deinen Beruf wertschätzt. Ob die Menschen, mit denen Du in Deinem Beruf zu tun hast, Deinen Beruf und Deine Arbeit wertschätzen.

Übung 3, Wertschätzungs-Reflexion: Teil 4
Nun lenke Deine Aufmerksamkeit auf Dein Zuhause und prüfe, ob Du Dein Zuhause wertschätzen kannst und ob Du Dir der Werte Deines Zuhauses bewusst bist. Wertschätzt Du, was Dir Dein Zuhause gibt?

Übung 3, Wertschätzungs-Reflexion: Teil 5
Nun lenke Deine Aufmerksamkeit auf all das, was Du besitzt: alles Materielle, was Du zur Verfügung hast, alle Gegenstände, auch Fernseher, Laptop, Bücher, Handy, Auto, etc. – Alltagsgegenstände, die gewöhnlich sind. Wertschätzt Du das, was Du hast und das, worüber Du im Besonderen oder im Alltag verfügst? Kannst Du die Werte, die Dir diese Gegenstände schenken, erkennen, annehmen und wertschätzen?

Übung 3, Wertschätzungs-Reflexion: Teil 6
Nun lenke Deine Aufmerksamkeit auf Deine Familie, auf Deinen Vater und Deine Mutter und siehe nach, ob Du Deine Familie und Deine Eltern wertschätzen kannst. Bist Du Dir der Werte Deiner Familie, der Werte des Vaters und der Mutter für Dich bewusst? Wertschätzt Du die Dinge, die Du aus den Werten von Vater und Mutter erhalten hast oder erhältst? Könnt ihr Werte miteinander teilen? Überprüfe Deine Wertschätzung gegenüber Deiner Familie und Deinen Eltern, was sie Dir geben und von Dir nehmen. Wertschätzt Deine Familie und wertschätzen Deine Eltern Deine Werte und nehmen sie diese an?

Übung 3, Wertschätzungs-Reflexion: Teil 7
Nun lenke Deine Aufmerksamkeit auf Deine Beziehung oder Freunde und überprüfe, ob Du Deine Beziehung und welche Deiner Beziehungen, Deiner Freunde oder Bekannten Du wertschätzt. Welche von deren Werten nimmst Du wahr und teilst diese mit ihnen? Überprüfe, ob es Beziehungen gegenseitiger Wertschätzung sind, also auch, ob Deine Werte gesehen und angenommen werden und Ihr miteinander Werte teilen oder sogar neue Werte entwickeln könnt. Überprüfe Deine Wertschätzung zu Deinem Partner, Deiner Partnerin und zu Deinen Freunden.
   Mache Dir auch hier Notizen dazu.

Übung 4: Willensübung – Klärung und Stärkung des seelischen Willens

Die Willensübungen werden Dich ordnen und darüber aufklären, wie der Status Deines „festen" Willens ist. Es geht bei dieser Übung darum, Dir einen Eindruck über die Art Deines Willens und dessen sinnvolle und seelische Ausrichtung zu geben. Aufgrund der Erkenntnisse kannst Du Deinen seelischen Willen festigen und Dinge konsequenter für Deine Seele durchsetzen oder leben.

Übung 4, Willensübung, Teil 1:

Setze Dich bequem und ungestört in einen Raum. Mache es Dir gemütlich und habe Dein Notizzeug bei Dir. Achte darauf, dass Du Dich ungestört mit Dir auseinandersetzen kannst und es Dir warm genug ist. Schließe Deine Augen und wandere mit Deiner Aufmerksamkeit auf all die Dinge in Deinem Leben, die Dir im Moment unstimmig, kraftraubend und unangenehm erscheinen. Das können alle Bereiche und alle Themen Deines Lebens sein. Wichtig ist hier, dass Du ganz ehrlich und objektiv vorgehst, damit Du Dir tatsächlich einen Eindruck von dem „Negativen" machen kannst. Lasse Dir Zeit bei der Frage:
   Was ist zum jetzigen Zeitpunkt meines Lebens mit mir oder anderen Menschen nicht in Stimmigkeit und macht mich unzufrieden?
   Spüre der Frage innerlich nach.
Komme zurück zu der Frage und öffne für einen Moment Deine Augen. Mache Dir Notizen dazu, was Du während Deiner Übung als unstimmig in Deinem jetzigen Leben erachtet hast.

Übung 4, Willensübung, Teil 2:
Nun schließe Deine Augen und lenke Deine Aufmerksamkeit erneut auf diese Unstimmigkeiten in Deinem Leben. Wandere jetzt innerlich durch Dein Leben mit der Frage: Was machen diese Unstimmigkeiten mit mir?
   Spüre der Frage nach!
Was machen diese Dinge mit meinem Leben?
   Spüre der Frage nach!
Was machen diese Dinge mental oder emotional mit mir?
   Spüre der Frage nach!
Stelle Dir auch die Frage, was sich deshalb weiterhin in Deinem Leben ereignen oder gestalten wird, wenn es so bleibt, wie es ist. Denke an die Konsequenzen.
   Gehe diesen Fragen nach und fühle in Dich hinein.

Komme zurück von Deiner inneren Suche und öffne für einen Moment Deine Augen. Mache Dir Notizen dazu, was Du jetzt alles als Konsequenzen erkennen konntest, wenn es so bleibt, wie es im Moment bei Dir ist.

Übung 4, Willensübung, Teil 3:
Schließe Deine Augen und gehe zurück zu Deinen Untersuchungen in Bezug auf die Unstimmigkeiten Deines Lebens. Frage Dich jetzt sehr bewusst:
  Will ich das so? Will ich diese Konsequenzen tragen? Kann ich diese Konsequenzen verantworten?
  Und während Du nach einer inneren Antwort in Dir suchst, sei Dir bewusst, dass es wichtig ist, die Antwort aus Deiner Seele zu treffen, damit Dein seelischer Wille stärker und konsequenter zum Vorschein kommen kann.
  Fühle tief in Dich hinein.

Übung 4, Willensübung, Teil 4:
Wandere mit Deiner inneren Antwort und Deiner Aufmerksamkeit noch einmal zu den Missständen und Unstimmigkeiten Deines Lebens. Spüre tief in Dich hinein und frage Dich innerlich:
  „Warum habe ich bisher diese unbequemen, unschönen Dinge meines Lebens nicht ändern können oder seelisch ändern wollen?"
  Nimm Dir Zeit für diese Klärung. Nimm Dir Zeit für diese Frage. Werde Dir darüber klar.
  Löse Dich aus Deiner inneren Untersuchung und mache Dir über Deine Erkenntnisse Notizen.

Übung 4, Willensübung, Teil 5:
Schließe Deine Augen und lenke Deine Aufmerksamkeit auf Deinen seelischen Willen und überprüfe gemeinsam mit ihm, was Du jetzt für Dein Leben seelisch willst. Gehe in Deine Überprüfung und spüre nach, ob Du für Dich jetzt einen seelischen, kraftvollen Willen spüren kannst. Spüre dem nach, was Du mit Deinem seelischen Willen bereit bist, gegen die Unstimmigkeiten Deines Lebens Sinnvolles tun zu wollen.
  Was kannst Du jetzt mit Deinem spürbar seelischen Willen anders machen?
  Spüre den Fragen nach.
  Löse Dich erneut aus Deiner inneren Prüfung und mache Dir über Deine Erkenntnisse Notizen.

Übung 4, Willensübung, Teil 6:

Schließe Deine Augen und stelle Dir innerlich vor, wie Du mit Deinem seelischen Willen mit den Unstimmigkeiten Deines Lebens umgehst oder umgehen wirst. Fühle einmal nach, wie sich das für Dich anfühlt und was es mit Dir macht, Dein Leben mit dem seelischen Willen zu führen.

Spüre, welche Werte Du dadurch lebst oder welche neuen Werte Du entwickelst. Spüre Deine seelischen Ressourcen. Gibt es einen erhabensten Gedanken dabei?

Spüre dem nach.

Löse Dich aus Deiner inneren Untersuchung und mache Dir Notizen dazu.

Übung 4, Willensübung, Teil 7:

Schließe Deine Augen und lenke Deine Aufmerksamkeit auf Deinen seelischen Willen und all Deine gemachten Erkenntnisse. Stelle Dir jetzt einmal die Frage: Will ich das? Und warte auf Deine innere Antwort.
Spüre der Frage nach.

Warte jetzt, bis Dir klar ist, ob Du auf diese Frage eine Antwort von Deinem Ego oder Deiner Seele erhältst.

Wenn Du eine Antwort von Deiner Seele erhältst, bist Du auf dem stimmigen Weg, Dein Leben selbstmächtig zu verändern. Wenn Du eine Antwort von Deinem Ego erhältst, wiederhole diese Übung.

Tagesübungen

Wenn Du im Liebesbewusstsein weiter kommen möchtest und an Deiner Lebensstimmigkeit und seelischen Entwicklung arbeiten willst, empfehlen sich diese Tagesübungen in Deinem Leben. Du kannst mit ihnen viel in Dir beobachten, bemerken und verändern. Dir wird definitiv etwas Unstimmiges oder ein Mangel auffallen und Dir Anlass geben, es morgen für Dich oder für andere Menschen seelisch *gemäßer* zu machen. Auch hier empfiehlt es sich, kleine Tagesnotizen festzuhalten, damit Du im Verlauf der Zeit Deine eigene Weiterentwicklung nachvollziehen kannst. Auch ist es eine gute Unterstützung, vergangene Tagesnotizen als Erinnerungsbrücken zu nutzen. Es gibt drei verschiedene Aufmerksamkeitsübungen als Tagesrückblick. Du kannst entweder nur eine davon machen oder alle drei. Der jeweilige Tagesrückblick bezieht sich immer auf den vorherigen Tag. Also entweder am Morgen des neuen Tages oder irgendwann im Verlauf dieses

Tages wird über den vorherigen Tag reflektiert. Dabei stehen unterschiedliche „Untersuchungsbereiche" zur Tagesklärung für Dich an.

Die Tagesrückblicke dauern, wenn Du es regelmäßig praktizierst, zwischen 5 und 8 Minuten, inklusive Notizen. Es sei denn, Du verbindest diese mit einer Meditation. Die Tagesrückblicke sind heilsam und korrigierend für Deine Seele.

Tagesrückblick 1 – Selbstliebe und Selbsttreue
Du begibst Dich in eine gute Atmosphäre für Deine Seele und bist ungestört. Du hast Dein Schreibzeug bei Dir. Schließe Deine Augen und lenke Deine Aufmerksamkeit auf Deinen gestrigen Tag. Du gehst zurück zu dem Moment des Aufwachens und wirst Dir Deines Aufwachsens von gestern bewusst. Dann wanderst Du gedanklich durch Deinen Tag mit allem, was Du erlebt und was Du getan hast – welchen Menschen Du getroffen oder gesprochen hast und was so alles geschehen ist. Werde Dir dieses gestrigen Tages noch einmal bewusst.

Überprüfe jetzt, wo Du an diesem Tag Selbstliebe und Selbsttreue im Sinne Deiner Werte und für Deine Seele gelebt hast. Überprüfe, wo Du es verpasst oder gar unterlassen hast, Selbstliebe und Selbsttreue für Dich zu leben. Nimm es aus Respekt vor Deiner Seele wahr, wie dieser gestrige Tag für Dich im Sinne Deiner Selbstliebe und Selbsttreue verlaufen ist.

Mache Dir hier Notizen dazu.

Tagesrückblick 2 – Erfüllung und Bereicherung
Schließe Deine Augen ein weiteres Mal und lenke Deine Aufmerksamkeit auf Deinen gestrigen Tag. Du gehst zurück auf den Moment des Aufwachens und wirst Dir Deines Aufwachsens von gestern bewusst. Dann wanderst Du gedanklich durch Deinen Tag, mit allem, was Du so erlebt und allem, was Du so getan hast – welchen Menschen Du getroffen oder gesprochen hast und was so alles geschehen ist. Werde Dir dieses gestrigen Tages noch einmal bewusst. Überprüfe jetzt, wo Du an diesem Tag Bereicherung und Erfüllung erfahren hast. Wo bist Du selbst erfüllt und bereichert worden, durch einen Menschen, eine Geste, ein Gespräch, eine Situation, einen Gegenstand oder einen Moment mit Dir allein? Überprüfe Deinen gestrigen Tag einerseits auf die Erfüllung und Bereicherung, die Du in Dir gespürt, gesehen und zugelassen hast. Überprüfe anderseits, ob Du Erfüllung und Bereicherung am gestrigen Tag erleben durftest, die Du nicht zugelassen, wahrgenommen oder registriert hast. Werde Dir jetzt dieser bisher nicht

wahrgenommenen oder nicht gesehenen und von Dir nicht wertgeschätzten Bereicherung bewusst.

Dann wandere noch einmal durch den Tag und überprüfe, ob Du eine Erfüllung und Bereicherung für andere Menschen warst oder sein wolltest. Und überprüfe, ob Deine Absicht, zu erfüllen und zu bereichern, bei diesen Menschen angekommen ist, diese angenommen und ebenfalls auf die ein oder andere Weise wertgeschätzt wurde.

Mache Dir hier wiederum Notizen dazu.

Tagesrückblick 3 – Geben und Nehmen im Einklang

Schließe erneut Deine Augen und lenke Deine Aufmerksamkeit auf Deinen gestrigen Tag. Du gehst zurück auf den Moment des Aufwachens und wirst Dir Deines Aufwachsens von gestern bewusst. Dann wanderst Du gedanklich durch Deinen Tag, mit allem, was Du so erlebt und getan hast – welchen Menschen Du getroffen oder gesprochen hast und was so alles geschehen ist. Werde Dir dieses gestrigen Tages noch einmal bewusst. Überprüfe, wo Du an diesem Tag Geben und Nehmen in Dir und unter den Menschen erlebt hast oder feststellen konntest.

Überprüfe, wo Du genommen hast oder gegeben und überprüfe, wo andere Dir gegeben oder etwas von Dir genommen haben. Fühle, ob dies in Stimmigkeit geschah oder ob es im Geben und Nehmen in Dir oder bei anderen Unstimmigkeiten gab. Stelle einfach nur fest und mache Dir Notizen darüber.

Ziehe Dir aus jedem Tagesblick folgende Kernerkenntnis:

> *Was konnte ich aufgrund des gestrigen Tages über meine Selbstliebe und meinen Selbstwert erkennen?*
> *Was werde ich aufgrund dieser Erkenntnis für meine Selbstliebe und für meinen Selbstwert verändern?*

Tages-Andachten

Tages-Andacht 1: Liebe verspricht Liebe
Wenn Du die Liebe in Deinem Leben noch tiefer beachten möchtest, helfen Dir die zwei Tagesandachten, Dir Deiner Liebe, Deines Gebens noch bewusster zu werden. Du wirst dadurch für den Tag vor Dir klarer, wem Du an diesem Tag Deine Liebe widmen möchtest oder wohin Du Dich mit Liebe geben willst.

Schließe dazu Deine Augen und überprüfe, wohin Deine Liebe heute fließen möge. Dies entscheidest Du frei, wenngleich ich Dir hier einige Beispiele aufzeigen möchte:

- Ich verspreche meine Liebe meinem Partner.
- Ich verspreche meine Liebe meinem Haus.
- Ich verspreche meine Liebe meinen Kunden.
- Ich verspreche meine Liebe meinen Kindern.
- Ich verspreche meine Liebe meinen Tieren.
- Ich verspreche meine Liebe meiner Ernährung.
- Ich verspreche meine Liebe meinem Körper.

… und so weiter.

Diese Andacht reiht sich gut ein im Anschluss an das vorherige Beten des Grundgebetes aus dem Liebesbewusstsein: „Liebe verspricht Liebe".

Tages-Andacht 2 – Ich danke der Liebe
In dieser kurzen Andacht dankst Du rückwirkend, zum Beispiel am Abend, der Liebe, die Du erhalten hast und wertschätzt alles Erhaltene, durch Dein bewusstes Sehen, das Dir gegeben wurde.

Hierzu schließt Du Deine Augen und spürst nach, wofür Du danken möchtest. Dies machst Du wiederum frei aus Dir heraus. Hier zum Verständnis einige Beispiele:

- Ich danke für diesen gelungenen Arbeitstag.
- Ich danke für das gute Mittagessen.
- Ich danke für die reibungslose Autofahrt.
- Ich danke für das schöne Miteinander mit meinen Kindern.
- Ich danke für das erfolgreiche Gespräch.
- Ich danke für die gute Klärung des Konfliktes.
- Ich danke für die Liebe meines Partners.

… und so weiter.

4. Selbstliebe und Selbstheilung durch psychogenetische Beratung

Eroberung der Lebensklarheit in allen Lebensbereichen und Erwachsenenkompetenz

Vielleicht leidest Du – mehr als Du es möchtest – unter dem Mangel Deines Egos, mit all seinen negativen Gefühlen und Gedanken. Das hat unter Umständen überhandgenommen, sodass Du nicht weißt, wo Du mit Deinem Ego anfangen solltest aufzuhören. Vielleicht bist Du beim Erobern der Liebe öfter von Zweifeln und Ängsten befallen und Dir fallen die vielen Kompromisse Deines Lebens auf, die Du zwar beobachtest und feststellst, aber letztendlich nicht loslassen kannst. Es verlässt Dich die konsequente Kraft, es Dir und Deiner Seele wert zu sein, den jeweiligen Missstand in Deinem Leben abzustellen. Dein Leiden, Deine Ängste und Zweifel sind deren viele, jedoch sind Deine Taten für Deine Seele eingeschränkt. Deine Handlungsmuster haben logischerweise negativen Einfluss auf Deine Beziehungen, Dein Familienleben, Deinen Beruf, Dein persönliches Leben und Deine Entwicklung und auch auf Deine Gesundheit. Du fühlst Dich gefangen durch Dein Schicksal und Deine Herkunft, Deine Familie und bist unglücklich?

Wahrheit heilt – nachhaltige Selbstheilung ohne Lippenbekenntnisse oder oberflächliche Aha-Effekte

Wenn Du bereit bist, Deine Seele selbst zu heilen, dann möchte ich Dich auf meine Arbeit der Psychogenetischen Beratung aufmerksam machen. Ich habe diese

Prozessarbeit für den Menschen und seine Seele über viele Jahre entwickelt (Arbeit von Seele zu Seele). Wie im Liebesbewusstsein hat diese Arbeit nichts mit Lippenbekenntnissen zu tun. Diese Selbstheilungsarbeit bewirkt eine tief greifende Kernsanierung Deiner unbewussten Strukturen – *innerhalb einer relativ kurzen Zeit*. Diese inneren, unbewussten Muster und Blockaden transportiere ich mithilfe der Mentalpsychologie greifbar für Dich in Dein Bewusstsein. Mit Deinem seelischen Bewusstsein wird es Dir tatsächlich möglich, Deine Heilung in die richtige Bahn zu lenken.

Vielleicht hast Du schon einige Therapien ausprobiert oder andere spirituelle Methoden angewandt, um von den „Störungen" oder Mangelsituationen Deines Lebens Befreiung zu finden. Oder Du möchtest jetzt einfach nichts mehr dem Ego-Zufall und Rückfall überlassen und *jetzt* Dein Leben gründlich ordnen und klären. Ohne Wenn und Aber! Es ist neben dem Erobern der Fähigkeit zu lieben möglich, Dir selbst diese „Lebensmacht" mithilfe der psychogenetischen Prozessarbeit zu erobern und damit die Fähigkeit des Erwachsenseins. Das soll nicht heißen, dass Du noch kindlich bist. Aber vielleicht bist Du noch mit einer unbewussten, kindlichen Struktur an Deine Eltern und andere Vorfahren gebunden. Einer Struktur, die Dir ohne Dein Wissen und Deine unbewusste Zustimmung von Deiner Familie, Deinen Vorfahren übermittelt wurde.

Die Psychogenetik besagt, dass Du nicht nur biologisches Erbe Deiner Vorfahren trägst, sondern auch Emotionales und Mentales mit vererbt bekommen hast. Du erhältst zur Selbstheilung ausführliche Erkenntnisse über Deine kollektiven Übertragungen von der gesamten Familie. Klarheit über Verbindungen zwischen Dir und jeweils Deiner Mutter und Deinem Vater.

Mit der Psychogenetischen Selbstheilung hast Du einen zusätzlichen und stabilen Weg, ein für alle Mal für Dich und Deine Nachkommen, mit den Inkompetenzen Deiner Vorfahren, die auf Dein Ego wirken, abzuschließen. Du musst nur genau wissen womit! Der Schlüssel dazu ist die Kernarbeit der Psychogenetischen Beratung, die ich Dir in Gänze zur Verfügung stelle. Dazu arbeitet meine Seele mit Deiner Seele zusammen. Diese Prozessarbeit schenkt Dir für Dein Leben eine Art „Werk". Ein Lebensbuch, in dem Du alles nachlesen kannst, was Dich und Deine bisherigen unbewussten Strukturen und psychogenetischen Erbanlagen betrifft. Ein persönliches Nachschlagewerk mit allen dazugehörigen Mitteln, um Deine Seele durch die neuen Erkenntnisse tatkräftig zu entlasten und auf eine neue emotionale und mentale, erfüllende und bereichernde Lebensbasis zu stellen. Du hast nach dem Prozess die geistige Kraft und Klarheit Deines Bewusstseins, Dein Ego mehr und mehr auszuschalten und Dich ganz Deiner Seele und Deiner

Selbstliebe, und damit der Liebe an sich, zuzuwenden. Du wirst nicht nur leichter die Liebe erobern und die Selbstliebe, sondern auch die Erwachsenenkompetenz Deines Lebens. Deine Nachkommen müssen keine unerlösten Päckchen mehr von Dir tragen, genauer gesagt, weitertragen.

Du kannst Dich – wenn Du Dich noch ausführlicher über diese Möglichkeit der Selbstbefreiung erkundigen möchtest – über meine Homepage informieren: *www.mental-psychologie.com*. Hier findest Du alles genau erklärt und mit Beispielen belegt zur Mentalpsychologie, der Psychogenetischen Beratung – kurz: dem Psychogenetischen Selbstheilungsprozess. Die Mentalpsychologie gibt Dir Antworten und Lösungen zu allen Problembereichen Deines Lebens oder allen unbeantworteten Fragen, die Du im Moment noch in Dir trägst.

Empfehlenswert ist für Dich sicher mein Angebot des „Erstgespräches". Hier erhältst Du einen weitreichenden Einblick über meine Arbeit und den praktischen Nutzen für Dich, der sich bereits bei diesem Gespräch offenbart. Ob Du dann weiter an Dir und Deinen Themen arbeiten willst, bleibt Dir selbstverständlich offen.

Meine Arbeit ist in der Lage, einerseits Dein gesamtes „mitgebrachtes" Leben zu transformieren, andererseits jedoch auch Teilbereiche Deines Lebens im Sinne Deiner Seele zu verwandeln, beispielsweise bei Klärungen von Problemen im Beruf, mit Finanzen, bei Partnerschaft, bei den eigenen Kindern oder mit Kindern allgemein, Gesundheit, unerfülltem Kinderwunsch und so weiter.

Meine Seele steht Deiner Seele für deren Befreiung gerne zur Seite.

5. CD-Gespräche mit der Seele

Ich habe neben den Hör-Gebeten eine weitere CD aus dem Liebesbewusstsein aufgenommen. Auf dieser leite ich ein Gespräch an, welches Du immer und immer wieder – und doch auch immer anders – mit Deiner Seele führen kannst.

Mit diesen geführten Gesprächen, kannst Du bewussten und sehr lebendigen Kontakt mit Deiner Seele aufnehmen. Du anerkennst das Seelische und Deine Herkunft und gleichzeitig bleiben Dir innerhalb des Gespräches wertvolle Sequenzen, aus Dir heraus mit Deiner Seele zu kommunizieren. Es gibt drei Phasen:

die Phase der Selbst-Wertschätzung des eigenen seelischen Wertes,
die Phase der Dankbarkeit gegenüber Deiner Seele und
die Phase der Segensspendung mit Deiner Seele.

Durch die Gespräche wirst Du seelisch „sicherer", klarer und eindeutiger, das Liebesbewusstsein mehr und mehr praktizieren zu können und zu wollen. Diese CD ist eine wunderbare Ergänzung zu den Hörgebeten.

Nachgedanke – Stell Dir vor

Stell Dir vor, Du beginnst, die Liebe mit dem Liebesbewusstsein zu erobern und die Selbstliebe in Dir und gegenüber den Menschen zu leben. Stell Dir vor, Du beginnst, nachdem Du dieses Buch gelesen hast, tatsächlich Deine Seele ernst zu nehmen und Dich wertzuschätzen. Du lebst, gemäß Deinem aus Dir gefilterten Selbstwert, Deine Selbsttreue und Selbstachtung. Du lebst für die Werte Deiner und anderer Seelen und den Sinn Deines Lebens. Du orientierst Dich treu für Deine Seele an den vier Säulen im Liebesbewusstsein. Nach und nach, schrittweise, aber jeden Tag ein bisschen mehr.

Stell Dir vor, wie erfüllt und bereichert – stimmig – Deine Seele und Dein Leben im Innen und Außen ist. Wie Du in der Liebe erblüht bist und Anlass für andere Menschen, das Liebesbewusstsein ebenfalls zu leben und in ihnen ebenso aufblühen zu lassen; in Liebe und Selbstliebe.

Stell Dir einmal vor, Du und ein anderer Mensch und noch ein Mensch und ganz viele Menschen beginnen, den Weg der Liebe mithilfe des Liebesbewusstseins zu gehen. Nach und nach, schrittweise, aber jeden Tag ein bisschen mehr.

Und dann stell Dir vor, Du und die anderen Menschen stecken mit ihren Seelen und ihrer praktischen Liebe durch das Liebesbewusstsein wiederum andere Menschen damit an, die erkennen, wie gut es ist, seelisch zu erwachen und sich seelisch in der Liebe zu begegnen und zu entwickeln. Stell Dir vor, dies würde von heute über viele, viele Jahre so geschehen.

Stell Dir vor, ein Vater und eine Mutter beginnen, im Liebesbewusstsein ihr Kind zu erziehen und auf das Leben vorzubereiten. Zu diesem einen Vater und dieser einen Mutter kommen noch mehr Eltern, die im Liebesbewusstsein leben und ihren Kindern so die Fähigkeit zu lieben offenbaren. Auch diese Menschen sind mit ihren Seelen im Liebesbewusstsein Anlass für andere Seelen, von dieser praktischen Liebe angesteckt zu werden und es gut zu heißen, göttliche Liebe so bewusst und offenbar zu leben. Auch dieser Prozess geht wieder über viele Jahre und auch über Generationen.

Stell Dir einmal vor, ein Mann oder eine Frau beginnen ihre Arbeit in Liebe und in Führung seelisch zu verrichten oder seelisch ein Geschäft oder eine Firma mit den Mitarbeitern zu führen. Und stell Dir vor, es machen gleich mehrere Männer und Frauen, die das Liebesbewusstsein leben, eine neue Führung in ihren Berufen oder Firmen auf. Indem sie, ihrer Berufung und der Liebe folgend, die Menschen bereichern und erfüllen, mit denen und für die sie arbeiten, durch die Art ihrer Arbeit oder Führung.

Und stell Dir vor, von Dir und mir, dem einen Mann, der einen Frau, dem einen Vater und der einen Mutter, gäbe es jetzt viel, viel mehr … eines Tages …

… Dann würden sich die Stimmigkeit und die Liebe unter den Menschen wie von selbst verbreiten … nach und nach, aber jeden Tag ein bisschen mehr.

Dann wäre es kein Traum mehr, dass es ein Mittel für den praktischen Frieden unter den Menschen gibt, der im Liebesbewusstsein die Stimmigkeit unter den Menschen ist.

Dann könnte es doch noch die reale Zeit geben – eines Tages – in welcher die Menschen untereinander wissen, dass Stimmigkeit der wahrhaftige Frieden unter den Menschen ist.

Eines Tages … nach und nach, aber jeden Tag ein bisschen mehr.

Du entscheidest, ob Deine Reise mit diesem Buch jetzt zu Ende ist oder ob Deine Reise zu Deiner Seele und Deiner Liebe begonnen hat und Dich mein Buch begleiten darf. Ob Du „Ja" sagst, Liebe und Selbstliebe aussäen und leben zu wollen. Und das jeden Tag ein bisschen mehr.

Marija

Unterstützung für Deine Seele: Gebet an die Menschen

Dank und Widmung

Ich danke meinem Vater und ich danke meiner Mutter.

Ich danke all den Menschen, die an mich glaubten, als ich es noch nicht tat.

Ich danke meinen Kindern, die mit mir *diesen* Weg gegangen sind.

Ich widme dieses Buch der Liebe.

Marija

Über die Autorin

Die Liebe als Essenz des Lebens hatte für Marija schon von Kindesbeinen an eine besondere Bedeutung. Ihre eigene Herkunftsfamilie zeigte und ließ Marija deutlich spüren, was die Liebe zu einem Kind, einem Partner, zu Menschen, zu Gott und zum Leben, alles *nicht* ist.

Bereits als kleines Mädchen entschied sie, es mit der Liebe anders machen zu wollen.

Es folgte eine lange Lebens-Erfahrungs-Schule, die mit Kaskaden schwerer Krisen, Selbstzweifeln und dem Abstreifen von Ängsten, Begrenzungen, Mangel und Blockaden zu tun hatte.

Besonders die Liebe zu ihren Kindern gab ihr die Kraft, die Liebe treu und klar in ihrem Leben als das Sinnvollste im Leben zu erobern und damit ihre „drei Buben" anders auf das Leben „vorzubereiten". Egal, wie schwer die Momente ihres Lebens waren.

So steckt in diesem Buch die Fülle der praktischen Erfahrungsweisheit der Autorin, die nichts Theoretisches geschrieben hat. Es handelt sich bei Marija um selbst erfahrenes, gelebtes Wissen über die erfolgreiche Eroberung der Liebe zum Leben, zu Gott, den Menschen und zur Selbstliebe. Es ist eine Lehre über die Liebe durch das Liebesbewusstsein entstanden, welches auch Marija einst zu leben begann.

Beruflich arbeitet Marija seit vielen Jahren in ihrer eigenen Praxis als Mentalpsychologin. Sie hat das Selbstheilungskonzept der Psychogenetischen Beratung „von Seele zu Seele" entwickelt. Marija versteht sich als Anwältin der Seele, sowie ein Klient mit ihrer Hilfe von alten Belastungen, von der Vergangenheit und seinem *scheinbaren* Schicksal frei werden möchte. Marija führt in liebevoller Klarheit und Hingabe den Klienten in seine Seelenkraft.

Weitere Informationen finden Sie auf ihrer Homepage:
www.mental-psychologie.com

Ich bin nur eine Feder.

„*Ein Wind blies von einem hohen Berg und brachte mit seinem Wehen eine kleine Feder in Bewegung, die aus sich selbst keinerlei Fähigkeit zum Fliegen besaß, sondern diese nur durch den Wind empfing. Zweifellos veranlasste dies der allmächtige Gott, um zu zeigen, was er, durch ein Wesen, das von sich nicht das Geringste sich zutrauen würde, zu wirken vermag.*"
(Hildegard von Bingen)

Für Deine Seele sind zum Buch folgende CD's erschienen:

(17,80 Euro)
ISBN 978-3-00-042517-2

Gebete an die Seele
Marija Hardenberg

1. Liebe verspricht Liebe 2:01 Min.
2. Gebet an die Liebe 9:44 Min.
3. Gebet an Vater und Mutter 8:26 Min.
4. Gebet an das Kind 12:28 Min.
5. Gebet an den Körper 18:13 Min.
6. Gebet an die Erfüllung 11:22 Min.
7. Gebet an die Menschen 3:08 Min.

Diese CD erhältst Du im Internet-/Buchhandel oder unter www.mental-psychologie.com/cd